戦国期室町幕府と在地領主

西島太郎

八木書店

目次

挿表

挿図

戦国期室町幕府と在地領主

序

本書は、戦国期室町幕府と京都から東の勢力とがどのように関わりを持ち、また影響を与え与えられたのかという点を、将軍の近江国動座、守護六角氏の政治的関与の実態、近江国湖西の在地領主の幕府との関わり、およびその領主制について分析を加えるなかから解明を試みたものである。いわば東方勢力からみた室町幕府論である。とくに近江国を対象としている。そのため、ここでの分析は、京都に最も近い近江国の諸勢力がいかに京都・近江双方の勢力に影響を及ぼしていたかという点になる。それは近江守護六角氏や、室町幕府の外様衆という高い家格に編成された湖西の西佐々木同名中の各家を、個別に見て行くなかから明らかにするもので、最末期の室町幕府を支えた勢力の研究でもある。以下、室町幕府、将軍直臣団、在地領主の領主制や同名中について研究史を整理するなかから、本書の位置づけを明らかにしておく。

一　戦国期室町幕府および将軍直臣団研究

1　戦国期室町幕府研究

室町幕府についての研究は、戦前では田中義成氏の『南北朝時代史』『足利時代史』(1)（いずれも一九二二年）が幕府政治の推移を明らかにし、幕府の官制については中田薫氏の「鎌倉室町両幕府の官制に就て」(2)（一九一二年）が、訴訟制度については石井良助氏の『中世武家不動産訴訟法の研究』[3]（一九三八年）等の研究が挙げられる。いずれも現在でも参照されるべき基礎的研究であるが、権力構造論としては深化しなかった。戦後においては、佐藤進一氏の「幕府論」（一九四九年）や「室町幕府開創期の官制体系」（一九六〇年）、「室町幕府論」（一九六三年）等が特に重要である。[4]戦後中世史研究に多大な影響を与えた論考であり、とくに主従制的支配権と統治権的支配権の二つの支配原理の指摘は、開創期の室町将軍権力を考えるうえで重要であると共に、室町幕府だけに止まらない社会原理の指摘でもあった。佐藤氏は「幕府論」において、「幕府の政治的支配権が僅か山城国一国に局限され、ついにはそれすら保ちえなくなった時、その時をもつて室町幕府の終焉とみるべきであろう」、と応仁・文明の乱に幕府の終焉を設定され、その後「室町幕府論」においても「将軍権力の解体への展望」を述べるに止まり、具体的解明は後進に委ねられた。[5]

その後、応仁・文明の乱以前の室町幕府については、政治・機構・財政・軍制など様々な角度から研究が深められている。なかでも政治機構面では、一九六〇年に発表された笠松宏至氏の「室町幕府訴訟制度「意見」の考察」[6]が、戦前の石井良助氏の研究以来、はじめて幕府訴訟制度を正面から扱い、訴訟機関としての引付方の衰退に替わって、右筆方を中心とする奉行衆が将軍へ上申を行う「意見」制度の展開を明らかにした。この論文は、戦後の幕府訴訟機関研究の始点となった。その後、桑山浩然氏の「中期における室町幕府政所の構成と機能」（一九六七年）、「足利義教の登場と御前沙汰」[7]（一九七七年）や、太田順三氏の「将軍義教と御前落居奉書の成立」[8]（一九七五年）など、政所や、将軍のもとで行われる会議である御前沙汰の実態解明が着手され始め、一九八〇年代以降、青山英夫・青山由樹・設楽薫・森佳子・早島大祐各氏らにより、幕政における奉行人の役割や政所（沙汰）・御前沙汰についての研究が深められつつある。[9]また初期における引付方の推移についても、山家浩樹氏の「室町幕府訴訟機関の将軍親裁化」[10]（一九八五年）により、引付方が、仁政方、内談方、御前沙汰と将軍親裁機関に徐々にその機能が吸収され、実質的廃止へと至る過程が解明され、そのほか羽下徳彦氏の「室町幕府侍所考」[11]（一九六三・六四年）によって、侍所の御家人統制機関としての役割が、応永年間に洛中の遵行執行機関へと転化する過程が解明され、小林保夫氏の「地方頭人考」[12]（一九七五年）では侍所の機能縮小に伴い、洛中屋地に関わる地方（頭人）の権限が拡張されてくる事実が明らかになるなど、幕府諸機関の研究は深化した。また将軍を補佐して政務を総括した管領についても、村尾元忠「室町幕府管領制度について」[13]（一九七〇年）、五味文彦「管領制と大名制――その転換――」[14]（一九七五年）、鳥居和之「嘉吉の乱後の管領政治」（一九八〇年）、「室町幕府の訴状の受理方法」[15]（一九八八年）、設楽薫「将軍足利義教の「御前沙汰」体制と管領」[16]（一九九三年）などの研究により、室町時代初期の足利尊氏・直義の両頭政治から管領政治への展開が跡付けられ、その後の将軍の親裁化と管領との関係が具体的に解明されつつある。[17]なかでも幕府の軍事指揮権をめぐる管領の関与の実態を追求する吉田賢司氏の近年の研究は、統治権的支配権に属する政治・訴訟機関研究が深化する一方、幕府という軍事政権の根幹である主従性的支配権に関わる部分の追及を試みている。[18]

戦国期の室町幕府についての研究は、戦国大名による地方割拠により幕府の実態はほとんど無きに等しいものであったとの認識から、一九六〇年代までは頗る低調であり、具体的実態の究明は皆無に等しかった。その後一九七〇年代半ばに漸く飯倉晴武氏の「応仁の乱以降における室町幕府の性格」[19]（一九七四年）や桑山浩然氏の「室町幕府の権力構造――「奉行人制」をめぐる問題――」[20]（一九七六年）によって、応仁・文明の乱を境に幕府発給文書の主体が御判御教書（室町将軍家御教書）から奉行人奉書へ漸次移行している事実から、奉行人層の台頭による体制維持が指摘された。同じころ今谷明氏は、「細川・三好体制研究序説――室町幕府の解体過程――」（一九七三年）や「室町幕府最末期の京都支配――発給文書を通じてみた三好政権――」（一九七五年）、『戦国期の室町幕府』（一九七五年）等の一連の幕府解体過程に関する研究[21]によって、漸く戦国期の幕府が実態として存続し機能していたことが明らかにされた。今谷氏の研究視角は、細川・三好氏勢力がいかに京都支配を行ったのかという両勢力から見た幕府像であるため、その部分において限定が付されるものの、幕府奉行人奉書など幕府関係文書の網羅的収集の上での分析は説得的である。そこで提示された枠組みは、明応の政変以降の幕府政治を「細川・三好体制」と見、そのうち三好長慶登場以前を細川京兆家による「京兆専制」、それ以降を「三好・松永政権」ととらえるべきであるとされ、その見解は現在でも通説的位置を占めるに至っている。

この今谷氏の研究に対し、一九八〇年代後半から将軍独自の政治機構の存在が設楽薫氏により指摘され、これにより今谷氏により提示された戦国期幕府像は訂正を迫られることとなった。すなわち、明応の政変以降の幕府政治を細川・三好氏による傀儡とみる今谷氏の見解に、将軍も独自に政治機構をもって政治を行っていた事実を指摘したのである。これは鳥居和之氏の「応仁・文明の乱後の室町幕府」[22]（一九八七年）に見られるような東山殿足利義政・将軍義尚父子の権限区分に着目した論考を嚆矢に、将軍そのものの権限・政務決裁機構に関心が向けられ、設楽薫氏の「「伺事記録」の成立」[23]（一九八六年）、「将軍足利義材の政務決裁――「御前沙汰」における将軍側近の役割――」[24]（一九八七年）、「室町幕府の評定衆と「御前沙汰」――「御前沙汰」の評議体制及びメンバーの変遷――」[25]（一九八七年）、「足利義尚政権考――近江在陣中における「評定衆」の成立を通して――」[26]（一九八九年）等の精力的な研究により明らかになった。[27]しかし、御前沙汰を中心とした将軍独自の政治機構を指摘する設楽氏にしても、近年漸く義晴前期にまで下ってきてはいるが、[28]その中心は将軍足利義尚・義材期であり、将軍独自の政治機構と細川氏とがどのように関係し合うのかという点とともに、それ以降の実態がいまだ明らかにできていない点に課題が残った。すなわち、一九七〇年代まではほとんど意識されていなかった御前沙汰・政所沙汰の実態を解明することにより、戦国期の幕府政治機構とその機能の様態を再構築してゆく段階にきている。その取り組みの一つとして設楽氏の近年の研究や山田康弘氏の『戦国期室町幕府と将軍』[29]（二〇〇〇年）が挙げられ、最末期幕府の御前沙汰・政所沙汰の解明が着手され始めている。[30]そのため将軍足利義晴以降、最後の将軍義昭段階までの将軍独自の政治機構の実態を解明して、その特質を究明してゆくことが課題となる。[31]本書では、比較的史料の多く残存する将軍義晴期の幕府政治の構造を解明して、それ以降の幕政構造の展開を展望する基礎的作業を行った。

2　将軍直臣団研究　――奉公衆研究の現状と問題点――

次いで、将軍独自の政治機構の実態究明と同じく重要であるのが、将軍直臣団の解明である。将軍直臣団は将軍権力を軍事的に直接支える存在であり、将軍権力と結び付く御家人（国人）の上部権力との関係を知るうえで一つの鍵となると考えられる。将軍直臣団の研究は、奉公衆組織の研究として進められてきた。「将軍直属の兵力」としてその重要性を最初に喚起したのは杉山博氏の「室町幕府」[32]（一九五七年）であったが、これを奉公衆組織として幕府体制上に位置づけたのが、佐藤進一氏である。佐藤氏は一九六三年に発表された「室町幕府論」[33]において、南北朝期の御家人制の検討から、お目見え以上の直臣を奉公衆とみる見解を提示された。その後、一九六〇～七〇年代にかけて、小林宏氏が行った室町幕府の御家人制の研究は、直勤御家人としての奉公衆が、単なる将軍の軍事的基盤として存在していたのではなく、将軍権力にとって様々な機能（幕府機構上の役職や両使遵行、特権の付与及び保護等）を果たしていた点を明らかにされた[34]。小林氏の研究の後、一九七〇～八〇年代にかけての福田豊彦氏の一連の研究[35]により、奉公衆の実態がより具体的に解明された。福田氏の研究の特徴は、番帳といわれる奉公衆名簿の徹底分析である。これにより五か番に編成された奉公衆の実態が解明され、いわゆる番方（＝番衆）の奉公衆についての分析は、ほぼ行き着くところまで行った感がある。その間、番帳成立年代の比定に関する論争も行われた[36]。しかし福田氏の奉公衆研究には問題点がある。それは、史料用語としての「奉公衆」の言葉に固執するあまり、番衆（＝番方）の事を奉公衆と呼んだ、十五世紀後半の将軍足利義政を中心とする叙述にとどまってしまう点である。確かに福田氏の述べる如く、義政期における「奉公衆」の語彙のみに着目すれば、福田氏の奉公衆概念には矛盾はない。

しかし、福田氏の説では説明しきれない事例が存在する。それは福田氏が奉公衆の解体とみた明応の政変以降の事例である。天文年間、山科言継は「奉公衆」の語を番方以外の外様衆・御供衆・御部屋衆・申次衆・走衆などにも使用している[37]。このことは奉公衆概念が応仁・文明期から天文期にかけて、大きく変容した結果ではないかと考えられる。そしてその変化は、恐らく幕府の政治体制の変質と大きく関係しているのではないか。つまり将軍足利義晴期の天文年間においては、奉公衆は番方の他に外様衆・御供衆・御部屋衆・申次衆・走衆などのお目見え以上の将軍直臣達全体を指していることはほぼ間違いなく、奉公衆を番方のみに限定しえなくなっているのである。そのため福田氏の奉公衆概念は、今一度再検討の余地があるものと考える。福田氏の研究以前の佐藤氏が述べる如く、お目見え以上の将軍直臣達を奉公衆と一括りにして、学術用語として「奉公衆」をまずは措定してみる必要があるのではないか。福田氏は番方＝番衆に限定した分析であったが、小林宏氏が行ったような、将軍権力にとっての諸機能にもう一度注目する必要がある。その上で、お目見え以上の将軍直臣達が、幕府成立当初の段階から義教期・義政期・義晴期等、それぞれの段階でどの様な存在形態をとり、また変化していったのかを考えなければならないと考える。

その際、重要な視角となるのが、武士社会における家格の形成[38]の問題である。お目見え以上の将軍直臣達は、義教期から義政期にかけて、大名・外様衆・御供衆・御部屋衆・申次衆・番衆・走衆と細かく分けられてゆく。これは幕府内部における職掌の細分化と共に、大名のなかからさらに選ばれた存在である御相伴衆[39]や、外様衆の如く実際には職としての活動のない、家格としてのみ存在するものも現れ、この家格が幕府内においても、在地支配においても重要なキーワードとなってくる。さらに番方の実質的機能が衰退した段階、すなわち明応の政変以降においては、御供衆に朽木稙綱・朝倉孝景・秋月種方・三好長慶・三好義長・松永久秀など、本来入るべき家格にないものを積極的に将軍義晴が採り入れている[40]ことや、一大外様衆集団の存する近江湖西へ度々将軍が動座している事実は、番方の機能縮小に伴い、将軍が拠って立つ直臣団を番方から外様衆・御供衆へとその比重を変えてきているのではないか、との見通しが得られる。そのことが、最末期における幕府政治のあり方や、政治機構の変化とも密接に関連しあうのではないか。そうした幕府そのものの変化を視野に入れたなかで、初めて幕府の終焉を議論の俎上に上すことができるものと考える。

以上、今後意識的に行わなければならない奉公衆研究の視角として、①番方以外の奉公衆の実態[41]、②家格の形成と奉公衆の関係、③奉公衆概念の変遷と幕府体制の関連を明らかにしてゆかねばならないと考える。そしてそれは現段階では、奉公衆家の個別研究[42]を通して解明されてゆくべきものと考える。本書では、①のうちでも外様衆について検討し、②についても適宜言及するに止まった。家格の形成と将軍権力との関係や、他の家格のもの達について等、奉公衆の全面的検討は次に取り組むべき課題である。

二　在地領主の内と外

室町時代社会を規定する理論として、一九六〇年代までの理解は、永原慶二氏の「守護領国制の展開」[43]に代表されるように、「統一的な国家秩序が失われた、分権的な社会体制」であり、その「分権的な地方権力の中核的な担い手となるもの」が守護大名であるとみて、その領国支配の展開を守護領国制としてとらえていた。しかしその後、水野恭一郎氏や黒川直則氏ら[44]により、「分権的な地方領主層」として①守護、②地頭・荘官級の在地領主、③名主層の封建的分解から成長する地侍層の三階層があり、②③の階層の分析から、守護は荘園制を克服することはできず、逆に荘園制に依存していたこと、守護は在地領主層を十分把握できていなかったこと、幕府独自の権力基盤の存在などから、守護の領国支配の未熟さが明らかとなった。その後、一九七〇年に発表された田沼睦氏の「室町幕府と守護領国」[45]や一九七六年の『岩波講座日本歴史』[46]に執筆された「室町幕府・守護・国人」において、幕府からの公権分有の上に成り立つ守護権のあり方を重視すべきことが指摘され、それを「室町幕府―守護体制」ととらえ、以後この新しい支配概念の上に研究が深化していった[47]。この視点は、今岡典和・川岡勉・矢田俊文各氏により、戦国期に至っても守護職が領国に意味を持ち続けたことを指摘する「戦国期守護」論として継承された[48]。ところが在地社会の諸矛盾を最も体現し、中世後期社会の中核的存在と見做された国人については、その用語が史料的用法を確定せずに概念規定されたため、幕府体制概念の俎上には上らなかった。

国人については、一九五一年に稲垣泰彦氏が、①国という在地的性格、②守護大名などの外部勢力に対抗する意識の内包、③一国という地域的連帯意識による団結、という三要素を指摘した[49]。これは稲垣氏の国一揆論から導き出された要素であり、政治的内容に基づく分類である。社会経済史的側面からは、一九六三年に発表された黒川直則氏の「中世後期の領主制について」[50]においてその性格規定が試みられた。黒川氏は鎌倉時代の地頭に系譜をもち直接経営を行わない者を「国人」、荘内の有力名主・地侍層を「土豪」と区別し、「国人」の領主としての性格を国人領主制と概念規定した。そして「土豪」と「国人」領主との区別を直接経営の有無と村落共同体からの規制のされ方の相違に求めた。しかし黒川氏が「土豪」に分類された者も当時の用法として国人と呼ばれており、実態との相違が問題となった。そこで、史料用語としての国人の用例を検討したのが石田晴男氏であった。石田氏は、一九八八年に発表された「室町幕府・守護・国人体制と「一揆」」[51]において、それが幕府御家人であることを明らかにした。そして守護に対置する在地における幕府体制を支えた存在としての国人＝御家人の存在を指摘し、その体制を「室町幕府・守護・国人体制」としてとらえる見解を提示した。これにより国人が幕府体制のなかに位置付けられることとなった。そののち、一九九三年に伊藤俊一氏が、御家人の他に荘園の代官や沙汰人など「地域社会における「荘家」の長として、幕府―守護に対する公役の納入責任者」も国人と呼ばれていた事実を指摘し、現在では伊藤説が国人理解の到達点となっている[52]。すなわち、国人とは制度上に位置づけられた存在といえる。そのため稲垣氏が指摘した国人の②③の要素は、国一揆論に引き付けすぎた見方で、一揆を形成する場合に起こる要素と見るべきであろう[53]。

この国人の領主制は、一般に国人領主制といわれる[54]。しかし、国人理解の明確化と共に、その領主制の研究は行詰りを見せる。幕府公役の納入責任者は御家人だけでなく荘園の代官や沙汰人層も含むため、その領主制の特徴をつかむことが困難となったのである。国人領主制研究は、もともと在地領主制研究において中世後期社会の中核的推進主体を国人に求めたことに始まる。在地領主制の在地領主とは、「中世の在地、すなわち農・山・漁村などの生産世界に生活の根拠地をもち、在地民の生産活動に対し強い指導性をもっていた領主層の総称」であり、京都・奈良などに住む都市貴族や寺社の荘園領主（都市領主）と区別するために用いられた用語である。[55]それは石母田正氏の『中世的世界の形成』[56]（一九四六年）において、鎌倉時代の武士が古代奴隷制国家を解体し、中世封建制社会を建設した推進主体であったことを評価して、彼らを在地領主という歴史的範疇で表現したのを始点とする。とくに鎌倉時代においては、在地支配の遂行主体が鎌倉幕府の御家人層であったことから、その領主制を地頭領主制と呼んで研究が深められた。南北朝・室町時代においては、在地支配の遂行主体が一つには国人と呼ばれる人々であったため、その領主制を国人領主制と呼んで研究が行われてきたのであった。在地領主は領域支配を展開するが、領域支配実現の契機につい て公権を媒介に考える永原慶二氏の職の体系論や入間田宣夫氏の公田論、大山喬平氏の村落を背景にする萌芽的領主＝公文層を「村落領主」と呼び、この「村落領主」掌握を通じて地頭の領域支配は実現したと見る、農村共同体内部の領主制（〃小さな領主制〃）を重視する説が出された。[57]大山氏の視点は、中世後期にも受け継がれ、名主層の封建的分解から成長する地侍層も領主とみて、彼らを「小領主」と規定する村田修三・朝尾直弘両氏や、「地主」化の運動のなかでとらえようとする峰岸純夫・藤木久志両氏など、その領主としての性格が議論されている。[58]こうした国家公権・村落を媒介にした領域支配の実現とは別に、「イエ」支配の領域化という「イエ」の自立性を重視する石井進氏の見解も出された。[59]

この様に土豪・地侍・村落領主・小領主などといった中間層の分析が在地領主制研究の主流となるなか、在地領主と地域社会との関わりに注目し、中間層に収斂しない在地領主の特質解明を提唱した湯浅治久氏の近年の研究は注目される。[60]それは国人領主制研究の行詰りとあいまって消極的評価が与えられてきた在地領主について、その固有の再生産構造を「公事」・「公方」といった公的側面に着目することで、萌芽的領主ともいうべき中間層ではない在地領主を研究することの重要性を指摘したことである。

湯浅氏の研究では在地領主の地域社会との関わりが重視された。そのことにより地域社会に立ち現れる在地領主の「公方」としての性格が明確になったのであるが、在地領主のいま一つの側面である上部構造との関わり方においても留意して検討してゆかなければならないと考える。本書ではとくに上部構造との関わり方が、どのような在地領主の地域支配や再生産構造の上に立ってなされているのかという点を明らかにしたい。

在地領主の再生産構造という点においては、その財政運営状況の評価が焦点となる。在地領主の財政は、史料的制約からほとんど明らかにできず、室町幕府や守護大名の財政と同様、財政の一側面は言及できても全体は不明というのが現状である。[61] そうしたなか、藤木久志氏が一九七三年に発表された「在地領主の高利貸機能について――文明～大永期、近江朽木氏の財政帳簿の分析――」[62]で「朽木文書」の分析から導いた、地主化に伴う高利貸業者からの借米・借金による財政の悪化傾向の指摘は、室町中・後期における在地領主の実態の典型として位置づけられている。そしてこの在地領主の財政悪化が戦国大名への被官化を促し、戦国大名の領国形成を容易にしたとの理解がなされている。この藤木説をさらに進展させたのが、湯浅氏の「中世後期における在地領主の収取と財政――朽木文書の帳簿類の分析から――」[63]（一九八八年）であった。現存する「朽木文書」の財政帳簿類から、朽木氏財政の特徴を指摘した湯浅氏の研究は、これまで解明できなかった在地領主の財政構造を本格的に論じた点に意義があった。しかしその分析は、素材とした「朽木文書」固有の問題が看過されていた。

藤木・湯浅両論文が共に「朽木文書」を分析の対象としているのは、同文書が在地領主層の残した比較的まとまっ

表1　「朽木文書」の年代別残存状況

年代	数
1220	3
30	0
40	1
50	1
60	5
70	2
80	4
90	12
1300	7
10	6
20	13
30	34
40	10
50	15
60	9
70	10
80	8
90	7
1400	4
10	4
20	10
30	7
40	11
50	38
60	122
70	179
80	90
90	51
1500	80
10	45
20	114
30	22
40	36
50	10
60	7
70	16
80	3
90	9
1600	70
10	7
20	1
30	8

註：年代推定できなかったものは含めていない。

た中世文書群として、畿内周辺においては質・量共に唯一であるためである。とくに所領支配に関する文書が多くを占めるため、同文書は在地領主の領主制を分析する格好の素材となった。そのため「朽木文書」の分析結果が、そのまま畿内周辺の在地領主像を形成することとなった。ここでは、畿内周辺の在地領主像を形成してきた同文書の残存状況について瞥見して、藤木・湯浅両論文の史料操作についての問題点を指摘したい。

鎌倉時代以来、現在の滋賀県高島市朽木の朽木家に代々伝わった、約一、三〇〇通もの「朽木文書」[64]の残存状況は、表1の如くである。十年毎の残存数の変遷から分かることは、十五世紀中期から十六世紀中期にかけての約百年間に文書が多く残存し、その前後の時代の文書が少ないことである。この様な残存の仕方には理由があり、永享十年（一四三八）の私宅炎上が、十五世紀中期以前の文書が少ない理由である。十五世紀中期以降の分が少数しか残存していない理由は、十五世紀後半の朽木氏家臣団編成と、惣領（後に庶子）が在京するようになった点に求められる。「朽木文書」を扱う場合、文書の残存していない部分をいかに補い、考察してゆくかが重要となる。そのため朽木氏内部の支配機構の構築とそれによる残存文書のあり方を考慮にいれていない――すなわち現存文書のみの分析による――

藤木・湯浅両氏の見解には問題が残る。残存状況を考慮に入れた上で、文書が残存しなかった部分をも考慮して、朽木氏財政全体を規定するものは何であったのかを解明することが肝要となる。本書では、室町中・後期から積極的に朽木氏が獲得する、周辺地域の代官職からの得分を重視し、その実態を分析した。代官支配が行われた所領は、残存史料が限られ、支配の実態が分かる所領は非常に少ないが、本書では荘園領主や現地公文の残した史料に恵まれる二か所の所領の分析から、代官支配の実態を明らかにした。

三　同名中研究

同名中は戦国期特有の結合形態として、これまで近江国甲賀郡の山中氏を対象に研究されてきた。その研究史は、牧野信之助氏が「中世末期に於ける村落結合」(65)（一九二三年）において「諸部落の連合団結」に甲賀郡中惣を見出し、その構成員である山中氏が「同名」を形成し、「同名」＝「党」全体の利害に関する問題を解決していたとの指摘に始まる。そののち甲賀郡中惣をめぐり、菊池武雄「戦国大名の権力構造――遠州蒲御厨を中心として――」(66)（一九五三年）、石田善人「惣結合の諸類型」（一九六〇年）・「甲賀郡中惣と伊賀国惣国一揆」(67)（一九六二年）等の研究で、郡中惣を村落結合の一形態として捉え、菅浦・今堀の惣に比べ遅れた後進型の惣と見た。次いで山中氏そのものの存在形態の追及へと向い、高木昭作氏は「甲賀郡山中氏と『郡中惣』――小領主の性格規定のために――」(68)（一九六七年）で「山中氏クラスの領主への転化」を見、村田修三氏は「戦国時代の小領主――近江国甲賀郡山中氏について――」(69)（一九七三年）で、山中氏が持つ地主・高利貸・被官主の三属性から、領主とは規定することのできない階層＝領主と百姓の中間層たる小領主と規定し、この小領主達の同族結合＝「同名中惣」により「在地領主の支配権力に相当する地域権力を形成しえた」とする。しかし各人の同名中および甲賀郡中惣の理解は同一ではなく、郡中惣、同名中、一家中といった組織を同一視し、各組織の違いを明確にしていなかった。そこで郡中惣を形成する同名中について本格的にメスを入れたのが、宮島敬一氏の「戦国期における在地法秩序の考察――甲賀郡中惣を素材として――」(70)（一九七八年）であった。

宮島氏は、山中同名中が山中一族だけでなく非血縁者にも名字を与え構成員としていること、その結合は当初「単なる戦闘集団」だったが、室町～戦国にかけて新たに在地で生み出され蓄積された、加地子収取を保障するための体制として形成されたことを明らかにした。つまり「同名中は名字と戦闘を環に他氏土豪・地侍が階級的結集をした相互の権利保障と在地支配のための権力組織」だという。そして同名中構成員は、それぞれに親族と被官から成る「家」を持っていたため、相互に「対等性」が現れ、その「対等性」を維持するために同名中掟の作成を必要とする。宮島氏は山中氏を小領主と見たが、一九八一年に久留島（湯沢）典子氏は「中世後期在地領主層の一動向――甲賀郡山中氏について――」(71)において、山中氏が地頭職を保持する幕府御家人で、「小規模な在地領主」と把握すべきことを指摘した。続いて石田晴男氏は「両山中氏と甲賀「郡中惣」」(72)（一九八六年）で、山中氏の在地領主的支配の実態を分析し、これにより土豪・地侍・小領主層の形成する同名中組織という理解が、在地領主一般にまで拡大された。この同名中と在地領主的支配との関連を、さらに戦国期の村に生まれた侍身分層の動きを分析するなかから追究し、同名中組織の複雑な性格を見出したのが湯浅治久氏の「「惣国一揆」と「侍」身分論――在地領主・村落研究の接点を求めて――」(73)（一九九三年）であった。

湯浅氏の指摘は多岐に亘るが、同名中の本質を「村落支配と領主的成長を実現するための組織」と見、「それ（同名中…西島注）に包摂されることで「小領主」は領主支配の一翼を担う存在に転化する」という。つまり同名中組織を在地領主の領主的な活動と見るのである。そして同名中の成立を、応仁・文明の乱後の守護在国による国人領押領が、国人領の不安定化をもたらし、そのため「一揆」的な在地支配形態＝同名中を形成するのだという。また同名中化すること――親族内での合意を得ること――により、在地からの離脱を可能にするという上昇志向を持つが、同時に村落などの地域の論理にも従属する面を持つという。ただしこの段階では、同名中組織が在地領主的支配を実現する組織と見るとはいえ、そこで対象としたのは久留島氏が「小規模な在地領主」と規定したような、従来土豪・地侍・小領主と把握された層であった。(74) 現在でも山中氏を「土豪」層とみる見解もある。(75) そのため、土豪・地侍・小領主と認識されることもある「小規模な在地領主」ではない在地領主の同名中を分析することが課題であった。

湯浅氏はその後「「公方」大原氏と地域社会」（二〇〇二年）で、近江北部の幕府奉公衆大原氏が地域社会のなかで「公方」として立ち現れる過程を検討し、大原氏の同名中組織が十五世紀初頭の応永年間にまで遡ることを見出す。(76) この論文は、次の点で画期的である。一つ目は、これまでの同名中研究が、土豪・地侍・小領主など村の最上部に位置する連中で「小規模な在地領主」とも認識される中間層を素材としてきたのに対し、幕府の御家人で奉公衆でもある在地領主を素材とした初めての研究である点である。二つ目は、山中同名中の初見が延徳四年（一四九二）であるように、土豪・地侍・小領主（「小規模な在地領主」）の同名中組織のほとんどが十五世紀末から十六世紀のものであるのに対し、大原氏のような在地領主の場合、それが十五世紀初頭にまで遡るという点である。つまり十五世紀末から十六世紀にかけて土豪・地侍・小領主と概念規定される中間層の同名中組織が広範に形成されるが、その先行形態として在地領主の同名中組織が存在するという点である。(77) 中間層の同名中の形成過程や存在形態をさらに追求してゆく長谷川裕子氏[78]の研究も重要ではあるが、今後求められるのは大原同名中と同様の在地領主の同名中をより多く検出・発掘し、その形成過程や存在形態について分析することである。中間層の同名中に先行する在地領主の同名中の検討が課題なのである。これにより中間層の同名中の形成要因や存在形態などの系譜が辿れるものと考える。そして在地領主の同名中を、室町時代を特徴づける一揆研究史のなかに位置づける作業が必要であろう。このような問題意識の上で本書では、これまで史料的制約から注目されてこなかった近江国湖西の在地領主で、室町幕府のなかで大名に次ぐ家格を有する外様衆に編成された、西佐々木同名中について検討を行った。

四　幕府を東方から見る視点　——近江国から見る京都——

本書で扱う地域は畿内近国の近江国である。なぜ近江国なのか。これまで戦国期室町幕府について扱う際、必ず京都を誰が奪取し、支配したかという観点から、細川・三好・松永といった京都より西の勢力との関わりで論じられてきた。そこから細川政権や三好・松永政権といった概念が生まれた。しかし京都から西の勢力と対峙し、京都を追われた室町将軍は、多くの場合京都より東方へ避難しており、再度の入洛の機会を窺い、最終的には入洛を果たす。この時注意しなければならないのが、将軍の都落ちを受け入れ、それを支え、入洛を援けた勢力との関係である。この勢力と幕府との関係を解明することは、戦国期室町幕府の実態および、畿内の争乱を読み解く上で非常に重要な視点である。これまで室町幕府と関東との関係を見る視点からは、渡邊世祐氏の『関東中心足利時代之研究』[79]（一九二六年）以来、その研究は低調であったが、近年、家永遵嗣氏が精力的に分析を行い、飛躍的に研究がすすんでいる。[80]しかし、京都と隣接する近江や美濃・尾張・三河・伊勢といった東海地域と幕府との関係については、十分分析がすすんでいない。これは織田信長・豊臣秀吉・徳川家康といった人物が東海地域から輩出するのはなぜか、という問題を考える上でも京都より東方の勢力との関係をみる姿勢はもっと意識して行うべきである。本書では、そのような意図をもって近江国の守護や在地領主の分析を行っている。

五　本書の構成

以上のような問題関心に基づいて、本書では次のような構成で分析する。以下、各章のねらいについて述べておく。近江国の守護や在地領主と、室町幕府との関係を検討した第一部に、朽木氏の政治動向・所領支配、朽木文書を中心とする史料論を第二部に置いた。

第一部「室町幕府と近江国」は、戦国期室町幕府を東から見る視点を実践したものである。

第一章「足利義晴期の政治構造」は、将軍足利義晴が京都の騒擾を逃れ近江へ落ちてきた時の状況の復元から、それを支えた勢力との関係を捉え、その後の幕政に大きな影響を与えてゆく姿を、近江守護六角定頼が行った幕政への「意見」について分析を加えることにより明らかにしたものである。これは西の勢力からみた幕府論ではなく、東の勢力からみた幕府論である。戦国期の室町幕府論は、西の勢力が事実上京都を支配したことだけで語ることはできず、今後は東の勢力、とくに近江や東海地域・北陸地域を視野にいれなければ全体像を描くのは難しいことを示した。

第二章「近江国湖西の在地領主と室町幕府」は、幕府における身分格式の形成と固定化が進行するなかで、在地領主達の地域社会での繋がりがどのように変化してゆくのかを追及したものである。近江湖西の在地領主達が、室町時代を通じ幕府とどのような関係を結び、その関係の変化が地域社会の他の連中とどのような新たな関係を結んで行くのか。ここでは伊勢氏の政治的台頭と被官の形成状況から、戦国期に新たな土豪層の取り込みと連合がなされてくることを示した。

第三章「佐々木越中氏と西佐々木同名中」では、室町中期に形成された西佐々木同名中について、同名中を形成する各家の実態を明らかにしないことには同名中の内実にまで迫ることができないとの認識から、その中核となったと推定される佐々木越中氏について、系譜・政治動向・経済基盤を解明した。そして西佐々木七氏で形成された同名中は、幕府の家格上、外様衆という上位の家格を有し、その形成理由は惣勢力との対決のためだけでない、交通・流通支配への共同統治という側面も有していた点を明らかにした。

第四章「佐々木田中氏の広域支配とその活動」では、西佐々木七氏の一つ佐々木田中氏について経済基盤や政治動向を分析し、湖西全域に跨る広域支配を実現していた事実を明らかにした。これまで、朽木氏が高嶋半郡規模の地域公権を実現していたと評価されていたが、このような広域支配を実現していたのは朽木氏だけでなかった点を示した。

第五章「西佐々木七氏の経済基盤と序列」は、越中・田中・朽木以外の西佐々木各氏――永田・能登・横山・山崎――についてその経済基盤と政治動向などを明らかにした。これにより西佐々木七氏の経済基盤の比較が可能となり、そのことが政治動向にどのように反映されているかを分析することができた。その結果、同名中を構成する七氏の間には序列が存在し、その序列は経済基盤のあり方が如実に反映されていたことを指摘した。それは所領経営状況の違いがそのまま軍役の規模に反映する。そのため将軍への奉公の度合いに差が生まれ、そのことが将軍家との関係の親疎として現れる点が重要である。その上で、在地領主の同名中である西佐々木同名中を、一揆研究史上に位置づけた。

第二部では、西佐々木七氏のうち、最も纏まった文書を残す佐々木朽木氏について分析した。西佐々木同名中を構成する朽木氏については、これまでその領主制のみが注目され、基礎的事実の分析が等閑に付されていた。そこで第一章「室町中・後期における朽木氏の系譜と動向」では、室町時代の朽木氏の系譜およびその政治動向、惣領・庶子間の確執といった点を明らかにし、今後の朽木氏研究の基礎的事実の確定を行った。続く第二章「中・近世移行期における朽木氏の動向」では、考察の時期を中・近世移行期に絞り、朽木氏がどのような政治的立ち振舞いによって生き残り、江戸時代には交代寄合として中世と同一地に居住することを可能としたのか、という点を惣領朽木元綱の一生を追う形で明らかにした。

第三章「朽木氏の針畑庄支配と山門・幕府」と、続く第四章は朽木氏の所領支配に関わる論考である。第三章では朽木氏の所領支配について、本貫地朽木庄の隣地針畑地域をいかなる論理と実践によって支配を貫徹してゆくのかという視点から分析し、時の政治状況を巧みに利用した正当性の獲得と、人的関係の構築とにより支配を貫徹してゆく姿を描いた。現在でも朽木の中心地である安曇川本流域と、安曇川支流の針畑川が貫流する針畑地域とでは、同じ朽木（村）内でも人々の行政認識に温度差がある。それは古代から続く認識の再生産だったのである。

第四章「中・近世移行期における在地領主の代官請について」は、朽木庄と針畑の南隣に位置する山城国久多郷を例に、朽木氏が同地を醍醐寺三宝院の代官となることで支配を行い、近世初頭では一般には認められない寺社領における武家の代官支配が、ここでは残存してゆく過程を描いた。移行期の武家の代官支配の多くは姿を消すが、久多郷では残る。朽木氏は代官支配により朽木庄周辺に支配領域を拡大できた。そこから、これまで度重なる戦争による財政赤字で朽木氏財政は破綻していたとする湯浅治久氏の説は、周辺地域で多く獲得した代官職の得分を考慮していないものであり、戦国期の領主財政は破綻していなかったとの認識を示した。では、なぜ財政帳簿に赤字決済として表現されるような決済構造をとるのか、という点が問題として残ったが、この点については近年、松浦弘氏が財政担当家臣は土倉を生業とする有徳人で、彼らの補塡と運用が朽木氏財政を支えていた事実を指摘された[81]。これにより今後の領主財政の問題は、その内部構造にまで踏み込んで考察できる素地を得たことになる。

第五章「戦国末期室町幕府女房所領について」は、朽木家の文書を整理するなかから発見した史料の分析から、これまで全く手がつけられていなかった戦国末期の室町幕府女房の所領について、将軍との内々に取り次ぐことのできる幕府女房の所領には、寄進によるものもあった事実を指摘した。またその過程で、将軍足利義昭期の年貢輸送に関わる近江国の交通・流通事情も明らかにできた。

第六章「朽木家旧蔵史料について」では、専ら中世史料のみが研究の対象となっている朽木文書であるが、この文書の伝来過程を解明することで、文書の残存形態の特徴を見出す。そして江戸時代の典籍をも含む朽木綱泰による朽木文庫開設の状況を概観し、明治以降、それら史料が散逸してゆく過程を跡付けた。ここでは、朽木家旧蔵史料の変遷を概略的に述べたに過ぎない。今後は朽木文庫を手掛かりに、知的財産の継承過程の解明にも関心をもって取り組んでゆきたい。

以上のような本書の構成は、これまでの私の拙い研究の軌跡である。京都から東の勢力から見た室町幕府という視角は、漸く近江国の事例から始まったに過ぎない。幕府の家格形成の問題や政治構造の問題など、東からの視点がいかに重要であるかを例示できたことが本書の最大の成果ではないかと確信する。戦国期室町幕府は複雑である。将軍権力はそれだけで成り立つものではなく、それを支えるものが必要である。それが何であり、どのような経緯と構造をとっているのか。幕府内部の問題もさることながら、近江だけでなく、東海地域にも視野を広げ、さらに西方の勢力とも併せて総合的に考察し、そこから最末期の室町幕府が後の時代に残したものを見極めてゆきたい。今後の研究課題は尽きない。本書は、その取り掛かりの第一歩である。

〔註〕

(1) 共に明治書院刊。のち講談社学術文庫に収録。

(2)『法学協会雑誌』三〇―一〇(のち同氏著『法制史論集』第三巻上、岩波書店、一九四三年に収録)。

(3) 弘文堂書房刊。

(4)「幕府論」(『新日本史講座』中央公論社)、「室町幕府開創期の官制体系」(石母田正・佐藤進一編『中世の法と国家』東京大学出版会)、「室町幕府論」(『岩波講座日本歴史』7、中世3、岩波書店)。いずれものち同氏著『日本中世史論集』(岩波書店、一九九〇年)に収録。

(5) 佐藤氏の「室町幕府論」に刺激され、一九六〇年代に羽下徳彦「室町幕府論――覚書・主要研究の整理――」(日本歴史学会編『日本史の問題点』吉川弘文館、一九六五年)、および石田善人「室町幕府論」(清水盛光・会田雄次編『封建国家の権力構造』創文社、一九六七年)が発表されたが、いずれも成立期の幕府を如何に理解するかという点に限定されている。

(6)『史学雑誌』六九―四。のち同氏著『日本中世法史論』(東京大学出版会、一九七九年)に収録。

(7) 順に『日本社会経済史研究』(吉川弘文館、一九六七年)、「中世の窓」同人編『論集中世の窓』(吉川弘文館、一九七七年)。いずれものち同氏著『室町幕府の政治と経済』(吉川弘文館、二〇〇六年)に収録。

(8)『史観』九一。

(9) 青山英夫「室町幕府奉行人についての一考察――文明期の場合――」(『上智史学』二五、一九八〇年)。青山由樹

「室町幕府「別奉行」についての基礎的考察」(『史報』創刊号、一九七九年。のち日本古文書学会編『日本古文書学論集』8、吉川弘文館、一九八七年に収録)、「室町幕府の「別奉行」について」(『東洋大学大学院紀要　文学研究科』一七、一九八一年)。森「室町幕府政所の構成と機能——文明期を中心として——」(『年報中世史研究』一三、一九八八年)。早島「京都近郊における永代売買地の安定化」(『日本史研究』四四四、一九九九年)など。史料集としても、桑山浩然校訂『室町幕府引付史料集成(上・下)』近藤出版社、一九八〇・八六年)や『室町幕府関係引付史料の研究』(研究代表者桑山浩然、昭和六十三年度科学研究費補助金一般研究(B)研究成果報告書、一九八九年)、今谷明・高橋康夫編『室町幕府文書集成　奉行人奉書篇(上・下)』(思文閣出版、一九八六年)等が刊行された。

(10)『史学雑誌』九四—一二。その他、山家氏には「(報告要旨)応永期の室町幕府奉行人」(『遙かなる中世』五、一九八二年)、「中次の奉書」(『遙かなる中世』八、一九八七年)、「室町幕府の賦と奉行人」(石井進編『中世の法と政治』吉川弘文館、一九九二年)、「奉行人飯尾清藤」(『日本歴史』六七五、二〇〇四年)などの論考がある。他の初期訴訟機関に関わる主論考は、岩元修一「初期室町幕府訴訟制度について」(九州大学国史学研究室編『古代中世史論集』吉川弘文館、一九九〇年)、「南北朝期室町幕府の政務機構」(『九州史学』一〇九、一九九四年)。矢部健太郎「足利直義管下の三方制内談方と二階堂道本」(今江廣道編『前田本『玉燭宝典』紙背文書とその研究』続群書類従完成会、二〇〇二年)など。

(11)『白山史学』一〇及び『中世の窓』一三(のち『論集日本歴史5室町政権』有精堂、一九七五年に収録)。侍所については、羽下「室町幕府初期検断小考」(『日本社会経済史研究』中世編、吉川弘文館、一九六七年)。二木謙一「室町幕府侍所所司代多賀高忠」(『国学院大学紀要』一一、一九七四年。のち同氏著『中世武家儀礼の研究』吉川弘文館、一九八五年)。今谷明「増訂室町幕府侍所頭並山城守護補任沿革考証稿」(『京都市史編纂通信』七〇・七二・七四、一九七五年。のち同氏著『守護領国支配機構の研究』法政大学出版会、一九八六年に収録)。設楽薫「室町幕府「小侍所」雑記」(『史路』一、法政大学中世史研究史路同人会、一九七八年)。阪田雄一「足利直義党に関する二、三の問題点——

侍所頭人に関して、山名時氏・細川顕氏を例に――」（『史翰』一八、一九八二年）。松井智之「室町時代における侍所の京都支配」（『富山史壇』一三九、二〇〇三年）ほか。

(12)『史林』五八―五。小林氏には、他に幕府職制史研究を目論んだ「南北朝・室町期の過書発給について――室町幕府職制史の基礎的考察――」（『名古屋大学日本史論集』上、吉川弘文館、一九七五年）、「室町幕府における段銭制度の確立」（『日本史研究』一六七、一九七六年）がある。

(13)『学習院史学』七。

(14)『神戸大学文学部紀要』四。

(15)順に『年報中世史研究』五、『日本史研究』三二一。

(16)『年報中世史研究』一八。他に、設楽「御前沙汰始の儀式と「松田家記」の記事をめぐって」（『史路』三、一九七九年）。

(17)その他の幕府の政治機構・構造に関わる主たる著書・論考を挙げておく。佐藤進一『日本歴史9南北朝の動乱』（中央公論社、一九六五年）、『室町幕府守護制度の研究（上・下）』（東京大学出版会、一九六七・八八年）、『足利義満』（平凡社、一九八〇年）、『日本中世史論集』（岩波書店、一九九〇年）。小川信『足利一門守護発展史の研究』（吉川弘文館、一九八〇年）。森茂暁『南北朝期公武関係史の研究』（文献出版、一九八四年）、『満済』（ミネルヴァ書房、二〇〇四年）。今谷明『室町の王権』（中央公論社、一九九〇年）。伊藤喜良『日本中世の王権と権威』（思文閣出版、一九九三年）。家永遵嗣『室町幕府将軍権力の研究』（東京大学日本史学研究室、一九九五年）。水野智之『室町時代公武関係の研究』（吉川弘文館、二〇〇五年）。臼井信義「足利義持の薨去と継嗣問題」（『国史学』五七、一九五二年）、『足利義満』（吉川弘文館、一九六〇年）。一倉喜好「政所執事としての伊勢氏の抬頭について」（『日本歴史』一〇四、一九五七年）。斎木一馬「恐怖の世――嘉吉の変の背景――」（『戦乱と人物』吉川弘文館、一九六八年）。下坂守「山門使節制度の成立と展開」（『史林』五八―一、一九七五年）。宮崎隆旨「室町初期における伊勢氏の動向」（『史泉』五〇、一九七五年）。百瀬今朝雄「応仁・文明の乱」（『岩波講座日本歴史』7、中世3、一九七六年）。小泉義博「室町幕府奉行人奉書の充所」（『日本史研究』一六六、一九七六年）。設楽薫「室町幕府評定衆「意見状」」（『史路』二、一九七八年）、「足利義教の嗣立と大館氏の動向」（『法政史学』三一、一九七九年）、「室町幕府評定衆摂津之親の日記「長禄四年記」の研究」（『東京大学史料編纂所研究紀要』三、一九九三年）。青山英夫「室町幕府将軍権力に関する一断面――義教・義政初政期の場合――」（『上智史学』二六、一九八一年）、「将軍専制下における管領細川氏の動向」（『上智史学』二七、一九八二年）、「「文正の政変」に関する覚書」（『上智史学』三一、一九八六年）、「足利義量〈御方衆〉考」（『上智史学』三三、一九八八年）。丹生谷哲一「室町幕府の下級官僚機構について」（『大阪教育大学紀要　第Ⅱ部門』三〇―三、一九八二年）。今谷明「室町幕府奉行人奉書の基礎的研究」（『国立歴史民俗博物館研究報告』一、一九八二年）、「室町幕府の評定と重臣会議」（『日本の政治と社会』塙書房、一九八四年。のち両論文とも同氏著『室町幕府解体過程の研究』岩波書店、一九八五年に収録）。鳥居和之「将軍家御判御教書・御内書の発給手続」（『年報中世史研究』七、一九八二年）。富田正弘「室町殿と天皇」（『日本史研究』三一九、一九八九年）。楞野一裕「室町幕府開創期における執事と管領」（津田秀夫先生古稀記念『封建社会と近代』同朋社、一九八九年）。新田一郎「中世「裁判」の「理念」をめぐって――「入門」手続きと「入理非」――」（同氏著『日本中世の社会と法』東京大学出版会、一九九五年。初出一九九三年）、「「由緒」と「施行」――「将軍親裁」の構造と基盤――」（勝俣鎮夫編『中世人の生活世界』山川出版社、一九九六年）。野田泰三「東山殿足利義政の政治的位置付けをめぐって」（『日本史研究』三九九、一九九五年）。前川祐一郎「壁書・高札と室町幕府徳政令――形式からみた中世法の機能――」（『史学雑誌』一〇四―一、一九九五年）、「室町幕府法の蓄積と公布・受容」（『歴史学研究』七二九、一九九九年）。高梨真行「将軍義教の幕府政治について――宿老会議を中心に――」（『大正史学』二五・二六合併号、一九九六年）。有馬香織「室町幕府奉行人発給過書についての一考察」（『古文書研究』四八、一九九八年）。河村昭一「管領斯波義淳の政治活動――将軍義教期初期の管領・重臣会議――（Ⅰ・Ⅱ）」（『政治経済史学』四一七・四一八、二〇〇一年）。吉田賢司「将軍足利義教期の諸大名――その幕政参

与についての一考察――」（『龍谷史壇』一一七、二〇〇一年）、「将軍足利義教期の管領奉書」（『古文書研究』五七、二〇〇三年）。上野史朗「義教期における室町幕府訴訟制度の変容について」（『社会科学研究』二二―二、中京大学社会科学研究所、二〇〇二年）。鈴木江津子「「永享年間訴訟制度」小考――評定衆と右筆方を中心に――」（『歴史民俗資料学研究』七、神奈川大学大学院歴史民俗資料学研究科、二〇〇二年）。村石正行「室町幕府奉行人諏訪氏の基礎的考察」（『長野県立歴史館研究紀要』一一、二〇〇五年）。関谷岳司「室町幕府評定・評定衆の変遷」（『日本歴史』六九〇、二〇〇五年）ほか。

(18) 吉田、註(17)両論文。「室町幕府の戦功褒賞――義持・義教を中心に――」（『日本歴史』六五五、二〇〇二年）。「中期室町幕府の軍勢催促」（『ヒストリア』一八四、二〇〇三年）。「室町幕府の軍事親裁制度――義政期を中心に――」（『史学雑誌』一一五―四、二〇〇六年）。

(19)『日本史研究』一三九・一四〇合併号。のち同氏著『日本中世の政治と史料』（吉川弘文館、二〇〇三年）に収録。

(20) 豊田武、ジョン・ホール編『室町時代――その社会と文化』（吉川弘文館、一九七六年）。

(21)「細川・三好体制研究序説」・「室町幕府最末期の京都支配」共に『室町幕府解体過程の研究』に収録。『戦国期の室町幕府』（角川書店、一九七五年）、『言継卿記　公家社会と町衆文化の接点』（そしえて、一九八〇年）、『守護領国支配機構の研究』（法政大学出版会、一九八六年）など。

(22)『史学雑誌』九六―二。

(23)『史学雑誌』九五―二。

(24)『史学雑誌』九六―七。

(25)『古文書研究』二八。

(26)『史学雑誌』九八―二。

(27) この他の義尚・義材（義稙）期の研究を以下に挙げる。今谷明「後期室町幕府の権力構造――とくにその専制化について――」（『中世日本の歴史像』創元社、一九七七年。のち『室町幕府解体過程の研究』に収録）、「大内義興の山城国支配」（『山口県地方史研究』五一、一九八四年。のち『守護領国支配機構の研究』に収録）。設楽薫「清元定本「伺事記録」の伝来――神道吉田家伝来の武家関係史料の由来――」（『日本歴史』四五六、一九八六年）、「足利義材の没落と将軍直臣団」（『日本史研究』三〇一、一九八七年）、「室町幕府奉行人清元定と「斎藤親基日記」の関係をめぐって――同記紙背文書の紹介と検討を中心に――」（『国史学』一三七、一九八九年）。青山英夫「「明応の政変」に関する覚書」（『上智史学』二八、一九八三年）。上杉剛「足利義材政権についての一考察――殿中申次を通じて――」（『史友』一七、青山学院大学史学会、一九八五年）。井上優「足利義尚御判御教書と鈎の陣」（『栗東歴史民俗博物館紀要』七、二〇〇一年）。今岡典和「足利義稙政権と大内義興」（上横手雅敬編『中世公武権力の構造と展開』吉川弘文館、二〇〇一年）。松山充宏「明応の政変における将軍直臣団の行動――守護権に依存する幕府直轄軍――」（『新湊市博物館紀要』一、二〇〇四年）等。また義澄期の研究は少ない。山田康弘「明応の政変直後の幕府内体制」、「文亀・永正期の将軍義澄の動向」（同氏著『戦国期室町幕府と将軍』吉川弘文館、二〇〇〇年。前者は一九九三年初出）を挙げておく。

(28) 設楽「大館尚氏（常興）略伝――将軍義晴の登場まで――」（『室町幕府関係引付史料の研究』、一九八九年）、「将軍足利義晴の政務決済と「内談衆」」（『年報中世史研究』二〇、一九九五年）、「足利義晴期における内談衆の人的構成に関する考察――その出身・経歴についての検討を中心に――」（『遙かなる中世』一九、二〇〇一年）、「将軍足利義晴期における「内談衆」の成立（前編）――享禄四年「披露事条々」の検討を出発点として――」（『室町時代研究』一、二〇〇二年）。

(29) 山田氏にはこの他、「戦国期大名間外交と将軍」（『史学雑誌』一一二―一一、二〇〇三年）、「戦国期における将軍と大名」（『歴史学研究』七七二、二〇〇五年）、「戦国期栄典と大名・将軍を考える視点」（『戦国史研究』五一、二〇〇六年）がある。

(30) 戦国期政所に関する最近の研究として、設楽薫「「政所内談記録」の研究――室町幕府「政所沙汰」における評議体制の変化について——」(『年報中世史研究』一七、一九九二年)。山田康弘「後期室町幕府政所の意思決定システムに関する一考察」(『学習院史学』三一、一九九三年。のち『戦国期室町幕府と将軍』に収録)、「戦国期室町幕府雑訴方と政所方」(『戦国史研究』四一、二〇〇一年)。清水久夫「室町時代末期における幕府政所の裁判機構」(芥川龍男編『日本中世の史的展開』文献出版、一九九七年)。松村正人「室町幕府政所頭人伊勢貞孝——その経済基盤と行動原理をめぐって——」(『白山史学』三五、一九九九年)、高梨真行「永禄政変後の室町幕府政所と摂津晴門・伊勢貞興の動向——東京国立博物館所蔵「古文書」所収三淵藤英書状を題材として——」(『MUSEUM』五九二、二〇〇四年)。水藤真『落日の室町幕府　蜷川親俊日記を読む』(吉川弘文館、二〇〇六年)がある。

尚、伊勢氏の家宰ともいうべき蜷川氏については、坂井誠一『遍歴の武家——蜷川氏の歴史的研究——』(吉川弘文館、一九六三年)。設楽薫「応仁の乱勃発前後における蜷川親元の動向」(『日本歴史』五四二、一九九三年)。井原今朝男「蜷川貞相の法楽和歌奉納と領主間ネットワーク」(『日本史研究』五一五、二〇〇五年)等が重要である。

(31) 各時期の主要先行研究は以下の様である。

義輝期……宮本義己「足利将軍義輝の芸・豊和平調停(上・下)」(『政治経済史学』一〇二・一〇三、一九七四年)、「足利将軍義輝の芸・雲和平調停——戦国末期に於ける室町幕政——」(『国学院大学大学院紀要』六、一九七五年)。平野明夫「戦国期の徳川氏と足利将軍」(『史学研究集録』二一、国学院大学大学院日本史学専攻大学院会、一九九六年)。高梨真行「将軍足利義輝の側近衆——外戚近衛一族と門跡の活動——」(『立正史学』八四、一九九八年)。山田康弘「将軍義輝殺害事件に関する一考察」(『戦国史研究』四三、二〇〇二年)。黒嶋敏①「山伏と将軍と戦国大名——末期室町幕府政治史の素描——」(『年報中世史研究』二九、二〇〇四年)。柴裕之「永禄期における今川・松平両氏の戦争と室町将軍——将軍足利義輝の駿・三停戦令の考察を通じて——」(『地方史研究』三一五、二〇〇五年)。

義栄期……斎藤薫「富田の武家——足利義栄の将軍宣下をめぐって——」(『史翰』八、国学院大学地方史研究会、一九七二年)、「足利義栄の将軍宣下をめぐって」(『国史学』一〇四、一九七八年)。

義昭期……渡邊世祐「足利義昭と織田信長の関係に就いて」（同氏著『日本中世史ノ研究』六盟館、一九四六年。初出一九一一年）。奥野高廣『足利義昭』（吉川弘文館、一九六〇年）。脇田修「織田政権と室町幕府」（時野谷勝教授退官記念事業会編『日本史論集』清文堂出版、一九七五年。のち同氏著『近世封建制成立史論』東京大学出版会、一九七七年に収録）。藤木久志「織田信長の政治的地位について」（『戦国時代』吉川弘文館、一九七八年。のち同氏著『戦国大名の権力構造』吉川弘文館、一九八七年に収録）。染谷光廣「織田政権と足利義昭の奉公衆・奉行衆との関係について」（『国史学』一一〇・一一一合併号、一九八〇年。のち藤木久志編『織田政権の研究』吉川弘文館、一九八五年に収録）。臼井進「室町幕府と織田政権との関係について――足利義昭宛の条書を素材として――」（『史叢』五四・五五合併号、日本大学史学会、一九九五年）。石崎建治「足利義昭期室町幕府奉行人奉書と織田信長朱印状の関係について」（『文化財論考』創刊号、金沢学院大学美術文化学部文化財学科、二〇〇一年）。久野雅司「足利義昭政権と織田政権――京都支配の検討を中心として――」（『歴史評論』六四〇、二〇〇三年）。黒嶋敏②「「光源院殿御代当参衆并足軽以下衆覚」を読む――足利義昭の政権構想――」（『東京大学史料編纂所研究紀要』一四、二〇〇四年）。木下昌規「戦国期室町幕府奉行人奉書にみる「執申」の文言をめぐって」（『鴨台史学』五、大正大学史学会、二〇〇五年）ほか。ほとんど義昭期のものは、織田政権との関わりの中で触れられている点に特徴がある。

（32）歴史学研究会・日本史研究会編『日本歴史講座』三（東京大学出版会）。

（33）註（4）。佐藤氏の見解を引き継ぐなかで、番衆編成以前の状況の検討から奉公衆の成立時期を考察したものとして、羽下徳彦「室町幕府侍所考」（前掲、一九六三・六四年）。五味文彦「在京人とその位置」（『史学雑誌』八三―八、一九七四年）。家永遵嗣「室町幕府奉公衆体制と「室町殿家司」」（『人民の歴史学』一〇六、東京歴史科学研究会、一九九〇年。のち『室町幕府将軍権力の研究』に収録）。森幸夫「室町幕府奉公衆の成立時期について」（『年報中世史研究』一八、一九九三年）、「（例会報告要旨）室町幕府奉公衆の人員構成について」（『国史学』一五三、一九九四年）。また、石川匡伸「南北朝期室町幕府の軍事制度――建武五年の畿内「大将」統轄軍――」（『三重大史学』三、二〇〇三年）は、建武五年時には将軍直轄軍という組織が存在せず、守護配下の御家人とは別に、「大将」に率いられる「一揆衆」という形で、後の「当参奉公人」に繋がる在京御家人が組織されたとし、幕府が成立当初から守護を介さない御家人支配を指向していたとする。この指摘は、今後の幕府体制を考える上で重要な指摘である。

(34) ①「室町時代の守護使不入について」(『北大史学』一一、一九六六年)。②「南北朝・室町期における安芸国吉川氏の動向について――室町幕府の御家人制――」(『北大史学』一三、一九七一年)。③「室町幕府の御家人制」(『北海道高等学校教育研究紀要』一五、一九七八年)。

(35) 福田豊彦『室町幕府と国人一揆』(吉川弘文館、一九九五年)、「奉公衆」(『国史大辞典』一二、吉川弘文館、一九九一年)、「奉公衆」(『日本史大事典』平凡社、一九九四年)。福田氏には他に、佐藤堅一氏と連名で将軍近習について分析した「室町幕府将軍権力に関する一考察――将軍近習を中心として――(上・下)」(『日本歴史』二二八・二二九、一九六七年)がある。

(36) 福田、前掲著書の他に、長節子「所謂「永禄六年諸役人付」について」(『史学文学』四―一、続群書類従完成会、一九六二年)。秋元大輔「室町幕府諸番帳の成立年代の研究」(『日本歴史』三六四、一九七八年)。今谷明「『東山殿時代大名外様附』について――奉公衆の解体と再編――」(『室町幕府解体過程の研究』。初出一九八〇年)。二木謙一「室町幕府御供衆」(同氏著『中世武家儀礼の研究』吉川弘文館、一九八五年。初出一九八三年)。黒嶋、註(31)②論文。

(37) 例えば、『言継卿記』天文六年正月二十八日、二月九日、同十五年正月十日各条と同十三年十月九日、同十七年六月一日各条を比べれば明らかである。

(38) 近年、二木謙一・山家浩樹両氏により漸く注目されつつある(二木「室町幕府将軍御対面儀礼と格式の形成〈上・下〉」『国学院雑誌』九八―一・二、一九九七年。「室町幕府の支配体制と武家の格式」『国史学』一六五、一九九八年。「室町幕府における武家の格式と書札礼」『古文書研究』四九、吉川弘文館、一九九九年。三論文とも同氏著『武家儀礼格式の研究』吉川弘文館、二〇〇三年に収録。同『中世武家の作法』吉川弘文館、一九九九年。山家「室町時代の政治秩序」『日本史講座』四、東京大学出版会、二〇〇四年）。山家氏は、将軍を奉じる階層的秩序が構築され、それは擬制的に作り出され、安定すると指摘する。

(39) 二木謙一「室町幕府御相伴衆」（『中世武家儀礼の研究』。初出一九七九年）。

(40) 二木、註(36)論文。

(41) 二木、註(36)論文や「足利将軍の出行と走衆」（『武家儀礼格式の研究』。初出一九九三年）。黒嶋、註(31)②論文。清水克行「ある室町幕府直臣の都市生活――『碧山日録』と「春公」についてのノート――」（同氏著『室町社会の騒擾と秩序』吉川弘文館、二〇〇四年。初出二〇〇二年）など、いまだ研究は少ない。

(42) 小林、註(34)②論文。福本潤「南北朝・室町期における国人層の動向」（『上智史学』一六、一九七一年）。川添昭二「室町幕府奉公衆筑前麻生氏について」（『九州史学』五七、一九七五年）。大原陵路「若狭本郷氏について」（『福井県史研究』創刊号、一九七八年）。網田樹夫「足利氏の奉行人進士氏――御田社領との関係――」（『氷見春秋』六、一九八二年）。飯田良一「北伊勢の国人領主――十ヶ所人数、北方一揆を中心として――」（『年報中世史研究』九、一九八四年）。榎原雅治「備前松田氏に関する基礎的考察」（同氏著『中世日本地域社会の構造』校倉書房、二〇〇〇年。初出一九八八年）。奥田修「尾張の奉公衆と在地領主」（『年報中世史研究』一五、一九九〇年）。太田浩司「湖北における奉公衆の動向――佐々木大原氏を中心として――」（『駿台史学』八三、駿台史学会、一九九一年）。森幸夫「室町幕府奉公衆山下氏」（『国史学』一四四、一九九一年）。荒川良治「室町幕府小番衆豊後田原氏の成立――その歴史過程に関する政治史的考察――」（『鷹陵史学』一八、仏教大学史学研究室、一九九二年）。三宅唯美「室町幕府奉公衆遠山氏について」（『年報中世史研究』一七、一九九二年）。長谷川博史「戦国大名尼子氏権力の形成――出雲国奉公衆塩冶氏の掌握と討滅――」（『史林』七六―三、一九九三年。のち同氏著『戦国大名尼子氏の研究』吉川弘文館、二〇〇〇年に収録）。多田誠「室町幕府奉公衆美濃佐竹氏について」（『皇学館論叢』二九―六、一九九六年）。雉岡恵一「西遷御家人真下氏の室町幕府近習・奉公衆への編成過程」（『埼玉地方史』三七、一九九七年）。松山充宏①「観応の擾乱以後の桃井氏の

動静――奉公衆二番頭桃井氏について――（一・二）」（『富山史壇』一二六・一二七、一九九八年）、②「室町幕府奉公衆桃井氏の所領について――越中国内の室町幕府御料所と桃井氏――」（『砺波散村地域研究所研究紀要』一五、一九九八年）、③「南北朝期守護家の再興――匠作流桃井氏の幕政復帰――」（『富山史壇』一四二・一四三合併号、二〇〇四年）、松山、註(27)論文。澤井英樹「山城国水主城と国人水主氏について」（『歴史研究』三六、大阪教育大学歴史学研究室、一九九九年）。杉山一弥「室町幕府奉公衆葛山氏」（『国史学』一七二、二〇〇〇年）、「奉公衆家山本氏に関する一考察」（同氏著『日本中世地域社会の構造』校倉書房、二〇〇〇年）。弓倉弘年「文安年中御番帳と山本氏」（『和歌山地方史研究』四三、二〇〇二年）。榎原雅治「備前松田氏に関する基礎的考察」（『上富田文化財』一二、二〇〇〇年）、「美作国垪和庄と垪和氏」（『吉備地方文化研究』一六、二〇〇六年）。金子拓「室町幕府最末期の奉公衆三淵藤英」（『東京大学史料編纂所研究紀要』一二、二〇〇二年）など。

(43)『社会経済史学』一七―二、一九五一年（のち同氏著『日本封建制成立過程の研究』岩波書店、一九六一年に収録）。佐藤進一「守護領国制の展開」（豊田武編『新日本史大系　第三巻　中世社会』朝倉書店、一九五四年）も同時期の室町時代社会の理解を示すものである。

(44) 水野「守護赤松氏の領国支配と嘉吉の変」（『史林』四二―二、一九五九年）。黒川「守護領国と荘園体制――国人領主制の確立過程――」（『日本史研究』五七、一九六一年）。

(45)『講座日本史』３（東京大学出版会、一九七〇年）。

(46) 第７巻、中世３、岩波書店刊。

(47) この点、川岡勉「室町幕府―守護体制の成立と地域社会」（『歴史科学』一三三、大阪歴史科学協議会、一九九三年）が、研究史を手際よく整理している。

(48) 今岡・川岡・矢田「戦国期研究の課題と展望」（『日本史研究』二七八、一九八五年）。今岡典和「戦国期の守護権力――出雲尼子氏を素材として――」（『史林』六六―四、一九八三年）、「戦国期の幕府と守護――近江守護六角氏を素材として――」（『ヒストリア』九九、一九八三年）、「幕府――守護体制の変質過程――一六世紀前半の「国役」を中心に――」（『史林』六八―四、一九八五年）。矢田俊文『日本中世戦国期権力構造の研究』（塙書房、一九九八年）。川岡勉『室町幕府と守護権力』（吉川弘文館、二〇〇二年）。「戦国期守護」論に対する批判として、戦国期の「守護公権」は「権力」ではなく「権威」の問題としてとらえるべきだとする長谷川博史氏の見解がある（『戦国大名尼子氏の研究』吉川弘文館、二〇〇〇年）。

(49)『世界歴史事典』（第五巻、平凡社）「国一揆」の項。

(50)『日本史研究』六八。

(51)『歴史学研究』五八六。

(52) 伊藤「中世後期における「荘家」と地域権力」（『日本史研究』三六八）。なお戦国期には、室町期の国人領主が、判物・印判状という直状形式の文書を発給する自立した郡規模の領域支配を行う地域権力＝「戦国領主」と呼ぶべき存在に変化したと見て、それは戦国大名（「戦国期守護」）と同質の権力体であったとする矢田俊文氏の「戦国領主」論や、戦国大名との関係において、地域的で排他的、かつ一円的な支配領域をもつ「国衆」論が黒田基樹氏により提唱されている（矢田、註〈48〉著書。黒田「戦国期外様国衆論」『戦国大名と外様国衆』文献出版、一九九七年）。矢田氏は戦国期権力論、黒田氏は戦国大名研究のなかから生まれた指摘である。本書では、在地領主としての性格を考えるため、「戦国領主」・「国衆」論とのすり合わせは行っていない。今後の課題としたい。尚、「国衆」論の問題点については、市村高男「戦国期の地域権力と「国家」・「日本国」」（『日本史研究』五一九、二〇〇五年）を参照。

(53) 稲垣氏は、一九八一年の著書（『日本中世社会史論』東京大学出版会）あとがきのなかで、国人には②③の如き政治的要素があるため、そういった政治的区別のない「国人領主」という社会経済的要素を含む用語の乱用を諫める。しかし一九八〇年代終わりから九〇年代にかけての石田・伊藤両氏の国人の意味の厳密化により、稲垣氏が指摘したような要素は一揆形成時に見られる形態であり、常時においてはそうではなかったことが明らかとなった現在、「国人領主」

の語句は、稲垣氏とは別の視点から考えなければならない問題である。

(54) 国人領主制に関わる代表的研究は以下の通り。藤木久志「遠隔地における国人領主制と惣領職」(同氏著『戦国社会史論』東京大学出版会、一九七四年。初出一九五七年)。上村喜久子「国人層の存在形態――尾張国荒尾氏の場合――」(『史学雑誌』七四―七、一九六五年)。田端泰子「中世後期の農民闘争と国人領主制」(同氏著『中世村落の構造と領主制』法政大学出版局、一九八六年。初出一九六八年)。北爪真佐夫「国人領主制の成立と展開」(『講座日本史』3、東京大学出版会、一九七〇年)。佐藤和彦『南北朝内乱史論』(東京大学出版会、一九七九年)。岸田裕之『大名領国の構成的展開』(吉川弘文館、一九八三年)。黒川、註(44)(50)論文ほか。

(55) 鈴木国弘「在地領主」(『国史大辞典』六、吉川弘文館、一九八五年)、『在地領主制』(雄山閣、一九八〇年)。

(56) 伊藤書店。のち岩波文庫に収録。

(57) 永原『日本の中世社会』II三(岩波書店、一九六八年)、『日本中世社会構造の研究』第I部第二(岩波書店、一九七三年)。入間田「公田と領主制」(『歴史』三八、一九六九年)、『百姓申状と起請文の世界』II第六章・付論(東京大学出版会、一九八六年)。大山『中世農村史の研究』I・II(岩波書店、一九七八年)。

(58) 村田「兵農分離の歴史的前提」(『日本史研究』一一八、一九七一年)、「戦国時代の小領主――近江国甲賀郡山中氏について――」(『日本史研究』一三四、一九七三年)。朝尾「兵農分離をめぐって――小領主層の動向を中心に――」(『日本史研究』七一、一九六四年)。峰岸「室町・戦国時代の階級構成――とくに「地主」を中心に――」(『歴史学研究』三一五、一九六六年)。藤木「土一揆と村落――小領主・地主論をめぐって――」、「戦国社会における中間層の動向」(初出はそれぞれ一九六九・七〇年。藤木、註〈54〉著書に収録)ほか。

(59) 石井『日本の歴史12　中世武士団』(小学館、一九七四年)、「中世社会論」(『岩波講座日本歴史』8、中世4、岩波書店、一九七六年)。在地領主の評価をめぐっては、中世を家父長的奴隷制社会とみて、在地領主を荘園領主と同一視する安良城盛昭氏や、荘園領主――名主百姓間に基本的生産関係を求め、在地領主に積極的な評価を与えない黒田俊雄氏のいわゆる非領主制論もあり、論者により評価は異なる。最近では、『歴史評論』六七四号（二〇〇六年）の特集「中世在地領主制の現在」が総括を試みている。

また近年、梅村喬氏は「在地」の語が平安時代中期に成立した土地公証上の用語であり、石母田氏以来の歴史学の術語としての「在地」との乖離を指摘された。「在地」の語が土地公証上の用語か否かは、田村憲美氏の反論もあり、また中世における状況にまで検討が及んでおらず、今後の経過を見守りたい。本書では学術用語としての「在地」を自覚的に使用する（梅村喬「「在地」の歴史的語義について――在地造語と在地成語――」『日本史研究』四四〇、一九九九年。「古代史から見た初期中世史研究――「戦後史学」検証の試み――」『歴史科学』一六二、二〇〇〇年。「在地再論――古代と中世のあいだ――」『歴史の理論と教育』一一一、二〇〇二年以上の三論文は、同氏著『日本古代社会経済史論考』塙書房、二〇〇六年に収録。「石母田正の在地理論と古代・中世史学」『歴史学研究』八〇一、二〇〇五年。『平安時代における訴訟文書および関係史料の研究』科学研究補助金研究成果報告書、研究代表者梅村喬、二〇〇五年、Ⅲ～Ⅴ章、他。田村『在地論の射程』校倉書房、二〇〇一年、第六章）。

(60) 湯浅『中世後期の地域と在地領主』（吉川弘文館、二〇〇二年）。

(61) 幕府財政については、小野晃嗣「室町幕府の酒屋統制」（『史学雑誌』四三―七、一九三二年）。一倉喜好「分一徳政令と室町幕府の財政」（『史潮』五一、一九五四年）、「丹波国桐野河内における室町幕府権力の失墜」（『日本歴史』一三二、一九五九年）、「中世後期の近畿の状勢――室町幕府の財政――」（『歴史教育』七―八、一九五九年）。杉山博「室町幕府」（『日本歴史講座』三、東京大学出版会、一九五六年）。藤岡大拙「禅院内に於ける東班衆について――特に室町幕府の財政と関連して――」（『日本歴史』一四五、一九六〇年）。桑山浩然「室町時代の徳政――徳政令と幕府財政――」（稲垣泰彦・永原慶二編『中世の社会と経済』東京大学出版会、一九六二年）、「室町幕府経済の構造」（永原慶二編『日本経済史体系2　中世』東京大学出版会、一九六五年。のち両論文とも『室町幕府の政治と経済』吉川弘文館、二〇〇六年に収録）。今谷明「東班衆の世界――室町幕府の財政と荘園政策――」（『戦国期の室町幕府』。のち『室町幕府解体過程の研究』に収録）。田沼睦「室町幕府財政の一断面――文正度大嘗会を中心に――」（『日本歴史』三五三、一九七七年）。寺島雅子「蔭涼軒御倉について」（中央大学『大学院研究年報』七、一九七八年）。田中浩司「年中行事からみた室町幕府の経済について――十五世紀後半以降を中心に――」（『中央史学』二一、一九九八年）。金子拓『中世武家政権と政治秩序』（吉川弘文館、一九九八年）第二部。早島大祐「足利義政親政期の財政再建」（『史林』八二―五、一九九九年）。桜井英治「「御物」の経済――室町幕府財政における贈与と商業――」（『国立歴史民俗博物館研究報告』九二、二〇〇二年）など。右諸論考では、幕府財政の解明が試みられているが、各々自覚しているようにその全容を明らかにしたものではない。

また室町幕府御料所に関する研究には、右に挙げた幕府財政研究で触れられているものの他、桑山浩然「室町幕府の草創期における所領について」（『中世の窓』一二、中世の窓同人、一九六三年。のち『室町幕府の政治と経済』に収録）、森末由美子「室町幕府御料所に関する一考察」（『史艸』一二、日本女子大学史学会、一九七一年）。稲本紀昭「室町幕府と伊勢国――御料所を通じて――」（『三重大学教育学部研究紀要　人文科学』三四、一九八三年）。田中淳子「室町幕府御料所の構造とその展開」（大山喬平教授退官記念会編『日本国家の史的特質』古代・中世、思文閣出版、一九九七年）、「戦国期室町幕府の御料所支配――将軍義晴期を中心に――」（『年報中世史研究』二四、一九九九年）、「室町幕府の「御料所」納銭方支配」（『史林』八四―五、二〇〇一年）。松山、註(42)②論文。松村、註(30)論文。伊藤克江「等持院領の支配方式について」（『富山史壇』一三一、二〇〇〇年）。大藪海「室町幕府料所としての山科大宅郷――戦国後期禁裏への三毬打進上を手がかりとして――」（『年報三田中世史研究』一一、二〇〇四年）等がある。また奉公衆の所領支配とも関わる問題である（小林、註〈34〉①論文ほか）。

(62) 豊田武教授還暦記念会編『日本古代・中世史の地方的展開』（吉川弘文館、一九七三年。のち『戦国社会史論』に収録）。

(63)『史学雑誌』九七―七。のち湯浅、註(60)著書に収録。

(64)内閣文庫影印叢刊『朽木家古文書』(上・下、国立公文書館、一九七七・七八年)及び「朽木清綱氏所蔵文書」。
(65)牧野『武家時代社会の研究』(刀江書院、一九四三年)に収録。
(66)『歴史学研究』一六六。
(67)石田「惣的結合と諸類型」(『歴史教育』八―八、日本書院)、「甲賀郡中惣と伊賀国惣国一揆」(『史窓』二一。のち同氏著『中世村落と仏教』思文閣出版、一九九六年に収録)。他に関連論文として、「郷村制の形成」(『岩波講座日本歴史』8、中世4、岩波書店、一九六三年)、「大原同名中惣と甲賀郡中惣」(『日本文化史論叢』柴田實先生古稀記念会、一九七六年。のち両論文は『中世村落と仏教』に収録)、「甲賀武士団と甲賀忍術」(『萬海集海』解説書、誠秀堂、一九七五年)がある。
(68)『歴史学研究』三三五。
(69)『日本史研究』一三四。
(70)『史学雑誌』八七―一。宮島氏には、これに関連するものとして以下のものがある。「荘園体制と「地域的一揆体制」」(『歴史学研究　一九七五年度大会別冊　特集歴史における民族の形成』一九七五年。のち『戦国大名論集』4、吉川弘文館、一九八三年に収録)。『戦国期社会の形成と展開』(吉川弘文館、一九九六年)。
(71)『歴史学研究』四九七。のち『戦国大名論集』4に収録。久留島氏は近著『日本の歴史13　一揆と戦国大名』(講談社、二〇〇一年)においても、「小規模な在地領主クラスの国人たちが一族結合を基本とする「同名中」を結び、その内部規律として一種の一揆契状である掟を定め」たと評価している(一一〇頁)。
(72)『史学雑誌』九五―九。
(73)『歴史評論』五二三。のち『中世後期の地域と在地領主』に収録。同様の視角から中世後期社会を論じたものとして、湯浅「中世後期の領主と地域社会」(『人民の歴史学』一五七、二〇〇三年)がある。
(74)近江国湖北の井口氏や三田村氏、山城国革嶋氏など。

(75)長谷川裕子「戦国期における土豪同名中の成立過程とその機能――近江国甲賀郡を事例に――」(『歴史評論』六二四、二〇〇二年)、「戦国期における紛争裁定と惣国一揆――甲賀郡中惣を事例に――」(『日本史研究』四八二、二〇〇二年)。尚、土豪概念の問題点については、黒川正宏「中世後期における土豪の存在形態」(初出一九六九年。同氏著『中世惣村の諸問題』国書刊行会、一九八二年)を参照。

(76)湯浅、註(60)著書第二章。湯浅氏は、大原氏が「公方」と呼ばれるようになるのが、同名中組織の形成、および地域の「惣寺」大原観音寺へ経済基盤を与える(土地等の寄進)時期と重なることから、在地の秩序に保証を与える行為が「おおやけ」として支配を行使しえたとする。ただ各要素が時期的に同一とみることができるかという点については、拙稿「(書評)湯浅治久著『中世後期の地域社会と在地領主』」(『日本史研究』五〇七、二〇〇四年)を参照。

(77)湯浅、註(60)著書一一一頁註五五にも同様の指摘がある。

(78)長谷川、註(75)両論文。長谷川氏は、土豪層における村落間の相論調停機能が同名中形成要因とみる。

(79)雄山閣。のち新人物往来社から復刊。

(80)家永『室町幕府将軍権力の研究』(前掲、一九九五年)、「明応の政変と伊勢宗瑞(北条早雲)の人脈」(『成城大学短期大学部紀要』二七、一九九六年)、「将軍権力と大名との関係を見る視点」(『歴史評論』五七二、一九九七年)、「伊勢宗瑞(北条早雲)の出自について」(『成城大学短期大学部紀要』二九、一九九八年)、「伊勢盛時(宗瑞)の父盛定について」(『学習院史学』三八、二〇〇〇年)、「足利義材の北陸滞在の影響」(『加能史料会報』一二、二〇〇〇年)。他に、山家、註(38)論文。

(81)松浦「中世後期朽木氏にみる収支請負と家政組織」(『国史学』一八四、二〇〇四年)。

第一部　室町幕府と近江国

第一章　足利義晴期の政治構造

――六角定頼「意見」の考察――

はじめに

室町後期の幕府政治は、今谷明氏の一連の研究により、明応の政変以降を「細川・三好体制」と見、そのうち三好長慶登場以前を「京兆専制」、それ以降を「三好・松永政権」とする枠組みが提示されて以来、現在に至るまでその大枠はなお生き続けているように思われる(1)。早くに桑山浩然氏が細川氏からのみ見る幕府像に疑義を呈されてはいたが、実証面においてその克服は十分なされてこなかった(2)。その後、細川氏内部の問題を正面から検討された末柄豊氏の研究により、応仁の乱以降の京兆家による同族支配が必ずしも有効に機能していなかったことが明らかとなり、もはや細川京兆家を同族の細川氏領国をも含めた勢力とみることはできなくなった(3)。今谷氏の提唱された「堺幕府」論についても、奥野高廣・二木謙一氏らにより、形式・実態面において認められないとの見解も出されている(4)。このように当該期の政治過程については、今谷説を批判・検討するなかからその克服が試みられてきたと言えよう。

そうしたなかにあって、将軍独自の政治機構の発達を重視した設楽薫氏の研究は、後期の幕府政治を考える上で重要な視点を提供しているように思われる(5)。しかし同氏の研究も、細川氏とは別個に存在した政治機構の存在を指摘するのみであり、かつ末期における実態については未だ十分に解明されていない。応仁・文明の乱後、細川京兆家が独占した管領の職掌との関係をも含めて検討してゆく必要があるものと考える。

後期における室町幕府を論じる時、幕府内部の問題の解明が重要であることは勿論であるが、地域的に見るならば、①京都を実質的支配下に置き、京都から西に基盤を持つ細川・三好氏勢力の実態解明、②京都から西の勢力に圧倒された時、常に将軍の避難地域となった京都から東の勢力の実態解明、③全国の諸大名との関係の三視点を総合的に論じる必要がある。[6] とくに②の視点のうち、京都に隣接し、中央の政治情勢が直ちに影響してくる近江国においては、度々将軍が動座したこともあり、その実態を解明することは重要である。

近年②の視点から奥村徹也氏は、天文年間の幕府と六角定頼の関係に初めて着目し、六角氏が幕府裁許に関与したことを指摘された。[7] 具体的には「幕府裁許そのものに定頼が関わる場合と、外交的側面で影響力を行使する場合」とがあり、「裁許に関わる場合、定頼に対して幕府側から諮問がある場合と、紛争当事者が定頼へ工作をすることによって、関わる場合とに分けられる」という。しかし政務決定過程における定頼の関わり方、すなわち幕府内部における定頼の「意見」[8]の機能した場所がどこであったのかについての言及は全くなく、そのため当該期を細川晴元による京兆専制であったとする今谷氏の評価や、将軍独自の政治機構を指摘する設楽薫氏の議論との整合的理解を阻んでいる。これらを矛盾無く説明するためには、まず定頼の「意見」がどのような幕府機構で機能したのかを明確にし、それを幕政上に位置づけて行かなければならない。

本章ではとくに、これまで等閑に付されてきた京都から東の勢力と幕府との関係を、十六世紀前半期における近江守護六角定頼の幕政関与の実態を解明するなかから明らかにし、それを幕政上に位置付けて、末期における幕府政治の展開を考える手掛かりとしたい。

第一節　将軍足利義晴の近江国動座

一　動座の前提

まず本項では、六角定頼の幕政関与の前提となる将軍の近江国動座の理由を明らかにする。とくに、初めて将軍が亡命する高嶋郡朽木谷への動座理由を主に考察する。

そもそも義晴の征夷大将軍宣下は、管領細川高国の専制を嫌う将軍足利義稙が和泉・淡路へと出奔したため、高国は播磨赤松義村の許にいた足利義澄の子亀王丸（義晴）を擁立し、亀王丸を上洛させ将軍に据えたことによる。この時、義晴は僅かに十一歳。管領高国は永正五年（一五〇八）に右筆衆人事の大規模移動を行い、細川政元流から高国流へと改替させ、右筆衆と密着・系列化して訴訟指揮・審理主導を行い、いわゆる京兆専制体制を敷いた(9)。大永元年（一五二一）に義晴の将軍代始の沙汰始が行われており(10)、以後の御前沙汰の機能存続を推察せしめるが、その実態は史料的制約から十分明らかにできない。

高国による京兆専制下、将軍義晴の近江国動座の直接の契機は、大永六年（一五二六）七月の細川尹賢の高国への讒言、高国の糺問による香西元盛の自殺であった。これに元盛の兄達である丹波の波多野稙通・柳本賢治らが阿波の細川晴元と通じ、尹賢と対立し、軍事行動を起こし、晴元方の阿波の細川澄賢、三好勝長・政長等が和泉堺を経て上洛、義晴方と対戦、敗れた義晴は近江坂本・蒲生郡長光寺へ動座したのであった。この間、三好元長が足利義維・細川晴元を奉じ阿波から和泉堺に移動した。その後一時勢力を挽回し義晴は入洛し、六角定頼を介して晴元との和議が成るかに見えたが、晴元の言に反し堺の義維が動かなかったため、義晴は晴元を疑い同八年五月に軍勢二万、うち六角勢一万、「ほうこうの物とものこらず」近江坂本へ移り、九月に「途中」を経て高嶋郡朽木庄（現高島市朽木）へと動座したのであった。(11)

義晴の近江坂本・朽木への動座理由は、彼の安全性を確保できる地であるという視点から、この騒擾前後における義晴の御内書発給状況、および義晴方として実際に軍勢出兵した大名達が注目される。すなわち、大永六〜八年の御内書を集めた「御内書記録」(12)やその他の記録(13)からは、越前守護朝倉孝景・但馬守護山名誠豊（丹波出陣。義晴は誠豊と因幡守護山名誠通との和議を画策）・若狭守護武田元光・近江守護六角定頼・播磨守護赤松政村（同守護代浦上村宗等）・河内守護畠山稙長・大和筒井順興・伊勢国司北畠晴具（大和長谷出陣）などの軍勢出兵が確認でき、美濃守護土岐頼芸への分国の静謐と忠節、豊後守護大友義鑑・土佐国司一条房家への阿波出兵要請など、義維勢力の基盤である四国・丹波を取り囲むようにして、軍事要請がなされた。そのなかでもとくに但馬守護山名誠豊の丹波出陣、越前守護朝倉孝景・若狭守護武田元光・近江守護六角定頼の京都での奮戦は、中央における義晴を軍事的に支えた勢力が奈辺にあるのかを示唆する。

義維が和泉堺に居、柳本賢治らとの畿内での戦闘に対し、義晴の安全が最も確保される地は京都から北東の地であった。近江湖東では、六角氏が江北の京極・浅井氏と対立しており、義晴は朝倉孝景に近江北境を守らせ、細川高国を仲介として六角・浅井双方の和議を図っていた。京都から北東で義晴方の主力となったのは、但馬山名・越前朝倉・若狭武田・近江六角各氏であったから、義晴が近江湖西の朽木谷へ落ちた理由は、日本海側への逃走ルートを確保できる位置を選んだためであると考えられる。万一の時、朽木から若狭小浜へ行き、そこから但馬もしくは越前へ行くことを想定したのであろう。高嶋郡には七氏もの将軍奉公衆がおり、「西佐々木」同名中を形成していた。その一角を形成する朽木庄の在地領主朽木氏は、六角氏被官でもなく、同地は朽木杣といわれる山中でもあった。以上、義晴が近江坂本・朽木へ動座した理由を考察した。彼は、京都から西方の勢力と対立している以上、東方へ後退せざるを得なかった。とくに朽木谷への動座は、比較的京都に近く、かつ親義晴方勢力のある山陰・北陸へいざとなれば抜けることができるルート上の、奉公衆朽木氏本拠地が選ばれたものと考えられた。

二　朽木谷における政務の実態

近江国高嶋郡朽木庄に移るべくして移った将軍義晴は、享禄元年（一五二八）九月から同四年二月までの約二年半を同地に滞在する。六角定頼は義晴の朽木谷動座の翌日、湖東の観音寺城へ帰城している。[14] 本項では、この間の義晴方の幕政の状況を可能な限り明らかにする。

まず朽木亡命政権の幕政について、通説となっている今谷氏の説を見よう。今谷氏は細川高国の奉行人奉書が大永六年十二月を最後とし、「賦引付」「徳政分壱方引付」「頭人御加判引付」も同七年二月を最後とすることから、「室町幕府政所の奉行事務が将軍不在京期間全く停止」していたとし、これに対し「堺幕府奉行人奉書」が発給されていた事実をもって「実権は堺公方にあった」とされる。[15] ところが堺公方＝足利義維に実権があった、と一方に軍配を挙げることに躊躇せざるを得ない事実が幾つか見出せるのである。

例えば、当該期発給された「堺幕府奉行人奉書」とほぼ同数の義晴方奉行人奉書が、主に京都権門に対して発給されている事実である。[16] その内容は、祈禱文書も数通あるが、大部分の文書が山城国内の所領安堵に関するものである。これは義晴方にも義維方と同程度の権門からの安堵要請があったためと考えられる。東寺の如く、幕府が二つに分裂

表2　義晴の近江国滞在時における随伴者一覧[20]

① 享禄元年5月28日～9月8日　**坂本**

公家	高倉永家　烏丸光康　上冷泉為和　阿野季時
武家	六角定頼　伊勢貞忠　仁木六郎七郎
奉行衆	飯尾貞広　飯尾貞運　松田晴秀　諏訪長俊

② 同元年9月8日～同4年2月1日　**朽木**

公家	＊高倉永家　＊烏丸光康　＊上冷泉為和 ＊阿野季時（為和と共に同2年7月には越前敦賀に在り。この年没）
女房	宮内卿局　佐子局
武家	大館常興　狩野光茂　一色七郎（晴具）　飯川国弘 大和兵部少輔　伊勢貞辰（同2年8月には越前敦賀に在り）
御供衆	大館高信　大館晴光　朽木稙綱　一色新九郎
奉公衆	本郷泰茂　下津屋近信　摂津元造
奉行衆	＊飯尾貞広　＊飯尾貞運　飯尾堯連　飯尾為完 飯尾盛就　＊松田晴秀　松田盛秀　松田亮致 ＊諏訪長俊　治部貞兼　布施元通

③ 同4年2月1日～天文3年6月29日　**（葛川→堅田→坂本）　桑実寺**

公家	＊高倉父子（天文3年正月山科言継と共に上洛） 左兵衛佐（高倉家の者カ）

している時、義晴・義維双方から安堵の証判を得るのは、当時の権門にとって自らの権益を守る自衛手段であった[17]。幕府の意志決定は奉行人連署奉書により発給されることから、朽木の幕府機能は停止していたとは言えないであろう。

朽木谷の義晴周辺には、「公家衆・外様衆・御供衆・御部屋衆・申次・番方・奉行・同朋・御末衆[18]」などが付き従っていた。具体的に確認できる者だけで三〇名（表2）おり、享禄二年八月に公家衆一七人が細川高国に背き、朽木谷から退散した事実[19]を勘案すれば、これはほんの一部と推察され、供の者を含めれば相当数の者が朽木谷に滞在していたものと推定される。義晴は現在興聖寺のある岩神に住んだが、その他の者は、例えば朽木杣山の阿野季時亭や大

女房	*宮内卿局　*佐子局　今局　御台所（近衛尚通女）
	竹内殿御乳人
武家	*六角定頼　*伊勢貞忠　伊勢因幡守　伊勢肥前守
	伊勢次郎　伊勢孫次郎　*下津屋近信
申次	*大館常興　細川晴広　三淵晴員
御供衆	*大館高信　*大館晴光　*朽木稙綱
奉公衆	*摂津元造　細川高久　海老名高助　飯川彦九郎
	上野与三郎　小林国家　安藤平八郎　某清四郎
奉行衆	*飯尾貞広　*飯尾堯連　*諏訪長俊　諏訪忠通
同朋衆	千阿　吉阿　孝阿　春阿　万阿　菊阿
④	同3年6月29日～9月3日　**坂本**
武家	六角四郎　小原某
奉行衆	*布施元通　治部光任

（注）*印は、前出の人物に付した。

和兵部少輔亭などにて歌会が開かれたり、大館常興も「庵」に居住している状況[21]から、それぞれに宿所を持っていたようである。

軍事的役割を果たす番方や、将軍の意志を伝える奉行人奉書を作成する奉行人の存在は、亡命先における幕政機能の存続を可能としたであろう。しかし享禄三年正月に義晴昇進の宣旨を下すため勅使清原業賢が朽木へ下向し、将軍と対面を果たした時の様子は、「未常、申次烏丸」と公家烏丸光康が申次を勤める状態であり、取次ぎの平時とは異なる変則的状況が窺える。[22] 細川高国も遊説のために近江・伊賀・伊勢・越前・出雲・備前へと転々としていたため、彼の意見を常時得ることも困難であったものと考えられる。[23]

朽木谷と京都との情報の遣り取りは、『実隆公記』『後法成寺関白記』等に見えるごとく頻繁になされており、京都の公家等もしばしば朽木谷を訪れた（表3）。また数多くの奉行人連署奉書が発給されていることから、京都の権門も朽木の義晴の許へ使者を下していたものと考えられる。朝廷との関係も享禄（在坂本時）・天文のそれぞれの改元

表 3　朽木谷来訪者

享禄元.11. 9	万松軒（文山等勝）、京より朽木に下向す。	実隆公記
2. 7.18	椿阿（同朋衆ヵ）、義晴の使者として朽木より上京す。	後法成寺関白記
10.26	永玄、近衛尚通の使者として京より朽木に下向す。	後法成寺関白記
3.正.23	大内記五条為康・大外記清原業賢・武家伝奏広橋兼秀、義晴昇進の宣旨を下すため京より朽木に下向す（為康・業賢は29日、兼秀は2月4日には在京）。	二水記・後法成寺関白記
3. 4	飛鳥井雅綱、京より朽木に下向す（9日に帰京）。	実隆公記
春	神余実綱、上杉氏の使者として越後国より朽木に来る。	上杉家文書376
5. 4	武家伝奏広橋兼秀、朝廷の使者として京より朽木に下向す。	御湯殿上日記
9.21	勢蔵主、朽木より上京す。	後法成寺関白記
天文 2. 6. 7	山本二郎四郎、祇園社の使者として京より朽木に下向す。	祇園執行日記
3.正.24	山科言継・押小路師象、京より近江桑実寺に下向す。 言継の供は、雑掌沢路隼人佐・小物与三郎の2名。	言継卿記

に、朝廷は義晴方とのみ交渉を持ち、義維方には諮っておらず、義晴方を正統な政権とみており[24]、諸大名への偏諱授与や毛氈鞍覆・白傘袋・塗輿の免許・昇進申請などの栄典授与においても、義晴方のみこれを行っていることから「全国的にはやはり義晴をこそ、公認の権威として考えられていた[25]」と見られる。

義晴が朽木へ落ちる一年前、一時入洛を果たした時の畠山稙長宛て御内書には、「猶道永・定頼可申候也」とあり、細川高国・六角定頼の両人が将軍の意志を代弁する役割を担っていたことが知られる[26]。しかし朽木滞在時においては、両人は将軍の側に居なかったためかこのような活動もなく、定頼の幕政への関与も窺えない。

以上、朽木谷滞在時の政務の状況を見たのであるが、史料的制約が大きく十分に解明できたとは言い難い。しかし近江亡命政権が全くその機能を停止していたのではないことは確かであろう。朝廷・権門・大名など、いずれも義晴の権威を期待していたのであった。

第二節　天文期の幕政と六角定頼の「意見」

一　天文初期の幕政における六角定頼の登場

享禄四年正月末、江北の浅井亮政が細川晴元に呼応し高嶋郡に打入ってきた。そのため義晴は二月一日に朽木谷から葛川へ南下、堅田を経、十七日に坂本へ移った。その後、七月には湖東の蒲生郡武佐の長光寺に、翌天文元年（一五三二）七月には守護六角氏膝下の繖山の桑実寺（現蒲生郡安土町）に移った[27]。義晴が同地に移ったのは、日本海へ抜ける朽木谷が危なくなった以上、最も京都に近く安全な守護六角氏に庇護されざるを得なかったためと考えられる。将軍は同三年九月に上洛するまでの約二年間を同地に過ごすこととなる。

本項では桑実寺滞在時の幕政の実態を検討し、定頼の幕政関与の過程を明らかにする。

まず、義晴のもとへ持ち込まれた相論の裁許に至る過程を、天文二年に行われた大徳寺領城州賀茂内散在田畑地子等相論を通じ具体的に見ることにしよう。相論は山城国賀茂内散在田畑地子等をめぐって、大徳寺と公人奉行諏訪長俊との間で起こった。「大徳寺文書」[28]中に残った関連文書から復元すれば、次の如くである。

同地はかつて賀茂社祠官人等が大徳寺へ沽却した地であったが、これは「売人買人咎」に当たるため、賀茂社は「御法」に任せて破棄し、そののち諏訪明神に同地を寄附した。そして将軍義晴の朽木谷滞在中に、諏訪長俊は幕府から同地安堵の「御下知」を得、彼は大徳寺にこれを相触れた。これに対して大徳寺は、天文二年十月二十日に幕府奉行人飯尾貞広へ同地安堵の奉書を請う。同時に大徳寺は、朽木稙綱に同件について将軍義晴への「御披露」を依頼した。また長俊の触を聞いた大徳寺塔頭大仙院は驚き、その庇護者である六角定頼に頼み、定頼を通じて義晴の裁許を経た。義晴は長俊に、「大仙院事者、霜台（六角定頼）執御申之間、不可成自余引懸」と定頼の言うことは他に引き合いに出せないので、大徳寺に安堵の奉書を出すと伝え、義晴は長俊にその「証跡」を下した。そして五日後の十月二十五日、幕府は大徳寺に同地安堵の奉行人連署奉書を出したのであった。

しかし、十一月五日に長俊は幕府奉行人治部貞兼へ同件につき異議を申し立てた。彼の訴えの要点は、同地の「下地」は賀茂社から諏訪明神に寄附されたにも拘わらず、大徳寺が同地安堵の幕府奉行人連署奉書を掠め取ったとする点にある。直ちに大徳寺は幕府から召され、同寺は陳状を幕府（おそらく担当の奉行人飯尾尭連）に提出した。同時に大徳寺は朽木稙綱へも書状を出し、再度の同地安堵の「御下知」（＝奉行人連署奉書）が幕府から大徳寺に出されるよう将軍義晴への「御披露」を依頼した。大徳寺の陳状に対し、これを論駁した長俊の重訴状が幕府へ提出された段階（二問初答）で、将軍義晴から「御局」→朽木稙綱→大館常興を通じて長俊に、「於大徳寺者異于他」る寺なので「堪忍」してほしい、その代わりに幕府から替地を与える、との話が持ちかけられた。長俊はこれを受け入れた。その返答は、彼から長田種貞→朽木稙綱→大館常興へと伝えられた。そして大館常興は奉行人飯尾尭連に、奉行人連署奉書を発給せよとの「くはり（賦）」を出し、十二月二十五日に幕府から大徳寺へ再度の同地安堵の奉行人連署奉書が発給された。

以上が相論の経緯である。ここでは次の二点を確認したい。まず訴訟を受け取るルートである。大徳寺は奉行人に訴えるのと同時に、朽木稙綱を通じて内々に将軍への披露を依頼している。訴訟を正式に訴えるルートと裏で内々に訴えるルートが存在したのである。この稙綱の役割は山科言継が「此仁内々披露也[29]」と言っている様に、稙綱は内々に将軍へ披露を行う役についていたものと考えられる。本相論では、彼や大館常興は内々に将軍と当事者との折衝を行う役割を果たしている。これは後に内談衆としての活動と通じるものがあるが、ここからは衆としての活動は窺えない。次に大徳寺が塔頭大仙院の庇護者である六角定頼を通じて「上裁」を得ており、将軍義晴も定頼の言を尊重している点である。定頼の言が他に引き合いに出せないのは、義晴が定頼のもとに庇護されている事と関係があるものと考えられる。

この様な六角定頼の幕政への関与は、天文二年から見出されるようになる。しかし定頼が幕政に関与していることは窺えるのであるが、それが幕府内部においてどのような審議機関を経て決定されているのか明確にできない。残存史料からは、「明日祇園会事、先可被延引之由、為山門申入之段、佐々木（六角定頼）弾正少弼被申上之旨候間、如斯被仰出候、恐々謹言」（同二年六月六日付祇園社執行玉寿丸宛て幕府奉行人奉書案）[30]の如く出るのみである。

ではなぜ定頼の関与が行われるようになったのであろうか。直接の原因は、享禄四年六月に細川高国が三好元長らにより摂津において敗死した事による。高国は義晴を擁立し、管領としていわゆる京兆専制を行い、義晴を政治的にも軍事的にも支えた存在であった。義晴の近江逃亡中の高国は、諸国に遊説に出ていて、政治に直接関与することは多くはなかったが、軍事的には六角定頼と共に義晴を支える二大支柱となっていた。高国が敗死したことにより、義晴はこれまで政治的判断を仰いでいた一方の支柱を失う。この段階で義晴はもう一方の支柱である六角定頼に政治的にも軍事的にも全面的に頼らざるを得ない状況となった。彼は高国死去の翌月には坂本から蒲生郡長光寺に移っており、そのご六角氏の居城観音寺城に隣接する桑実寺へと居所を移したのも、その現れと考えられる。

すでに定頼は享禄二年から晴元との姻戚関係を画策するなど[31]、晴元との和睦への状況作りを行っており、義晴入洛のためには、中核となる軍勢を動かすためにも、定頼の意向が重要視されるようになったものと考えられる。定頼の全面的庇護を受けるようになった段階で、義晴は高国に代わる存在として定頼に意見を求め、また幕政への定頼からの口入も行われるようになったのである。

二　内談衆の成立をめぐって

天文年間の幕政の特徴は、将軍の側近達による内談衆が設置され、幕政の多くを彼らが担ったことである。この内談衆の成立時期については、清水久夫氏が賦の残存状況から天文二年には成立していたとされる。(32)しかし当該期の賦の特徴とされる、文書発給を命ずる文書を賦と呼ぶ事例は、すでに南北朝末期からあり、その後同様の文書は、賦とは呼ばれなかったものの数多くあることが山家浩樹氏によって指摘されている。(33)そのため賦の残存状況から内談衆の存在を推定することはできず、別の根拠から探らなければならない。私は、その衆としての活動に着目する。

「内談衆」の呼称は、『大館常興日記』(『続史料大成』所収。以下同記録を『常興日記』と略称する)の残存する天文七年からであるが、同記録の残存形態からそれ以前から呼ばれていたものと考えられる。そこで注目されるのが同五年八月二十七日に義晴によって定められた「八人奉行」である。(34)「八人奉行」は義晴の隠居表明に際し、「公事」を一任されたものであり、その後諸記録に「八人衆」・「年老衆」と見え、(35)衆としての活動が窺われる。その構成員は、同五年時に判明するのは大館常興・同晴光・「細川伊豆親子」・海老名高助・朽木稙綱・摂津元造の七名であり、後の内談衆とほとんど変わらない。(36)またこれ以前に衆としての呼称・活動は窺えないため、義晴が隠居を表明し、「公事」を一任した天文五年八月二十七日をもって内談衆が成立したと考えるのが妥当である。

ではなぜ義晴は隠居を表明し、「八人奉行」(内談衆)を定めたのであろうか。今一度成立時の状況を検討してみよう。『鹿苑日録』（同年八月二十九日条）には、「去廿七日ヨリ為ーー《マシナイ》譲御代於若君、而御公事大与（大館常興）入道殿以下年老衆両三人仁可聞与被仰付也」とあり、また『厳助往年記』（同年九月二日条）には、「公方様去月廿七日御隠居、於御公事八人奉行被相定也、被聞御公事云々」とある。義晴は家督を三月に生まれたばかりの若君に譲り、自らは隠居し、八人奉行を設置し、政務を代行させることにした。若君に代を譲り、八人奉行に政務を代行させるのであるから、八人奉行は生まれたばかりの若君を補佐し、政務を代行するために設置された、と解釈できる。ところがその後、義晴は隠居を表明したにも拘わらず、御内書や公帖の発給を行っており、幕政にも参加している。そのため義晴の「隠居」の意味を今少し考えてみる必要がある。

　この事を考えるために、義晴の「隠居」声明の時期に跨がる、相国寺鹿苑院領山城国松崎郷の直務下知申請が参考になる。

　天文五年八月に、愛宕郡高野に蟠踞する山門配下の蓮養が、天文法華の乱における忠節の恩賞として、六角定頼と山門へ松崎郷の代官を競望し、定頼はこの事を幕府へ申請し、将軍義晴の承諾を得る。この段階で幕府は鹿苑院主梅叔法霖にこの事を報告したが、法霖は蓮養の松崎郷代官職補任に反対した。その後、法霖は内々に将軍へ取り次ぐ朽木稙綱や、本来「公事」の事は依頼してはいけない将軍家女房の佐子局を通じ将軍に働きかけ、同時に定頼へも働きかけ、将軍への口入工作を行った。法霖は幕府の「出状文章」で将軍・定頼と揉めるが、結局義晴の「出状文章」改正の承諾を得、二十九日にその案文を作成し、蔭凉軒を通じて義晴に披露しようとした。ところが去二十七日に義晴は隠居し、公事は大館常興ら年老衆に一任したとの事なので、蔭凉軒は同件について常興に告げた。常興は「山門所行言語道断也」と言って、各々（内談衆）と相談するとのことであった。[37]

要点を記すに止めたが、本件からは六角定頼の口入を通して将軍へ働きかけるルートと、朽木稙綱や将軍家女房の佐子局を通じて将軍へ働きかける内々のルート、および蔭涼軒を通じて将軍に披露するルートが窺え、稙綱の「内々披露」としての役割が天文二年以来継続していることが分かる。すなわち将軍のもとへ公事が、定頼の口入や内々の披露により持ち込まれ、判断が仰がれる状況が看取できる。訴訟などを有利に持ち込もうとする権門などは、定頼の将軍への口入を期待して定頼に案件を持ち込んだり、将軍の側近を通じ内々に将軍へ働きかけを行った。そのため正式に奉行衆を通じ、式日で披露される御前沙汰での審理とは別に、かなりの数の案件が内々に将軍のもとへ持ち込まれていたものと考えられる。細川晴元と和議を結んだといえども、晴元方との山城国内における在地の相剋は未だ決着はついておらず、義晴の入洛により、式日に左右されないより多くの政務処理が求められていた。かつては管領が在京し政務を補佐・代行したが、管領に代わるべき存在の定頼は上洛してこなかった。そのため義晴は京都における政務の補佐・代行者を必要としていたものと考えられる。

このような時期に義晴は、多種多様の公事が定頼の口入や内々の披露により将軍のもとへ持ち込まれ、それを処理する煩わしさから、新たにそれらを審理する機関を創出することにより払拭を試みたのではないだろうか。すなわち内談衆を創出し、彼らに公事を一任し処理させることにより、将軍へ無制限に持ち込まれた定頼の口入や内々の披露による伺いが、彼らのもとで一旦審理されたのである。

このことから義晴の「隠居」とは、公事全般を扱うことをやめる事を意味するものであると考えられる。現実問題として、生まれたばかりの若君に家督を譲ることはできないであろうから、将来彼に家督を譲ることを宣言し、自らは公事全般を扱うことをやめ、（名目上）若君（現実には将軍義晴）を補佐し、政務を代行する内談衆に公事処理を任せることにしたものと考えられる。義晴の「隠居」とはその様な意味での隠居であった。名目的にしろ、生まれたばかりの若君へ家督譲渡を表明したのは、次期将軍が誰であるかを宣言することと、これからの政務が究極的には誰のために行うものなのかを明示したのであろう。

若君誕生をきっかけとして、将軍義晴はそれまで一々判断を求められた案件（それは主に内々に持ち込まれたものや定頼の口入など）の処理に対する煩わしさを打開するため、若君への（将来の）家督譲渡を宣言し、自らは公事全般を扱うことをやめて「隠居」を表明し、若君（現実には将軍義晴）を補佐して政務を代行する内談衆を創設し、公事全般を彼らに任せる体制を整えたものと考えられる。(38) そしてその上で、内談衆でも判断できない重事のみ将軍の判断が仰がれることとなったのである。

内談衆成立以前、すでに定頼の「意見」は当該期の幕政に必要不可欠なものとなっていた。本願寺宗主証如光教は内談衆の成立＝義晴の「隠居」表明の七日前の日記に、「六角《定頼》天下進退ニ申扱事候条」「既上意なども六角に万事御尋候事候」(39) と記しており、将軍「義晴が定頼の意向を無視しては「天下進退」の意志決定ができないような状況にあるという認識を示して」(40) おり、内談衆成立後も定頼への諮問がなされていることを勘案すれば、義晴は定頼の「意見」と内談衆の衆議を中心とした政治を構想していたものと考えられる。

三　六角定頼の「意見」の関わる場

細川高国の死後、六角定頼と細川晴元との同盟が成立し、天文三年六月に義晴は桑実寺から坂本へ移り、九月に入洛した。将軍が入洛したにも拘わらず、幕政関与を行う定頼は在京しなかった。定頼は近江に在国しながら幕政に

「意見」したのであった。彼が在国し続けた理由は、京都が未だ晴元の勢力下にあったこと、および定頼は永正末～大永年間にかけて有力家臣伊庭貞説・九里某・蒲生秀紀らを討っていることから、在京中の国内在地勢力の伸長を恐れたことなどが考えられる。

本項では、定頼の「意見」が義晴入洛後の幕府政治機構の中のどの部分に関与していたのかを明らかにする。当該期の幕府政治機構は、大きくは将軍・内談衆・奉行衆による御前沙汰と、政所における政所沙汰に分けることができる。実質的に山城を支配した細川晴元のもとでは独自の裁許も行われ、細川氏奉行人奉書（今谷氏のいう「管領代奉書」。以下同）が発給され、それは幕府の奉行人連署奉書と共に機能する場合もあった(41)。そして天文期の御前沙汰は、内談衆の内談、奉行衆の評議、両者が出席する評議の三つの場があり、将軍が出席しないのを特徴とし、重要案件については将軍の決裁が仰がれたことが明らかにされている(42)。

以下に扱う検討事例は、内談衆の筆頭であった大館常興の記録を主とするため、内談衆に関わる叙述が主となることをお断りしておく。

まず御前沙汰に関わる六角定頼の「意見」の事例を見よう。

①天文九年九月二十三日、内談衆による内談の席で日行事摂津元造は、「普広院殿様《足利義教》御仏事銭」・「禁裏様御修理料之事」について披露した。この件については、それまでに将軍義晴から六角定頼へ諮問がなされており、定頼は将軍へ朽木稙綱と海老名高助の両名を通じ返答した。そのご将軍から内談衆へも諮問が行われ、この日の内談での披露となった。その内容は、能登守護畠山義総が故足利義教仏事銭として五千疋を幕府へ納めてきたが、禁裏修理料は出せないと六角定頼を通じて言ってきた。定頼は、斡旋したこちらとしても迷惑であるが、修理料については再度催促す

るので、とりあえずこの五千疋は納められるのがよいと将軍へ言ってきた。このことについて将軍から内談衆へ諮問がなされたのであった。内談衆の大館常興は、こうなった上はこの五千疋を納められるのがよい、と将軍への内談衆の総意を記した上申文書である「手日記」に「証名」を加えたのであった。[43] 本事例からは、将軍から六角定頼へ諮問が行われ、その後、定頼の意向も含めて将軍から内談衆へ諮問がなされていたことが窺える。

②天文九年七月三日、将軍義晴から内談衆へ日行事の細川高久を通じ諮問があった。その内容は、播磨守護赤松晴政が伊勢貞孝・三淵晴員を通じ、尼子詮久の兵の播磨国侵入につき幕府へ愁訴し、伊勢・三渕の両人は将軍へそのことを披露したところ、将軍は尼子の言い分も聴かないで片手打ちとなるのも問題だから、まず六角定頼に相談してはどうかとのことであった。この将軍の意向が妥当であるか内談衆へ諮問されたのであるが、内談衆としては、六角定頼へ尋ねるのが尤もだと将軍の意向に添う結論を出し、将軍への上申文書である「手日記」に各人の「証名」を加えた。[44] 本事例からは、六角定頼へ諮問すべきかどうかの将軍の意向が、内談衆の内談に諮られていることが窺える。

③天文八年閏六月七日に、内談衆と奉行衆により式日披露が行われた。この席で内談衆日行事の荒川治部少輔（氏隆）[45]は、将軍義晴からの仰せを披露した。それは赤松政村が将軍へ御礼を申し上げたいと内々申して来て、さらに許されるならば将軍義晴の「御字」や「官途」をも申し請けたいと言ってきたので、将軍は「可為如何哉」と尋ね下されたのであった。内談衆らは「尤以可然存候」とし、「然ニ如此段六角方へ被成御尋候て、可被仰出哉」と各々申したのであった。[46] 本事例からは、式日披露の席で、内談衆らは将軍からの諮問に、六角定頼の意見を聴いてから判断するのが良いと決し、その旨を将軍へ返答したことが明らかとなる。

①②③の事例から、案件の六角定頼への諮問は将軍や内談衆の発議によりなされ、内談衆は将軍から六角氏への諮

問を行うべきか否かの相談を受ける事もあったが、その判断は最終的に将軍によって行われていたことが窺える。そのため将軍は、内談衆への相談なしに一存で定頼へ諮問を行う場合もあり、次の事例はその様な場合を示すものと考えられる。

④天文十年十月晦日、将軍義晴が東山慈照寺から近江国坂本へ移るか否かについて、義晴は六角定頼に相談し、定頼の「意見」により坂本への動座が決定された。そのための将軍から六角定頼への使者は、朽木稙綱・海老名高助の両人であったと大舘常興は伝え聞いている。[47] 本事例は、内談衆筆頭である大舘常興も伝聞で知るような状況であったことから、将軍独自の判断により、その進退について六角定頼へ諮問されたものと考えられる。

この様に御前沙汰における六角定頼の関与は、『常興日記』、「披露事記録」（両記録共記主は内談衆筆頭の大舘常興）、「伺事記録」（記主は奉行人飯尾尭連）などの当時の幕府内部の記録にしばしば見ることができる。[48] そして幕政の六角定頼への諮問は、将軍自身の進退についてや、幕府の外交上の問題等について、最終的に将軍の意向で諮られており、その内容は将軍においても自身では判断できないような重事においてなされていたと考えられる。すなわち天文期の御前沙汰では、内談衆の内談、奉行衆の評議、両者が出席する評議の三つの場で判断できない案件については、将軍へ上申してその判断を仰いでいたが、将軍の六角定頼への諮問は、さらに将軍自身においてさえその判断に苦慮する問題についてなされた。

次に、定頼の「意見」は御前沙汰のみにおいて機能していた訳でなく、政所沙汰においても一部機能していた。天文期の政所沙汰は、その最終意志決定が政所頭人の伊勢貞孝によりなされていたことがすでに明らかにされている。[49] 六角氏の関与は政所頭人との交渉の部分で見られ、事例として以下のものがある。

⑤一、松田丹後(晴秀)徳政之儀可有停止之由、諸土倉申之付而披露之、上意□(者カ)伺之江南へ、先度以筋目海老名備中(高助)遣申之、
書状此方へ給之、

（『親俊日記』天文八年七月十六日条）

一、細川殿(晴元)より茨木(長隆)為使者、除洛中洛外西岡面はかり徳政可遣候由、貴殿(伊勢貞孝)へ御案内則御披露、江州有御談合御返事
可有在之由候、（略）

（『同日記』同年七月二十三日条）

一、徳政之事御下知之儀被出之、佐々木少弼殿(六角定頼)へ御談合処、可然之由候間、可申遣候、今度上下京地下人申徳政停
止之儀、佐々木霜台(六角定頼)返事被申上候、然間可被成下御下知候、□(頭人申候カ)、恐々、

八月廿四日

松田丹後守殿

（『同日記』同年八月二十四日条）

天文八年七月十六日、上下京の諸土倉は政所執事代松田晴秀に徳政の停止を願い出たので、晴秀は政所執事（頭人）伊勢貞孝へこれを披露したところ、貞孝は江南の六角定頼へ諮問することとし、海老名高助を派遣することにした。しかし二十三日に至り、細川晴元から洛中洛外を除く西岡の地にのみ徳政を行うよう、茨木長隆を使者として蜷川親俊へ申して来たので、親俊はその主人伊勢貞孝へ披露した。貞孝は近江の六角定頼へ相談し、定頼の返事を得ることにし、翌日政所として上下京の諸土倉へ徳政停止を相触れた。[50] そのご八月二十四日に至り、六角定頼との談合の結果、徳政停止の下知発給が決定され、蜷川親俊は「御下知」＝奉行人連署奉書を発給するよう奉行人松田晴秀に政所代奉書を発給した。[51] そして徳政停止の下知が発給され、上下京諸土倉は九月四日に伊勢貞孝や蜷川親俊などへ御礼を行った。[52]

このように政所沙汰へも六角定頼の関与は窺われるのであるが、この他に政所関係の記録からは政所沙汰における

定頼の関与は窺われないことから、定頼への諮問はほとんどなされなかったものと推察される。それは金銭・財物の売買・貸借など鎌倉時代における雑務沙汰を主に扱うという、政所沙汰の性質によるものと考えられ、本事例は徳政というすぐれて政治的な問題であったため、六角定頼への諮問が行われたものと考えられる。

以上、幕府政治機構の中のどの部分に六角定頼の「意見」が関わっていたのかを検討した。定頼の「意見」の関わる場は、御前沙汰と政所沙汰において機能していたが、その主たる場は御前沙汰で、政所沙汰は部分的な関与でしかなかったと考えられた。

四　その構造

1　六角定頼の「意見」の手続き

本項では、幕府の六角定頼への諮問手続きについて、より具体的に明らかにする。まず事例をいくつか見よう。

⑥天文九年三月十二日の朝、大館常興の処へ飯尾堯連が来た。飯尾は将軍の六角への使者朽木稙綱に命ぜられ、常興に六角へのついでの用事があるか問合わせに来たのであった。常興は飯尾に今は用事はないと返答した。常興が飯尾から伝え聞いた話によれば、この近江への使者下向は、内裏修理と故足利義教百年忌の仏事をどのように調えるのかを、六角定頼に相談するためであった。そしてその使者として朽木稙綱を六角定頼の許へ差し下し、詳細は朽木から六角へ申させると将軍からの仰せがあった。そのことは内談衆日行事の細川高久を通じて稙綱へ仰せ出された。そして朽木稙綱は早々今朝にでも下向したいとの意向を、常興は飯尾から伝え聞いた(53)。

本事例から、朽木稙綱が将軍の使者として近江観音寺城の六角定頼の許へ下向し、諮問の詳細を定頼へ申し述べていたことが窺える。(54) この様な将軍（一部政所）の六角氏への使者は、朽木の他にも事例①④⑤に見られる様に海老名高助がおり、この両名が幕府――六角氏間の仲介役を勤めていた。(55) 彼らが諮問のために京都から近江観音寺城へ下向し、上洛するまでの日数は、約七日程度かかっていた。(56)

六角定頼の幕府への返答または定頼独自の幕政への口入は、全て定頼の朽木稙綱・海老名高助宛て（あるいは担当のどちらか宛て）書状でなされていた。例えば天文十五年十二月の将軍足利義晴の嫡子義輝の将軍宣下において、義晴は将軍宣下の朝廷の意向を受けるべきか、またその日取りをどうするかについて定頼へ「被尋下」れ、定頼はその返答を将軍へ披露するよう朽木稙綱宛ての書状に認めている。

⑦幕府拝任之儀、被尋下候、叡慮之上者、御請可為珍重候、同就御嘉例、御元服翌日将軍宣下之旨、存知仕候、
条々得其意可有披露候、恐惶謹言、
（天文十五年）十二月十二日　定頼（六角）
民部少輔殿（朽木稙綱）
（『群書類従』所収「光厳院殿御元服記」）

その後、稙綱はこの事を将軍へ披露したものと考えられる。定頼の幕政に関する朽木・海老名宛て書状は、管見の限りではこの写し一通しか見出せないが、海老名高助宛ての六角定頼書状も同様の形式であったものと考えられる。(57) 定頼が独自に幕政へ関与する場合、定頼の朽木・海老名宛て書状の後、両人は直接将軍へ披露することもあれば、(58) 次の事例に見るように、事前に内談衆の内談で定頼の口入を将軍へ披露するかどうかが審議されることもあった。(59)

⑧一、日行事本常（本郷光泰）より各へ折紙在之、坂本妙戒院申御下知事、被成下候ハヽ、可畏存候由、六角方より朽民・海備両人（朽木稙綱・海老名高助）へ書状也、致披露御下知儀可申付哉云々、此儀於愚老失念候哉不存知候、何と六角被申事候条、無別儀存候

由申之、

坂本妙戒院が幕府へ申請した下知の事について、六角定頼が朽木稙綱・海老名高助両人への書状にて、幕府の下知を「被成下候ハ、可畏存候」と言ってきた。事前に将軍から六角氏へ諮問された形跡がないことから、六角氏独自の幕政への関与と考えられる。これについて朽木・海老名の両人は将軍へすぐに披露せず、内談衆へ「致披露御下知儀可申付哉」と問合わせ、日行事である本郷光泰は内談衆各人へ折紙回覧にて意見を問うている。この「披露」が将軍への披露か内談衆と奉行衆による式日披露の場での披露か、にわかに断定できないが、この事例からは、「披露」の前に内談衆の内談で定頼の口入を「披露」するか否かが諮られていることが窺える。(60)

将軍からの諮問が幕政上重事に属することであるのに対し、定頼独自の口入は訴訟を有利に運ぶために口入を依頼する権門寺院の問題や、定頼自らの被官人に関する問題など様々な内容が扱われた。(61)そのため定頼独自の口入においては、内談衆の内談を経て将軍へ披露される場合が多かったものと考えられる。

以上これらの事例から、将軍から六角定頼へ諮問がなされた場合、定頼は朽木稙綱・海老名高助両人宛て（あるいは担当のどちらか宛て）の書状でその返答（意見）を示し、朽木・海老名の両人はその内容を将軍へ披露し、定頼が独自に幕政へ口入を行う場合においても、同様に定頼は両人宛て書状で行い、その口入が朽木・海老名の両人から将軍へ直ちに披露される場合もあったが、事前に内談衆の衆議で披露を行うかどうかを審議し、内談衆日行事の取次を経て将軍へ上申される場合もあったことが明らかとなった。

2　奉行人連署奉書への明記

六角定頼の「意見」は右の如き手続きを以て行われていたが、この様な幕府の判断に定頼の関与があったことは、しばしば天文期の幕府の判決文書たる奉行人連署奉書にも明記された。

⑨紫野大徳寺領北少(小)路大宮妙覚寺跡・同門前屋地等丈数在別紙事、任証文并佐々木(六角定頼)弾正小(少)弼執申之旨、被返付訖、早被全領知之由、所被仰下也、仍執達如件、

天文二年九月廿二日　弾正忠(飯尾堯連)(花押)

河内守(治部貞兼)(花押)

当寺雑掌

(表4a文書)

右は定頼の関与を明記する幕府奉行人連署奉書の初見文書であるが、その文面には土地の証文と共に定頼の口入をもって判決が下されたことが明記されている。定頼口入の明記は、土地証文と並んでその判決にある一定の効力をもたらしめる事を意味すると考えられる。その効力とは、その判決が定頼も承認して出されたものであるから、もし判決が実行されない様な事があるならば、六角氏の軍事力によって実行することもあるとほのめかす事により実効性を高めることである。

実際、同十年十二月十三日付の洛中洛外屋地野畠地子銭納入に関する上下京中宛ての幕府奉行人連署奉書には、「若有難渋之輩者、以江州人数、可被加催促之条」と近江六角氏勢力による強制執行が明記されているのである。[62] かつて明応五年六月二十五日付の幕府奉行人連署奉書には、「早任意見状等之旨、弥領知不可有相違之由、所被仰下也」と奉行衆の意見状等による判決であることが判決文の中で明記され、このことが判決を正当づける一要素となっていた。[63] 奉行人の意見が、法律専門家による客観的正当性を与えるもの[64]とするならば、定頼の「意見」の明記は幕府の

表4　六角定頼の指示を得たことを記す幕府奉行人連署奉書

	年月日	宛所	事書・文言	史料	文書番号
a	天文2・9・22	当寺雑掌	紫野大徳寺領北少〔小〕路大宮妙覚寺跡・同門前屋地等丈数在別紙事、任証文并**佐々木弾正小〔少、以下同〕弼被執申之旨**、被返付訖、…	大徳寺文書	三二一五
b	2・9・22	当寺百姓中	紫野大徳寺雑掌申北少〔小〕路大宮妙覚寺跡・同門前屋地等丈数在之事、任証文并**佐々木弾正小弼被執申之旨**、被返付訖、…	大徳寺文書	三二一六
c	4・2・19	惣検校中	積塔事、廿日迄可致延引之由、先度雖被仰出候、**佐々木弾正小弼言上之子細在之条**、当年中之儀者、…	座中天文物語	三三〇七
d	6・6・19	大和彦次郎	城州中道寺縄内三十二町之内諸入免事、高畠与三郎子細言上間、〔対脱カ〕**佐々木弾正少弼被仰之**、…任執申之旨、右京兆御請之上者、弥可被全領知之由…	大和氏関係文書	※
e	6・7・5	当寺雑掌	白毫寺領城州一条寺内随願寺名田畠山林等所々散在事、三淵掃部頭晴員与太田備前入道相論之条、**対佐々木弾正小弼被仰之**、被糺決、…**佐小弼意見**晴員同心之間、被還附寺家訖、…	大徳寺文書	三三八四
f	8・11・10	当宮社務雑掌	石清水八幡宮灯油料所河内国楠葉郷内紀氏北向跡事、…**佐々木弾正少弼被執申之条**、被返付訖、…	石清水文書	三四三五
g	14・12・28	当地上衆中	日野家雑掌申家領城州蓼倉庄事、…**既佐々木霜台以有様之上**、被落居之処、…	日野家領文書写	三五八八
h	16・11・23	当寺住持	竜雲寺領洛中北六条坊門・東京極・南高辻・西富少〔小〕路四町々事、…所詮、**佐々木弾正少弼被執申之条**、早如元可被全領知之由、…	慈照院文書	三六六三

（注）文書番号は※を除き全て今谷明・高橋康夫編『室町幕府文書集成　奉行人奉書編』の文書番号。※は『思文閣古書資料目録善本特集』一五〇（思文閣出版、一九九六）所収「大和氏関係文書」。

有力後見者としての軍事的強制力による保証を認定するものであったと考えられる。

そしてこのような事例は、天文二年から同十六年にかけての奉行人連署奉書に、いくつか見ることができ（表4）、当該期の幕府判決がその実行力の一端を、六角定頼の軍事力に求めていたことを物語っている。

同様の事例は、将軍足利義尹を擁して永正五年八月～同八年八月まで在京し、「公武ノコトヲ執行」[65]っていた大内義興においても僅かに一例（同七年四月七日付幕府奉行人連署奉書案）[66]窺え、将軍権力動揺期における大名による幕政関与・補完を文書上に明記されるようになったのが、永正期からであることが窺える。これは全国の守護大名が在国するなかで、京都を支配する京兆家の他に一守護大名の実力によって幕政が成り立って行く状況が文書上に表現されたものと考えられる。今岡典和氏は幕府―守護体制の存続を説明するなかで、「織田信長の上洛に比して畿内近国の領国化の指向を全く見出せない点で、大内義興と六角定頼を一六世紀前半の守護権力の典型として評価」[67]されたが、大内・六角両氏の間には在京と在国という点で幕府政治そのものに対する姿勢の違いが窺え、将軍権力に対する求心性が後退していることを知ることができる。

3　御内書発給に関して

奉行人連署奉書と並んで当該期の幕府文書として御内書がある。御内書については、その作成過程や関与する人々などを中心に、羽田聡氏や今岡典和氏らにより明らかにされつつある。[68]それによれば、この御内書の作成においても六角定頼の関与があった事が指摘されており、定頼が御内書案文の作成や、副状の発給を一部行っていた。

例えば天文二年の七月二十五日付で細川晴元へ発給された、香川・内藤等の赦免を約する御内書は、「案文佐々木（六角定頼）

霜台ゟ被参」たものであった(69)し、同八年の九月三日付で六角定頼へ発給された御内書は、細川晴元と三好範長との不和についての山城守護代木沢長政からの報告を、定頼が将軍へ言上したことを褒したものであるが、その案文は「霜台（六角定頼）自筆」であったというから、この場合、定頼は自身に発給される御内書の案文を自ら作成していたことになる。(70)

また定頼の副状発給も天文二・三年に集中的にみられ、(71)この時期に将軍が近江国桑実寺で定頼の庇護を受けていたことと密接に関連するものと考えられる。御内書発給に至る内容の審理は、内談衆の内談や奉行衆との式日披露、「折紙」回覧など、いわゆる御前沙汰の場で行われたことが明らかにされているため、御内書作成においても定頼の関与は御前沙汰内において機能していたと考えられる。

以上、二項にわたって六角定頼の「意見」が幕府機構上どのような手続きで、どのような場所において機能したのかを検討した。定頼の幕政関与は、義晴が近江の定頼の許にいた天文二年から窺え、そのことは幕府の意志を示す根幹文書である奉行人連署奉書にも明記された。さらに定頼は、将軍の私的意志表示文書である御内書の案文作成や、その副状発給も一部行っていた。内談衆成立後の政務の検討からは、定頼の「意見」は主に御前沙汰において機能していた。天文期の御前沙汰は幕府の意志決定の中核をなしており、その政務は将軍の側近集団で構成される内談衆の衆議により担われていたが、内談衆および将軍においてもその判断に苦慮する案件に対して定頼の「意見」が求められ、彼は将軍からの諮問に答えると共に、自ら幕政に口入した。定頼の「意見」が天文期の幕政を左右していたことが窺えよう。そして定頼は在国していたことから、天文期に至って、将軍と共に在京せずに、在国したまま幕政へ関与できる守護大名が出現したことを指摘した。

五　京兆専制論をめぐって

次に以上の考察に基づき、本項では当該期の幕政が細川京兆家の専制により担われていたとする、今谷氏の見解について考察を加える。すでに天文期の御前沙汰には細川晴元の関与が見られず、晴元は個々の内談衆に口入という形で働きかけるのみであったこと、しかし細川氏被官人が違乱者である場合、訴人は細川氏の協力が必要なため、幕府奉行人奉書と共に細川氏奉行人奉書を得ようとしたことが明らかにされている。(72) そのためここでは細川氏と六角氏との関係、細川氏が関与する範囲等について検討することとしたい。

⑩天文七年九月一日の内談衆による内談で、細川晴元が山城国下五郡の田畠に段銭を賦課した事に対し、賦課停止の御内書を細川方へ出すかどうか審理されたが、将軍からすでに定頼へ諮問がなされていて、その返事を待つこととなった。そして定頼から晴元へ書状での交渉がなされ、その結果が定頼から海老名高助を通じて将軍へ報告された。その後、内談衆の内談、将軍の判断により、八日に至り諸奉公衆知行分の段銭停止の晴元宛て御内書が発給された。(73) ここでは細川氏への交渉が御内書発給以前に六角定頼を通じてなされている点注目される。次の幕府奉行人連署奉書の如きは、定頼を通じてなされたか否かは詳らかにしないが、その判決以前に晴元と交渉がもたれたことが明らかである。

⑪同六年七月五日付白毫寺雑掌宛て

白毫寺領城州一乗寺内随願寺田畠山林等所々散在事、三淵掃部頭晴員与太田備前入道相論之条、対佐々木弾《(六角定頼)》正小弼《(少)》被仰之被糺決、晴員理運之趣任執申旨、右京兆《(細川晴元)》御請在之、…

（表4e文書）

判決には六角氏の「意見」が判断の基準となっており、判決以前に細川氏との交渉が持たれ、その了承を以てその実行を確実たらしめんとしている（表4dも同様）。そして本事例には同日付の細川氏奉行人奉書（「管領代添状」）も発給されている。[74]

また今谷氏が指摘された如く、一部細川晴元の許に訴訟等が持ち込まれ、独自に裁決を下していた事が知られるが、細川氏独自の裁判機構と幕府政所での裁判とでは何らかの権限分担がなされていたようで、天文十七年八月の黒瀬秀清と壬生久棟との市原野・野中・二瀬三个郷諸公事物についての相論では、「於右京大夫(細川晴元)雖及訟訴(マヽ)、為政所御沙汰之条、当所(幕府政所)へ被出之訖」と、初め晴元の許で訴訟がなされたが、内容が政所沙汰に属するため幕府政所で裁判が行われた。[75]史料的に制約が大きく、その権限分担の具体的内容を明らかにすることはできないが、少なくともこの様な権限分担がなされるようになったのは、義晴と晴元との和議が整い、同六年五月に将軍義晴方と晴元方との間に残る「京都山城之内御相刻(剋)」「未決分五十余ヶ条」が解決をみた後のことと考えられる。[76]そのため義晴と晴元との和議が整い、同六年に義晴・晴元双方の「京都山城之内御相刻(剋)」が解決される以前においては、第三者の調停が必要とされる相論は、当事者独自の判断により自らの権益が有利に保たれるであろう権力へ裁許を求めたものと考えられる。

このように幕府判決の実行部分における細川氏の協力や、同氏独自の裁判が窺われるのであるが、その命令書である細川氏奉行人奉書の発給範囲は、あくまでも細川京兆家の勢力圏である丹波・摂津・山城以下の畿内に限定されている点注目される。幕府奉行人連署奉書に付随して機能した細川氏奉行人奉書（「管領代添状」）も同様の傾向を示す。[77]細川氏奉行人奉書は管領高国までは畿内近国に拡大する傾向にあるのが、晴元の代になり縮小し、細川京兆家勢力圏のみにしかその効力を発揮できなくなったのである。そのため幕府御前沙汰に細川氏は直接に関与しないが、丹波・摂津・山城以下の畿内の京兆家勢力圏においては、判決以前に幕府内部において事前に細川氏との交渉が持たれたり、幕府奉行人連署奉書を受けた当事者が、その実効性をより確実なものにするため、細川氏へも働きかけ、その承認書たる細川氏奉行人奉書（「管領代添状」）を得るなどの場合があったものと考えられる。細川氏独自の裁判がなされるのも京兆家勢力圏のみであることから、訴人の主体的判断と京兆家の領国支配者としての活動を幕府は認めざるを得なかったのであろう。

では御前沙汰に細川晴元の関与がないのは、いかなる理由によるものであろうか。それは天文以前の義晴の経験した政治的状況を鑑みれば、いくつかの要因が窺える。第一節―一で述べた通り、義晴の将軍就任は細川高国の専横を怒って出奔した将軍義稙の跡に、高国がわずか十一歳の義晴を据えたことによる。その後、大永八年に近江国へ動座するまで義晴は幼少であることもあり、高国による幕政の専制を経験する。この幼年期の高国専制に対し、彼は青年期において将軍側近衆である内談衆を新たに創設し、御前沙汰の充実を図っていることから、将軍側近を中心とした政治を積極的に行おうとしていたものと考えられる。また晴元自身に対しても、享禄元年（一五二八）に義晴が近江国へ落ちなければならず、天文三年まで六年間も入洛できなかったのは、晴元が義晴の弟で前将軍義稙の猶子となっていた義維を擁し敵対したのが契機であり、和睦（天文元年）の後も、義晴の庇護者である六角定頼の娘が晴元の許へ嫁ぐ[78]（同六年四月）ことにより協調関係を維持するのであるが、すでに義晴にとっては将軍独自の政治機構に六角定頼という後見者を得ていたため、晴元へは政治的協力のみを期待すればよかったものと考えられる。

従って、右京兆晴元は「幕府機構を総覧・指揮」しておらず、「管領」の代官による奉書（添状）であるならば、細川京兆家勢力圏外でも発給されてもよいはずであるが、その効力範囲は京兆家勢力圏内にしかなく、管見の限り彼は「管領」と呼ばれていない[79]（史料的には「右京兆」）ことから、彼の下知を今谷氏の言う「管領代奉書（添状）」とす

るよりは、「右京兆代奉書（添状）」又は「細川氏奉行人奉書」とする方がより実態に則している。(80)

近江半国の守護でしかない六角氏が、将軍の要請があったからにせよ、幕府内で細川勢力と対等に渡り合えたのはなぜであろうか。同盟関係にあったことも要因ではあるが、近年末柄豊氏が、応仁の乱後の細川氏同族連合体制の解体により、京兆家の実質的分国は摂津・丹波両国となったため、京兆家は新たに山城・河内・大和を領国化しつつあったことを明らかにされた。(81)この同族連合体制の解体の意味するところは大きく、幕府内における京兆家勢力は細川氏同族を代表するものでなく、京兆家の単独勢力となった。六角氏はかつての同族連合体制による強大な細川勢力ではない、細川京兆家単独勢力と対峙・両立していたのであった。

では天文期の京兆家はどのような権力であったのか。管領として幕政に関与しない京兆家権力は、もはや自らの領国にのみその権力が通用する大名権力と評価せざるを得ない。それは末柄氏の指摘される「幕府とは相対的に独立した地域支配を指向する細川京兆家」であった。しかし京都に幕府があるため、協調関係にある京兆家は、幕府から完全に独立した権力となることはできなかったのである。

如上の事実から、京兆専制の終焉を天文十八年の摂津国江口の戦いでの敗退による、晴元政権崩壊時までとする今谷氏の見解は、実質的には管領高国が将軍と共に行動した大永八年まで遡らせなければならないであろう。そのため天文期の幕政は、決して細川晴元による京兆専制が行われていたと評価することはできず、新たに創出された内談衆と六角定頼を中核として、幕府の存する山城以下の京兆家勢力圏においては晴元の協力をもって補完される体制であったと結論づけられる。

六　その後の幕政と内談衆・六角氏

本節の最後に、その後の幕政と内談衆・六角氏について素描しておこう。

義晴の側近達で創設された内談衆は八人で成立したにも拘わらず、「折紙」、「手日記」の署名者および内談出席者が漸次減少することから、その構成員の減少が指摘できる。[82] 内談衆の内談は、常興が出席した天文十一年三月十日を最後に、以後大館晴光・細川高久・摂津元造の三人のみで行われ、その内談も管見では同十四年九月一日を最後とし、以後「内談衆」の呼称も見られなくなる。[83] 翌十五年十二月二十日に行われた義藤（後の義輝）将軍宣下後はじめての御前沙汰始の出席者は、管領代の六角定頼、評定衆の二階堂・町野・松田・摂津、奉行衆（御前沙汰衆）であり、かつての内談衆は摂津元造の他は窺えない。[84]

右の事実から、内談衆は義藤の将軍宣下を機に解消されたものと考えられる。それは幕政の安定化に伴う公事の減少、および内談衆の設置が、幼少のため政務を執り行うことができない義藤を補佐し代行するという名目を持っていたため、義藤が幕政を執り行うことができるようになった以上、その役割を終えたものと考えられる。

定頼の幕政への関与の終見は、同二十年二月十日の将軍義輝の近江国比叡辻宝泉寺から高嶋郡朽木谷への動座が、「佐々木少弼《（六角定頼）》依被申」り行われた頃までである。[85] 定頼は翌二十一年正月に五十八歳で没する。嫡子義賢も将軍義輝に味方し、対立する三好長慶との和議斡旋に奔走するが、[86] 幕政への直接関与は行っていない。従って将軍から期待され、六角氏としても幕政に直接関与したのは、定頼の代のみであった。

将軍義尚以降、将軍の個人的信頼関係を得た直臣達が、幕府機構上に登用され、政務に関与するようになるが、[87] 義晴と定頼の関係も多分にその信頼関係に支えられていたといえよう。義晴の側近達で創設された内談衆も、その構成員が決して補充されることは無かった点も同様に考えられる。

定頼没後、六角氏は他の守護大名達と同様に、将軍への軍事協力を行うのみの存在となってゆく。その理由は、定頼の没する二年前に義晴も亡くなっており、新将軍義輝のもとでは細川晴元が将軍に近侍し、幕政を支えたことによる。晴元は義輝と共に近江朽木谷にも同行している。義輝・晴元は、細川氏綱を擁し台頭してきた阿波細川氏の被官三好長慶の勢力と対峙しなければならない、新たなる政治的段階を迎えていたのである。

おわりに

本章では、十六世紀前半における近江守護六角定頼の幕政関与の実態解明を通して、当該期の幕府政治の特徴を指摘した。明らかにしたことを纏めておこう。

将軍足利義晴は、奉公衆が多く、親義晴勢力のある山陰・北陸へと抜けられる近江国朽木庄へと動座したが、浅井氏の進攻と管領細川高国の戦死により、必然的に唯一の庇護者近江守護六角定頼を頼らざるを得ず、それに伴い定頼の幕政に占める地位は上昇し、定頼は将軍から幕政諮問を受けるようになった。定頼が義晴の後見者となることにより、細川京兆家の幕政に占める地位は低下し、同家が「幕府機構を総覧・指揮」することはなかった。定頼は幕府機構のうち、主に御前沙汰に関与したが、彼は在京しなかったために幕府は近江観音寺城の定頼処まで往復約七日間もかけて諮問を行った。諮問は将軍においても判断に苦慮する重事においてなされ、定頼はそれに朽木・海老名宛ての書状で返答、両人はこれを将軍へ披露した。これに対し定頼独自の口入は、自身の被官に関する問題など様々であったため、朽木・海老名から内談衆を通じ将軍へ上申されることが多かった。天文期の幕政を特徴づける内談衆は、後見者の定頼が在国したままで、かつ和睦を結んだとはいえ、細川晴元との山城国内の相剋が未決着のなか、内々に将軍へ持ち込まれる多くの公事を、式日に左右されずに審理できる機関として創出され、義晴自らは公事全般を扱うことをやめた。これを義晴は「隠居」と称し、実際には元服まで代は譲らなかったが、生まれたばかりの若君に代を譲ることを宣言し、名目上若君の政務補佐・代行者として内談衆を設置した。そのため義晴は内談衆でも判断できない重事のみを扱った。そののち内談衆は、幕政の安定化による公事の減少と、義輝の元服・将軍宣下により、その役割を終えた。天文期の幕政は、新たに創出された内談衆と六角定頼を中核とし、幕府の存する山城以下の京兆家勢力圏においては細川晴元の協力をもって補完される体制であり、政治体制の新たなる特徴として、将軍と共に在京しないで、在国したまま幕政へ関与できる守護大名が出現したことが指摘でき、そこに将軍権力に対する求心性の後退が窺えた。管領細川京兆家主導の政治を離れ、幕政機能の充実を模索したのが天文期の義晴政権であった。

残された課題も多い。いわゆる京兆専制と三好・松永政権の間に、六角定頼と内談衆により幕政が運営される政治形態の存在を指摘したのであるが、この事が幕府権力のあり方に与えた影響について触れられなかった。六角氏登場による細川京兆家の幕府内における地位・権力の低下が、三好・松永氏登場の素地を提供したであろうことは十分予想される。将軍及びその機関による幕政の運営形態の変遷と、それを支える勢力の変化を探るなかから、三好・松永政権といわれる時期や、それ以降の幕政の実態をも再検討してゆく必要を感じる。今後の課題としたい。

〔註〕

（1）今谷①『室町幕府解体過程の研究』（岩波書店、一九八五年）、②『守護領国支配機構の研究』（法政大学出版局、一九八六年）。

（2）桑山「（書評）今谷明著『室町幕府解体過程の研究』」（『史学雑誌』九六―九、一九八七年）。

（3）末柄「細川氏の同族連合体制の解体と畿内領国化」（石井進編『中世の法と政治』吉川弘文館、一九九二年）。

（4）奥野「「堺幕府」論」（『日本歴史』三二八、一九七五年）。二木『中世武家儀礼の研究』（吉川弘文館、一九八五年）第三編第三章。

（5）設楽①「将軍足利義材の政務決裁」（『史学雑誌』九六―七、一九八七年）、②「室町幕府の評定衆と「御前沙汰」」（『古文書研究』二八、一九八七年）、③「足利義尚政権考」（『史学雑誌』九八―二、一九八九年）、④「将軍足利義晴の政務決裁と「内談衆」」（『年報中世史研究』二〇、一九九五年）。

（6）例えば宮本義己「足利将軍義輝の芸・豊和平調停」（『政治経済史学』一〇二～三、一九七四年）、「足利将軍義輝の芸・雲和平調停」（『国学院大学大学院紀要』六、一九七五年）。

（7）奥村「天文期の室町幕府と六角定頼」（米原正義先生古稀記念論文集『戦国織豊期の政治と文化』続群書類従完成会、一九九三年）。

（8）定頼の幕政関与の事を、史料上では「六角霜台執申」（桑山浩然校訂『室町幕府引付史料集成』上、近藤出版社、一九八〇年所収「披露事記録」天文八年二月二十五日条）の如く「執申」で表現される場合が多いが、「依霜台意見」（『大館常興日記』同十年十一月一日条）や「六角霜台へも可被加意見」（同九年三月二十六日条）の如く「意見」とも表現されることから、本稿では定頼の幕政関与を定頼の「意見」として表記する。

（9）今谷、註（1）①著書第二部第一章「京兆専制」、二七六頁。

（10）『大日本史料』（第九編之十三）大永元年十二月二十五日条。

（11）『後法成寺関白記』、『御湯殿上日記』各享禄元年五月二十八日条。『二水記』同年五月十四・二十八日、九月八日各条。『実隆公記』同年九月七・八日各条、ほか。

(12) 国立公文書館内閣文庫蔵。

(13) 朝倉—『厳助往年記』大永七年十月十三日、十一月十七・二十九日各条、「公頼公記」(東京大学史料編纂所蔵)同年十月十三日条、『実隆公記』同年十月二十四日条。孝景は、義晴が一時入洛し、いまだ和議の成らない大永八年三月五日に突如帰国した(『二水記』同日条)。山名—『実隆公記』同六年十二月四日条。武田—『二水記』同年十二月二十九日条、『厳助往年記』同七年二月十二・十三日各条、「公頼公記」同年同月十二・十四日両条。赤松—『後鑑』同年正月十日条、『実隆公記』同年十二月十六日条。畠山—『実隆公記』同年十二月三日条、『二水記』同年同月二十三日条。筒井—『厳助往年記』同七年十一月、同八年二月五日条。大友—「大友家文書録」(『大分県史料』)。

(14)『実隆公記』享禄元年九月九日条。

(15) 今谷、註(1)①著書第二部第四章「細川・三好体制研究序説」。

(16) 義晴が朽木谷に動座した享禄元年九月一日から義維方奉行人奉書の終見である同四年十月五日までに発給された義晴・義維双方の奉行人奉書は、現存する限りでは、それぞれ義晴方四五通、義維方三七通である。ちなみに義維方奉行人奉書の全発給期間(大永六年十二月二十一日〜享禄四年十月五日)では、義晴方六八通、義維方五一通の奉行人奉書が確認できる(『室町幕府文書集成 奉行人奉書篇』下、思文閣出版、一九八六年)。

(17) 野田泰三「戦国期の東寺と権力」(『日本国家の史的特質』思文閣出版、一九九七年)。

(18)「御内書記録」。

(19)『厳助往年記』享禄二年八月条。

(20) 以下の史料から作成。『為和集』『再昌草』『御湯殿上日記』『後法成寺関白記』『実隆公記』『言継卿記』『厳助往年記』『蓮成院記録』『二条寺主家記抜萃』『後鑑』『公卿補任』『朽木家古文書』『伊達家文書』『本郷文書』。一色七郎は「古簡」一四号文書(『国立国会図書館所蔵貴重書解題』十。年代は『後鑑』享禄元年九月九日条文書と比較せよ)から。奉行衆は『室町幕府文書集成 奉行人奉書篇』、その他記録を参照。

(21)『為和集』享禄二年二月十・十三・二十八日各条。『再昌草』同三年十二月二十七日条。

(22)『後法成寺関白記』大永三年正月二十九日条。

(23)清原業賢の日記「業賢記」（国立公文書館内閣文庫蔵）享禄二年二月四日条には、

四日、青〔晴〕、向梨〔本〕木亭反古中・従諸国遣細川右京大夫入道道永〔高国〕書状共在之、名字書抜之、九里《クノリ》江州――也、高野瀬同上、蒲生《カマウ》大〔太〕郎同上、持是院《チセ》濃州――也、織田《ヲタ》尾張――歟、延永《ノフナカ》丹後――也、

とあり、諸国を遊説していた管領細川高国が、近江の九里・高野瀬・蒲生各氏、美濃の斎藤氏、尾張の織田氏、丹後の延永氏らと連絡を取り合っていたことが判る。特にここに挙がる人々全てが京都から東の勢力であり、享禄二年の段階で義晴方は京都から東の勢力によって京都奪還を図ろうとしていた点興味深い。

(24)奥野、註(4)論文。

(25)二木、註(4)著書、四〇七頁。

(26)「御内書記録」。

(27)『二水記』享禄四年二月一・七・十五日各条。『実隆公記』同年同月四日条。『祇園執行日記』同五年七月二十八日条。『近江蒲生郡志』巻九、五〇五頁。『大日本古文書　家わけ　上杉家文書』四一〇・四一六・四一七号。『桑実寺縁起』（『続群書類従』）。

(28)『大日本古文書　家わけ　大徳寺文書』六―二〇五二、一―五七三、二―九二〇、一―六一一、六―二〇五三～八、二―九二一～二、一―五七五・二三一、二―九二三・九二五。

(29)『言継卿記』天文三年閏正月二十六日条。

(30)「祇園社記」第十六。同様の文書は『大日本古文書　家わけ　大徳寺文書』五六七。

(31)『長享年後畿内兵乱記』享禄二年二月条。

(32)清水①「将軍足利義晴期における御前沙汰――内談衆と「賦」――」（『日本史研究』二〇七、一九七九年）。なお、

内談衆に関する研究は近年深まりつつあるが、成立の契機・過程を考察したものはない。
(33) 山家「室町幕府の賦と奉行人」（『中世の法と政治』所収）。
(34) 『厳助往年記』天文五年九月二日条。『鹿苑日録』同年八月二十九日条。
(35) 『鹿苑日録』天文五年閏十月三・二十六日、同六年二月四日、十月七日、同七年三月二十一日、同八年二月十六・二十九日各条。『常興日記』同八年四月二十七日条。「証如上人日記」（『石山本願寺日記』上巻所収）同七年正月十六日条。
(36) 註(34)参照。天文八年時の「八人之内談衆」と比較（『言継卿記』同十三年十月十九日条）。
(37) 『鹿苑日録』天文五年八～十月条。
(38) 将軍の側近を新たに制度化し、政務をみる体制は、かつて義尚が創出した「評定衆」の前例がある。内談衆筆頭で、日行事を勤めない、別格的存在の大館常興はその一員。
(39) 「証如上人日記」天文五年八月二十日条。
(40) 石田晴男「『天文日記』の音信・贈答・儀礼からみた社会秩序」（『歴史学研究』六二七、一九九一年）。
(41) 今谷、註(1)①著書第二部第四章、②著書第一章付論I。
(42) 設楽、註(5)④論文。清水、註(32)論文。山田康弘「手日記と意見状――将軍足利義晴治世期の御前沙汰手続――」（『史学雑誌』一〇四―一二、一九九五年。のち同氏著『戦国期室町幕府と将軍』吉川弘文館、二〇〇〇年に収録）。
(43) 『常興日記』天文九年九月二十三日条。
(44) 『常興日記』天文九年七月三日条。
(45) 『史料綜覧』（天文八年九月八日条）や『大日本古文書　家わけ第二十一　蜷川家文書之三』（五二七号）の編者は、荒川治部少輔の実名に氏隆をあてている。これは、日野資定が天文七年九月三日に行われた蹴鞠の様子を記した「日野資定鞠の記」（東京大学史料編纂所架蔵影写本）に、「荒川治部少補氏綱」とあることに拠るのであろう。この史料の存在は、山田康弘氏の教示による。記して謝意を表する。

(46)「披露事記録」天文八年閏六月七日条。
(47)『常興日記』天文十年十一月一日条。
(48)『常興日記』天文八年閏六月一日、九月十五日、同九年二月六・二十一日、三月二十四日各条ほか。「披露事記録」同八年閏六月七日条。「伺事記録」同八年十二月二十五日、同十五年六月二十四日、同十六年七月十五日各条ほか。
(49)山田康弘「後期室町幕府政所の意志決定システムに関する一考察」(『学習院史学』三一、一九九三年。のち『戦国期室町幕府と将軍』に収録)。
(50)『親俊日記』天文八年七月二十五日条。
(51)政所代が政所寄人に対し奉行人連署奉書を発給するよう伝える同様の文書を、「政所代書状」と呼ぶ研究者もいる(清水久夫②「室町時代末期における幕府政所の裁判機能」、芥川龍男編『日本中世の史的展開』文献出版、一九九七年所収)。
(52)『親俊日記』天文八年九月四日条。
(53)『常興日記』天文九年三月十二日条。
(54)他に、『常興日記』天文八年閏六月八日条など。
(55)『常興日記』天文九年四月二十五日条から、海老名高助は幕府—六角定頼間だけでなく、幕府—細川晴元間の使者をも勤めていたことが知られる。
(56)例えば、天文八年閏六月八日に近江国へ下向した朽木稙綱は、十五日夜前に上洛している(『常興日記』各同日条)。
(57)『常興日記』天文八年九月十五日条には、明確に「霜台(六角定頼)より海老備(海老名高助)・朽民(朽木稙綱)へ之宛所書状にて被申」、と記されている。
(58)例えば、天文九年七～九月にかけての、将軍家小者松若・才若兄弟間の「父跡職」相論の審理過程(『常興日記』同九年七月四・五・十三・十四・二十五日、九月十日各条)。
(59)『常興日記』天文九年七月十三日条。

(60) 定頼独自の口入は、内談衆の内談に諮られなくても、日行事を通して将軍へ披露される場合が多かった。例えば、天文八年七月十六日に将軍から内談衆へなされた諮問は、定頼から幕府に六角被官人の屋地安堵を申請してきたことの可否についてであったが、定頼からの申請手続きは「六角方よりハ狛丹後守、以書状ゑひ備(海老名高助)へ申、其段ゑ備(同上)以日行事被伺申処、御内談也」と、六角氏から家臣狛丹後守→海老名高助→内談衆日行事→将軍の順で取り次がれ、将軍の命により内談衆の内談となった（『常興日記』同日条）。海老名高助は直接将軍へ披露せずに、内談衆日行事を通して披露している点が重要。

(61) 事例⑧や註(60)事例など。

(62) 「上京文書」。

(63) 「勧修寺文書」。

(64) 笠松宏至「室町幕府訴訟制度「意見」の考察」（同氏著『日本中世法史論』東京大学出版会、一九七九年所収）、山田、註(42)論文。

(65) 『後鑑』永正十五年八月二十三日条所収「高代寺日記」。

(66) 「本郷文書」（『室町幕府文書集成　奉行人奉書篇』二六三一号）。

(67) 今岡・川岡・矢田「戦国期研究の課題と展望」（『日本史研究』二七八、一九八五年）。

(68) 羽田聡「足利義晴期御内書の考察」（『年報三田中世史研究』三、一九九六年）。今岡典和「御内書と副状」（『日本社会の史的構造』思文閣出版、一九九七年）。

(69) 『続群書類従』所収「御内書引付」。

(70) 『常興日記』天文八年九月三日条。

(71) 羽田、註(68)論文表3参照。

(72) 清水、註(32)論文。設楽、註(5)④論文。

(73)『常興日記』天文七年九月一・八日両条。水藤真「衆議と内々」（小川信先生古稀記念論集『日本中世政治社会の研究』続群書類従完成会、一九九一年）。同様の事例として、『常興日記』同八年閏六月二十日条。
(74)『大日本古文書　家わけ　大徳寺文書之二』九三三（二）号。
(75)「別本賦引付二」（桑山浩然校訂『室町幕府引付史料集成』上、近藤出版社、一九八〇年）。
(76)奥村、註(7)論文。
(77)今谷、註(1)①著書三八二頁、表2「細川晴元管領代奉書編年目録」参照。
(78)『厳助往年記』天文六年四月十九日条。『長享年後畿内兵乱記』同年同月条。
(79)天文十五年の義輝元服時には、定頼が管領の代わりである「管領代」として活動しており（「光源院殿御元服記」）、この時期管領が常置されていなかったことが知られる。
(80)同様のことは、別の視点から小泉義博・上島有両氏も指摘されている（小泉「室町幕府奉行人奉書の充所」『日本史研究』一六六、一九七六年。上島「解説」『日本古文書学論集』8、吉川弘文館、一九八七年）。
(81)末柄、註(3)論文。
(82)『常興日記』や「披露事記録」などを見れば明らかである。海老名・荒川・本郷・大館常興の順で内談に参加しなくなる。
(83)『常興日記』・「伺事記録」。
(84)幕府儀礼は幕政の実態を必ずしも反映しているとはいえず、この時の評定衆はそののち衆としての活動が窺えない（二階堂・摂津は奉公衆のうち外様衆、松田は奉行衆としての活動が確認できる。町野は不明）。現存する「伺事記録」が天文十六年三月まで存在することから、その後も式日における奉行衆の案件披露・審理による御前沙汰は行われていたものと推定される。
(85)『後鑑』天文二十年二月十日条所収「進士修理亮晴舎与横瀬雅楽助書」。

(86)『足利季世記』天文二十一年、永禄元年十一月六・二十七日各条。

(87) 設楽、註(5)③論文。

〔追記〕雑誌発表時、羽田聡氏の「足利義晴期における内談衆編成の意義について――人的構成の検討を通して――」(『年報三田中世史研究』六、一九九九年一〇月)が発表された。その際、内談衆の成立理由や権限について拙稿との相違があったが、成稿後であったためコメントすることができなかった。そのためこの場においてコメントしたい。

第一に、羽田氏の論考は、内談衆の成立理由を「周囲を取り巻く政情不安へ対処するため」ではないかとする。私見ではそういった漠然とした理由ではなく、本文でも記したとおり、義晴が隠居したのは、公事全般を扱うことをやめて、生後間もない若君(義輝)への家督譲渡を宣言し、名目上若君(現実には将軍義晴)を補佐し、政務を代行する内談衆に公事処理を任せ、内談衆の衆議と六角定頼の「意見」を中心とした政治を構想し実現したものと見る。第二に、内談衆各人に求められたもの=役割についても、羽田氏は各人が担当する交渉相手があったことから「義晴が内談衆の各メンバーに最も期待したことは、大館常興と義晴との間に見出すことのできた信頼関係よりも、むしろこうした守護大名や公家との交渉能力であった」とする。この点についても、守護大名との交渉は、何も内談衆員に限ったことではないのである。例えば、御内書文末の「猶(人名)可申候」と表記される副状発給者(又は使者)は、内談衆員の他に大館高信や小林国家・伊勢貞孝・細川尹隆・「内々局」・周悦首座が確認でき、御内書以外でも伊勢貞孝や三淵晴員の交渉取次が確認できる(羽田聡「足利義晴期御内書の考察」『年報三田中世史研究』三、一九九六年の付表。及び今岡典和「御内書と副状」『日本社会の史的構造』思文閣出版、一九九七年。『常興日記』天文八年閏六月十八日、九月十七日、十二月二十八日、同九年三月十八日、七月三日、同十年十月一日、十一月七・十二日、同十一年二月十四日、三月十二日、閏三月十一日各条他)。そのため守護大名との交渉は内談衆特有の職務とはいえない。羽田氏は個々の衆員の活動内容からその職務を復元しようとしたが、衆員は何も内談衆としての職務のみを行っている訳ではない。衆員は申次や御供衆・奉公衆など様々な身分・職務を兼ねており、これらの職務も個々に行っているのである。守護大名との交渉や御内書の作成、その副状発給について言えば、その時々に応じて最も適した将軍側近があたったと言う方がより実態に即している。

　以上の理由により、羽田氏の見解は内談衆に関わる本質を指摘したものではなく、派生的事実を指摘したものと考える。その点に私見との相違があることを述べておきたい。

　なお『鹿苑日録』天文五年八月二十九日条の「マシナイ《（呪）》」として御代を若君に譲ったという記事（「去廿七日ヨリ為ーー《マシナイ》譲御代於若君」）について、私見を述べておく。この記事は、生まれたばかりの若君（義輝）が将来自分の後継者として跡を継ぎ将軍となることを祈り行った呪術的行為と解釈できる。そのため同時に成立した内談衆の役割も名目上の若君補佐役として説明すべきものと考える。

第二章　近江国湖西の在地領主と室町幕府

はじめに

近年の後期室町幕府にかかわる研究は、かつての戦国大名の登場によるほとんど実態のない幕府という評価から、地域における守護の役割を重視し、幕府―守護体制が容易に崩れるものではなかったとする見解[1]や、将軍周辺を中心とする幕府内部の機構の実態から戦国期将軍権力の存続を評価する見解[2]など、室町幕府の戦国期社会における規定性を評価する方向へと進んできている。また地域社会における在地領主の役割や領主制についても、「郡中惣」や「同名中」など在地領主の一揆結合や、個々の領主制についての研究が深化している[3]。ただ幕府と地域社会とを切り結ぶ在地領主層の上部との関係については、もっと身分格式や政治的視点から捉えられてもよいように思う。というのは、室町中期から幕府の諸儀礼の整備とともに身分格式が固定化してゆく現状と、地域社会における在地領主達の実態とは、必ずしも一致せず、乖離してゆく傾向が見られるからである。ここでは近江湖西の在地領主の幕府との関係を検討するなかから、その様態の一端を明らかにしたい。

近江国湖西地方における在地領主の研究は、まとまった史料が残る朽木氏を中心に行われてきた。この地域は、南部に比叡山延暦寺を擁し、北部には朽木氏を含む「西佐々木七人」「西佐々木同名中」「高嶋七頭」などと呼ばれる在地領主や、その他の土豪の存在が知られる。延暦寺については、織田信長の焼き討ちによる史料の決定的不足のなか、

図1　「西佐々木」略系図　（注、『尊卑分脈』を基に作成。山崎氏は愛智氏系。一部推定を含む。）

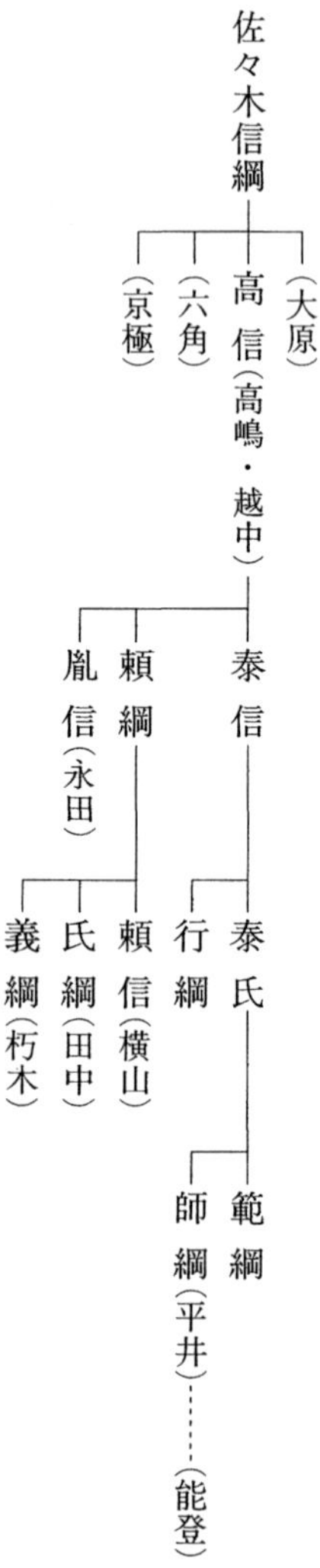

その内部構造や山徒について、近年ようやく下坂守氏による解明が試みられるに至った。(4) しかし北部の在地領主については、朽木氏と永田氏を除き、ほとんど不明というのが現状である。朽木・永田氏など七氏で構成された「西佐々木同名中」については、唯一、湯浅治久氏による「惣勢力と対決する階級的結集体」との評価がある。(5) これにコメントを寄せた薗部寿樹氏は、同名中の内実が不明であること、その解明のためには「西佐々木中という結合の質をただ」し、「領主間結合一般の理論よりも、まずは高島郡という地域と高島七頭という存在の特質」を明らかにする必要を指摘された。(6) そのご湯浅氏は、朽木氏の「所領」の構成とその性格の分析から、「西佐々木一族の結合は政治的関係、さらには幕府権力といった公権に依存してはじめて「郡（高嶋郡—西島注）」秩序を体現することができる存在であり、その実質的な領主支配」が「公権の介在なしには簡単に郡規模に拡大されないものであった」と評価した。(7) 西佐々木同名中と公権との関係を指摘した点は注目される。しかし、湯浅氏は同名中組織を一枚板の如く扱われて、この点同名中を構成する各氏の立場が明瞭ではない。公権、すなわち幕府や守護との関係を述べるためには、同名中全体だけでなく、それを構成する個々の在地領主そのものと公権との関係を明確にしておく必要があるのではないだ

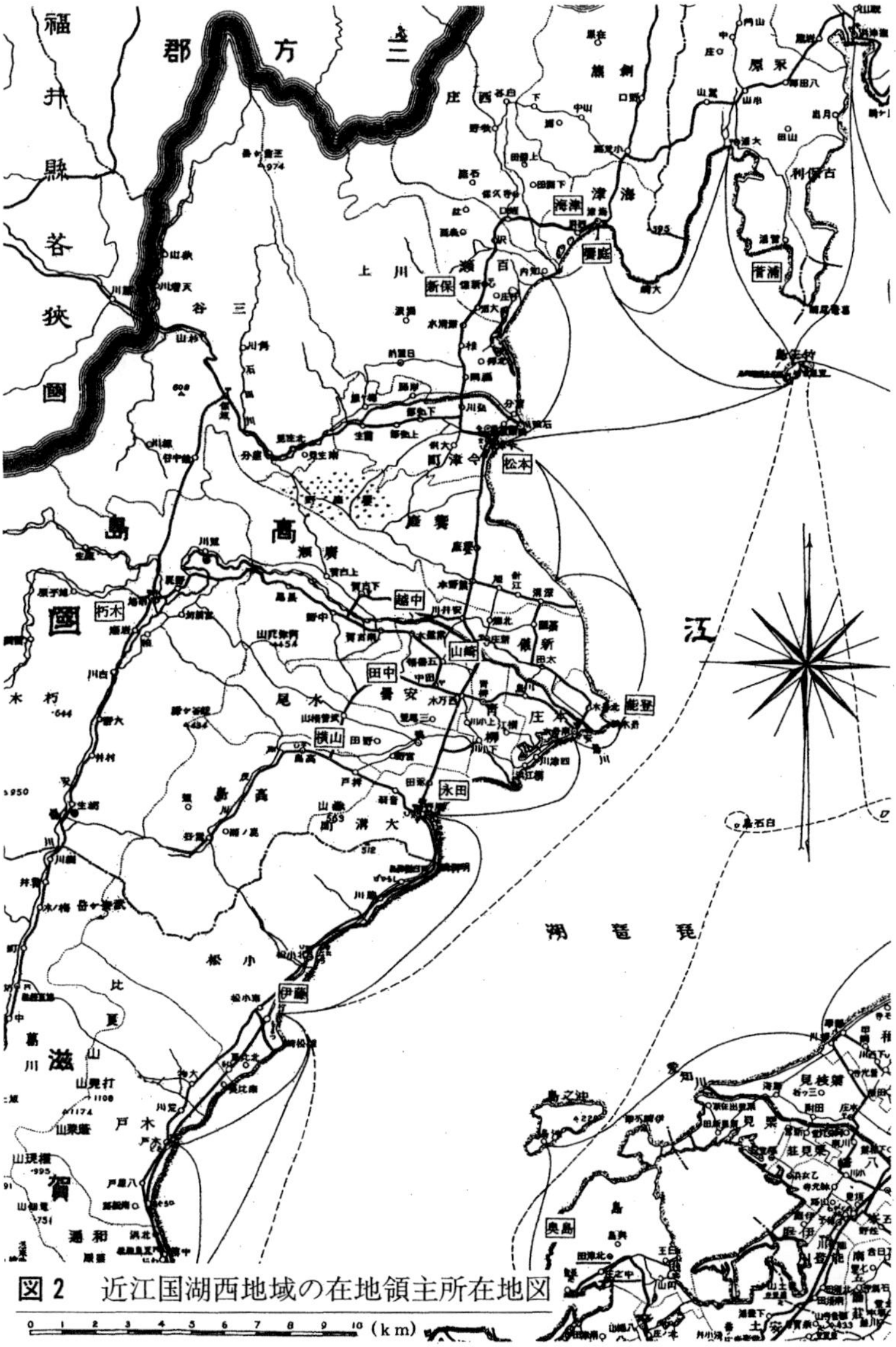

図 2　近江国湖西地域の在地領主所在地図

原図は15万分１「東宮御成婚記念 日本交通分県地図 其三十 滋賀県」(大阪毎日新聞，1926年４月５日発行) を用い縮尺。

ろうか。それによって同名中組織の内実にも迫れるのではないか。

京都に非常に近く、かつ山門膝下の地であり、守護を勤めた湖南の六角氏、湖北の京極氏とも琵琶湖対岸という一定の距離に位置する湖西地方の独自性が、幕府の同地域支配のあり方や在地領主の存在形態に、どのように影響し、またその特質が見出せるのか。本稿では、まずこの地方の在地領主についての基礎的な事実関係を当面の課題とする。そして最終的には個々の在地領主の領主制や、在地領主連合である同名中組織にまで踏み込んだ検討が必要であるが、ここでは室町幕府との政治的関係に絞った基礎的事実の検討を行いたい。

第一節　寛正〜文明期における伊勢氏と湖西の在地領主

一　伊勢氏被官の特徴

湖西における代表的在地領主として、高嶋郡朽木庄に盤居した朽木氏がいる。朽木氏についてはこれまで多くの研究蓄積がある。とくに、室町前・中期における朽木氏の遠隔地・近隣地所領の不知行化に対する在地領主の対策として、所領の分割相続から嫡子単独相続へ、家臣団の編成、近在地の土地買収による地主化、不知行所領を幕府料所化しその代官職に補任されることにより、幕府の権威を背景にした知行回復を行ったことが指摘されている(8)。これに藤田達生氏は、朽木氏が不知行化した所領を幕府料所化しその代官となるために、幕府御料所指定を推挙できる政所執事伊勢氏の被官となっていた、と指摘された(9)。しかし室町幕府の身分格式の世界からみれば、高位の外様衆である朽木氏が伊勢氏被官となれたとは思えない。本当に朽木氏は伊勢氏の被官だったのであろうか。この点をまず検討する。

藤田氏は、新行紀一氏が三河松平氏の事例で用いた伊勢氏被官の指標(10)（表5）をそのまま援用し、朽木氏が伊勢氏被官であったことを指摘する。すなわち朽木氏が、参洛時の挨拶と進物（イ）、軍事動員への参加（ハ）を行っていること、その反対給付として、偏諱の下附（b）、幕府料所代官への推挙（補任）（d）を受けている点から、朽木氏が伊勢氏被官であったとする。しかし、これら指標のいくつかが当てはまるからといって、そのままストレートに伊勢氏被官であることを示している訳ではない(11)。そのため今一度、伊勢氏被官については当時の人々の認識に基づいて判断する必要がある。

そこでこの点が最も端的に表現されている伊勢氏の家宰で、政所代を勤めた蜷川親元の日記（『親元日記』）に現れる人物の表現方法を分析すると以下の様になる。記載される人物の敬称は、主にa将軍家関係は「様」、b公家・門跡・大名・国人・蜷川親元の主人である伊勢氏は「殿」、c守護被官は「方」、d山徒、土豪や国人の庶流家と見なされる者が「御被官」、の四つに分類される。dの「御被官」については、かつて「幕府直属の被官人」と理解された時期もあったが(12)、蜷川親元は主人伊勢氏の被官なので「御被官」と伊勢氏の被官に「御」をつけて敬称し、伊勢氏被官とそうでないものを分けて記載していた(13)。このうち朽木氏は「殿」付けで敬称されており、一度も伊勢氏の「被官」とは呼ばれることはないのである。

まず「御被官」に目を向けてみる。表6は「御被官」と記載されるものの一覧である。この表からは、伊勢氏の被官には、同時期に伊勢

表5　新行氏による伊勢氏被官の指標

伊勢氏への被官衆の奉公	
イ	正月、八朔、参洛時の挨拶と進物
ロ	代替わり安堵の礼物
ハ	軍事動員への参加
ニ	軍事行動荷担の禁止
ホ	伊勢氏家政処理機関への勤仕
ヘ	路次安全の保証
ト	借銭申付
チ	生涯申付
伊勢氏からの反対給付	
a	官途・栄典の推挙
b	偏諱の下附
c	請負代官への推挙
d	幕府料所代官、下代官への補任

表6　伊勢氏被官一覧

①「御被官」＝伊勢貞親被官	
山城	中興掃部助、同左衛門四郎
	〔西岡御被官中〕革嶋左近将監、石井右近将監、鶏冠井太郎左衛門、馬場弥次郎、神谷弥次郎、高畠、若林小法師、物部神五郎
摂津	桜井内田
近江	横山三郎左衛門、成就院侍従、青木弥四郎、鯰江
	〔山徒〕光林、法光坊、勝光坊、行光坊、法光侍従、花光侍従、月浄院、定光院三位、新坊、城光坊、浄智、大光坊、播磨田南小法師、大蓮坊、成智岩千代、静住坊、一井、建松、三上入道、善光、高嶋蓮泉坊（蜷川親賢寄子）
加賀	湯浅八郎右衛門尉
尾張	加納修理進長能（蜷川親賢寄子）
	窪新左衛門久綱（蜷川親賢寄子）
三河	十田(戸田)弾正左衛門尉宗光、松平和泉入道
不明	大仏供下野入道、広戸但馬入道、沢右京亮、実泉院
	（以上『親元日記』寛正6年分）
②「武庫御被官」＝伊勢貞宗被官	
	（注：文明5年正月に貞親死去。以降「御被官」は当主貞宗の被官）
丹波	高屋又三郎
近江	饗庭次郎太郎、速水、井口中次郎
美濃	小宅修理亮知氏、安藤弥三郎綱定
尾張	神戸弾正貞則、坪内将監広綱
伊勢	波多野与五郎
不明	岩佐六郎・同三郎、建正弥四郎、湯浅五郎左衛門
	（以上『親元日記』寛正6年分）
丹波	高屋孫右衛門尉繁久
近江	饗庭対馬入道昌盛、横山三郎左衛門尉宗延、井入兵衛次郎親康、青地、宮部次郎兵衛尉、今井清九郎、
	善浄坊全潤、松寿坊仙誉〈三井寺法し〉、富田智法し、富田小法し、福田小法し
尾張	長田又五郎実俊、坪内小次郎元秀
越中	相浦又次郎
不明	森孫右衛門尉資光、寺内次郎左衛門入道、中村千代寿、光泉快宗、水車法光坊
③「七郎殿御被官」＝伊勢貞綱（後の貞陸）被官	
不明	雄粟新四郎
	（以上『親元日記』文明5～17年分）
④「備州御被官」＝伊勢貞藤被官	
近江カ	荘厳坊
⑤「出雲守寄子」＝蜷川親賢寄子	
近江	高嶋蓮泉坊、海津衆饗庭・田屋・新保
尾張	加納修理進長能、窪新左衛門久綱
	（以上『親元日記』寛正6年分）

貞親・貞宗・貞藤にそれぞれ被官がいて、貞親没後は家督を継いだ貞宗が貞親の被官を継承していることが分かる。また尾張の加納・窪、近江の高嶋蓮泉坊・饗庭氏らは、蜷川親賢に寄子として付けられていたことが分かり、親賢の「寄子」とでる田屋・新保氏らも伊勢氏被官であったと考えられる。五味文彦氏は伊勢氏被官の特徴を、①山徒、②山城の西岡被官人、③京近国散在の国人の三グループに分類された。五味氏の段階では、②山城の西岡被官人を幕府御家人と見ていたが、近年、西岡被官人の一人革嶋氏は文明期幕府御家人でなかったことが明らかとなっており[14]、近江の饗庭・田屋・新保各氏、三河松平氏らも新興の土豪であり、その他未だその素性を確認できない諸氏を含め、伊

勢氏被官となったものたちは、幕府御家人ではない土豪層であったものと推断される。

このように見てくると、蜷川親元は伊勢氏被官の者とそうでない者とを明確に区別していたのであり、「御被官」と出ないものを伊勢氏「被官」としてしまうのは、当時の認識からも正確ではない。新行氏の伊勢氏被官の指標を無条件に適用することはできない。

二　湖西の在地領主と伊勢氏

それでは朽木氏はどのような存在であったのか、という点が次に問題となるが、この点を考察する前に、伊勢氏と関わりを持った湖西の在地領主について分析を加え、その特徴を見ておきたい。

表6から、湖西の在地領主と明確に判断されるのは、伊勢貞親被官の横山三郎左衛門・高嶋蓮泉坊、伊勢貞宗被官の饗庭次郎太郎、貞親没後貞宗被官としてみえる饗庭対馬入道昌盛・横山三郎左衛門尉宗延であり、蜷川親賢寄子の海津衆田屋・新保も湖西の伊勢氏被官と考えられる。高嶋蓮泉坊はその名前から恐らく山徒と推定される。この他、「江州山徒」法光坊・勝光坊・行光坊・法光侍従・花光侍従・月浄院・定光院三位・新坊・城光坊・浄智・大光坊・播磨田南小法師・光林坊(15)・大蓮坊(16)や、山徒と思われる善光・成就院侍従・善浄坊・荘厳坊なども湖西が山門膝下であったという点を考慮すれば、湖西に拠点を持っていた可能性が高い。結局、蜷川親元の日記『親元日記』から判明する湖西の伊勢氏被官は、横山氏、海津衆の饗庭・田屋・新保三氏と山徒であった。

では彼等は、湖西の在地領主のなかではどのような存在であったのだろうか。関係の継続性や影響など各氏の特徴を次に検討する。

饗庭氏　現在饗庭氏であることが最も確実なものの初見は、『親元日記』寛正六年（一四六五）二月一日条に伊勢貞宗被官で海津の「饗庭次郎太郎」が伊勢氏に進物を進上した記事である。九月十日には蜷川親賢寄子の「海津衆」饗庭・田屋・新保の三氏が上洛して、伊勢氏へ進物を進上し、貞親と対面を果たした。そして文明五年（一四七三）には「料所海津（庄）」と出てくる。(17)これまで海津庄が幕府御料所であった兆候は見出せないことから、この頃御料所指定されたものと推定される。恐らく饗庭氏が伊勢氏被官となったことと、海津庄が御料所となったこととは関連があり、饗庭氏は海津庄の御料所代官となっていた可能性が高い。土豪饗庭氏が、海津庄という地の支配を正当化してゆく姿が想定される。(18)

饗庭氏はその後、永正十六年（一五一九）にも政所執事伊勢貞陸・その子貞忠に年始の礼物を進上しており、伊勢氏との関係を保持し続けていた。この時の伊勢貞陸の返書の案文が「御状引付」（内閣文庫所蔵）に掲載されているが、その宛所の高さは、同時期に朽木氏が貞陸へ送った年始の進物に対する返書の宛所の高さと比べ、饗庭氏の方は非常に低い位置に書かれていて、家格の違いをここに窺うことができる。(19)

また饗庭氏は伊勢氏被官となることにより、「書札礼」を入手している点が注目される。饗庭氏の子孫の持つ「饗庭昌威氏所蔵文書」(20)には、前欠・後欠・年未詳の「書札礼」が現存する。この「書札礼」は、文面に十五名の室町幕府奉行人の実名を書き込んだ部分があり、ここらからこの「書札礼」が、彼等が奉行人であった時期、すなわち文明十〜十二年（一四七八—八〇）頃の状況を示したものであることが判明する。実はこれと全く同文面の「書札礼」が関東古河公方の流れを受け継いだ喜連川氏の文書中にもあり、その奥付から将軍義尚の命で安富元盛が調進したことが分かる。(21)喜連川氏所蔵のものは某が何度も申し出て、やっと文明十七年（一四八五）九月二十四日に書写できたものである。安富元盛が作成した時期は、文明十二年をすこし下る頃と考えられる。また同様の「書札礼」が「上杉家文書」のなかにもあり、こちらは大永二年（一五二二）七月に安富元盛自筆本を「長綱」が書写、それを所持していた大館晴光の蔵本から、さらに天文二十四年（一五五五）五月十六日に平藤頼が転写したものである。[22]このようにこの「書札礼」は古河公方家や上杉家・大館家など諸家に出回っていたものの如く見えるが、奥書に「更々不可有外見候者也」とあることから、誰にでも書写できたものでもなかった。[23]この「書札礼」を近江湖西の土豪饗庭氏が所持しているのである。寛正～文明期に伊勢氏被官となって伊勢氏とのつながりを深めた饗庭氏がこの「書札礼」を入手できたルートは、恐らく伊勢流故実を大成しつつあった伊勢貞宗もしくはその子貞陸を通じてであろう。湖西の一土豪が「書札礼」を習得して、幕府関係者との関係構築を図ろうとしていたことを示す点で興味深い事例である。

田屋・新保氏　次に、田屋・新保氏らも寛正六年に蜷川親賢の「寄子」として「海津衆」の一人として出てくる他は、ほとんどその活動は不明である。その後、大永二年（一五二二）五月に若狭街道上の保坂にある小林国家知行の保坂関務一方公文分が、高嶋郡河上庄を拠点とする桂田孫次郎により押妨された際には、幕府から田屋・新保氏へも小林氏と合力して、桂田孫次郎の押妨を停止するよう命ぜられた。この時、幕府から小林氏への合力を命ぜられている者達は、幕府外様衆の越中・田中・朽木・永田・能登・山崎氏と、伊勢氏と関係をもっていた饗庭・田屋・新保氏たちであった。[24]

山徒・その他　湖西の山徒については、多くを知る事ができないが、明応八年（一四九九）十二月に明応の政変で越前へ逃れていた前将軍足利義尹が湖西を通り近江坂本まで進出してきた時、伊勢貞陸被官の山徒も義尹方へ味方したものがいた。「高嶋郡山徒宝泉・真乗・奥坊」等は義尹方についたためその所領は闕所となった。しかし彼等が伊勢貞陸被官人であるので、被官人の地は伊勢氏の進退に任せるとの康正二年（一四五六）以来の慣例によって貞陸に宛行われた。(25)伊勢氏被官人としての山徒のほとんどは、その名が伊勢氏被官となることによってはじめて知られる連中であることから、この頃簇生した土豪層であったと考えられる。(26)

その他、朽木庄の南隣葛川にも伊勢氏被官がいて、葛川の幕府御料所指定の時期と重なる。

〔史料1〕

不動院領近江国高嶋郡葛川内当所務事、為御料所被仰付小坂右馬助・朽木弥五郎(貞清)・大原五郎訖、早年貢諸公事物等、如先々厳密可致其沙汰、若令先納者、可為二重成之由、被仰出候也、仍執達如件、

明応元

十月二十六日　　為完(飯尾)　在判

貞通(諏訪)　同

当所名主沙汰人中

（京都大学文学部架蔵「葛川文書」丙二一七号）

右文書は、明応元年（一四九二）十月二十六日に葛川が御料所に指定され、その代官に小坂・朽木・大原の三名が補任された際の文書である。伊勢氏と関係の深い朽木氏が代官となっている点や、本来「志賀郡」である葛川を「高嶋郡」と記載している点から、高嶋郡朽木庄の朽木氏から幕府への積極的な働きかけが推察される。この時期、葛川には伊勢氏被官人として山木奉行の中村兵衛次郎（因幡大夫）が現れる。彼は延徳三年（一四九一）頃、もう一人の山木奉行浄盛父子を殺害、屋敷・田畑・山林を押領した。(27)この時伊勢貞陸は、被官人である彼の進退について朽木材秀へもしもの時の援助を請うている。(28)中村兵衛次郎は伊勢氏との被官関係を背景に、葛川での勢力拡大を図っていた

のである。しかし葛川別当の無量寿院が訴えたのであろう、二か月後の十二月二十九日に御料所指定は解除された[29]。そして翌年には中村兵衛次郎は伊勢氏被官を解かれ、後ろ楯を失ったことから在地有力者から襲われ、葛川を一旦出ることとなった[30]。彼はこの後、朽木氏の被官人となってゆくのであるが、葛川御料所指定をめぐって、伊勢―朽木―中村の繋がりが明確に窺えるのである。

横山氏　寛正六年から文明十五年まで伊勢氏への進物が確認できる横山三郎左衛門宗延については、同時期横山氏当主として「佐々木横山出羽守」が存在することから、横山氏の庶流と考えられる[31]。

以上、湖西の伊勢氏被官人について見てきた、彼等の特徴は、いずれも寛正～文明期頃から出現する土豪・地侍達であった。そしてこの頃非常に多く見られる幕府御料所指定との関連が指摘できた。次は、『親元日記』に「殿」付で現れる湖西の在地領主朽木・田中両氏について検討する。

朽木氏　1　外様衆について　朽木氏はこれまで奉公衆の代表的存在として見られる傾向があったが[32]、奉公衆の中核を構成する番衆には、その庶流が足利義昭の時期に初めて加えられたのであって、決して奉公衆＝番衆の中核的存在ではなかった。朽木氏は家格の上では、外様衆に位置づけられていた。将軍足利義教から義政期にかけて将軍の近習が職掌毎に分化・整備され、身分的に区別されて、湖西の在地領主越中・田中・朽木・永田・能登・横山・山崎の七氏は外様衆に編成された。この事を記す『文安年中御番帳』（一四四四―四九頃）[33]の外様衆の項には、「西佐々木七人」「在京人」とある。この外様衆とは、義政期の状況を示す『長禄二年以来申次記』[34]によれば、正月朔日の将軍との対面順序は「公家、大名、外様、御供衆、御部屋衆、申次、番頭、節朔衆、走衆、上池院（医師）、千阿弥（同朋衆）」の順序であり、対面の順序は家格の順序を示すことから、外様衆は大名に次ぐ家格であることが分かる。そして同記録には、外様衆は一年のうち正月朔日にのみ将軍から盃を頂戴でき、「常之節朔にハ出仕」したと記す。その出仕の次第は、土岐政頼が懇望したため伊勢貞親の弟貞藤が、貞親時代の「年始ヨリ面々外様出仕次第」を記した「殿中年中行事記録」[35]に詳しい。これらからは、外様衆は他の御供衆や走衆などの様な職としての活動が認められず、そのことから多分に家格としての意味を持つ存在であったようである。そのため将軍足利義教の頃に、自ら訴えて「相番ノ語ヲタノマンタメ〔カ脱カ〕ニ番ニ入」る、すなわち外様衆から番方（「奉公衆」）に移ったものもいたが、いったん番方に編入された者は外様衆に戻ることは基本的にできなかった[36]。義教期に名越・小早川両氏が番方に下ったが、そののち外様衆への立ち返りは許されなかったし、義政の頃、佐々木大原成信は日野家を通じて嘆願するが、先例が無いことを理由に許可が下りなかった。しかし、成信が隠居して、その子が未だ御番を勤仕しておらず、そのことを外様衆に尋ね同意が得られた場合、外様衆へ立ち返ることができるとの義政の意向が伝えられたが、そののち大原氏が外様衆に編入されていないことから、結局、外様衆へ立ち返ることはできなかったようである[37]。同様に三河国の中条氏も足利義政の執政期、自ら進んで番方へ下り、永正九年（一五一二）に外様衆への立ち返りを望んだが許されなかった[38]。番方の結束の固さという魅力に、外様衆から番方へ下った者が幾人もいて、彼等が再度外様衆への立ち返りを望んだことは、外様衆であることが彼等にとって何がしかの利益をもたらすと考えられたからであろうし、彼等が再度外様衆へ立ち返ることができなかったということは、幕府内における身分の流動化を防ぐ動き、すなわち身分が固定化しつつあったことが窺える。

　外様衆に列する家は、二階堂・摂津・町野・波多野など鎌倉時代以来の幕府吏僚である評定衆や、それまで将軍の出行時に帯刀や衛府侍として供奉していた者達であり、そうした鎌倉時代以来の家格の高さや、将軍との親近性の高さが外様衆に編成された理由であろう。

こういった番方以外の奉公衆については、これまでほとんど意識してその実態解明が試みられたことがなく、これまでの奉公衆研究はまさに番方（衆）の研究であったといえる。職としての活動が見られず、多分に身分格式としての意味合いの濃い外様衆としては、その家格としての側面がさらに明らかにされる必要がある。

朽木氏 2 朽木氏について さて朽木氏については、これまで多くの研究が積み重ねられている。伊勢氏との関係でいえば、伊勢氏被官となり、参洛の挨拶や進物、軍事参加を行い、その反対に偏諱の下附、幕府料所代官への推挙を受けて、不知行所領の回復を行ったことが指摘されている。ここではさらに詳細に伊勢氏との関係を追うなかから、朽木氏と伊勢氏との関係が他とは違う特別なものであった点を指摘したい。

朽木氏と伊勢氏との関係がいつから始まったのかは、正確には分からない。しかし伊勢貞親・貞宗の時代にあたる惣領朽木貞高、その嫡子貞武、庶子の貞清（歓喜）の三人は、朽木氏が代々「貞」字は使わない家であるため、伊勢氏の偏諱であると推定される。だとすれば、朽木高親が貞高へと改名したのが康正三年（一四五六）三月から長禄二年（一四五八）三月の二年の間であることから、この頃に朽木高親は伊勢氏との関係を形成し、伊勢貞親の偏諱「貞」字を受けたことになる。(39) 康正から長禄にかけての伊勢貞親は、康正二年七月に嘉吉の乱後の赤松氏没落で空白となっていた「大名一騎打」の資格を得、享徳三年の分一徳政令も立案・推進者として政所執事が二階堂氏であるにも拘わらず、納銭徴収に関与するなど、伊勢貞親の権力が形成・強化しつつある時期であった。(40)

寛正元年（一四六〇）六月に伊勢貞親が政所執事に補任されると、その年の十二月に朽木氏の本貫地朽木庄が幕府の御料所に指定され、貞高の下地領掌は認められつつも年一〇〇貫文を幕府へ納入することとなり、途中一時解除の時期を挟みつつも御料所指定は応仁元年（一四六七）十二月までの約七年間続いた。[41]

また寛正二年（一四六一）十一月には朽木貞高は、日野家領菅浦の代官で伊勢氏被官の松平益親への加勢のため、菅浦へ出陣するなど、伊勢氏への軍事協力が窺われる。[42]

応仁の乱では、応仁二年十一月十三日に義政のもとにいた足利義視が義政との不和により、突如京都を出奔し、比叡山に逃れ、西軍に投じた。この時、東軍として参陣していた貞高の子貞綱が突如陣屋を抜け出し下国する事件が起こった。足利義視逐電の時期だけに、貞綱の不穏な動きは問題であった。この時伊勢貞親は、朽木氏と同族の田中貞信を通じて朽木谷にいた貞高に将軍義政の意向を内密に伝え、早々の上洛を促している。[43]

さらに寛正二年以降、朽木氏は「御屋形様」と在地の者から呼ばれるようになる。[44]『貞丈雑記』（巻二、人品部）には、「一、屋形《ヤカタ》と云事、山名・赤松・一色・京極・大内・大友・土岐・河野是等の大名屋形号御免有て、其主人を屋形と称する也、屋形号は其時々の老人七人ツヽニ御免候也貞衡説」と伊勢貞衡の説を載せており、「屋形」号は将軍から免許される栄典であった。朽木氏が幕府のなかでも外様衆という大名に次ぐ高い家格の持ち主であったことから、屋形号を御免されることも十分考えられる。朽木氏が屋形号を私称した可能性もあるが、伊勢氏の偏諱を受けてすぐの時期であり、前年六月に政所執事となった伊勢貞親の推挙による可能性は高い。

朽木氏と伊勢氏との関係で特筆される点は、両氏が姻戚関係をもったことと、貞親が京都を出奔し朽木氏を頼って朽木谷へ落ちてきたことである。

文明三年（一四七一）四月二十八日、政所執事伊勢貞親と参議万里小路春房とが、突如京都から近江朽木庄へ出奔してきた。貞親出奔の理由を、舟橋宗賢の日記「宗賢卿記」には「不知其故」と記し、当時の公家もその理由は分からなかった[45]。春房については「遁世」することを「年来所望」していて、「近日伊勢守知音」となっていたから「同道」したという[46]。朽木谷に来た両者は、五月五日に出家した（貞親五十五歳、春房二十三歳[47]）。二人には春房の妹で、貞親の養女として朽木貞綱に嫁いだ「冷泉局」という女性がいた（図3参照）。彼女は甘露寺親長の娘で「官女」であったというから、一時宮中に仕えた女性であった。彼女の兄春房は、万里小路家に子がなかったため甘露寺家から養子に入ったのであった。貞親は甘露寺親長の娘「冷泉局」を養女にし、朽木氏へ嫁がせたのであった（彼女は十八歳）。彼女がいつ朽木貞綱の許へ嫁いだのかは明確にはできない。しかし出奔時、貞親と春房とは「近日伊勢守知音」であったというから、両者が知り合いになる契機、すなわち貞親が「冷泉局」を養女にし、朽木氏へ嫁がせたのが最近のことであったことが判明する。貞親の出奔と朽木氏への養女嫁娶は連動していた可能性がある。朽木谷は、京都の人々にとって一種の避難所としての場所であったようで、文明五年六月に日野富子が朽木谷の朽木氏宅に預け置いた物を京都へ持ってこさせている。これは応仁の乱における私物の散逸を危惧してのことに違いない[48]。

図3　冷泉局周辺系図

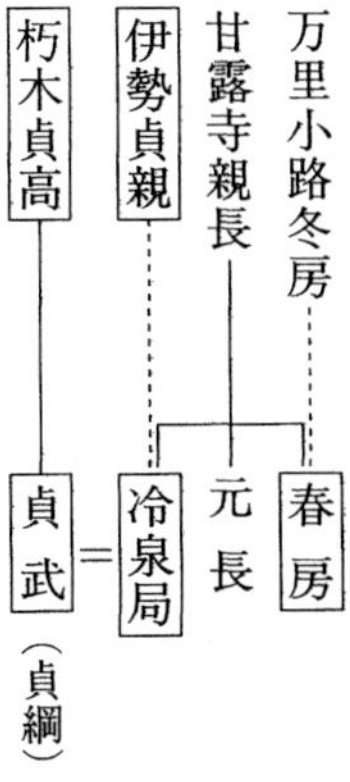

貞親が朽木氏と姻戚関係を結んだのは、朽木氏拠点の地理的位置以外にも、これまでの伊勢氏との関係や、朽木氏が外様衆という高い家格をもつ家であったこと（伊勢氏は家格としては一ランク低い御供衆）、湖西における朽木氏の領主としての実力も考慮されたに違いなく、近江国における朽木氏の存在がより重要な位置を占めていたことを示す。これにより朽木氏は公家の子女を娶ることができ、伊勢氏ともより強固な関係が結ばれることとなったのである。貞綱は、翌年十月に上京し、初めて甘露寺親長と会い、二か月間在京するが、この間甘露寺宅に

て催された和歌会に参加し、これを契機に公家衆との関係が深くなってゆき、天文期には飛鳥井家とも姻戚関係を形成した(49)。

春房は、朽木を基点に若狭を行脚し、出奔した年の九月には上洛した。貞親は、二年後の文明五年正月二十一日に若狭を行脚中死去した。冷泉局もこの年の十一月に男子（後の直親）出産とともに死去した(50)。

では朽木氏と伊勢氏との関係は、いつごろまで続くのであろうか。文明十六年に朽木貞高が、翌年貞武（貞綱改名）が立て続けに死去すると、貞武の兄弟と推定される貞清が家政を切り回す。延徳二年（一四九〇）九月には「冷泉局」を母に持つ朽木貞綱の嫡子は「弥五郎材秀」と出てきて家督継承を果たすとともに、七月に将軍となった足利義材の偏諱を受けている(51)。以後、朽木氏は伊勢氏から偏諱を受けることはなくなる。伊勢氏との特別な関係は、あくまでも伊勢貞親との関係に拠るところが大きかったのである。それでも「朽木文書」のなかには、文亀二～三年（一五〇二―〇三）にかけての伊勢盛種知行の越後国松山保に関する文書写が十一通あって、これら伊勢氏が所持していた案文の写が朽木氏のもとにあることや、伊勢貞宗死去後も朽木材秀の嫡子稙綱が伊勢貞陸に年始の礼物などを行っており、偏諱を受ける関係ではなくなったが、伊勢氏との関係は続いていたのである(52)。

以上、朽木氏と伊勢氏との関係を追ってきた。これまで朽木氏は伊勢氏被官となったと捉えられてきたが、朽木氏の場合、当時の認識として伊勢氏の被官とは捉えられていなかった。伊勢氏は所領の宛行いを行っていないという点で朽木氏とは封建的主従関係とは言い難い。そしてその関係は、偏諱を受けているという点で、擬制的な親子関係であったと捉えられる。そのため親子の関係に擬する偏諱を受けなくなった時、すなわち朽木氏が「貞」字を使わなくなった段階で、擬制的な親子関係は無くなっていたと考えられる。

田中氏　次に『親元日記』に「殿」付けで表記される田中氏と伊勢氏の関係をみる。田中氏は朽木氏の祖義綱の弟氏綱を祖とする同じ西佐々木の一人である。伊勢氏との関係は、伊勢貞親の時代からである。この時の田中氏家督は、「佐々木田中四郎五郎貞信」である。彼は、寛正六年（一四六五）八月十五日の石清水八幡宮放生会において将軍義政の帯刀を同族の朽木貞高と共に勤めたのを初見とする。(53)この貞信の「貞」字は朽木貞高と同様に、伊勢貞親の「貞」字の偏諱の可能性が高く、田中氏も遅くとも寛正末年までには伊勢氏との何らかの関係を形成していたと考えられる。応仁の乱では、伊勢・朽木氏と同じく東軍に属し義政方として京都へ参陣した。応仁二年（一四六八）十一月に義政のもとにいた足利義視が出奔し、西軍に投じた際に起こった朽木貞綱の下国事件では、これを聞いた伊勢貞親は、書状を田中貞信へ遣わして、田中氏から朽木氏へその子細を尋ね、また貞信も出奔した貞綱の父で朽木谷にいる貞高に、将軍義政がこの件に関し「神妙」に思っていることや、早々の上洛を促す書状を出す便宜を図った。(54)ここからは朽木氏と関係の深い田中氏、伊勢氏と関係の深い朽木・田中氏という三者の関係が窺える。

この他田中氏から伊勢氏への正月や八朔の祝儀としての進物が『親元日記』に見える。これに対する伊勢氏からの反対給付としては、やはり御料所代官職の推挙があげられる。文明二年二月に足利義政の娘「南御所」が支配していた近江国高嶋郡にあった林寺関は、毎年一〇貫文を上納することを約し田中貞信が代官に補任された。(55)この料所代官職補任には、恐らく伊勢貞親の推挙による関与があったものと推察される。

田中氏と伊勢氏との関係は、いつ頃まで続いたのであろうか。田中氏の伊勢氏への贈答は、『親元日記』最終年の文明十七年（一四八五）十一月までである。しかしそののち伊勢氏との関わりを示す史料は見出せない。これ以降、貞信以外に田中一族で「貞」字を使うものもいない。そのため田中氏においても伊勢氏から偏諱を受ける関係は、伊勢貞親・貞宗の代まであったのである。田中氏の代では貞信の代のみであった。その後、田中氏においても朽木氏と同様に、天文期飛鳥井家と姻戚関係を結んでいる。(56)

第二節　湖西の在地領主の地域的傾向

一　越中氏の存在形態

第一節では、政所執事伊勢氏との関係を中心に、伊勢氏との関係を形成していった湖西の在地領主たちに着目して検討を行った。では、これら以外の者達はどのような連中がいたのであろうか。本章ではこの点について検討を加える。

表7は、将軍が朝廷や寺社などへ参向した際に、将軍に随行した湖西の在地領主の一覧である。この表からは、以下のような特徴が読み取れる。将軍に役職をもって随行しているのは、越中・能登・朽木・田中・永田の五氏に限られる。この五氏は、いずれも外様衆に編成された者達である。彼等は太刀を帯びて随行する帯刀、弓矢を持って随行する御調度、陪膳や給仕の役に当たる御荷用、狩衣姿で随行する布衣や直垂を着して随行し、将軍を警固していた。随兵を勤める彼等には、時期的特徴がある。十四世紀半ばまでは越中・能登・朽木の三氏が勤め、永和元年（一三七五）を最後に能登氏は窺えなくなり、替わって田中氏が加わり、以後は越中・朽木・田中の三氏に限定され、文明十八年（一四八六）の将軍足利義尚の拝賀の時のみ永田氏が現れる。湖西の外様衆にはこの他に横山・山崎の両氏がいるが、彼等の随兵勤仕は窺えない。

西佐々木七氏のうち、なぜ初期には越中・能登・朽木の三氏が随兵を勤め、これが越中・朽木・田中の三氏に限定されてゆくのか。彼等と全く現れない横山・山崎氏、一度しか勤仕していない永田氏などとはどのような違いがあるのか。この部分に彼等の幕府との距離を読み取ることができる。そのため次にこれらの点について検討する。

まず越中氏については、西佐々木七氏の嫡流で、その中心的役割を果たしているにも拘わらず、その系譜・活動・存在形態について全く明らかにされていない。それは、越中氏に関わるまとまった史料が残存していないためである。ここでは幕府との関係に関わる部分の要点のみ指摘したい。

越中氏は、佐々木高信を祖とし、西佐々木七氏の嫡流である。高信の子泰氏が「越中守」に任ぜられて以降、代々「越中守」に任ぜられたことから、「佐々木越中」もしくは「越中」を家名とするようになったといわれている。また高嶋氏とも称したといわれる[57]。「佐々木越中」の初見は、康永元年（一三四二）の足利尊氏の天龍寺造営見学に随行した「佐々木越中孫四郎」が初見であり、以後嫡流家の特徴として「四郎」を通称とし、先祖の高信・泰信の「高」もしくは「泰」字を一字含み、「越中守」に任官（越中守を称すときは、必ず「佐々木越中守」と表記される）し、文明十八年（一四八六）にみえる「同《佐々木》越中四郎左衛門尉頼高」が長じて「越中刑部太輔頼高」に任官した頃（時期不明）から、従五位下相当の「越中守」から従五位上相当の「刑部大輔」「大蔵大輔」へと一クラス上の官途を使用するようになる[58]。

「佐々木越中」氏は、幕府番帳には外様衆として編成されている。各番帳には、この他に番衆の二番衆に編成された「高嶋」を称する家がある[59]。この家は「孫太郎」「弥太郎」を通称とし、基本的に在京していて、走衆にも加えられた家である[60]。そして、文明五年（一四七三）の足利義尚の将軍宣下に合わせて元服した二番衆高嶋弥太郎は、この時政所執事の伊勢貞宗から偏諱を受け「貞清」と称した[61]。高嶋氏が番衆に編成され、かつ文明期に伊勢貞宗から偏諱

能登	朽木	田中	永田	出　　典
				天龍寺造営記・鹿王院文書
				天龍寺造営記・鹿王院文書
直垂	帯刀			園太暦・朽木文書・鹿王院文書他
				花営三代記
御調度				花営三代記
	御調度			花営三代記
御荷用				御評定着座次第・花営三代記
				鹿苑院御元服記・花営三代記
	帯刀			朽木文書
	帯剣			花営三代記
		帯刀		相国寺供養記・朽木文書
				八幡社参記
		帯刀		薩戒記・押小路家文書
	帯刀	帯刀		普広院殿御元服記・大将御拝賀記
	帯刀	帯刀		朽木文書
	帯刀			益田家文書
	帯刀	帯刀		親元日記・斎藤親基日記
	帯刀	帯刀	帯刀	後法興院政家記・山科家礼記他
	布衣	布衣		将軍家御社参之記録
	布衣	布衣		朽木文書
	御供衆	御迎警固		光源院殿御元服記

を受ける存在であったことが分かる。この高嶋氏が、佐々木越中氏とどのような関係にあったかを直截示す史料は残念ながらない。『看聞御記』永享六年九月二十七日条に、近江国で山徒を打ち負かした「佐々木一族高嶋」は、外様衆につながる佐々木越中氏とも、番衆につながる高嶋氏とも判断が付けられない。ここからは「高嶋」某が佐々木一族で近江国にいたことが分かるのみである。

「高嶋」という名字や、外様衆の「佐々木越中」氏より格の低い番衆に編成されている点、「佐々木越中」氏は嫡流のみに使われる点などから考えて、高嶋氏は越中氏の庶流だったのではないかと推定しておきたい。

表7　西佐々木面々の室町将軍出行時等供奉一覧

和　暦	西暦	事　　項	越中
康永元．8．3	1342	尊氏の天龍寺造営見学	供奉
12．5	1342	尊氏の天龍寺造営見学	供奉
貞和元．8.29	1345	天龍寺供養。尊氏参向	
応安 3．4．9	1370	義満の六条新八幡宮・北野社・祇園社への社参	御調度
5．2.10	1372	義満の六条新八幡宮・北野社・祇園社への社参	
7．4.28	1374	義満の六条新八幡宮・北野社・祇園社への社参	
永和元．1.13	1375	幕府評定始	
4.25	1375	義満の参内随行	御調度
康暦元．7.25	1379	義満の右大将拝賀の随兵	
永徳元．1．7	1381	北朝白馬節会。義満出仕	
明徳 3．8.28	1392	義満、相国寺供養に出行	帯刀
応永19．8.15	1412	義持、石清水八幡宮放生会に参詣	帯刀侍
26．8.15	1419	義持、石清水八幡宮放生会に参詣	帯刀
永享 2．7.25	1430	義教、拝賀	
9.10.21	1437	後花園天皇、室町第へ行幸。義教に供奉	
康正 2．7.25	1456	義教、拝賀	
寛正 6．8.15	1465	義教、石清水八幡宮放生会に参詣	
文明18．7.29	1486	義尚、拝賀	帯刀
大永 6．2.16	1526	義晴、石清水八幡宮に参詣	布衣
天文頃		義晴、庄王八幡に参詣	布衣
天文 15.12.18-24	1546	義輝、近江坂本での元服・任将軍儀礼	御迎警固

高嶋氏を越中氏の庶流と考えるならば、越中氏においてもその庶流が伊勢氏から偏諱を受け、幕府の番衆・走衆に編成されていたことが指摘できる。

この越中氏からは、一度だけ近江守護を輩出したことがあった。明応元年（一四九二）十二月、前年から六角高頼征伐のため近江に出陣していた将軍足利義材が、六角氏の兵を伊勢に追い遣り、ようやく近江を鎮定し、帰京するため陣屋を開陣したその日（十三日）に、「西佐々木越中息八郎」が近江守護に補任された(62)。二年前に義材が六角高頼から近江守護職を奪い、六角征伐に反対していた細川政元にこれを与えていたが、征伐が終了すると共に守護職を改替したのであった。[63]『大乗院寺社雑事記』（十二月十六日条）には、「江州守護職事ハ、六角故四郎政高之猶子廿六歳云々被仰付之」とあり、八郎は、かつて近江守護を勤め、文明三年（一四七一）に死去した六角政高の猶子であった。政高が死去した文明三年には八郎は五歳であったから、幼少の時に越中氏の許から政高の猶子となっていたのであろう。そして彼は、越中氏嫡流が称する「四郎」ではなく「八郎」であることから、越中氏の庶子であったと考えられる。彼が守護になれたのは、六角高頼との戦いで戦死し、かつて守護職を勤めた政高の子であったことと、西佐々木七氏の嫡流越中氏の流れをくむ人物であったことによると思われる。しかし四か月後に起こった明応の政変により、情勢は変化し、義材の立てた六角八郎は守護職を廃され、十月に六角（山内）政綱の子就綱に六角惣領職が認められることとなった。[64]越中氏の流れをくむ者の近江守護は十か月程で潰えたのであった。

ここで注目したいことは、越中氏が六角氏と猶子関係を結んでいた点であり、その猶子が近江守護になったのであって、決して越中氏嫡流自らが守護になろうとしたのではない点である。越中氏はあくまでも国持の大名ではなく、実態・格式の上でも外様衆としての立場は変化していないのである。

また越中氏は西佐々木氏の嫡流にふさわしく、彼等のうちで最も多くの軍勢を動かせる存在であった。天文十五年（一五四六）の足利義輝の元服・将軍宣下時の御供として、越中氏は弓一二〇張・太刀帯一〇〇人・馬上の主従三騎・鎗二〇〇本で人数は一、〇〇〇余人を引き連れたのに対し、田中氏は弓一八〇張・太刀帯六〇人・馬上の主従二騎・鎗一五〇本で人数は六〇〇余人を出した。[65]天文二十一年に義輝が近江坂本から入洛した際には、朽木氏は御供衆として二〇〇余人で従っている。[66]同一の状況でないので、一概に彼等の軍勢動員能力を測ることはできないが、凡その規模は推定できよう。越中氏は、一、〇〇〇人もの軍勢を動員できるだけの支配能力をもっていたのである。これまで朽木氏が高嶋郡を半郡規模で支配していたと指摘されてきたが(67)、西佐々木一族内部における家格や軍事動員力の面からみると、必ずしも朽木氏のみが高嶋郡における主導権を握っていたとはいえない。

二　湖岸の在地領主

朽木・田中氏が伊勢氏とのつながりを見せる文明期、これ以外の湖西の在地領主のうち、とくに琵琶湖湖岸に位置する者達が注目すべき動きを示す。次に挙げる史料は、湖東の長命寺に伝わる文書で、文明四〜十二年（一四七二—八〇）間のものと推定される松本貞勝以下六名連署の書状（折紙）である。

〔史料2〕

長命寺門前中庄奥嶋北津田之事、御理之旨承引上者、於向後従早舟中矢銭・矢米非分之儀不可有之候、若理不尽之子細申懸儀候ハ、、不可有承引候、其通諸陣中衆へ可申渡候、恐々謹言、

十一月十八日

松本甚三郎　貞勝（花押）
同　左馬丞　重頼（花押）
同新右衛門尉　貞行（花押）
饗庭□□丞　貞祐（花押）
能登之代（花押）
永田彈正忠　斎奥（花押）

長命寺

中庄
奥嶋同北津田
御中

（東京大学史料編纂所架蔵影写本「長命寺文書」）

この書状は、永田・能登・饗庭・松本各氏の連署で湖東の長命寺・同寺門前の中庄・奥嶋北津田に宛てて出されたもので、すでに永田氏に着目した小風真理子氏による検討がある。(68) 小風氏の分析によれば、湖西の永田弾正忠が湖東の水運の拠点であった奥嶋・長命寺門前中庄の両庄民に、新たに軍役を賦課してきた六角高頼の軍勢および配下の水軍と推定される「早舟中」「諸陣中衆」に対し、発給者らは庄民の側に立ち「両荘を、この時点で保護ないしは支配し得る立場にあり、同地へ侵攻を企図する軍勢に対峙し得る勢力」であったことが指摘されている。ただ小風氏の興味は永田氏がなぜ湖東の地に関する同文書に現れるかという点にのみ限定されていて、その他の連署者については言及がない。(69) ここでは彼らがどのような立場の者たちであり、彼らが連署する理由について考察する。それにより、はじめてこの書状を正しく理解できる。

松本氏　まず連署者のうち三名と最も多く署名し、日下に署名している松本氏について考察する。松本氏はこの文書を初見とし、その後『大館常興日記』天文十年十二月十日条に「今津松本弥太郎」と出てくることから、高嶋郡今津居住の者であった。現在でも今津のすぐ北側にある今津町平ケ崎地区は松本姓の家が十四軒集中してあり、おそらくは平ケ崎地区が松本氏の本拠地であったものと推定される。右『大館常興日記』の記事からは、次のような事実が判明する。

天文十年（一五四一）十二月に「松本弥太郎宗重」が幕府へ提出した訴状の内容は、先年、酒井美濃屋源三夫婦が揃って殺害され、その犯人源七（源三の弟）は逐電してしまった。そのため、もし源七や彼等の子孫がこの辺りを徘徊するようなことがあれば、見合の成敗を幕府から加え、またその時一緒に口入してくる者があれば同罪とする旨の幕府下知状を発給してほしいという。松本宗重と酒井美濃屋源三夫婦との関係は、源七やその子孫らからの妨げを未然に防ぐことを訴えているから、源三夫婦の持っていた何らかの権益を宗重は引き継いだのであろう。「美濃屋」という屋号から、おそらく源三夫婦は問屋ではないかと推断され、今津の宗重は問屋としての美濃屋の財産を引き継いだものと考えられる。

さらに注目される点として、この宗重の訴えには、幕府同朋衆が一枚嚙んでいた。宗重の訴状には、同朋衆徳阿の書状（「請文」）が添えられていた。幕府奉行人松田対馬守宛て徳阿書状には、「今津松本弥太郎」について「彼等事、拙者存知之者候、可然様御申沙汰奉存候」と、自分の知った者であるのでうまく事を運んでほしい旨を伝え、内談の場での披露を依頼している。今津の問屋松本宗重は幕府同朋衆徳阿と知り合いであった。

この松本宗重の訴状・徳阿の請文は同月十日に内談衆の「折紙」回覧による内談で諮られた。その「折紙」には、宗重の訴状と徳阿の請文に異議が無いか問うた後、「護正院へも御下知申請度由申候、於同心者、任彼両通旨、護正院以下へ御下知事可申付候哉」と、山徒護正院へも幕府下知を出してほしいとの宗重からの申請があり、内談衆各人へ同心するならば、護正院・宗重への幕府下知を発給する、と記されていた。これに対し内談衆の摂津元造らは、「既（徳阿の—西島注）請文之上者、更無別儀候、可被成御下知之段尤候」と「徳阿被任請文旨」れて、徳阿の請文のとおりにすべきと同心した。同朋衆徳阿の請文が、松本宗重の申請に対する内談衆各人の判断に大きな役割を果たしていたのである。[70]また護正院へも幕府下知を発給するよう申請があり、護正院が松本氏らと何らかの関係があったことが窺える。護正院は近江坂本に住む幕府山門使節で、高嶋郡音羽庄（現高島市高島町音羽）の地頭職を保持し、文明期にはその代官を同庄内永田に居住する永田氏が勤めていた。また護正院の出自が永田氏であった可能性が高いことが小風氏により指摘されている。(71)そうだとすれば、〔史料2〕で松本氏と永田氏が連署していることも、両者の関係の深さによるものといえよう。同件で護正院＝永田氏も幕府下知を得ている事は、永田氏が今津の問屋の権益に関与していた証左である。

　こののち松本氏は、永禄・元亀年間には菅浦惣へ米や銭を貸す存在にまでなっていた。『菅浦文書』の元亀元年の菅浦惣中借米覚書には、「元亀元年五月ニ米五石松本新右衛門尉殿ヲ（マヽ）借リ申候」(72)とあり、この他にも『菅浦文書』中には、松本新左衛門尉（永禄六・七年）、松本三郎左衛門尉（永禄十一年）、松本新兵衛（永禄十三年）、松本新右衛門尉（元亀元年）など、菅浦惣中へ米・銭を貸す松本一族が散見される。(73)

　松本氏は、文明頃には既に今津での商業活動を行っていたものと推定される。そして幕府同朋衆や山門使節護正院＝永田氏など幕府関係者とのパイプをもって「酒井美濃屋」などの問屋の権益を吸収し、権力からの保障を得、ついには近隣の菅浦惣中へも米・銭を貸す高利貸活動を行うにまで至ったのである。この松本氏は、まさに今津の有徳人であった。

饗庭氏　松本氏の次に連署している饗庭氏については、先に検討したので省略する。

能登氏　次に、能登氏については、「能登之代（花押）」とあるのみで、当主ではなく代官が判を据えている。文書の署名は下位者から上位者への順に署名してゆく原則があるから、この次の永田氏と同等の家格を持つ能登氏としては当主が永田氏の前に連署するのが、憚られた可能性がある。

能登氏は永和元年（一三七五）の幕府評定始の「御荷用」を勤めたのを最後に、将軍出行時の随兵勤仕が見られなくなる（表7）。その理由の説明は困難を極めるが、この頃起こった現象として次の二点が指摘できる。一つは、能登氏は、はじめ越中氏の膝元である平井村（現新旭町平井）に居住し、そののち安曇川河口の北船木（現安曇川町北船木）に移住したといわれるが(74)、この移住の時期が、十四世紀後半と推定されること(75)。二つは、応安元・二年（一三六八・六九）に元能登氏の居住していた平井村内の土地七段を放出している点である(76)。能登氏の所領経営及び拠点移動と将軍出行時の随兵勤仕とは関連しているのではないだろうか。

ともかく、能登氏は流通の拠点ともいえる安曇川河口の湖岸に出て、交通・流通支配に利のある地点へ移動したのであった。

永田氏　永田氏は高嶋郡音羽庄内永田を本拠地とする在地領主である。永田氏については、小風真理子氏の研究により、その庶流が明応頃から湖東へ移り住み、六角氏の有力被官として活躍したこと、一族の者が六角氏との繋がりを持つのは、同氏の琵琶湖湖上における流通・支配権を確実に行使するためであることが指摘された(77)。

永田氏は、文明頃まで政治的な活動がほとんど見られない。ただ文明十八年（一四八六）の将軍義尚拝賀に、越中・朽木・田中氏らと共に、一度だけ帯刀を勤めている（表7）。その理由を直截提示するのは難しいが、永田氏はこの前後の時期のみ、将軍出行時の随兵を勤めるとともに、幕府関係者との関係も深い朽木・田中両氏と行動を共にすることが多く(78)、この永田氏の立場の変化が将軍出行時の随兵勤仕として現れる要因の一つと推定される。

さて、ここで連署している連中の特徴は、一つに高嶋郡湖岸沿いの南から北にかけて存在する連中だという点である（図2参照）。最南端の音羽庄に拠点をもつ永田氏、その北で安曇川河口部の材木搬出の拠点を押さえる能登氏、その北で若狭小浜から琵琶湖へのびる街道の終着点で、流通・交通の拠点である今津の有徳人松本氏、最北端は文明頃から急速に力をつけてきた海津の土豪饗庭氏、この四氏が連合して、湖東の奥嶋へと進出している。湖東へは、おそらく単独ではその支配に乗り出すのに困難だったのであろう。そして松本氏が三人も連署している点からすれば、問屋松本氏の商業上の湖東進出に対して、伊勢氏被官としてこの時期実力をつけつつあった饗庭氏や、琵琶湖湖岸に本拠をもち、交通・流通と深い関わりのある能登・永田氏が松本氏のバックに立つことにより、湖東への進出の足がかりを得ようとしていたことが指摘できる。幕府外様衆で構成される西佐々木七氏（＝西佐々木同名中）とは違った連合の動きが見出せる。

ここでは、応仁・文明期、政所執事伊勢氏と関係を築き、幕府との関係をますます強くしてゆく越中・朽木・田中氏の如き連中と、それに対して湖岸に拠点を持ち、幕府とは一線を画しながらも土豪や有徳人との連携により、対岸の湖東への進出や、琵琶湖湖上の交通・流通に関与してゆく動きに分かれてゆくことを指摘しておきたい。能登氏に替わって田中氏が将軍出行時の随兵を勤めるようになるのは、この幕府との関係の持ち方の違いが表出したものと判断される。

おわりに

以上、近江湖西の在地領主と室町幕府との関係について、幕府内での家格や政治的な側面から、その変化や違いについて検討してきた。その結果は次のようである。

1　寛正～文明期にかけて伊勢氏の権力形成には、在地領主の被官化が指摘されていたが、伊勢氏が被官とできたのは、土豪層や山徒・御家人の庶子等であり、外様衆という高い家格に編成されていた朽木・田中氏等については、当時の認識として伊勢氏被官とは考えられておらず、伊勢氏の偏諱を受けていることから、擬制的な親子関係を結ぶ存在であった。

2　政所執事伊勢氏との関係を持った者達のうちでも朽木氏は、伊勢氏と姻戚関係を築き、伊勢貞親も朽木谷へ出奔してくるなど、伊勢氏との特別な関係が窺われた。

3　幕府関係者との関係が深い者達とそうでない者達とでは、将軍の出行時の随兵勤仕にも現れており、初期の越中・能登・朽木三氏に限定されていたものが、中期以降能登氏が抜け、代わりに田中氏が加えられるようになり、同族の外様衆西佐々木七氏のなかでもそれぞれに違いがあった。

4　西佐々木七氏の嫡流越中氏は、嫡流であることから将軍出行時の随兵を室町期を通して勤仕し、西佐々木七氏のなかでも最も多くの軍勢を動員していた。そしてそれは恐らくその所領規模の反映であると考えられた。

5　幕府との関係があまり窺えない者達の文明期の特徴として、湖岸の在地領主が家格を超えて連合し、湖東へ進出し、交通・流通支配へ関与してゆく姿が窺えた。

以上から、幕府の外様衆や奉公衆、政所執事伊勢氏被官となった土豪層、同朋衆と関係をもつ有徳人など、湖西の在地領主が幕府との様々な身分的関係の上に関係を形成してゆく姿が明らかとなった。中・後期の室町幕府を考える時、その身分格式の形成・固定化が及ぼした在地社会との関わり方の違いに留意する必要があろう。

また、これまで文書を残した朽木氏のみが注目され、そこで明らかになった在地領主像が強調されてきた。しかし朽木氏周辺の湖西地方における在地領主のあり方を検討してゆくと、朽木氏は他の在地領主に比べ相当特殊なあり方を示しているように思われてならない。政所執事伊勢氏との姻戚関係や、そののち天文年間以降将軍近習となってゆく等の行動は、京都から比較的近く、日本海へと抜ける途上にあるという、地理的に重要な地点に拠点があったという点だけでは説明できない独自のものがある。

戦国期には朽木氏が高嶋郡半郡規模を支配した地域権力となったとの見解もあるが[79]、高嶋郡においてそれはやはり嫡流の越中氏が最も強大な勢力であったのではないか。他の在地領主の存在形態を明らかにし、比較検討した上でなければ、言及できる問題ではない。

ここで現れた湖西の在地領主個々の動向が、その領主制や在地領主連合である西佐々木同名中組織にどのような影響を与え、また規定していったのかについては、言及できなかった。しかし公権との関係の深さが、それぞれの現地での発言力や実行力に現れるであろう事は十分予想できる。そして、こうした戦国期の将軍権力を末端で支えた担い手達の諸特徴やその系譜についての検討は、これからも深めて行かなければならない問題なのである。

〔註〕

（1）川岡勉『室町幕府と守護権力』（吉川弘文館、二〇〇二年）。榎原雅治「中世後期の地域社会と村落祭祀」（『日本中世地域社会の構造』校倉書房、二〇〇〇年に収録。初出一九九二年）。

（2）設楽薫「室町幕府の評定衆と「御前沙汰」」（『古文書研究』二八、一九八七年）。山田康弘『戦国期室町幕府と将軍』（吉川弘文館、二〇〇〇年）。

（3）宮島敬一『戦国期社会の形成と展開』（吉川弘文館、一九九六年）。藤田達生『日本中・近世移行期の地域構造』（校倉書房、二〇〇〇年）ほか。

（4）下坂守『中世寺院社会の研究』（思文閣出版、二〇〇一年）。

（5）湯浅治久「中世後期近江高島郡の地域構造――「西佐々木」同名中をめぐって――」（『内乱史研究会報』三、一九八四年）。また同稿では、同名中が長享・延徳の六角征伐直後から、それまでの「幕府公権への密着」から「六角氏との結合関係の強化へと転換」したとする。

（6）薗部寿樹「湯浅氏報告をめぐって」（『内乱史研究会報』三、一九八四年）。

（7）湯浅治久「中世後期における在地領主経済の構造と消費――近江国朽木氏を事例として――」（『国立歴史民俗博物館研究報告』九二、二〇〇二年）。

（8）（9）藤田達生「室町末・戦国初期にみる在地領主制の達成――近江国朽木氏を素材として――」（『日本中・近世移行期の地域構造』に収録。初出一九九二年）。

（10）新行紀一「伊勢氏と松平氏」（『歴史研究』二一、愛知学芸大学歴史学会、一九七四年）。

（11）例えば、伊勢貞宗が六角高頼の大膳大夫任官のための官途推挙を行い、六角氏が伊勢氏に返礼を行っているからといって六角氏が伊勢氏被官であったとはいえないのである（『親元日記』文明十五年五月十九日・六月四日条。なお同日記は、「続史料大成」本及び宮内庁書陵部所蔵本〈文明十・十五年七～十二月分〉を使用した）。

（12）上島有「上久世庄公文寒川氏と西岡被官人」（『京郊庄園村落の研究』塙書房、一九七〇年、第七章第一節、三四七頁）。五味文彦「管領制と大名制――その転換」（『神戸大学文学部紀要』四、一九七五年）。

（13）神田千里「戦国期における山城国革島氏の活動基盤」（『史学雑誌』九六―九、一九八七年）。

（14）神田、註（13）論文。湯浅治久「革島氏の所領と乙訓郡一揆」（『中世後期の地域と在地領主』吉川弘文館、二〇〇二年に収録。初出一九八九年）。

（15）下坂、註（4）著書、二五四頁。

(16) 下坂、註(4)著書、七〇頁。

(17)『親元日記』文明五年六月十八日条。

(18) 同様のことは、三河国額田郡支配の正当化のため、三河松平氏が伊勢氏被官化した事例が挙げられる（平野明夫『三河松平一族』新人物往来社、二〇〇二年）。

なお饗庭氏は『親元日記』に「江州海津饗庭対馬入道昌盛」（文明五年九月二十日条ほか）などと出、この頃海津に居住していたと判断される。饗庭氏が木津庄（現新旭町）地域に登場するのは、享禄二年（一五二九）以降である（饗庭昌威氏所蔵文書）。木津庄における饗庭氏の動向については、水野章二「山門領近江国木津庄に関する基礎的研究」（『琵琶湖博物館開設準備室研究調査報告』二、一九九四年）参照。

(19) 内閣文庫所蔵「御状引付」永正十六年。

一、改年之吉慶珍重候、仍雉二番・鱈三送給候、御懇志千万候、殊嘉例之儀芳悦此事候、委細――可申候、□□〔恐々カ〕、

正月廿九日　貞陸

朽木弥五郎殿

御返報

一、為年始之祝儀雁一到来候、□悦候、将賞翫無類候、例年儀喜入也、謹言、

二月四日　同

饗庭太郎左衛門入道殿

一、為年始之――雁一――――、

正月四日　貞忠

饗庭太郎左衛門尉殿

(20) 東京大学史料編纂所架蔵写真帳。

(21) 東京大学史料編纂所架蔵謄写本「喜連川書札礼」。奥書には、「右此一巻、安富勘解由左衛門尉元盛為後生依仰調進之本也、以応々儀申出写置者也、更々不可有外見候者也、文明十七年乙巳菊月念四日撰畢」とある。なお喜連川氏伝来文書については、佐藤博信「喜連川家伝史料考証」（『中世東国の支配構造』思文閣出版、一九八九年収録。初出一九七九年）。

(22) 『新潟県史』資料編三、八三三号。奥書は左の如し。

右一張者、安富勘解由左衛門尉元盛之自筆之本以、密々一見仕候之間、所望仕書之、

大永弐年七月日　長綱在判

此一冊、以大館左金吾晴光長綱判形在之本書写也、加校合畢、

天文廿四年仲夏十六日

左衛門尉平藤頼

(23) 饗庭昌威氏所蔵「書札礼」奥書にも、「此書物大事之本也、一段可秘蔵□□儀尤誠誰ニ成共不可写者也」とある。

(24) 以上、内閣文庫影印叢刊『朽木家古文書』九一・一六四～一七一号（上・下、国立公文書館、一九七七・七八年。以下「朽〇〇」と略記する）。外様衆の横山氏が無いのは、文書紛失のためか不明。

(25) 『大日本古文書　家わけ第二十一　蜷川家文書』三四五号。

(26) ただし山徒大蓮坊については、正平七年からその存在が窺える（下坂、註〈4〉著書、八六頁註〈14〉参照）。

(27) 坂田聡「地侍と準聖職者」（『日本中世の氏・家・村』校倉書房、一九九七年収録。初出一九八五年）。

(28) 朽三〇一。

(29) 『弘文荘古書販売目録　日本の古文書』（弘文荘、一九八一年）No.六三。

(30) 「葛川明王院所蔵分葛川明王院史料」六二一号（『葛川明王院史料』吉川弘文館、一九六四年）。

(31) 京都大学博物館所蔵「地蔵院文書」。
(32) 加藤哲「鎌倉・南北朝期における近江朽木氏の世代と所領」(『国史学』一〇九、一九七九年)、同「朽木貞高の苦悩」(『歴史手帖』一〇―五、一九八二年)。大音百合子「中世後期における近江国朽木氏の動向――その所領・所職をめぐって――」(『立正史学』六八、一九九〇年)、同「戦国期に於ける近江国朽木氏の軍事的動向」(『慶応義塾女子高等学校研究紀要』八、一九九一年)。
(33) 『大日本古文書　家わけ第二十一　蜷川家文書』三〇号。
(34) 『群書類従』所収。
(35) 『大日本古文書　家わけ第二十二　益田家文書』二六一号。
(36) 「殿中年中行事記録」。設楽薫「足利義晴期における内談衆の人的構成に関する考察」(『遙かなる中世』一九、二〇〇一年)註一〇五。
(37) 「殿中年中行事記録」。
(38) 『永享以来御番帳』(『群書類従』雑部)。
(39) 朽四六七・二一五。
(40) 五味、註(12)論文。田中淳子「室町幕府の「御料所」納銭方支配」(『史林』八四―五、二〇〇一年)。
(41) 朽二六・九三一・九四三・七〇〇。また応仁二年以降、それまで不知行であった高嶋本庄後一条・案主名が御料所に指定され、これにより朽木氏は知行の回復を果たした。御料所指定に伊勢氏の関与があったことは、五味、註(12)論文参照。
(42) 『菅浦文書』三二三。
(43) 朽二二九・四七六・四七五・二〇二。
(44) 朽九〇八ほか。

(45)「宗賢卿記」文明三年四月二十九日条(『大日本史料』第八編之四、同年同月二十八日条所収。以下、貞親の出奔及び冷泉局に関しては同条参照)。
(46)「宗賢卿記」同日・『親長卿記』同月二十八日条(同右)。
(47)貞親は「常慶」、春房は「春誉」と号した。「禅僧」であったというから、朽木氏の菩提寺興正寺で出家した可能性が高い(「宗賢卿記」同年五月六日条)。
(48)『親元日記』文明五年六月十二日条。
(49)拙稿「室町中・後期における近江朽木氏の系譜と動向」(『日本歴史』五九一、一九九七年。本書第二部第一章)参照。
(50)以上、『親長卿記』文明三年五月二十五日・九月十三日、同五年十一月二十三日条。『大日本史料』文明五年正月二十一日条(第八編之六)。万里小路春房については、今泉淑夫「江南院龍霄」(『東語西語』吉川弘文館、一九九四年)に詳しい。
(51)朽二八。
(52)朽四七八~四八四・六六七~六七〇。「御状引付」(内閣文庫所蔵)永正二~十六年各条所載、朽木稙綱(竹松丸・弥五郎)宛て伊勢貞陸書状案。
(53)『親元日記』寛正六年八月十五日条、『斎藤親基日記』同日条。
(54)註(43)に同じ。
(55)「宝鏡寺文書」(東京大学史料編纂所架蔵影写本)三。
(56)『尊卑分脈』(師実公孫飛鳥井)飛鳥井重茂の項。『系図纂要』(藤原氏三四 飛鳥井)同項。
(57)以上、『高島郡誌』(一九二七年)、『高島町史』(一九八三年)、『新旭町史』(一九八五年)ほか。
(58)初見は「天龍寺造営記」(『鹿王院文書の研究』文書編三七号)康永元年八月三日条。「四郎」については、いずれも「佐々木越中」に続けて、孫四郎(一三四二年・天龍寺造営記)、四郎左衛門尉(一三七〇年・花営三代記)、四郎右衛門高泰（一四一二年・八幡社参記）、四郎左衛門尉頼高（一四八六年・後法興院政家記）、四郎三郎（一五二二年・朽木文書）などと出る。「高」「泰」字については、頼泰（一三九二年・相国寺供養記）、高泰（一四一二年）、持高（一四五九年・勧修寺文書）、頼高（一四八六年）などが挙げられる。越中刑部太輔頼高は朽二三八号文書。その他、大蔵大輔は一五四〇年（朽六八三）や一五六二年（御礼拝講之記）の越中大蔵大輔ほか。刑部大輔は一五四六年（光源院殿御元服記）の佐々木越中刑部大輔孝俊ほか。

(59) 高嶋氏は、一四二九年頃のものとされる「永享以来御番帳」（高嶋孫太郎）以降、「文安年中御番帳」（同）、「長享元年九月十二日常徳院殿様江州御動座当時在陣衆着到」（高嶋修理亮貞俊）までの各番帳に番方二番衆として見える。

(60) 足利義尚の走衆として、高嶋弥太郎貞清がいる（蜷川家文書一〇八・一〇九）。

(61) 『親元日記』文明五年十二月十九・二十三日各条。伊勢貞宗の烏帽子子という関係からか、高嶋貞清は京都伊勢貞宗宅で貞宗への申次役を勤めることもあった（『同』同十年八月十日条）。

(62) 「長享元年九月十二日常徳院殿様江州御動座当時在陣衆着到」（『群書類従』）。

(63) 細川政元への近江守護職補任は、六角征伐遂行のためになされたのであろう。

(64) 『大乗院寺社雑事記』明応二年十月二十二日条。

(65) 「光源院殿御元服記」（『群書類従』）。

(66) 『言継卿記』天文二十一年正月二十八日条。

(67) 藤田、註(8)論文ほか。

(68) 小風真理子「戦国期近江における湖上ネットワーク――佐々木永田氏の場合――」（『史学雑誌』一〇六―三、一九九七年）。

(69) 能登氏を外様衆七頭の一員、松本氏は不明、饗庭氏を湖西高嶋郡の「国人《（マヽ）》」と比定するだけでなんら言及がない。

(70) このことは、同朋衆が将軍周辺の雑事を勤め、将軍への進物の出納を勤める存在であった点と何がしかの関連があるかもしれない（桜井英治「「御物」の経済――室町幕府財政における贈与と商業――」『国立歴史民俗博物館研究報告』九二、二〇〇二年）。徳阿が同朋衆であることは、家塚智子「同朋衆の存在形態と変遷」（『芸能史研究』一三六、一九九七年）参照。

(71) 小風真理子「中世後期近江国の国人領主永田氏の流通支配と公権力――「永田一馬氏所蔵文書（護正院文書）」を素材として――」（一九九四年史学会第九二回大会日本史部会報告。要旨は『'94史学会第九二回大会プログラム』に収載）。

(72)『菅浦文書』九三三。

(73)『菅浦文書』三七四（永禄六年の惣中借銭状）・三七三（永禄七年の庄算用日記）・一七八（永禄十一年の借銭日記）・九三〇（永禄十三年の惣中借銭覚日記）・九三二（元亀元年の惣中借米覚書）・九三五（元亀二年の惣中在米覚書）号各文書。

その他、天文五年（一五三六）二月二十四日に京都相国寺の鹿苑院主法霖の招きで、「松本父子三員」が同院を訪れて以降、同院主の日記『鹿苑日録』に松本一族が散見され、彼等は京都に宿所を持ち、高嶋郡と京都とを往き来していた。この頃同院へ出入りしていた松本新兵衛は、高嶋郡の相国寺子院寿福院からの礼銭を京都へ運んだり、法霖に絹を売りつけるなど、商人としての活動が窺える（『同日記』天文五年二月二十四日、十一月十九日、十二月十日、同六年正月二十二日、四月三日、十月二十八日、同九年八月十八日各条他）。

(74)『高島郡誌』、『安曇川町史』（一九八四年）など。

(75)「葛川明王院所蔵分葛川明王院史料」八二一号（『葛川明王院史料』。滋賀県立大学架蔵写真帳にて校正を行った）。

青蓮院門跡御材木筏六鼻事、於横井浜〔江〕伊庭殿被官助太郎・衛門三郎抑留云々、如何様事哉、早可被勘過申候間、

可被加下知之由候也、仍執達如件、

至徳三年七月十一日

為信在はん
承　在はん

伊庭（満隆）出羽守殿
能登殿

（折紙奥端書）
「六角殿より御ほう（奉）書之あん（案）」

右文書を『葛川明王院史料』の編者は室町幕府奉行人連署奉書とするが、連署者及び文書形式（署名が日下でなく別行）、端書から六角氏奉行人連署奉書と判断される。内容は、近江守護六角氏が能登氏と守護代的位置を占めていた伊庭満隆に対し、青蓮院門跡の材木筏六鼻（はな＝組）が高嶋郡の「横井浜」（横江浜。現在高島市安曇川町。近江国に横井浜という地名がないこと及び能登氏宛であることから、横井浜は横江浜の写し間違えであろう）において「伊庭殿」の被官助太郎と衛門三郎により抑留されたのを解除するよう命じたものである。注目点は、伊庭満隆と共に能登氏へも所務遵行が命ぜられている点である。横江浜は北船木に南隣する南船木の枝郷である。六角氏が横江浜での問題を能登氏へ遵行命令を下しているのは、この地と能登氏の関係が深いことを意味しており、このことから至徳三年（一三八六）時には既に能登氏が北船木に居住していた可能性が高い。能登氏は北船木に居住していたからこそ、近隣の横江浜に対する遵行能力を六角氏から期待されたのであろう。

(76)「饗庭昌威氏所蔵文書」。

（前略）

弐段今□
十二条十リ十七坪公方荒ト取之間一粒無役者也、
応安元戊申十二月日　自能州九郎左衛門尉殿
肆段今次名内

十二条十二里卅六坪

応安二己酉十二月日　自能州九郎左衛門尉殿

壱段今次名内念仏堂馬上免

十一条十二リ卅六坪東付南依□田溝ヨリ北副反也、

応安元戊申十一月日　自能州九郎左衛門尉師信

（中略）

右畠者、依為宗祐相伝之私領奉寄進霊山寺千手持仏堂仁□処也、（中略）

応〔永脱〕十六年己丑八月十七日　沙門宗祐　在判

権律師快覚在判

(77) 小風、註(68)論文。なお〔史料2〕の「永田弾正忠斎奥」の読みは、天文頃の『朽木家古文書』七一二号文書に「永田奥殿」と出、「奥」字を使う者が一族にいたことからこのように読んだ。また斎奥は、文明四年（一四七二）五月に現れる「永田弾正忠親綱」（朽四三八）が改名した名である可能性が高い。

(78) 文明十八年五月、朽木氏嫡子の初上京の祝いに、田中・永田両氏のみが朽木氏へ礼銭を出している（朽七九九）。また長享元年の六角高頼の河上城攻めには、朽木・田中両氏と共に永田氏も行動を共にしている（朽六六三）。

(79) 藤田、註(8)論文。

第三章　佐々木越中氏と西佐々木同名中

はじめに

近年、近江国佐々木越中氏の居城と推定される清水山《しみずやま》城跡（滋賀県高島市新旭町）の発掘が進み、その成果に対するシンポジウムも開催された。そこでは山頂主郭部分に建造物が存在したこと、および出土遺物は十五世紀後半からのものがみられ、とくに一五二五―七五年の五十年間に集中していること、畝状竪堀の存在から十六世紀後半に朝倉氏関与による改修の可能性があることなどが指摘された。(1) しかし城跡の遺構検討は行われるものの、これまで誰も越中氏そのものについては明らかにしておらず、そのためこの清水山城についても十分な評価を与えるには至っていない。中世における越中氏そのものの系譜や動向を明らかにしたうえでないと、この居城の意味についても十分明らかにはならない。周知のように越中氏（高嶋氏ともいわれる）は、近江国湖西地方の高嶋郡に盤居し、室町幕府の外様衆に編成された西佐々木七氏の嫡流の家であり、湖西における幕府奉公衆の実態を明らかにするうえでも、越中氏の活動を明確にしておくことは重要な意味を持つ。

また越中氏と同様に、同氏の属していた西佐々木同名中についても、これまで具体的研究はほとんどなされてこなかった。唯一、湯浅治久氏による「惣勢力と対決する階級的結集体」との評価があるのみである。(2) 西佐々木同名中において、越中氏はどのような存在であったのか。その構成員が誰であったのか。こういった点については一九二六年

（昭和二）に刊行された『高島郡誌』（滋賀県高島郡教育会）の段階から以降、各市町村史が編纂されたにも拘わらずほとんど研究は進展していないのである。

右の如き研究状況に鑑み本稿では、中世における越中氏の系譜と動向およびその存在形態や、同氏を含む西佐々木同名中について、その基礎的事実の確定を行う。とくに湖西および高嶋郡における越中氏とは、いかなる存在であったのか。この点を本稿の目的とする。

第一節　鎌倉時代の越中氏

鎌倉時代の越中氏については情報が限られる。『尊卑分脈』（宇多源氏）によれば、鎌倉時代初期の近江守護佐々木信綱次男の高信以降、その直系として泰信・泰氏・範綱・信顕・高顕・高頼・高泰がいる（図4参照）。同系図では、高信の肩に「高嶋」と載せ、範綱・信顕にも「高嶋」と注意書きがある。高信以降、田中・朽木・永田・横山などの家が分立し、戦国期には湖西の佐々木一族という意味で「西佐々木」と呼ばれ、「同名中」を形成した。そのため高信に「高嶋」を付すのは、西佐々木嫡流の起点を示す意味で付されたと考えられる。範綱・信顕に「高嶋」と注意書きするのは、彼らの頃に「高嶋」を称しはじめたからであろうか。十四世紀末に作成された『尊卑分脈』の作者洞院公定は、佐々木高信の直系を「高嶋」氏と把握していた様に、現存の系図は読むことができる。このうち現存史料からその存在が確認できるのは、高信・泰信（四郎左衛門入道）と十五世紀初めの高泰（四郎右衛門）だけである。[3] ただしこの間に史料で確認できる「佐々木越中孫四郎」（一三四二年）、「佐々木越中四郎左衛門尉」（一三七〇年）、「佐々木越中守頼泰」（一三九二年）らは『尊卑分脈』中の人物と重なる可能性が高い（以上表8参照）。というのは、十四世紀

図4　『尊卑分脈』所載の高嶋（越中）氏系図

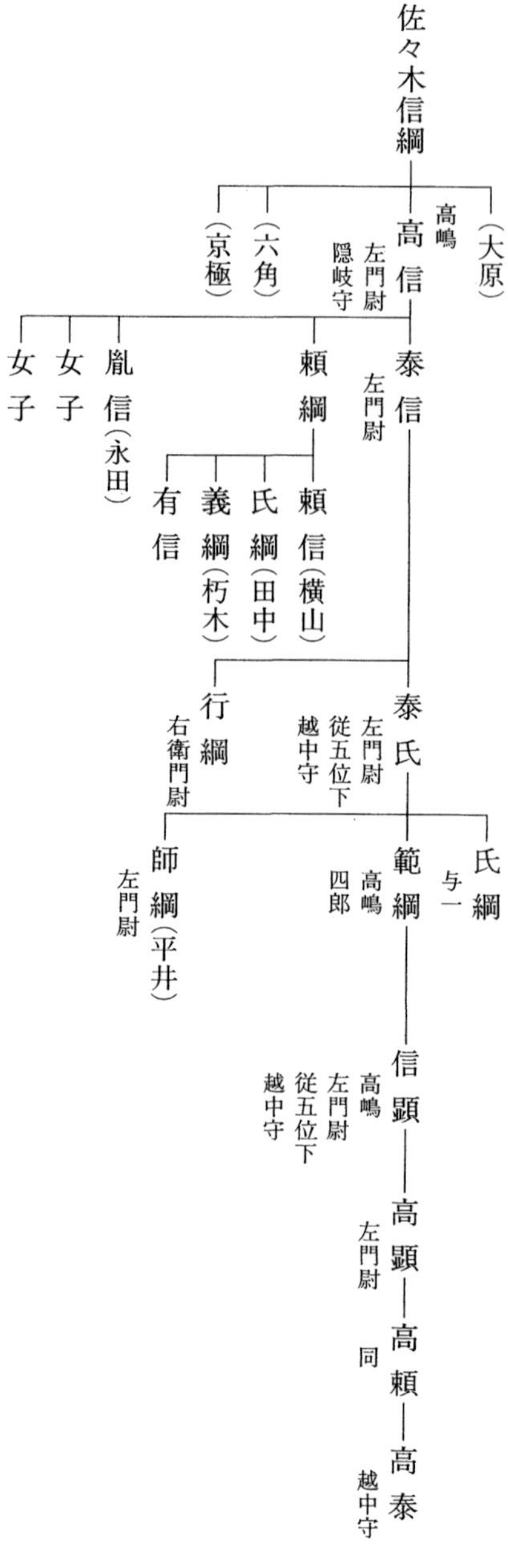

※一部省略・修正を加えた。

末に作成された『尊卑分脈』では、高嶋氏嫡流の人物には「四郎」・「左門尉〔衛脱〕」・「越中守」の注記があり、実際に史料に現れる「佐々木越中」氏歴代がこれと同様の通称・官途名を称しているからである。また「泰」・「高」字を通字としている点にも特徴がある。

佐々木高信については、『吾妻鏡』に「高嶋郡田中郷地頭」として登場し、嘉禎元年（一二三五）に彼の代官が所役賦課をめぐり日吉神人を殺害したことに端を発し、日吉社の神訴により高信が西国遠流となった事件が有名である。これについては黒田俊雄氏の分析があるため詳細はそちらに譲る。[4] ここでは、彼が高嶋郡田中郷の地頭職を保持していた点を確認しておく。田中郷はその後、孫の氏綱（田中氏祖）が伝領した。また泰信の妻に尼妙語がいて、正応五年（一二九二）にその子行綱が父に背く不孝者であったため勘当され、行綱に与える予定の所領高嶋本庄付地案主名・後一条地頭職は同じ西佐々木の横山頼信へ譲られた(5)。この地は、後に行綱の子尼心阿（一三三九年）が一時取り戻すが、最終的には朽木氏のもとへ入ってゆく(6)。ここからは、泰信の庶子行綱へ与えられるはずの所領が、高嶋本庄付地であり、この地をもとは越中（高嶋）氏が支配していたことが分かる。

第二節　室町時代の越中氏所領と高嶋氏

一　越中氏と高嶋氏

室町時代になると越中氏の活動が比較的分かってくる。まず室町幕府との関係では、康永元年（一三四二）に足利尊氏が天龍寺造営を見学しに行った際、その供奉人のうちに「佐々木越中孫四郎」が現れる。その後、「佐々木越中四郎左衛門尉」（御調度。一三七〇・七五年）、「佐々木越中守頼泰」（帯刀。一三九二年）、「佐々木越中四郎右衛門高泰」（帯刀。一四一二年）、「佐々木越中守《高兼カ》」（帯刀。一四一九年）等とみえ、以後も将軍出行時の随兵を勤めた（表8）。また文安（一四四四―四九）頃には、「佐々木越中守」が他の「西佐々木」＝田中・朽木・永田・能登・横山・山崎各氏らと共に幕府外様衆に編成されている(7)。外様衆は、御供衆・番衆などより家格が高く、大名に次ぐ位置にあって、幕府内において非常に高い家格に位置していた。越中氏は大名に次ぐ高い家格を保持していたのである。

越中氏は、室町時代の初見、康永元年の「佐々木越中孫四郎」の段階において「佐々木越中」を称していた。その後の越中氏も「四郎」を通称とし、先祖の高信・泰信の「高」もしくは「泰」字を一字含み、「越中守」に任官する

役目	共に勤仕した西佐々木	出　典
供奉		天龍寺造営記・鹿王院文書
供奉		天龍寺造営記・鹿王院文書
御調度		花営三代記
御調度		鹿苑院御元服記・花営三代記
帯刀	田中	相国寺供養記・朽木文書
帯刀侍		八幡社参記
帯刀	田中	蔭戒記・押小路家文書
帯刀	田中・朽木・永田	後法興院政家記・山科家礼記他
布衣	田中・朽木	将軍家御社参之記録・朽木文書
御迎警固	田中・朽木（御供衆）	光源院殿御元服記

のを特徴とする。ただし越中守を称すときは、必ず「佐々木越中守」と表記される。また、文明十八年（一四八六）にみえる「同（佐々木）越中四郎左衛門尉頼高」が長じて「越中刑部太（大）輔頼高」に任官した頃（時期不明）から、従五位下相当の「越中守」から従五位上相当の「刑部大輔」「大蔵大輔」へと一クラス上の官途を使用するようになった(8)。

さてここまでの叙述や表8から気付くことは、『尊卑分脈』では西佐々木の嫡流を「高嶋」氏としているが、実際の史料からは「佐々木越中守」、もしくは「佐々木越中」氏としか出てこない点である。これをいかに考えるべきか。

実は室町時代も半ばの永享頃から「佐々木越中守」を名乗る系統とは別に、「高嶋」を名乗る者が現れる。その初見は、永享三年（一四三一）八月の『満済准后日記』の記事からである。同日記によれば、同元年に将軍足利義教は伊勢守護土岐持頼に北畠満雅の反乱鎮圧の恩賞として関入道跡を与えたが、二年後にその関入道跡のうち「昼生上庄（三重県亀山市）等」を悔い返し、「高嶋」某に与えることとなった。それで持頼は不満の意を満済に語ったという。さらに、同六年九月

表8　佐々木越中氏の室町将軍出行時等供奉一覧

和　暦	西暦	事　　項	越　中　氏
康永元．8．3	1342	尊氏の天龍寺造営見学	佐々木越中孫四郎
12．5	1342	尊氏の天龍寺造営見学	佐々木越中孫四郎
応安 3．4．9	1370	義満の六条新八幡宮・北野社・祇園社への社参	佐々木越中四郎左衛門尉
永和元．4.25	1375	義満の参内随行	佐々木越中四郎左衛門尉
明徳 3．8.28	1392	義満、相国寺供養に出行	佐々木越中守頼泰
応永19．8.15	1412	義持、石清水八幡宮放生会に参詣	佐々木越中四郎右衛門高泰
26．8.15	1419	義持、石清水八幡宮放生会に参詣	佐々木越中守
文明18．7.29	1486	義尚、拝賀	同(佐々木)越中四郎左衛門尉頼高
大永 6．2.16	1526	義晴、石清水八幡宮に参詣	佐々木越中守
天文 15.12.18-24	1546	義輝、近江坂本での元服・任将軍儀礼	佐々木越中刑部大輔孝俊

に近江国で合戦があり、「佐々木一族」の「高嶋」某が山徒を二度打ち負かした。[9] ここからは、近江に佐々木一族の高嶋氏がいたことが判明する。右の「高嶋」某は共に、文安（一四四四―四九）頃の「文安年中御番帳」や、宝徳二～康正元年（一四五〇―五五）頃の「永享以来御番帳」[10]の幕府奉公衆（番方）二番衆にみえる「高嶋孫(弥カ)太郎」[11]か、もしくは彼の一族である可能性が高い。高嶋氏は、幕府奉公衆二番衆に編成される将軍直臣であった。そして文明五年（一四七三）十二月十九日、足利義政の子義尚が元服し、将軍宣下を受けたのに合わせ、この日「二番衆」の高嶋弥太郎も元服し、幕府政所執事伊勢貞宗の偏諱を受け「貞清」と称した。[12] 高嶋氏は伊勢氏と擬制的親子関係を結んだのである。この様な関係から貞清は、京都の伊勢氏宅での「申次」をも行った。[13] さらに彼は、将軍義尚の「走衆」をも勤めた。[14] 長享元年（一四八九）九月、将軍義尚が六角征伐のため近江坂本まで出陣した際の番帳には、二番衆に「高嶋修理亮貞俊」がみえる。[15] 貞俊と貞清との関係は明確にできないが、貞俊がその後二十年間確認できることから、同一人とするよりは貞清から貞俊へと代替わりが行われたとみる方が自然である。翌年二月

に将軍義尚が朝廷に鯨の荒巻一荷を贈った際の使者「たかしま」某も恐らく彼ではないだろうか。[16] 彼はそのご高嶋郡に所領のある北野社と関係を持つなど、永正四年（一五〇七）までその存在が確認できる。[17] 永正四年五月に一条家敷地の京都一条町と小河町四町の町内の「高嶋修理亮（貞俊）先年居住分跡」をめぐり、高嶋氏が公儀を掠め証文を得ていたとし、一条家から訴えられ、一条家領とする旨の幕府奉行人連署奉書が発給されていることから、京都の高嶋氏の居宅が一条町と小河町四町の町内にあったことが判明する。[18]

高嶋氏に関する所見は以上である。右からは奉公衆（番方）二番衆に所属し、近江に拠点を持ちつつも主に在京人として活動する高嶋氏の姿が窺える。この高嶋氏は、外様衆の「佐々木越中守」系＝越中氏とは明らかに違う。京都北野社松梅院の禅予も、その日記では明確に高嶋氏と佐々木越中氏とを区別して表記している。[19] また高嶋氏の家格も外様衆より低い番衆である。これらの点から室町時代の半ばには、高嶋氏は「佐々木越中」氏と区別される存在となっていて、その家格の低さから「佐々木越中」氏の庶流であったものと見做される。

ただし、確かな史料で一度だけ「高嶋越中守」とでてくる。それは『大乗院寺社雑事記』明応元年十二月晦日条に「一、六角四郎政高猶子高嶋越中守息七頭内、虎千代一段守護安堵申給者也、」とある記事で、この年六角政高の猶子となっていた「高嶋越中守」の息子虎千代が近江守護となった際の奈良大乗院主尋尊の日記である。西佐々木七氏＝高嶋七頭をさす「七頭内」とあることから湖西の西佐々木七氏の一人であることは確実である。同記には別の箇所で「一、江州守護職事ハ、六角故四郎政高之猶子廿六歳云々、被仰付之」[20] とあり、別の記録「長享元年九月十二日常徳院殿様江州御動座当時在陣衆着到」には、「同（明応元年）十一（二）月十三日、西佐々木越中守息八郎を被任守護」とある。これから新守護が当時二十六歳で八郎と称していたことが判明し、「高嶋越中守息虎千代」と二十六歳なのに幼名を記す点で、この記事が伝聞の域を出ないことが分かる。

以上から、室町時代の佐々木越中氏は、一部で「高嶋」氏と認識され呼称される場合もあったが、それは決して一般的呼称ではなかったと判断される。従来（市町村史等）、西佐々木氏の嫡流を『尊卑分脈』の注記から高嶋氏と呼称してきたが、室町時代の西佐々木嫡流のあり方からは、高嶋氏と呼ぶよりは、「佐々木越中守」もしくは「越中氏」と呼称するほうが実態に即している。『尊卑分脈』が西佐々木嫡流に「高嶋」と肩書きを付けるのは、現在見られる系図が作成当初の姿から何度も書写・書き加えがなされているものである事を考慮すれば、後世に「高嶋」と書き加えられた可能性を想定した方がいいのではないか。[21]

次に越中氏の一族・家臣について述べておこう。越中氏の一族には、延徳二年（一四九〇）から明応二年（一四九三）にかけて『北野社家日記』に現れ、在京庶子と思われる「佐々木四郎左衛門」がいる。彼は高嶋郡に所領をもつ北野社に、①高嶋郡と行き来するための幕府過書発給の便宜を図ったり、その他同社の高嶋郡支配と関わる行動が窺われ、②「四郎」「左衛門」であること、③彼の「若党」に「多胡宗兵衛尉」がいることから越中氏に関わる人物と推定される。[22] 多胡氏は、文安四年に越中氏と清水寺急襲を共謀する等、越中氏と非常に親密で、それは明応七年（一四九八）に越中氏が「田子《（多胡）》新兵衛」を代官として若狭街道上の保坂に新関を設置したことにも窺える。[23] その他、近江守護となった越中氏庶子がいる。先述の如く、将軍足利義材の六角高頼征伐が終了した明応元年（一四九二）十二月、前守護六角政高の猶子で越中氏の庶子と考えられる「八郎」が近江守護となった。しかし守護職補任後一年も経ないうちに、明応の政変により改替された。[24] また一族に関し特筆すべきは、大永六年（一五二六）の伊勢神宮御師中山正重が子正経に譲渡したと考えられる処分状に、旦那として「朽木殿」「わかさ《（若狭）》の内藤殿」等と共に「越中殿壱族中」

がいて、越中氏が「壱族中」で旦那となっていた点である。(25)「朽木殿」「内藤殿」と比べ越中氏の場合「壱族中」とあるのは、越中氏と非常に近い血縁関係をもつ庶流家の高嶋氏をも含めた表現である可能性がある。

二　越中氏の経済基盤

越中氏の経済基盤については、多くのことを知り得ない。鎌倉時代に高嶋郡田中郷や高嶋本庄付地案主名・後一条の地頭職を保持していたことは先に触れたが、いずれもそののち西佐々木嫡流家から離れる。ただし佐々木泰信により、もともと庶子の行綱へ譲渡しようとしていた案主名・後一条地頭職が高嶋本庄の「付地」であったという点は、高嶋本庄の地頭職を嫡流家が持っていた可能性を否定できない。その傍証として、寛正～文明頃と推定される十月二日付室町幕府奉行人連署奉書(26)で、高嶋本・新両庄領家職について菊亭家の代官による直務に協力するよう「佐々木越中守」へ下知が発給されていて、高嶋本・新庄と越中氏との関係が窺われる。また文明九年十月に、高嶋本庄内の佃が案主名に付くのか富光名に付くのかで問題となったが、このとき佐々木越中守と飯尾三郎左衛門（幕府奉行人飯尾為修カ）が現地の公文・下司に詳細を尋ねており、ここにも越中氏と高嶋本庄との関わりが窺われる。(27)これは案主名が朽木氏知行の地であったため、たまたま関連文書が「朽木文書」のなかに残り判明する事実である。

室町時代の越中氏所領について些かでも明らかにできるのは、高嶋郡の高嶋新庄の場合である。

a
（足利義教）
御判

近江国高嶋郡内新庄地頭職佐々木越中守高兼跡事、所充一色左京大夫持信也者、早守先例可致沙汰之状如件、

（一四三一）
永享三年九月八日

（後鑑所載古文書）

b

一色千福丸申近江国高嶋新庄事、帯去永享三年九月八日御下文、知行無相違之処、近年佐々木越中守為代官職、乍出請文年貢一向無沙汰云々、太無謂、所詮致直務、弥可全領知之状如件、

康正二年(一四五六)十二月廿九日

(足利義政)(花押)

（東京大学史料編纂所架蔵影写本「勧修寺文書」）

a史料からは、永享三年以前高嶋新庄地頭職は佐々木越中守高兼が保持していたが、この時何らかの理由で幕府に収公され、替わって一色持信に宛行われたことが分かる。高嶋新庄は、かつて安養寺・井ノ口・河原市・平井・北畑・堀川の六か村を新庄と称したといわれ、現在の新旭町安井川・北畑・旭の一部である。[28] この地は、越中氏の本拠地といわれる地で、清水山城跡や井ノ口館跡がある場所である。b史料からは、高嶋新庄の幕府収公ののち一色氏に地頭職が宛行われていたが、その代官を越中氏が務めていたことが分かる。そして代官越中氏がその年貢を無沙汰し続けたことにより、一色氏の訴えで幕府からその直務が安堵された。にも拘わらず越中氏の押領は続いたようで、三年後の長禄三年三月にも同様の安堵状が発給され、四月の幕府奉行人連署奉書では近江守護六角高頼へ一色千福丸代への沙汰付が命ぜられた。[29] この奉書には「佐々木越中守持高跡」とあり、二十年前の高兼から持高へと代替わりがなされていることが判明する。その後も一色氏の支配は必ずしも貫徹しなかったようで、七年後の文正元年（一四六六）に一色千寿丸はこの新庄を質として徳田庵に五〇貫文を借り、その返済は百姓から徳田庵へ直接返弁するようにした。[30] この徳田庵は、文明五年（一四七三）にも、高嶋本・新庄の領家菊亭家が、三年前に代官の庄主誂都主を罷免し直務とし、両庄年貢運上のため船木の問丸彦六兵衛へ米一〇石を渡し置いた処、徳田庵が先の庄主誂都主に「伝借之儀」があると号してその米を押し取り、かつ幕府奉書までも掠め取ったために、菊亭家から幕府へ訴えられている。[31]

このことから徳田庵は、高嶋本・新庄と関わりの深い土倉ではないかと推定される。さて一色氏は徳田庵に借銭し、その返済に高嶋新庄の年貢を充て、年貢は徳田庵が百姓から徴収していた。ここに一色氏の高利貸資本への依存度の深さが窺える。一色氏は、高嶋新庄の年貢徴収を土倉に請け負わせることにより、その確保を目論んだのであった。[32]これには一色氏が直務を志向しても、現地では越中氏の影響が強く、うまく支配ができていなかった事情が反映しているのであろう。

この他、明応七年（一四九八）に越中氏が若狭小浜―近江高嶋南市間を結ぶ九里半街道沿いの保坂に新関設置を試みたり（そのご南北五ヶ商人の訴えで棄却[33]）、永正十五年（一五一八）には「七頭之面々」によって設置された「北近江関所十二ヶ所」の存在が知られ[34]、十五世紀終わり頃から越中氏が積極的に交通・流通支配に乗り出していたことが窺える。また大永三年（一五二三）には、翌年に朽木氏が高嶋郡河上庄の領家代官職を得るにあたり、確認された事項のなかに、「関白殿渡領之儀者、地頭方ニ候而、佐々木四郎三郎（越中）殿御存知之様及承候」とあり、殿下渡領が河上庄の地頭方についていて、それについては佐々木（越中）四郎三郎が「御存知」という[35]。この「御存知」を承知していると見るか、知行と見るのか解釈が分かれる処であるが、越中氏が河上庄地頭方の殿下渡領について何がしか関係があったことは認められよう。これ以外にも越中氏は高嶋郡にある鹿苑院領へ「懸銭」の賦課を試みたことが僅かながらに窺える[36]（一五四三年）。

後に述べるように、越中氏は西佐々木の嫡流として幕府の儀礼にその手勢一、〇〇〇人を出すことができた、西佐々木のうちで最も多くの人夫動員が可能な家であったから、高嶋新庄の代官職以外にも荘園代官や地頭職を保持し、関所などを支配していたものと推定される。しかし、まとまった史料の残存しない越中氏の経済基盤は、多くを推測の域に止めざるを得ない。

三　清水寺と越中氏――清水山城築城前史――

c山門西塔院雑掌申近江国清水寺事、河内宮神主并多胡等致狼藉云々、為神輿動座釈迦堂閇籠上者、於神主改易、
至多胡一類者可被加治罰之由所（被脱カ）仰下也、仍執達如件、

文安四年十二月十四日　右京大夫（細川勝元）在判

佐々木（近江守護六角久頼）近江守殿

d文安四年十二月廿一日西塔院政所集会議曰

早可被相触杉生坊事

右今般神訴悉預裁許、奉帰座神輿之条、朝家之善政・山門之美目何事如之乎、就中、高嶋清水寺者為往古以来厳重之　勅願寺、当院無双之末寺之処、忽依一類之狼藉、雖及数月之窂（牢）籠、敵人等既蒙治罰而寺僧再令還住矣、然者在国山徒中、被加持（マヽ）護可遂入寺之由、為当坊中被触下者、可為興隆之専一之旨、衆議而已、

（以上「目安等諸記録書抜」『北野天満宮史料　古記録』[37]）

文安四年（一四四七）十二月十四日、室町幕府管領奉書が近江守護六角久頼へ下された。その内容は、山門西塔院末寺で勅願寺でもある高嶋郡の清水寺《せいすいじ》に「河内宮神主并多胡等」が狼藉を働き、これを山門は神輿を動座し釈迦堂に閉籠して幕府へ神訴したのに対し、幕府が神主改易・「多胡一類」に治罰を加えるよう命じたものであった（c史

料)。七日後の西塔院政所集会では、多胡一類は治罰を蒙ったとして、寺僧の還住について衆議され、在国山徒中の協力で入寺できるようにと触れが出される事が決まった（d史料)。清水寺は「高島七カ寺」といわれた天台寺院の一つで、越中氏の居城（山城）清水山城は、清水寺の跡を利用したものといわれる(38)。まさに越中氏の本拠地にあった寺である。この清水寺に「河内宮神主」と「多胡」等が狼藉を働いたのであった。ここで注目される点は、幕府の裁許を得るため山門が神訴の際に作成した訴訟条目である。七月に作成されたこの訴訟条目には、十三か条の訴えが記されているが、その第二条目には次のように記されている。

e一、依一児之恥辱及二山王之動座之上者、於狼藉之神主与同之多胡男者、召賜衆徒乎、可沈唐崎奥〔沖〕矣、至越中孫四良〔郎〕者、任高泰之起請文之旨、同代官八田以下之若党等各可被処所当之厳科事、

山門としては、狼藉を働く神主と多胡を捕え唐崎沖の湖底に沈めたいとの意向に続き、越中孫四郎に至っては、その父であろうか越中高泰の起請文の旨に任せ、その代官の八田氏以下の越中氏若党等も厳科に処してほしいという。「同代官」は越中孫四郎の代官のことを指すのであろう。そして、十五世紀初めにその存在の確認できる越中高泰が提出したという起請文には、問題発生時の処罰規定が記されていたと推される。この起請文の内容が明確にできない点、及び「請文」と表記されていない点気になるが、越中氏の若党が処罰の対象となっている点から、ここでは清水寺々領の代官を越中氏が請け負い、同氏の現地代官を若党の八田氏等が勤め、彼らの処罰に値する行動が清水寺急襲時にあったものと解釈しておきたい。そうだとすれば、越中氏は十五世紀初め頃から清水寺々領の代官を請け負っていたことになる。「河内宮」とは、越中氏の氏神で、清水山城跡のすぐ西にあり河内大明神ともいわれた大荒比古神社のことであり(39)、多胡氏は清水山城跡の東の字北畑を本拠とする土豪である(40)。この河内大明神の神主と多胡氏が清水

寺へ狼藉を働いたのであった。越中氏・その氏神河内大明神の神主・付近の土豪多胡氏の連携により、清水寺が急襲されたのである。七月の訴状から幕府の管領奉書が発給されるまでの半年間（もしくはそれ以上の期間）、清水寺は彼らに占拠されていたのである。特にこの時期、越中氏がのちに山城を建設した清水寺の地を、押領しようとする動きを示している点は注目される。この後、寺僧らは清水寺に入寺できたかは不明であるが、清水山城山頂部分から出土した遺物が、十五世紀後半からである点は、越中氏の清水寺占拠継続を推察せしめる点で示唆的である。(41)

第三節　西佐々木同名中のなかの越中氏

本節では、西佐々木七氏で構成される「西佐々木同名中」内における越中氏の位置について検討を行い、守護輩出の背景を検討する。

戦国期高嶋郡には、「西佐々木同名中」もしくは「高嶋七頭」と呼ばれる集団が形成される。この集団は、文安年間に幕府外様衆に編成された越中・田中・朽木・永田・能登・横山・山崎の七氏を構成員とする。「文安年中御番帳」(42)には「西佐々木七人」と彼らを呼んでいるが、まだ「同名中」という呼び方では出てこない。この七氏が具体的に「同名中」として出てくるのは、文明年間からである。

f 一、同前――仍御同名御中へ被成御下知候、任奉書之旨、面々各不可有疎略之由、堅可被触遣之候、猶以各厳重之儀候者、可然候、

佐々木越中守（持高カ）殿　御宿所（進之候）

（内閣文庫所蔵「諸状案文」）

右文書は、文明十年代頃に幕府政所執事伊勢氏が発給した文書の案文である。文中「同前」部分は、直前の近江守護六角高頼へ宛てた「上様御料所舟木関」の公用が近年無沙汰になっているため人を下して沙汰付けを命じる内容で、さらに「同名中」・「面々」と呼ばれる西佐々木各氏への協力が命ぜられている。この「舟木関」は西佐々木同名中への協力が依頼されていることから、安曇川河口の船木関と推定される。このような幕府からの遵行協力は文明四年にも窺え、この時は高嶋郡内の鴨社領の闕所について能登氏を除いた西佐々木の六氏が、幕府の命令で社家代官と合力し、強いて入部した牢人等を殺害したため、山門が神訴に及び、「於国不及了簡候」＝近江国内だけでは処理しきれないため彼等六名が管領細川勝元へ口入を求めている。[43] 能登氏がいないのは、恐らく牢人等と関係があったためであろう。また明応元年には「七頭」という表現も現れるようになる。以降、「西佐々木七人」は「同名中」・「面々」・「七頭」等と呼ばれるようになる。

なおこの「同名中」・「七頭」の構成員のうち、能登もしくは山崎氏に替えて平井氏を入れる説（『高島郡誌』ほか以後の市町村史等）があるが、平井氏については殆どその存在すら明確にできず、まとまった行動をとる時は必ず外様衆の七氏であることから、平井氏を含める説は、『尊卑分脈』に越中氏の庶流として平井氏を挙げていることからきた実態に合わない見解である。

同名中形成の要因は、湯浅氏が指摘するような惣勢力との対決や、保坂関[44]や「北近江関所十二ヶ所」で窺われるように、単独での関設置が難しかったことが挙げられる。ここではそういった形成の枠組みが、史料上文安年中に編成された外様衆という幕府の家格秩序編成の段階においてすでに見られる点に注目したい。西佐々木同名中は、外様衆であることを基盤に成立したのか、それとも同名中に類するものがすでにあり、それを一括りに幕府が外様衆として編成したのか明確にできない。しかし外様衆という同一の家格であったことが、同名中の維持に一定の役割を果たしていたであろうことは予想しうる。後述の如く、同名中内部にも様々な格差や政治的立場の違いが生まれてくるが、同名中の面々は室町末期に至っても外様衆という家格に変化はなく、維持され続けた。この地域においては、同名中構成員と幕府の家格秩序とが重なり合っていたのである。越中氏の清水寺占拠が文安四年であった点も考え合わせると、この地域の在地領主にとって文安年間のもつ意味は大きい。

西佐々木同名中のうちで、越中氏はどのような位置にいたのであろうか。まず幕府公役としての活動は、他の西佐々木の面々に比べ一つ抜きんでた存在であった。表8からも窺われるように、将軍出行時の随兵として「御調度」「帯刀」「布衣」等を勤仕し、室町初期から変化はない。また、その軍勢動員数については、天文十五年（一五四六）の足利義輝の元服・将軍宣下時の御供として、越中氏は弓一二〇張・太刀帯一〇〇人・馬上の主従三騎・鎗二〇〇本で人数は一、〇〇〇余人を引き連れた。(45)これに対し田中氏は弓一八〇張・太刀帯六〇人・馬上の主従二騎・鎗一五〇本で人数は六〇〇余人を出した。(46)天文二十一年に義輝が近江坂本から入洛した際には、朽木氏は御供衆として二〇〇余人で従っている。同一の状況でないので、一概に彼等の軍勢動員能力を測ることはできないが、凡その規模は推定できよう。越中氏は、一、〇〇〇人もの軍勢を動員できるだけの支配能力をもっていたのである。このことは越中氏が西佐々木嫡流の家であり、その中核となる家であった事を示している。

十六世紀になると、中央の幕府や公家にとって湖西の在地領主として実力があり最も有望視されていたのは、西佐々木同名中のうちでも越中・田中・朽木の三氏に絞られてくる。具体的には、大永元年（一五二一）の将軍義晴元服段銭の高嶋郡分徴収責任者が越中・田中・朽木の三氏に命ぜられたことや、(47)将軍出行時の随兵勤仕の状況（表8）、天文十五年の足利義輝元服・将軍宣下でもこの三氏のみが諸役を勤めている点などが挙げられる[48]。また彼等の経済力の一端を示す事例として、天文二十二年六月に高嶋郡の土豪饗庭氏が作成した算用状案が示唆的である[49]。前欠文書であり、何を目的とした算用状であるのか明確にできないのが残念であるが、そこには「一、越中殿　卅貫文、一、田中殿　十貫文、一、永田殿　五貫文、一、能州　五貫〔文脱〕、一、横□〔山〕殿　五貫文」とあり、越中氏が三〇貫文、田中氏が一〇貫文に対し、他の永田・能登・横山各氏は越中氏の六分の一、田中氏の半分しか計上されていない。朽木氏と山崎氏の記載がないのは不明であるが、他の在地領主に比べ、越中・田中両氏がより豊かな経済力を保持していたことを推察せしめる。

彼らの日常的交流についても、「朽木文書」しか纏った史料が残存しないため、越中氏と朽木氏との関係しか窺えない。具体的には、大永二年（一五二二）十月に朽木稙綱は「越中殿」へ樽（四〇〇文下行）、十二月には香典（一貫文下行）を贈り[50]、享禄三年（一五三〇）二月にも同じく稙綱から彼の嫡子晴綱の元服祝いとして「越中殿御ちい〔爺〕」へ肴（二四〇文下行）を贈っている[51]。

越中氏の軍事行動としては、文明十四年（一四八二）閏七月に幕府の成敗にも拘わらず、「百姓退治」と号して高嶋郡に強いて入部する六角行高（高頼）を訴えた京極高清と「相語」らい阻止するよう、幕府から田中貞信と「佐々木越中守」へ命ぜられていることや[52]、永正十四年（一五一七）に幕府から「西佐々木御中」へ命ぜられた丹後国出陣[53]などが挙げられる。また守護六角氏との軍事行動としては、天文七年（一五三八）九月に江南の六角定頼が江北の浅井亮政を攻めた際、土豪饗庭氏と共に海津西浜に居陣し、越中氏が六角方として出陣したことが挙げられる[54]。

このように越中氏は、軍事・経済・血統（西佐々木の嫡流）の諸側面から、同名中内において中核的位置を占めていたと推察されるが、その具体的役割まで明らかにすることは史料的制約から難しい。ただ湖西地域において最も有力と見做される越中氏ではあったが、単独ではなく、同名中を形成してはじめて解決できる問題（対惣・関設置等）が存在していた点は確かであり、その点において同名中に越中氏が加わる意味を見出すことができる。

さて、天文期幕府の諸政策が六角氏の「意見」により決定されるという、六角氏が将軍後見役として重要な位置を占めてくると(55)、それまで幕府の裁許を得ていた湖西の在人領主達も六角氏へ相論の裁許を求めるようになる。具体的には、外様衆の西佐々木同名中内における相論である天文九〜十二年にかけての朽木山木相論や、天文年間に起こった朽木氏による領内路地留相論が挙げられ、これらの裁許は六角氏が行った(56)。

こうした近江の在地領主が六角氏と結びつきを強めるなか、天文十六年（一五四七）に足利義晴・将軍義輝父子が細川晴元を討とうとして山城国北白川城に入った際（総勢九〇〇余騎）、六角定頼は姻戚関係のある細川晴元方へ付き、将軍父子を攻めた。この時「江州勢一万余騎」のうち「先陣」を「同（越中）（佐々木）刑部大輔孝俊・田中四郎兵衛（尉脱）頼長」等が勤めており、越中氏が六角方として参陣していたことが注目される(57)。享禄・天文期に将軍が朽木谷に動座してきたのを契機として将軍の御供衆に加えられていた朽木氏は、この時六角方として名が出てこないことから、将軍方として参陣していたと推察される。こうした六角方としての越中・田中両氏の活動は、すでに天文十四年十二月に近江坂本で行われた足利義輝の元服・将軍宣下の儀式の際、その準備を担当した六角氏のもとで新将軍の「御迎」や「警固」を越中孝俊・田中頼長の両名が勤めていた。これに対し朽木氏は、将軍の御供衆として義輝と行動を共にし、元服の儀式では「打ち乱り筥」の役を勤めた。このような越中・田中両氏の状態を指して『足利季世記』の編者は、彼らを六角氏の「両客」と評している(58)。将軍側近として六角氏とは距離を置いてゆく朽木氏と、在地の守護六角氏との関係をますます強めてゆくその他の湖西の在地領主との違いがここに窺え、その立場の違いは後に織田信長の近江進攻時における各氏の行動に現れてくる。

越中氏の終見は、永禄五年（一五六二）十一月に将軍義輝が近江坂本の日吉神社に礼拝講を修した折、「西佐々木面々中」へ神馬奉納が命ぜられ、神馬を奉納した「七頭」のうちの「越中大蔵大輔」である。[59]以後、永禄十一年九月の織田信長・足利義昭入洛時、義昭方として京都神楽岡に陣取った「江州北郡衆・高島衆八千計」[60]、元亀元年（一五七〇）正月に信長から上洛を触れられた「七佐々木」[61]などが確認でき、この頃まで越中氏を筆頭とする西佐々木七氏は湖西の有力在地領主として存在していた。浅井氏が反信長の意向を示した同年四月以降、湖西の在地領主は朝倉・浅井方となり、九月には「高島衆」が坂本まで出陣した。[62]しかし、結局天正元年（一五七二）七月に「国衆降参」となった。[63]西佐々木七氏のうち早くに降伏した朽木氏を除き、その去就が明らかとなるのは、十一月に横山父子の首が京都へ届けられたことのみである。[64]その後、在地でも彼等の存在が確認できなくなることから、七氏のうち朽木氏以外は滅亡したものと見做される。[65]信長の進攻により、西佐々木同名中は解体したのである。

おわりに

本稿では、近年越中氏の居城清水山城跡の発掘調査により考古学的成果が得られつつあるにも拘わらず、文献的考証がほとんど行われず、その呼称や存在形態について不明であった越中氏について解明を行った。その結果、これまで市町村史等で高嶋氏と記されてきた越中氏は、『尊卑分脈』の記載をそのまま信じた表現であり、鎌倉～南北朝期にかけてはそのように呼称された可能性はあるものの、室町期においては越中氏と高嶋氏は史料上使い分けられており、外様衆の越中氏に対し、家格の低い番方に編成された高嶋氏は越中氏の庶流と見做された。またその経済基盤についても明らかになるのは僅かではあったが、高嶋本・新庄、河上庄への関与、関所等の交通・流通支配に関わってゆく姿が窺えた。越中氏の居城清水山城についても、天台系の「高嶋七カ寺」の一つ清水寺を氏神河内社の神主や土豪多胡氏らと共謀して占拠し、居城としてゆく姿が窺えた。戦国期には外様衆に編成された他の西佐々木六氏と共に同名中を形成し、関所支配など共同統治を行った。なかでも越中氏は西佐々木の嫡流にふさわしく、幕府からの軍勢協力や諸儀礼への参加が期待され、同名中のうちで最も多く人夫を動員できる存在であった。しかし織田信長の高嶋進攻により、越中氏は滅亡したのであった。そこには将軍御供衆として活躍した朽木氏と、それ以外の西佐々木面々との政治的な分岐点を見出すことができた。

今後の研究課題として、本稿で明らかにしたような歴史的事実が、地域に残る越中氏関係の遺跡や遺構、伝説とどう切り結ぶことができるのかという点である。これらについては、今後の発掘調査及び歴史地理学的調査の進展を期待したい。特に中世末に滅亡した越中氏には、近世期に伝承・伝説が形成された形跡がある。また越中氏だけの問題に止めることなく、西佐々木同名中、引いては湖西地方の特質とも絡め考えてゆかなければならない問題である。後日を期したい。

〔註〕

（1）『滋賀県高島郡新旭町　清水山城遺跡発掘調査報告書』（新旭町教育委員会編集・発行、二〇〇一年）。新旭町教育委員会編『シンポジウム織田信長と謎の清水山城——近江・高嶋郡をめぐる攻防——』（サンライズ出版、二〇〇二年）。

（2）湯浅「中世後期近江高島郡の地域構造」（『内乱史研究会報』三、一九八四年）。
（3）内閣文庫影印叢刊『朽木家古文書』（上・下、国立公文書館、一九七七・七八年）一〇七号。以下「朽〇〇」と略記する。および表8。
（4）黒田「延暦寺衆徒と佐々木氏」（『日本中世の国家と宗教』岩波書店、一九七五年。初出一九六九年）。
（5）朽一〇七。
（6）朽一〇三・一〇四・四・五。
（7）「文安年中御番帳」（『大日本古文書　家わけ　蜷川家文書』三〇号）。
（8）『山科家礼記』文明十八年七月二十九日条・朽二三八・表8。
（9）『看聞御記』永享六年九月二十七日条。
（10）『群書類従』所収。
（11）「文安年中御番帳」「永享以来御番帳」共に後世の写本である。蜷川親元の原本を「すきうつし」たものを底本とした史料大成本『親元日記』文明五年十二月二十三日条には、番方二番衆「高嶋弥太郎」と記す。「弥」と「孫」字のくずしは似ており、誤写の可能性がある。
（12）『親元日記』文明五年十二月二十三日条。
（13）『親元日記』文明十年八月十日条。
（14）『大日本古文書　家わけ　蜷川家文書』一〇八・一〇九号。
（15）「長享元年九月十二日常徳院殿様江州御動座当時在陣衆着到」（『群書類従』）。
（16）『御湯殿上日記』長享二年二月二十八日条。
（17）『北野社家日記』延徳元年正月二十九日、同四年六月二十九日各条。その他、明応七・八年頃の「雑記」（『大日本古文書　家わけ　蜷川家文書』三四七号）。

（18）「一条文書」（『室町幕府文書集成　奉行人奉書篇』二四五六・二四五七号）。この他にも、延徳二年（一四九〇）十月に京都北野社禅予のもとへ上洛してきた「高嶋民部卿」の存在が確認できる（『北野社家日記』同年同月十四日条）。

（19）『北野社家日記』延徳元年正月二十九日、同二年十月十四日、同三年五月二十九日、明応元年十月二十三日各条ほか。

（20）『大乗院寺社雑事記』明応元年十二月十六日条。

（21）永正四年以降、高嶋氏を示す確実な史料はなくなる。西佐々木嫡流が高嶋氏として汎用されるようになったのは、残存史料のあり方から、江戸時代以降に形成された認識ではないか。採用しなかった要検討史料として以下のものがあり、いずれも江戸時代作成のものと考えている。「杉本文書」（「高嶋玄蕃允」一五一八年。『近江伊香郡志』上、四八五頁）、新旭町藁園の瑞光庵位牌（「高嶋越中守高光」一五二五年。同妹、一五四四年）。『寛政重修諸家譜』所収朽木系図の晴綱項（「高嶋越中守」一五五〇年）。なお天文頃と推定される「諸国庄々公用之事」（「大館記」七、天理図書館報『ビブリア』八六号、六六頁）には、将軍（義晴か義輝）の朽木谷滞在中のこととして、「高嶋越中」が公用を幕府へ納めたことを記すが、これは前後の記載のあり方から、「高嶋郡の越中」氏と読むべきであろう。

（22）延徳二年十月十九日、同三年七月十四日（「高嶋過書」）、明応元年十月十八日（「一、今夕佐四《（佐々木四郎左衛門）》・桂言来臨、一宿、自高嶋依注進也」）、同二年四月九日（「一、今日自高嶋松高院茶廿袋到来之、自佐四状在之」）各条ほか。

（23）『今堀日吉神社文書集成』（仲村研編、一九八一年）一三八号。新関は同年棄却。

（24）拙稿「近江国湖西の在地領主と室町幕府」（『年報中世史研究』二八、二〇〇三年。本書第一部第二章）。

（25）「輯古帳」（『三重県史』資料編中世1下、No.九―九四）。舩杉力修氏の教示を得た。

（26）「狩野亨吉氏蒐集文書」（東京大学史料編纂所架蔵影写本）。年代は奉行人の在職期間から推定。

（27）朽七一五・七一八・四〇七・四〇六・四〇八。年代推定は一連の文書のうち、十月十一日付蕨野親行書状（朽四〇六）に出てくる「上殿様」＝朽木貞高という表現は、文明九年正月以降見られる表現であること（朽九六六）、及び同日付蕨野親行書状（朽四〇七）に出てくる「飯尾加賀《（為信）》」は同十年九月二十七日に死去（『大日本史料』八―一〇）していることから文明九年と推定。また高嶋本庄は現在の高島・安曇川・新旭各町に跨がる地域と推定されていて（『角川日本地名大辞典25滋賀県』）、寛治四年（一〇九〇）には「高嶋庄五十町」が京都鴨御祖社（下鴨社）領としてみえる（「賀茂社古代庄園御厨」『福井県史』資料編2中世、三頁）。長禄三年（一四五九）の室町幕府過書には、鴨社領高嶋庄年貢米三〇〇石・料足一〇〇貫文を計上していて、高嶋庄が開けた肥沃な地であることが分かる（『中村直勝博士蒐集古文書』九四号）。

(28)『角川日本地名大辞典25滋賀県』高島新庄の項。

(29)「勧修寺文書」（東京大学史料編纂所架蔵影写本）。

(30)「政所賦銘引付」（桑山浩然校訂『室町幕府引付史料集成』上、近藤出版社、一九八〇年）文明十年六月六日条。

(31)「政所賦銘引付」文明五年十一月二十九日条。

(32)土倉の年貢請負については、須磨千穎「土倉による荘園年貢収納の請負について」（『史学雑誌』八〇―六、一九七一年）参照。文正元年の借銭については、そのご文明十年に至り徳田庵がその算用を行わず、なお「旧借」有りと号して一色氏知行の丹後国から京への運上物を押し取るとして、一色千寿丸が幕府政所へ訴えている（「政所賦銘引付」）。

(33)註(23)に同じ。中世の九里半街道が、若狭小浜―近江今津間ではなく、小浜―保坂―追分―古賀―南市のルートを指す名称であった事は、杉江進「二つの「九里半街道」――「九里半街道」の名称と道筋をめぐって――」（『近江地方史研究』三七、近江地方史研究会、二〇〇五年）を参照。

(34)『大日本古文書　家わけ　伊達家文書』八〇号。西佐々木同名中（「七頭之面々」）による共同設置は、単独での関所設置が難しかったことに因るのであろう。

(35)朽四八七・三八四。

(36)『鹿苑日録』天文十三年七月十四日条。結局、鹿苑院主惟高妙安の六角定頼への訴えにより、同院領へは賦課免除となった。

(37) 北野天満宮刊、一九七五年。二六九・三〇一〜三〇二・三〇八〜三一〇頁。

(38)『滋賀県中世城郭分布調査8（高島郡の城）』（滋賀県教育委員会・近江の城友の会編集・発行、一九九一年）清水山城の項（石田敏執筆）。『高島郡誌』三〇三頁。現在の高島市新旭町安井川。

(39)『高島郡誌』一六六頁。大荒比古神社例祭の七川祭は、旧暦四月の初午の日に行われる（『滋賀県選択無形民俗文化財大荒比古神社　七川祭調査報告書』同神社奴振り保存会、一九八四年）。延徳二年（一四九〇）に催された「高嶋河内祭礼」も四月十二日の初午の日であり、北野社関係史料にみえる「河内宮」「河内大明神」は現在の大荒比古神社を指すことが判明する（『北野社家日記』延徳二年四月十二日、同三年十月三日各条）。

(40) 新旭町北畑には多胡姓の家が多くある。また北畑に南隣する新旭町新庄の大善寺（天台宗）は多胡家の菩提寺であり、中世の多胡氏歴代の墓とされる五輪塔が五基存在する。いずれも高さ七〇〜八〇cmの室町期のものである。このことから多胡氏は北畑・新庄辺りを拠点としていたものと考えられる。

(41)『滋賀県高島郡新旭町　清水山城遺跡発掘調査報告書』（前掲）。なお『北野社家日記』延徳三年三月十七日条には、「一、今日倉本《(永兼)》・良光上洛、高嶋清水寺極楽坊参拾貫文仁買得之、珍重々々、」とあり、記述を素直に読めば、北野社が清水寺極楽坊を三〇貫文で買得しており、ここに清水寺衰退の一端を窺うことができる。

(42) 註(7)に同じ。

(43) 朽四三八。

(44) 松澤徹「戦国期在地領主の関所支配」（『早稲田大学教育学部学術研究』四八、二〇〇〇年）参照。松澤氏は保坂関が「在地領主連合による〈共同管理関〉」だったと指摘する。

(45)「光源院殿御元服記」（『群書類従』）。

(46)『言継卿記』天文二十一年正月二十八日条。

(47) 朽三一八。

(48)　この他にも、永正十四年に管領細川高国・同尹賢が丹後へ出陣した折、高国からは越中四郎三郎・田中下野の両氏へ、尹賢からは朽木稙広（後の稙綱）へ矢楯が所望されており、彼らの軍事・経済力が期待されてのことと考えられる（朽三六七）。
(49)「饗庭昌威氏所蔵文書」（東京大学史料編纂所架蔵写真帳）。
(50)　朽八一八。
(51)　朽五一九。
(52)　朽六六一・六六二。
(53)　朽六七二。実際に出陣したかは不明。
(54)『鹿苑日録』天文七年九月十六日条。
(55)　拙稿「足利義晴期の政治構造」（『日本史研究』四五三、二〇〇〇年。本書第一部第一章）。
(56)　朽六八四・一七九・三九〇・二〇三・四五五〜四五九・一八二・二三四。
(57)『足利季世記』天文十七年七月十二日条　公方坂本御本陣出奔ノ事。
(58)『足利季世記』永禄六年条　江州動乱ノ事。
(59)「御礼拝講之記」（『続群書類従』）。
(60)『言継卿記』永禄十一年九月二十七日条。
(61)「二条宴乗記」（『ビブリア』五三）永禄十三年二月十五日条。
(62)『言継卿記』永禄十三年九月二十日条。
(63)「永禄以来年代記」（『続群書類従』）天正元年七月二十七日条。
(64)『信長公記』天正元年七月二十七日条。
(65)『寛政重修諸家譜』には、安永五年（一七七六）から将軍徳川家治の医者として仕えた高嶋久長の項に、「家伝に、高嶋越中守信顕が二男五郎左衛門重信近江国高嶋村に住す、久長はその後胤なりといふ」と載せるが、中世の越中・高嶋氏の後裔か否かは確証が得られない。また一族に越中氏の若党を輩出した多胡氏は、天正元年八月に信長から本知を安堵され存続した（『大日本史料』天正元年八月十六日条所載「田胡家由来書」）。

なお清水山城に関して下坂守氏は、清水山城跡地の字が「大木戸」・「小木戸」であることから、元亀三年の織田信長の湖西地方進攻時、諸文献に登場する「木戸・田中両城」（『信長公記』元亀三年七月二十六日条他）のうち、木戸城について滋賀郡木戸庄にあった城ではなく、清水山城のことを指すのではないかと指摘する（註〈1〉『シンポジウム織田信長と謎の清水山城』）。「清水山」の初見は、文禄四年（一五九五）十月二十八日付高嶋郡御蔵入書立である（朽七五九）。これは山名であって城名ではない。これまで本文で述べてきたとおり、戦国期には西佐々木七氏のうち特に越中・田中・朽木の三氏が幕府から諸儀礼・軍事・公役等を期待される存在であり、朽木氏も元亀二年七月に織田方へ降伏している点からも、この両城がこの地方に残る最も勢力のあった二勢力の城、即ち越中氏の木戸城、田中氏の田中城を指している可能性は高い。

〔付記〕佐々木越中氏の居城清水山城については、高島市文化財調査報告書第4集『清水山城館跡現況調査報告書』（四分冊、付図。高島市教育委員会編・刊、二〇〇六年）や、高島市教育委員会編『高島の山城と北陸道――城下の景観――』（サンライズ出版、二〇〇六年）において、漸く歴史地理学的視点からの解明が行われつつある。また、佐々木越中氏関係の史料については、右の『清水山城館跡現況調査報告書』分冊Ⅲ――清水山城・城下調査――に、拙稿「佐々木越中氏編年史料」（「1　編年中世史料」「2　解説――越中一族とその家臣、及び清水山と城郭――」）として、ほぼ全てを活字化し解説を加えてあるので参照されたい。

第四章　佐々木田中氏の広域支配とその活動

はじめに

これまで西佐々木同名中は一枚岩の如く捉えられてきた。しかし第二・三章において、西佐々木同名中の各家とそれぞれの上部権力との関係に着目したところ、十四世紀以降、越中・田中・朽木の三氏と幕府との関係が強くなり、公役を期待される存在となってゆくことが明らかとなった。このことは西佐々木七氏のうちでも、この三氏が同名中の中心となる存在であったことを想定させる。この想定を裏付けるためには、まず彼ら個々の存在形態を探ることが重要である。個々の存在形態が明らかになって初めて、彼らの七氏間のそれぞれの位置を明らかにできるものと考える。朽木氏については、「朽木文書」の存在からこれまでにも研究が積み重ねられ、本書でも第二部で検討しているためここでは多くを触れない。越中氏については前章で扱った。本章では、残る田中氏について、その経済基盤や政治動向など、その全容を明らかにしたい。田中氏については、越中氏同様、史料が散在している状況から、これまで全く研究されることはなかった。そのため西佐々木のうちでも、重要な存在であると考えられるにも拘わらず、何も判っていない。

本章では、これまで等閑に付されてきた佐々木田中氏について、その基礎的事実関係を徹底的に解明し、田中氏の湖西における立場や領主制のあり方について検討を加える。このことにより、西佐々木同名中を分析する手掛かりとしたい。

第一節　田中氏の経済的基盤

一　田中郷内の状況

田中氏の初見は、その祖氏綱が父佐々木頼綱から霜月騒動使用の太刀を与えられた、正応二年（一二八九）五月二十日付佐々木頼綱譲状案である。(1) この太刀は、二年前に頼綱が一度次男義綱（朽木氏祖）に同合戦使用の母衣と共に与えたが、悔い返され氏綱に与えられたものであった。(2) 頼綱には三人の子があった。後に横山氏の祖となる頼信、次男で朽木氏の祖義綱、そして田中氏の祖氏綱である。弘安十年（一二八七）二月、次男義綱は頼綱から所領（近江朽木庄・常陸本木郷）を譲与された。そのご頼綱は、正応五年十二月に先の譲状に任せて朽木義綱・田中氏綱・横山頼信の兄弟三人が寄り合って所領などを分け取るよう置文を認めている。(3) このことからこの頃氏綱も、後に田中氏の本貫地となる高嶋郡田中郷を頼綱から譲られたものと推定される。

「田中」の名前の由来となった近江国高嶋郡田中郷は、文暦二年（一二三五）から史料に現れる。この年の六月、氏綱の祖父佐々木高信の代官が、田中郷において所役をめぐり日吉社神人と闘乱、神人殺害に至り、翌月朝廷において高信は鎮西遠流と決定された。『吾妻鏡』は、この時の高信の肩書きを「田中郷地頭」と記していることから、氏綱は祖父以来の地を譲渡されていた。(4) 田中郷は、現在の高島市安曇川町田中辺りで、江戸時代には南市・鍛冶屋・請所・下ノ城・馬場・仁和寺・産所・三田・佐賀・上寺の各村を「田中郷十ケ村」と呼んでいる。その郷名が示す通り、早くから開発された地と推察される。

図 5　佐々木田中氏関係地図

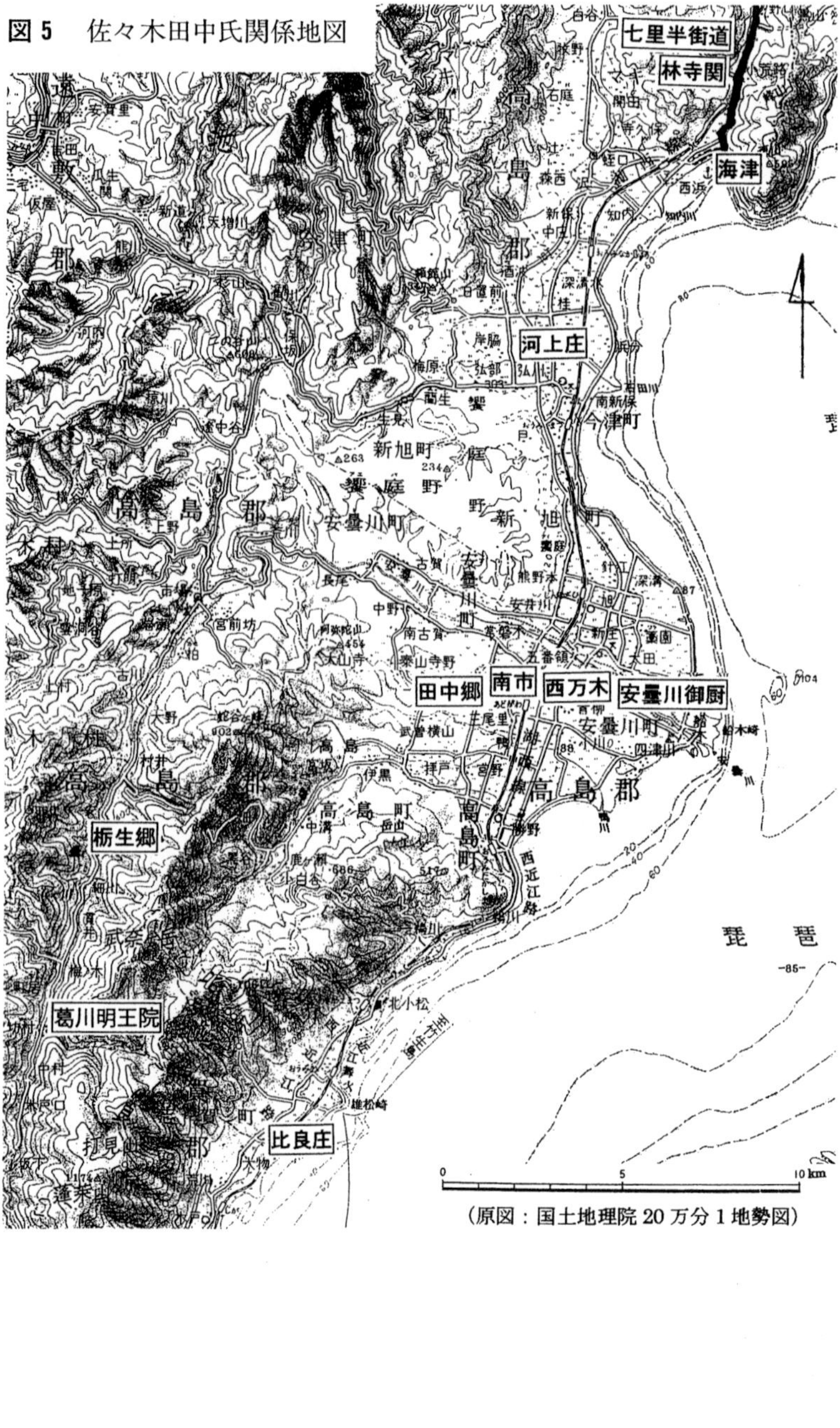

(原図：国土地理院 20 万分 1 地勢図)

田中郷と田中氏との関係が具体的に窺えるのは、鎌倉最末期からである。嘉暦二年（一三二七）十月に、田中郷内山崎に住む沙弥道仏坊（右馬入道）とその妻薬師女が、「田中郷地頭御方八条二里一坪北縄本字号木根田」にある私領田二反を葛川明王院へ寄進した。[5]「地頭御方」と地頭へ敬称を付けていること、及びその後六斗代の名主得分が明王院の取り分となっていることから、[6]道仏夫妻は同地の名主であったと考えられる。[7]この名主の明王院への田地寄進に続き、地頭田中氏も明王院へ田地の寄進を行う。道仏寄進の翌年三月、「田中左衛門尉雅綱」が葛川明王院へその油田として「八条一里廿五坪自北縄本」の田一反を寄進した。[8]同地には、さらに注記して「田中郷内也、惣領内」とあり、同地が田中郷の田中氏惣領分の地であり、雅綱が田中氏惣領だったことが判明する。彼の寄進理由は、「心中所願」のためであった。また康永二年（一三四三）十月には、沙弥某が「田中郷八条四里廿八坪北縄本郡司名内」の故加藤次入道跡の名田一反を明王院へ寄進した。[9]同地はその後、延文三年（一三五八）十一月に、祇園社の目代で山門使節の一人である西勝坊教慶が明王院に再寄進し、房中の繁栄と年貢および臨時の課役の免除を確認している。[10]

南朝年号の正平二年（一三四七）九月二十八日付で作成された田中郷明王院年貢注文によれば、道仏寄進の木根田の二反、田中雅綱寄進の田一反、沙弥某寄進の郡司名一反の他にも三反が記載されており、別に三反の寄進を明王院は受けていた。[11]これら四か所からの年貢は、わずか合計四石二斗九升でしかない。この頃の葛川明王院は、僧頼玄により寺院復興が図られていた時期であり、これらの寄進は高嶋郡にまで広く行われた明王院側の働きかけに連動した動きと評価できる。

田中郷には、田中氏の他にも幕府御家人の所領があった。文和元年（一三五二）十月に明王院へ寄進された田地一反は、「田中郷内八条二里卅二坪、山井殿之御分也」とあり、その寄進者は、「源こんかう女」の志を引き継いだ「山井之比丘尼」であった。[12]この寄進状はその代官の妻が作成したものである。同状には、「若万一之関東之御大事なんとの時」との文言があり、当時鎌倉にいた足利尊氏を意識してのものと考えられるから、山井氏は幕府御家人であった。山井氏が同地に居住していたかは不明であるが、山井氏代官が寄進状を作成していることから推せば、山井氏は田中郷に所領を持っていただけであるように思われる。

さて、先に田中雅綱が明王院へ寄進した字木根田の二反は、そののち永徳四年（一三八四）二月二十一日に、「田中下野守頼久」により明王院へ家門繁昌を願い再度寄進された。[13]この再寄進には、それまで同地の作職保持者である勝田の平左衛門入道が、所当を無沙汰するために田中氏が召し放ち、今後は寺家の計らいとして寄進することが明記されていた。ところが、四月に至り「頼冬」なる人物が同地について、その作職は松蓋寺北谷房が所持していて、下地とは別であるとの契状を明王院へ提出した。[14]「頼冬」は「頼」字から田中氏と推察される。わずか二か月間での方向転換は、頼久から頼冬への代替わりが行われた結果なのか、それとも両者は同一人物なのか確定できないが、先の再寄進からわずか二か月後で、かつ同一地に関する文書であることから、「頼冬」は「頼久」が改名したものと推察しておきたい。松蓋寺は、現在の安曇川田中の上寺付近に存在した寺院で、室町時代には山門西塔の末寺、幕府の祈禱寺でもあり、朽木氏の菩提寺でもあった寺である。[15]結局のところ田中氏は、同地に対する作職については明王院へ譲渡しなかった。こうした田中氏の葛川明王院に対する態度は、そののちさらにエスカレートしてゆく。

二　近隣地への進出

栃生郷　明徳元年（一三九〇）、朽木庄の地頭朽木氏綱が「佐々木田中（実名不知）」と相語らい、朽木庄と葛川の堺にある右淵《にぎりぶち》・郷野《ごうの》田地等を押領した。葛川側が氏綱に問い糺したところ、その事実は知らないが厳密の下知を加えると約束した。しかし「田中」某の濫妨は止まず、葛川の本所青蓮院は幕府へ訴え、将軍の御教書を得て守護遵行が行われた。(16) しかし六年後の応永三年六月、朽木氏綱は嫡子五郎（能綱）へ所領を譲渡した際の譲状には、

次朽木庄内栃生郷者、田中七郎一期之間、可知行之由、契約畢、彼一期之後者、可令一円知行者也、

と但し書きがあった。(17) 栃生郷は現在の朽木村栃生で、小字腰越・野街道・日野・右淵と重なる。南端の右淵は、大津市葛川細川町小字合野（＝郷野）と接し、郡境となっている。しかし、中世段階では栃生郷の範囲は流動的であった。徳治三年（一三〇八）には「地頭領朽（栃）生村内細河・板井瀬」と、朽木氏は右淵の南隣細川まで領地だと主張している。(18)

朽木氏にとって栃生郷の範囲は、細川辺りまで含んでいた。その後、青蓮院方は「葛川内郷野」（一三一八年）、「葛川内右淵谷川南・郷野田西畑」（一三九六年）と右淵まで含め葛川内と主張する。(19) 田中氏への栃生郷譲与時は、葛川方が右淵まで葛川領だと主張していた時期にあたり、この境界地点の奪回が朽木氏の課題であった。朽木氏が

図6　右淵周辺図

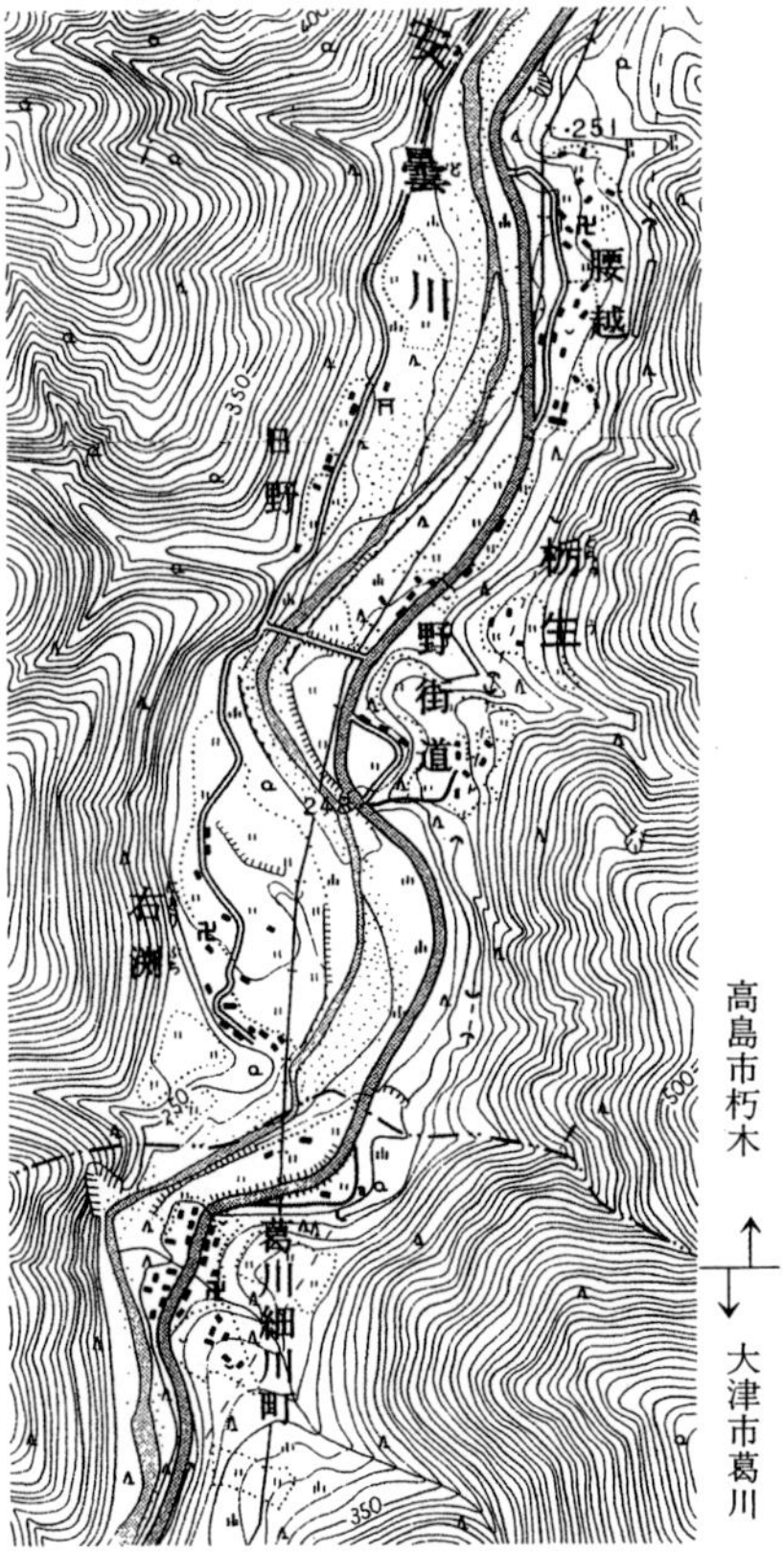

（国土地理院２万５千分１地形図 北小松）

認識していた右淵・郷野を含む杤生郷を、田中氏へ一期譲与することにより、朽木氏はその領域の拡大を図ったのであった。

田中氏へ杤生郷が譲渡された三か月後の青蓮院門跡雑掌目安案によれば、明徳の遵行後も朽木・田中両氏の押領は止まず、両氏は右淵谷河南の郷野田・西畑の作毛を苅り取ろうとしたり、安曇川での「漁」等「濫吹之悪行」を企てたという。[20] この苅田狼藉に対し、青蓮院は再度幕府へ訴え、再び将軍家御教書を得、守護遵行となった。[21] その後関連史料が無くなる点から、守護の遵行は一応の効力を発揮したのであろう。[22]

ここで重要な点は、第一に朽木氏が平野部にいる田中氏と語らい、朽木庄南隣の葛川へ進出しようとし、それを実現するため自領の一部を田中氏に割くまでしていた点である。田中氏にとって葛川へ進出することの利点は何か。田中氏は、明徳三年には将軍足利義満の京都相国寺出行に初めて供奉し、この頃を境に諸方面で将軍家から期待される存在となる時期にあたる。そのため田中氏は積極的に経済基盤の充実を図る必要があり、杤生郷への進出もその一環だったのではないか。また若狭―京都間を繋ぐ若狭街道に対する何らかの権益を得るためとも推察され、その後、田中氏が流通・交通支配を志向してゆく端緒とも評価できる。もう一点は、朽木氏と田中氏との関係である。同族である朽木氏と田中氏は非常に親しいことが窺え、他の同族とは一線を画する。この関係はその後も続いてゆく（後述）。

安曇川御厨　田中氏の近隣地への進出は他にも窺える。明徳二年（一三九一）九月には、賀茂別雷社から「田中殿」は、同社領高嶋郡安曇川御厨の所務職を預けられる。[23] この「田中殿」は、翌年八月に将軍足利義満が相国寺供養に出行した時の帯刀に、「佐々木田中太郎頼兼」が勤仕していることから、頼兼であろう。[24] 同所務については、その後、正長二年（一四二九）三月に賀茂別雷社社家と推定される貞経が「田中下野入道」に宛てた書状によれば、御厨代官職に対する当社務（神主）の違乱が「依被達上聞、御落居」したことを喜んでおり、「上聞」が賀茂別雷社なのか幕府なのかは気になるが、田中氏の安曇川御厨支配が継続していたことが知られる。(25)安曇川御厨は、安曇川が琵琶湖に注ぎ込む河口に存在し、安曇川上流の葛川・朽木庄などの山間荘園からの材木が集計される流通の拠点であり、河口の船木には関所が設置された地であった。田中氏が同御厨所務職を得たことは、同氏の流通路支配の大きな足がかりとなったものと考えられる。(26)

河上庄　また、山門大講堂領高嶋郡河上庄(27)にも田中氏は関わってゆく。延徳二年（一四九〇）から永正元年（一五〇四）間のものと推定される、十一月十九日付朽木直親宛て飯尾行房書状(28)には、

就御料所当郡《高嶋郡》河上庄内歓喜寺名公用之儀、（中略）彼代官甲屋五郎左衛門尉貞光就緩怠、被成御下知、対田中方一段被仰出事之処、田中方種々被申、彼者致懇望之間、先度之儀者、先無為無事候、只今猶以寄事於左右、件甲屋於致緩怠者、彼名一円被慥《勘》落、為御料所、御代官職事貴所江被仰付、可被成御下知候、

とある。幕府料所河上庄内歓喜寺名の代官甲屋貞光が公用を未進するのに対し、幕府は田中氏へ下知状を発給し改善を促したところ、田中氏から甲屋氏へ話があり、甲屋氏の代官職懇望により据え置きとなった。しかし甲屋氏の公用未進が再発したため、朽木氏へ代官職が与えられることとなった。幕府の下知が田中氏を経由して甲屋へ伝えられていることから、甲屋は田中氏の被官と推察され、歓喜寺名代官職の実質は田中氏が持っていたものと考えられる。(29)甲屋氏は今津の問丸であるから、朽木氏と同様に田中氏においても交通・流通に関わる有徳人を被官としていた。(30)

この他にも、田中氏が河上庄に何らかの関わりを持っていたことは、朽木氏が文亀三年（一五〇三）に河上庄地頭代官職を入手した際、京都で折衝に当たっていた西坊如源の書状にも窺える。(31)

就河上之儀、田中三郎右衛門方調法、何とやらん被申延引候間、我ら存知之方へ内々申合候処、以前あつかい候時、此方へ入魂候局申談候て御下知成候、

当初は田中三郎右衛門方の「調法」が期待されたのであったが、田中氏がいろいろと言掛りをつけ延引するので、如源入魂の局（「右衛門督殿局」）を通じて幕府の下知を得ることとなった。田中氏が言掛りをつけ延引したのも、何がしか自分の利害が関係していたからであろう。先の飯尾行房の書状に、「先度以書状申候之処、不能御返事候、無御心元候」と行房が記しているように、この代官職補任に対し、朽木氏は即答していない。文亀三年の朽木氏地頭代官職入手の際にも、田中氏の「調法」が求められており、朽木方の田中氏に対する配慮が看取できる。河上庄と田中氏との関係は、歓喜寺名だけに止まらないものであった。この後も「河上六代官之内田中殿分」（天文期）、「高嶋河上七頭之衆」（永禄期）等と西佐々木七氏のうち田中氏がこの地に関与していた事が窺える。[32]「河上六代官」・「河上七頭」といった西佐々木七氏による河上庄の共同統治の淵源は、朽木氏が河上庄の地頭職（文亀三）・領家職（大永三）を持っていてもそのなかには、歓喜寺名代官職を持つ田中氏（永正以前）、地頭方殿下渡領に関わりをもつ越中氏（大永三）といった西佐々木各氏の個別の支配があり、このような状況が、後に共同統治という形式を生み出していったものと考えられる。

比良庄　さらに田中氏は南方の志賀郡比良庄にまで進出する。

〔史料1〕

（貼紙）「慈照院義政公」
（花押）

近江国比良庄（志賀郡）預所職田中清賀跡事、所充行一色七郎政熙也、於有限山門公用者、厳密致其沙汰、至下地者、早守先例、可令領知之状、如件、

寛正元年十二月卅日　（「足利将軍御判御教書」[33]　三）

右、足利義政御判御教書からは、西佐々木の田中一族と思われる田中清賀が、寛正元年（一四六〇）十二月以前に山門領志賀郡比良庄の預所職を持っていたことがわかる。なぜ田中清賀が預所を解雇され、一色政熙に宛行われたかは不明であるが、その後、明応二年（一四九三）十二月二十八日付の山門使節宛て室町幕府奉行人連署奉書に拠れば、同庄を田中清賀が押妨を働くため、預所の一色政具が幕府に訴え、その訴えが認められている[34]。この状況からすれば、田中清賀は寛正元年に何らかの事情——恐らくは年貢未納による押妨——で幕府から預所職を解雇され、一色氏に同職を宛行われ、それにも拘わらず田中氏が現地を押領し続けたため、一色氏の支配は貫徹できなかったのだろう[35]。田中氏は志賀郡にまでその支配領域を拡大させていたのである。

越前国の所領　田中氏は近江国内だけでなく、越前国内にも所領を持っていた。永享三年（一四三一）八月、突如として田中氏は京都から近江へ没落した。時を同じくして越前国にいた田中一党が、越前守護代甲斐将久によって悉く討たれるという事件が起こった。甲斐の田中誅罰を聞いた将軍足利義教は、その功を褒し、甲斐将久を御前に召し、太刀等の褒美を与えた[36]。田中一党が越前国で討たれたということは、同国に田中氏に連なるものがいたことになる。彼らが越前国にいたのは、同国に田中氏の所領があって、その支配に関わっていたためと考えられる。とするならば、田中氏は越前国に散在所領を持っていたことになる。将軍義持により全所領が没収（後述）されてから十年後、今度は将軍義教の勘気を蒙ったのである。この時期、義教の勘気により処罰を受けた者は夥しく、恐怖政治の只中にあっ

た。[37] 田中氏没落の翌月、同族の佐々木越中高兼も、その所領高嶋郡高嶋新庄を義教に召し上げられ、一色持信に与えられていることから、両者は連動した事件ではないかと考えられる。[38]

三　田中郷支配の貫徹

次に、田中氏の本貫地田中郷の支配についてみる。田中郷地頭職を持っていた田中氏であったが、応永二十八年（一四二一）六月、突如としてその所領を失う。

〔史料2〕

寄附

北野宮寺

近江国高嶋郡佐々木田中下野守跡事

右、所寄附当社之状如件、

応永廿八年六月三日

従一位源朝臣（将軍足利義持）　御判

〔史料3〕

北野宮寺領近江国西万木地頭職佐々木田中跡之事、先度以内儀令優免云々、雖然為彼田中跡一隅地之上者、社家可全領知之状如件、

応永卅四年四月三日　　　　　　　　　　　　　　　　　　御判（足利義持）

松梅院法印御房

（以上「北野天満宮へ寄進状御朱印写　壱巻」[39]）

高嶋郡にある佐々木田中下野守の所領は、将軍足利義持により没収され、京都北野社へ寄進されてしまった〔史料2〕。この時、永田・横山両氏の所領も没収されており、彼らが何らかの理由で将軍の勘気を蒙ったようである[40]。また〔史料3〕によれば、田中郷の東隣西万木も田中氏の跡地であり、その地頭職を北野社が持っていた。ここからは、応永以前、田中氏が田中郷及び西万木の地頭職を持っていたことが判明する。「田中郷并西万木」の地は、延徳三年十月日付松梅院禅予言上状によれば、「為重色御願之料所、応永廿八年六月三日御寄附当社以来知行無相違之処」とあるので、将軍家の祈願料所として寄附されたことがわかる[41]。この後、この地は「近江国田中郷并西万木地頭職」とセットで認識されるようになる。また北野社はこの地について、康正二年（一四五六）・長禄二年（一四五八）・寛正六年（一四六五）・応仁元年（一四六七）・文明十四年（一四八二）・明応二年（一四九三）と度々幕府から安堵を受けた[42]。

田中郷地頭職を失った田中氏は、いかなる対策をとったのか。長禄二年（一四五八）九月、田中出雲守が年貢二〇貫文を、十月には八〇貫文を北野社へ納入した[43]。このことは田中氏が地頭代官であったことを示している。田中氏は北野社の代官として現地支配に当たっていたのである。しかし、北野社への年貢納入も十六年後には果たされていない。文明六年（一四七四）八月、北野社の「代官」田中貞信（四郎五郎）が年貢納入を二、〇〇〇貫余未進するので、北野社はこれを幕府へ訴えた[44]。田中氏は二、〇〇〇貫文余もの年貢を未進し続けていたのである。さらに、長享元年十二月二十九日付幕府奉行人連署奉書および延徳三年十月日付松梅院禅予言上状に拠れば[45]、田中貞信は事を「一乱」＝応仁・文明の乱に寄せて田中郷および西万木を押領し、さらに文明十八年には同郷安堵の将軍の御判を掠め取ったというのである。田中氏は地頭代官職を足がかりに、田中郷・西万木を押領したのである。これに対し松梅院禅予は、翌長享元年九月にこれを幕府へ訴え、認められた。十二月、幕府から田中貞信に宛てて、先の田中氏への安堵を召し返し、北野社へ安堵する旨の幕府奉書が発給された。禅予はこの奉書写を、将軍足利義尚の六角高頼征伐に出陣していた田中貞信の許まで届けた(46)。これにより田中郷支配は一時好転したのであろう、この年冬の日記に禅予は田中郷の事につき「神慮至也」と、その感想を述べている(47)。

しかし幕府の安堵にも拘わらず、北野社の支配は貫徹できなかった。延徳三年（一四九一）五月時点の北野社領書上には、再び田中郷・西万木が田中貞信に押領されていると記されている(48)。そのため松梅院禅予は再度幕府へ訴えた。この訴えは、将軍足利義材が近江における寺社本所領の回復を名目に、六角高頼を征伐するため近江へ出陣した延徳三年八月になされており、田中郷・西万木回復への北野社の最後の試みであった(49)。この北野社の訴えは認められ、明応二年（一四九三）正月二十七日に禅予は幕府社家奉行松田長秀から同郷に関する奉書正文および将軍の御判案文を得た(50)。しかしこの記事を最後に、北野社関係史料からは田中郷・西万木に関する記事はなくなる。三か月後に明応の政変が起こったことを考慮すれば、将軍の御判は実際には発給されなかったものと推察される。これを機に、田中郷・西万木は北野社の手から離れたものと見做せよう。この様にして、田中氏は本貫地田中郷を支配下に置き、東隣の西万木にまで進出・押領していった。

田中氏の一円支配が確立したかに見える田中郷ではあるが、文明期になると、朽木氏による一筆一筆の土地集積が行われるようになる。文明五年十二月には東万木の中屋が「朽木岩神御庵」＝朽木貞高へ田中郷内の田一反を売却した(51)。また同十四年四月にも松蓋寺円隆源純・弟子源朝が、「岩神殿」＝朽木貞高に田中郷内と思われる七条二里十四坪字花木町の田一反を売却し、(52) この他にも田中郷内ではないかと推定される土地が、朽木氏により買収されている。(53)
こういった零細ではあるが朽木氏の土地集積が、朽木氏の年貢収納・保管場所である「田中御蔵」の設置をもたらした。(54) この蔵は、朽木氏が田中郷内の土地集積を開始した翌年（文明六年）から確認できる。「田中御蔵」は田中郷内の年貢保管場所というだけでなく、近隣の朽木氏所領から上がる年貢の保管場所でもあった。文明六年の高嶋郡平野部に存在すると考えられる朽木氏所領後一条の算用状によれば、同地から上がった合計六五石九斗の年貢のうち、「田中御蔵へ十石納」め、「安曇川御蔵へ十二石五斗納」めている。最初の寄進のあった年に、田中貞信が「御中間」を引き連れて朽木谷へ訪ねているのも、このことと関係あるのではないだろうか。(55) 田中郷内の土地を買得し、近隣在地領主が地主化してゆく傾向は、たまたま史料の残存した朽木氏だけに限ったことではないであろう。田中氏は本領である田中郷を地頭北野社の代官として押領し、一円支配を行ったが、そのうちには朽木氏の買得した所領などが散在していたのである。

四　関・市場の支配

林寺関　所領の拡大と共に田中氏は、流通の拠点を押さえてゆく。その一つが高嶋郡内にあった林寺関である。

〔史料4〕
（端裏書）「うけふみ」
みなみ（南）の御所さまの御せき（関）あふみのくにはやし寺の御せき（関）の事、まいねん拾貫の分ニうけ申候、ふさた（無沙汰）なくとりさた申へく候、天下ふゐ（無為）の事にて人とをり（通）候て、かさねて申上へく候、このよし御ひろうあるへく候、

ふんめい《文明》弐年二月十七日

さゝ木多中

貞信（花押）

〔史料5〕

南御所さま御れう《料》所はやし寺せき《関》の事、えちせん《越前》の国ふつそう《物騒》により、北国のつうろ《通路》しかく〳〵となへ候あいた、六百ひき《疋》のふん御くよう《公用》とりさたをいたすへく候、なん時たりと申候ともつうろあき候て、人とを《通》り候ハヽ、御くようのかそう《加増》をいたし進上申へく候、もし御くよう《公用》ふさた《無沙汰》の儀においてハ、なん時たりとゆふともめしはなされへく候、このむねしかるへきやうに御ひろう《披露》にあつかるへく候、

文明十四年三月十四日

佐々木田中

貞信（花押）

御ふきやう《奉行》所

〔史料6〕

南御所さま御りやう《料》たかしま《高嶋》はやし《林》寺御関一所くよふ《公用》の事、三季分四月十日いせん《以前》に弐百疋、八月十日いせんニ弐百疋、十二月十日いせんニ弐百疋、都合六百疋分うん《運》上候へく候、もしふさた《無沙汰》いたしけたい《解怠》の儀候ハヽ、なんときも御代官あらためらるへく候、一こん《言》の子細申へからす候、仍御うけ《請》文如件、

長享弐

六月十八日

田中四郎兵衛尉

貞信（花押）

戸津殿

〔史料7〕

なを〱御くよふまへ〱のことくまいるやうにと、ねんくわんいたし候、のち〱ハ御とりあハせをたのミにてまいり候へく候、

文かしこまりよろつ候へく候、はやしてら《林寺》御せき《関》御くよふ《公用》の事、おほせ《仰》かうふり《蒙》候、きんねん《近年》一かう《向》人とをり《通》候ハて、そのさた《沙汰》にをよ《及》ハす候、たゝいま《只今》御つかひ《使》をとろき《驚》入候へく候、まへ〱にあひかハり《相変》候、しさひ《子細》ともく《詳》ハしく御つかひ《使》へ申候へく候、御くよふの事ハいまたをさまり《納》候ハぬ御事にて候へとも、あしく御よふ《用》のおり《折》ふし《節》のよし、おつかひ御ねんしつ《捻出》と申され候ほとに、まつ〱たそくをもて二百ひきうん《疋運》上いたし候、しさひ《子細》ともさためて御つかひ御申あるへし、しかるへきやうに御とりあハせにあつかり候ハヽ、かしこまり候へく候也、

このよし申給候、かしく、

（封墨引）

（包紙ウハ書）

「ゑいしやう《永正》十五年　九月二日　　佐々き四郎五郎　より長《頼》

けいふくあんまいる　御返事」

（以上、「宝鏡寺文書」[56]）

〔史料4～7〕は、将軍足利家の子女が入室した比丘尼御所の南御所が知行した、高嶋郡林寺関の代官として田中氏が登場する文書である。いずれもかな文字であるのは、南御所が尼寺であったことによる。文明二年二月に田中貞信は、林寺関を毎年公用一〇貫文で請け負った（史料4）。この額は「世のみたれ《乱》によりて」減額された額であった。[57]

永享五年（一四三三）七月以後まもなくと推定される南御所所領目録には、「林寺関御年貢」として六〇貫文が計上されており、[58]貞信の請負額は、約四十年前に比べ六分の一にまで減少していた。南御所は一〇貫文にまで譲歩し、現地の在地領主田中氏に頼らなければ年貢確保が難しかったのである。この一〇貫文も十二年後には、越前国の混乱による交通量の減少を理由に六貫文にまで減少した（史料5）。ここでは、人通りが回復すれば公用の加増を約しているが、六年後の長享二年（一四八八）の請文でも年六貫文と変化はない（史料6）。この請文では、新たに年貢の納入時期が決められており、一年を三季に分けて、それぞれ四月十日・八月十日・十二月十日以前に二貫文ずつ納入することが定められた。これにより、南御所は年貢の確保を確実なものとしようとしたのであろう。しかし田中氏は、永正十五年（一五一八）にはさらに、〝近年は一向に人が通らないので〟と年貢未納の理由を述べ、南御所から催促の使者が来たのでしぶしぶ二貫文を捻出した（史料7）。林寺関は、（史料5・6）から松沢徹氏も指摘される如く、高嶋郡海津と越前敦賀を結ぶ七里半街道沿いの一地点にあったと考えられる。[59]ここでは田中氏が請切りの関所代官となり、その年貢も理由をつけ減少させ、自らの実質的取り分を増やしていった点を指摘したい。

北近江関所十二ヶ所　永正十五年（一五一八）に伊達稙宗の使節が上洛する際、「北近江関所十二ヶ所」を通過しようとしたが、「七頭之面々」が幕府の過書を信用せず、通行できなかった。伊達氏は再度の申請により過書発給を受け、「十二ヶ所関所」の「庭立」・「駒之口」に酒代として二貫文を下した。[60]この「七頭之面々」とは西佐々木七氏のことである。彼らが「北近江関所十二ヶ所」を支配していたとの表現から、「在地領主連合による〈共同管理関〉[61]」であった可能性が高く、当然田中氏もその一人として関与していたと考えられる。彼らの交通・流通支配は、北近江にまで及んでいたのである。

以上、田中氏の経済基盤についてみてきた。田中氏は本貫地高嶋郡田中郷を拠点に、同郷及び東隣西万木の地頭代官職、安曇川河口の安曇川御厨所務職を所持し、河上庄の代官の一人としてその支配にあたった。さらには朽木氏と共同して志賀郡の葛川へ、単独では同郡比良庄にまで南下し、その支配を拡大させた。永享期までは越前国にも散在所領を持っていた。田中郷内には高嶋郡内でも最大規模を誇る高嶋南市があり、早くから交通・流通支配に関心を示し、高嶋郡北部の林寺関や「北近江関所十二ヶ所」を支配していった。田中氏は湖西全域にまたがる広域支配を実現していたといえよう。これらの経済基盤は、偶然知ることのできたものであり、本稿で明らかにできたのはその一端にすぎないであろう。しかし、断片ではあるがここで明らかにできた事実は、朽木氏が「高嶋郡西半部規模の地域的公権として自立」[62]していたという評価以上に、田中氏が湖西全域にまたがる規模での地域的公権であったことを示している。

第二節　田中氏の政治的・人的繋がり

一　一五二〇年代までの動向

本節では、田中氏の経済基盤と同様、これまで全く解明されてこなかった系譜及び政治動向を明らかにする。田中氏の歴代は、「下野守」の官途、実名に「頼」字（頼久・頼冬・頼兼・頼長）を通字とする場合が多いのを特徴とする。

鎌倉時代の田中氏については、前節で触れたので省略する。室町幕府内での活動は、明徳三年（一三九二）八月二十八日に将軍足利義満が相国寺へ供養のため参向した際、「佐々木田中太郎頼兼」が帯刀を勤仕して以降、田中氏は将軍の出行に供奉する様になる（表9参照）。主に越中・朽木両氏と共に勤仕することが多く、他の西佐々木の連中

役目	共に勤仕した西佐々木	出典
帯刀	越中	相国寺供養記・朽木文書
帯刀	越中	薩戒記・押小路家文書
帯刀	朽木	普広院殿御元服記・大将御拝賀記
帯刀	朽木	益田家文書
帯刀	朽木	親元日記・斎藤親基日記
帯刀	越中・朽木・永田	後法興院政家記・山科家礼記他
布衣	越中・朽木	将軍家御社参之記録・朽木文書
御迎警固	越中・朽木（御供衆）	光源院殿御元服記

とは一線を画していた。これ以前の随兵勤仕は越中・能登・朽木の三氏であったが、これを境に能登氏が抜け、替わって田中氏が登場する。能登氏の随兵不勤仕の理由には、その所領経営との関連（本拠地の移動・土地放出）が考えられた。田中氏登場の理由を直截示すことは難しいが、この頃起こった出来事として次の点が注目される。随兵勤仕初見の前年、田中氏は安曇川御厨の所務職を入手し、これ以降田中郷領家職や栃生郷、比良庄や林寺関の代官など、その所領は拡大している。この時期、随兵勤仕者が変化するような幕府内での要因は窺えないため、在地での所領経営のあり方がこの変化に対応しているのではないだろうか。

この他にも幕府との関わりでは、永享七年（一四三五）の高嶋郡音羽庄を、翌八年に志賀郡小松庄と高嶋郡音羽庄との山堺相論での現地沙汰付を、幕府の命で田中式部丞と能登中務入道の両名が行っている。[63]次いで、将軍足利義教から義政期にかけて将軍の近習が職掌毎に分化・整理され、身分的に区別されるようになると、惣領と考えられる「佐々木田中三郎兵衛尉」は外様衆として編成された（文安頃・一四四四―四九）。[64]長禄三年（一四五九）十二月には、故足利義持の追善供養の用却を幕府が諸家に課した際、「田中殿」が一〇貫文を出している。[65]この「田中殿」は前年惣領とし

表9　佐々木田中氏の室町将軍出行時等供奉一覧

和　暦	西暦	事　　項	田　中　氏
明徳 3. 8.28	1392	義満、相国寺供養に出行	佐々木田中太郎頼兼
応永26. 8.15	1419	義持、石清水八幡宮放生会に参詣	同(佐々木)　田中下野守
永享 2. 7.25	1430	義教、拝賀	佐々木下野四郎貞綱
康正 2. 7.25	1456	義教、拝賀	佐々木田中出雲守(貝頼ヵ)
寛正 6. 8.15	1465	義教、石清水八幡宮放生会に参詣	佐々木田中四郎五郎貞信
文明18. 7.29	1486	義尚、拝賀	同(佐々木)　四郎兵衛尉貞信
大永 6. 2.16	1526	義晴、石清水八幡宮に参詣	田中四郎五郎
天文15.12. 18-24	1546	義輝、近江坂本での元服・任将軍儀礼	田中四郎兵衛尉頼長

てみえる「田中出雲守」であろう。(66)

出雲守の後、家督は貞信（四郎五郎）に引き継がれ、彼の代に足利義政のもとで権勢をふるった政所執事伊勢貞親との関係も始まる。彼は、寛正六年（一四六五）八月十五日の石清水八幡宮放生会において、将軍義政の衛府侍を、同族の朽木貞高と共に勤めたのを初見とする。伊勢氏との関係は、第二章で次の四点を明らかにした。①貞信の「貞」字は伊勢貞親の偏諱の可能性が高く、遅くとも寛正末年までには伊勢氏との何らかの関係を形成していたこと、②応仁二年（一四六八）十一月の朽木貞綱の下国事件では、貞親は貞信を通じて朽木氏へ連絡を取り、早々の上洛を促す書状を出す便宜を図っており、朽木氏と関係の深い田中氏、伊勢氏と関係の深い朽木・田中氏という三者の関係が窺えたこと、③田中氏の伊勢氏への正月や八朔の祝儀としての進物が文明十七年（一四八五）十一月まで窺え、その反対給付として御料所代官職の推薦（林寺関）が推定されたこと、④田中氏が伊勢氏から偏諱を受ける関係は、田中貞信一代のみであったこと等である。

右事例をみても分かるように、湖西の在地領主のうちで、田中氏が最も親しい関係を築いていたのが同族の朽木氏であった。これは特に「朽木文書」のみが残り、他の在地領主の史料がまとまって残らなかったという史料的な制約による理由からだけではない。先にみた如く、明徳元年（一三九〇）に朽木氏がその所領の一部を田中氏へ一期譲与し、葛川押領を企てたこと、歴代将軍の帯刀を朽木氏と共に勤仕したこと、応仁二年の朽木貞綱下国事件でも、田中氏は伊勢氏からの依頼で朽木氏の上洛を促すのに一役買ったことなどからしても、その間柄は親密であった。また文明十八年（一四八三）五月には、前年七月に死去した惣領朽木貞武の嫡子で、いまだ十四歳と若く家督相続が行われていない「わかきみさま《若君様》」（＝材秀）が、京都の将軍へ会いに行くためであろう、上京した際、「御上一こん」料として朽木氏は田中・永田両氏からそれぞれ三貫文・五貫文を受け取っている。(67) 嫡子のはじめての上洛に、田中・永田両氏は朽木氏へ一献料を出してその門出を祝う間柄であった。

翌長享元年の将軍足利義尚による六角高頼征伐では、九月十一日に幕府から若狭守護武田国信へ「佐々木朽木・田中・永田等」と相談して六角氏が築城した高嶋郡河上城を攻めるよう命ぜられたが、翌日将軍義尚が近江坂本まで動座してくると、田中貞信は「外様衆」として坂本に参陣、そのまま義尚と共に六角征伐に加わる。(68) 延徳三年（一四九一）の将軍足利義材による第二次六角征伐では、十一月十八日、幕府方の織田敏定・浦上則宗と六角高頼方の六角（山内）政綱が大津において決戦し、政綱が討たれた（大津合戦）。その際、浦上則宗が分捕った注文に、則宗の家子孫九郎が捕えた頸として「田中頸」が書き上げられ、首実検が行われた。政綱・「田中頸」を含めた十人については首実検を行い、その他に切り捨てた者は数知れずという。(69) 田中氏の誰かが、第二次六角征伐において六角方についていたのである。「田中頸」を特定することは難しい。しかし、田中氏の所領をめぐる状況から推定できる。義尚・義材の六角征伐は、近江国内の寺社本所領の回復を方針としていた。そのため貞信に押領されていた田中郷（領家）・

西万木（地頭職）の領主北野社が、この機会をとらえ積極的に幕府に働きかけ、義尚から同地安堵の奉書を得、現実に知行を回復し、義尚没後は、再び田中氏に押領された同地の回復を義材へも積極的に推し進めていた。その様な状況下、押領を認める六角方へ付いた田中氏もいたと考えられる。大津合戦の前月まで田中貞信の存在は確認できるが、それ以降彼の存在が確認できない点、及び注文に記され首実検がなされるだけの人物である点から、「田中頸」は惣領貞信の可能性が高い。[70]

大津合戦から二年後の明応二年（一四九三）十二月二十六日、朽木材秀が殿原衆・中間を引き連れ田中郷の「田中殿」を訪ね、その日のうちに今度は「田中源四郎殿」が朽木谷へやってきたことが「朽木文書」の米下行帳から分かる。[71]「殿」付であり朽木氏惣領が訪ね、訪ねられていることから彼が貞信の跡を継いだ田中氏惣領であろう。[72]その後、永正四年（一五〇七）四月に至り、幕府奉行人飯尾清房が朽木竹松（後の稙綱）へ宛てた書状に、田中氏惣領と考えられる「田中野州（下野守）」が登場する。[73]書状には、飯尾清房が所労で幕府に出仕できなかった最中に、伊勢右京亮・同大和守の両人が、「田中野州代」を殿中に呼び寄せ、足利義満百年忌の香典進納を申しつけ承知させた事、朽木氏にも進納を促した事、幕府の「御門番屋修理」を五月雨時分は番衆が迷惑がるので、再度「田中野州・四郎三郎方」が沙汰するよう命ぜられたことが記されている。[74]

同十四年三月には、丹後国での守護一色義清と一色九郎・守護代延永晴信らとの戦いに、義清救援のため幕府から「西佐々木」同名中へ出陣にかかる兵糧米を出すよう命じられ、四月には越中四郎三郎と共に、「田中下野」へも管領細川高国から矢楯を所望された。[75]五月には朽木氏へ軍勢出兵が命じられていることから、田中氏へも軍勢要請があったのであろう。[76]しかし「佐々木（田中）下野守」は出陣しなかった。田中氏は、十一月にそのことについて将軍から尋問があるだろうと、一色稙充からの書状を受けとった(77)。朽木氏も同様に丹後出陣辞退の嘆願をしている(78)。十二月には再度兵糧米の催促を、田中氏は一色稙充から受けている(79)。

永正十二～十四年にかけて、朽木氏と葛川明王院間で起こった高嶋郡での板商売をめぐる相論では、幕府の裁定にも拘わらず承服しない朽木氏に対して、葛川から「対佐々木下野守事子細申述之処、為葛川申趣、依有其理、下野守雖令演説、朽木猶無承伏者哉」と、田中氏が朽木氏を説得した(80)。田中氏の説得にも朽木氏は応じなかったが、葛川明王院側が朽木氏説得に最も効力があると考えたのが田中氏であった。尤もこの相論は、葛川商人の高嶋郡中での板販売を阻止し、朽木氏の専売とすることを争うものであったから(81)、平野部に存する田中氏としては、より多様な購入ルートがある方が良かったに違いない。ここにも、朽木氏と非常に入魂の田中氏の姿が窺える。

さて、永正十四年十二月まで「佐々木下野守《田中》」が窺え、翌年九月から「佐々木四郎五郎《田中》より《頼》長」が田中氏惣領として現れることから、この間に下野守から頼長へと家督が移ったものと判断される(82)。そののち頼長は、享禄元年（一五二八）十二月から天文十二年（一五四三）七月の間に四郎兵衛尉に任官した(83)。

大永元年（一五二一）十二月には、将軍足利義晴元服段銭（棟別徴収）の高嶋郡分徴収請負責任者に、朽木・越中・田中の三氏がなった(84)。翌年五月には、九里半街道途中の保坂関一方公文小林国家知行分を、近隣の土豪桂田孫次郎が押領し、小林の訴えにより幕府の下知が下され、国家知行分の代官である朽木氏に対し、押妨の停止と公用の納入が命ぜられた(85)。今後、桂田の押妨があれば、小林国家の「代官」である朽木氏に合力してこの競望を退けるよう、幕府から「佐々木能登修理亮」「佐々木永田」「佐々木田中」「佐々木越中四郎三郎」「佐々木山崎」ら西佐々木各氏と、近隣の土豪「饗庭」「新保」「田屋」の三氏へ下知が下された(86)。幕府は彼らを高嶋郡における現地執行者として見込んでいた。

以上、政治的立場の検討から、田中氏は、幕府の家格では外様衆として、高嶋郡では越中・朽木両氏と並んで幕府公役徴収を請負うまでに成長し、なかでも朽木氏との関係が深いことが明らかとなった。

二　近江守護六角定頼との関係の強化

右に見た如き田中氏の立場は、天文年間に変化する。すなわち守護六角氏との関係が深くなってゆく。

1　六角定頼による訴訟裁定の受容

天文七年（一五三八）九月、江南の六角定頼が江北の浅井亮政を攻めた際、高嶋郡の在地領主達もこれに参加した。最も浅井氏領に近い土豪田屋氏は浅井方につき、他の在地領主達は六角方についた。「高嶋河上七頭之衆」と饗庭氏は、湖北の地へ攻め入り所々放火した。「七頭之衆」とは西佐々木七氏を指すと考えられるが、饗庭・越中氏が海津の西浜に陣取り、他の西佐々木各氏は湖東へ出陣していたため、ここでの「七頭之衆」とは越中氏のみを指している。湖東では「田中殿（頼長）・横山殿、山崎殿」が坂田郡箕浦に、「永田伊豆守・能登殿」が同郡太尾に陣取り、浅井氏を攻めた[87]。朽木氏はこの時在京していたため、参陣しなかった。高嶋郡の在地領主のほとんどが、六角氏と共に軍事行動をとっていた。

この様な六角方としての活動は、軍事行動だけでなく、高嶋郡内で起こった在地領主間相論についても窺える。田中郷には、朽木庄の人々も物を買いに来る、郡内でも最大の市場と推定される南市（現安曇川町南市）があった。この南市は、若狭小浜へ向う九里半街道の起点となる市である。(88)ここを拠点とする南市商人は、享禄年間に九里半街道の流通路をめぐり湖東の保内商人と争う。(89)

〔史料8〕

折紙体恐入存候、

御折紙委細拝見令申候、仍先度者若衆小浜へ御下候処、南市之面々新儀おこし、其方へ荷物取候事、言語道断次第候、就其田中殿仁此子細申候処聞召候、彼分ニ候ふんニ候、乍去取候荷物、御成敗ニより可返儀ニ候へ共、少取ち□よし候間、少事可返□(候)よし申候へ共、我等覚語(悟)ニ不及候由申候、相当可給候由申候へ共、御あつかい衆として御留候間、于今かんにん申候、荷物不返付候者、屋分(涯カ)相当を可取覚語(悟)候、殊はる〳〵惣兵衛殿越被申候、於我等祝着存候、懇申度候へ共、御いそきの事ニて候間、不能一二候、恐惶謹言、

(享禄元年)十一月廿六日　泉屋掃部助 信重（花押）

保内惣庄御返報

（『今堀日吉神社文書集成』一七）

〔史料9〕

就南市商人於九里半荷物押取儀、預御状候、即相尋候処、小幡商人申談、此在所不立付商人之儀候間、屋形以御成敗給置候由、申候様体被聞食候て、重而可承候、

(享禄元年)十二月四日　田中四郎五郎 頼長　在判

平井右兵衛尉殿御返報　　　　　　　　　　　　　（同一六）

〔史料8〕は今津の商人泉屋信重が保内宛てに返事した書状である。内容は、小浜へ保内の若衆[90]が下ったところ、高嶋南市の商人が「新儀」を起こして荷物を取った。そのため泉屋が「田中殿」へ子細を訴えたところ、聞き入れられた。取られた荷物は田中氏の「御成敗」によって返却することとなった。しかし、既に少し取ってしまった分があるため残りを返すという。心積もりと違った泉屋としては、相当分を返してもらいたいのだが、田中氏が「御あつかい衆」として荷物を留めているので、今まで堪忍していた。しかし相当分の荷物返却がないのなら、なんとしてでも取る覚悟だという。

ここで注目すべきは、保内商人と結託した今津の商人泉屋が、最初に訴えた場所が南市のある田中郷の領主田中氏である点である。田中氏の成敗により荷物の返却が決められ、もしそのまま相当分の返却がなされれば、この相論はこの段階で結審したものと思われる。ここに田中氏の紛争調停者としての側面が窺える。

しかし相当分返却できなかった点、泉屋らは判決に不満をもち、保内・泉屋方は近江守護の六角定頼へ訴えることとしたのであろう。〔史料8〕から七日後に発給された〔史料9〕は、この件について、六角氏から田中頼長への問い合わせに対する、頼長の六角氏家臣平井右兵衛尉への返信である。この返信には田中氏の対応が示されている。

内容は、この事件のことで六角方から田中氏へ「御状」で子細を尋ねられたので、田中氏は南市商人に尋ねた。南市商人が言うには、湖東の小幡商人と申し合わせた考えとして、保内商人は田中氏領内に本拠を持っていない商人なので（「此在所不立付商人」）、「屋形」＝六角定頼により成敗してもらうのが良いのではないか、と言う。そのため、この事を田中氏は六角氏へ告げ、六角氏側の意向を問うている。小幡商人は、保内を含む四本商人と、高嶋南市を含む五ヶ商人双方に属していたから、中人として意見を問われたのであろう。田中氏はその支配領域を超える事柄であったため、南市商人らの意向に添い六角氏の裁定を望んだ。一端裁定を下しながら、相当分の荷物を返却ができないことによる泉屋方の不満を解消するため、裁定の再審をより上部の権力である六角氏の法廷へ棚上げしたのである。これを宇佐見隆之氏[91]の言うように「高嶋七頭の意思」とまで言ってしまうことには慎重であらねばならないが、田中氏が六角氏の再審を望んだのは確かであり、ここに田中氏による裁定の限界を認めることができる。田中氏は、自らの領内の南市商人に不利な裁定が下される可能性が十分あるにも拘わらず、六角氏の判断に任せたのである[92]。

享禄の相論に続く天文年間に起こった在地領主間相論でも、六角定頼が裁定している。天文九年三月十日付六角氏奉行人連署奉書[93]によれば、朽木氏領の山に入り、柴木を盗む山盗人が近年増長しており、朽木氏領地下人はその報復として違乱を企てるという報復の応酬が繰り返されていたが、六角定頼は山盗人の処罰を朽木稙綱に命じ、越中・山崎・横山・田中の各氏へ山盗人の禁止を各「御領中」に周知させるよう命じた。「先年被仰出訖」とあるから、これ以前にも同様の命令が出されていた。三年後にも同様の問題が起き、先と同様の六角氏奉行人連署奉書が、越中・田中・永田・横山・山崎など、西佐々木「同名中」へ発給された[94]。この奉書発給からわずか二か月後、田中氏領地下人が「萱刈」と号し朽木氏領山中に入り、朽木氏領地下人に見つかり、一人を搦め取られる事件が起こった。田中領地下人は、「相当」と号して「朽木商買(売)人」を召し籠める報復に出た。この相論についても六角定頼が裁定し、六角氏は田中頼長に対し、朽木氏の「合点」なく、田中氏領地下人が朽木氏領の山中に入る事を禁止し、相当としていた「朽木商買(売)人」・雑物・伐物の返却を命じた[95]。この「合点」とは「山札」のことと考えられ、田中氏は朽木氏から「山札」を購入し、田中氏領地下人はその「山札」を持って朽木山へ入山しなければならなかった[96]。この相論に六角定頼が関わったことについて、朽木稙綱は「御口入儀者、乍迷惑まかせ」たとし、本来は守護「不入」地に関わる問題であると洩らしている(97)。朽木氏にとっては、六角氏の裁定は迷惑だったのである。

右にみた如く、天文年間に高嶋郡で起こった在地領主間相論の裁定が、恐く守護六角定頼の許へ持ち込まれているのは、この時期、定頼が将軍足利義晴の後見者であったことによるものと考えられる。このことは天文期の六角定頼の権力が、室町幕府の政治への関与だけでなく、近江国内においても絶大であったことを示している。守護不入地であった西佐々木各氏の所領に、六角氏の裁定が下されるという事態は、彼らが徐々に六角氏権力下に包摂されつつあった事を示している。

2 「光源院殿御元服記」の編纂

次いで政治的側面からは、天文十五年十二月に行われた足利義藤（義輝）の元服・将軍宣下の儀式が注目される。この儀式は、この時期三好氏が摂津表へ出張し、京都が物騒となったため、将軍後見役ともいえる近江守護六角定頼の領国近江坂本で執り行われた。その模様は「光源院殿御元服記」(98)に詳しく、西佐々木各氏のうち朽木・越中・田中各氏が登場し、各氏の軍事力や立場の違いが窺える。

十二月十八日巳刻（午前十時頃）、若君（菊幢丸。義藤。義輝。十一歳。以下義藤で統一）は京都東山の慈照寺から近江坂本へと出発した。この時、義藤の御供衆は「御剣役」の大館晴光、「弓持」の朽木稙綱、そして政所執事の伊勢貞孝の三騎、および同朋衆の孝阿であった。稙綱が義藤の側近として「御供」している。この時の坂本からの「御迎」として、「佐々木越中刑部大輔（孝俊）」と「同四郎兵衛尉（田中頼長）」の二名が未明に坂本から東山に来て、義藤の下向に参向した。[99]その様相は、御供衆・若君（義藤）・御供衆・走衆・御台所など女房衆の後に、「御迎」の「警固」の両人がついた。彼ら「高嶋佐々木一類」のうち、越中孝俊は弓一二〇張・太刀帯一〇〇人・馬上の主従三騎・鎗二〇〇本で人数は一、〇〇〇余人、もう一人の田中頼長は、弓一八〇張・太刀帯六〇人・馬上の主従二騎・鎗一五〇本で人数は六〇〇人、それぞれの装束は袖細・革袴で参列した。翌日行われた義藤元服の儀式では、加冠役は「管領代」として六角定頼が、理髪役は細川晴経が勤め、御供衆の朽木稙綱は添え髪の筥を持つ「打乱レ」の役を勤めた。その翌日二十日に義藤は将軍宣下され、つづいて義藤の「御馬乗始」の儀が行われ、稙綱が弓等を用意した。二十一日、稙綱は義藤の元服・将軍宣下の祝いの席に祗候、義晴・義藤父子は坂本の六角定頼宿舎に御成を行った。二十四日に至り坂本から京都東山の慈照寺へ還御の段となり、その御供衆は坂本へ来た時と同じで、稙綱は新将軍とともに帰洛した。これに対し、この時の「御送」として、越中孝俊・田中頼長の両人が将軍の「御先」に参り、坂本まで送り、義藤から御暇を下されて両人は帰国した。

この儀式のあり方から、次の点が指摘できる。第一に、朽木稙綱が新将軍の御供衆として「弓持」・「打乱レ」の役を行っている点である。朽木氏惣領稙綱は、義藤の父義晴が享禄元年から天文三年にかけて朽木谷に滞在した関係から、将軍の御供衆に加えられ、義晴からの信頼も厚かった。とくに義藤が生まれてからは、その参内や各所への御成・出行時に多くを騎馬で御供し、義藤が将軍となってからは義藤の御供を勤めた。[100]このような将軍側近としての朽木氏の立場が窺える。

第二に、越中・田中両氏についてである。彼らは近江の坂本から新将軍を「御迎」えし、その帰りには「御送」りする立場であり、朽木氏のように将軍と共に坂本へやって来て、その後帰京していない。そもそもこの元服・将軍宣下が行われたのは、この時期将軍後見役とも言うべき立場にあった近江守護六角定頼の領内で、安全に執り行えるよう企画したものであった。そのためその準備は、定頼指揮のもと近江国側で調えられた。そのことは将軍が宿泊した日吉社々職の樹下成保の邸宅が、数十年間破壊して正体無き状態であったものが、かつて皇居となった先例があるため、定頼が家臣進藤山城守を派遣して作事を行った点にも窺える。越中・田中両氏が、あくまで近江坂本を起点にして新将軍を「御迎」え、「御送」りするのは、六角氏指揮のもと近江国の国人として将軍を迎える立場にあったからである。ただ彼らはあくまでも幕府御家人であったため、最後に新将軍を京都に送り届けた後、新将軍から「御暇」を申し渡されて下国した。ここに朽木氏と越中・田中両氏との立場の違いがはっきりと窺える。またこの儀式に参加したのが、朽木・越中・田中の三氏であった点も、他の西佐々木の連中と将軍家との親近度の違いとして注目しておかなければならない。

第三に、この儀式への参加人数が、田中氏六〇〇人、越中氏一、〇〇〇人であった点が注目される。田中氏の六〇〇人に対し越中氏が一、〇〇〇人だというのは、恐らくこれはそのまま軍事力の差を示しているのではないか。越中氏の一、〇〇〇人は、同氏が西佐々木氏嫡流の家であり、その中核となる家であった事をよく示している。

第四に、群書類従本「光源院殿御元服記」の奥書に、「天文十五年三月廿二日《(マヽ)》　田中頼長在判」とある点である。すでに桑島禎夫氏がその解題（『群書解題』）で指摘するように、元服当日がそれより後のため「天文十五年」は不審としなければならない。写本であることから誤写の可能性がある。実はこの記録の草稿は義藤（義輝）元服の際、足利義晴が飯川信堅・彦部晴直・石谷光政の三人に命じて作成させたもので、そのことを記した内閣文庫所蔵「義輝公穴生元服記」の奥書には、

未被作清書条、前後不同在是御下書之一冊信堅所持之間、命恩借之写置者也、

永禄十乙卯無射下旬　　藤長（一色）

とある。草案作成から二十年後、いまだ清書されずに草稿のまま放置されていたことが判明する。確かにこの草稿本は、諸情報が日付順に整理されていない。これに対し群書類従本は、儀式の次第順に整理され、本文最後は田中氏が新将軍を京都へ送り届け、暇を出されたところで終わる。このことから同本は、飯川・彦部・石谷の三氏が作成した草稿本を基に、儀式に参加した田中頼長が独自に清書したものと考えられる。この田中頼長の清書本が一般に流布したのである。頼長の存在は天文十八年を終見とすることから、頼長作成の清書本は儀式終了後まもなく作成されたのであろう(101)。

越中・田中氏の立場が朽木氏と明瞭な違いとして現れるのは、この儀式だけではない。義藤将軍宣下から三カ月後の天文十六年三月、足利義晴・義藤は細川氏綱に味方して細川晴元・三好長慶を討とうとし、九百余騎にて山城国北白川城（勝軍山城）に入った。これに対して細川晴元は七月に相国寺に陣し、北白川城を攻めた。これに六角定頼・義賢父子は婿である晴元に一万余騎にて味方した。この時六角方「先陣」として目賀田・三雲等の六角氏家臣と共に、越中・田中両氏が加わっている(102)。越中・田中両氏は将軍方ではなく六角氏と行動を共にしたのである。この時、朽木稙綱は将軍御供衆として将軍と行動を共にしており、ここに朽木氏と越中・田中両氏との立場の違いがはっきりと窺える(103)。『足利季世記』編者は、この頃の六角氏「両客」として「佐々木刑部大夫（越中）」と「田中四郎兵衛後号治部少輔」を挙げ、その他一門として挙げる京極・朽木・鞍智・大原とは明確に区別している。そして天文十八年（一五四九）十二月の朽木稙綱宛て田中頼長書状(104)を最後に頼長を確定できる史料はなくなる。初見から三十年を経ており、程なくして没し

たか、家督を譲ったものと推断される。

なお頼長晩年においてさらに注目すべき点がある。それは田中氏が中央公家と姻戚関係をもち始めた点である。『尊卑分脈』（飛鳥井）には、飛鳥井雅綱子息の項に「重茂高嶋田中養子」とあり、蹴鞠の家飛鳥井雅綱の子重茂が、高嶋郡の田中氏の養子になったことがわかる。(105) 雅綱の娘が朽木晴綱（稙綱の嫡子）の室として天文十八年までに嫁いでいることからすると、重茂の田中氏養子も天文年間頃なのであろう。飛鳥井氏は朽木氏との姻戚関係を結ぶと同時に、田中氏とも関係を築いたのである。飛鳥井氏が田中氏と姻戚関係を結んだのは、恐らくは田中氏が朽木氏と非常に近い関係にあったことと無関係ではあるまい。永禄五年（一五六二）に登場する惣領田中兵部大輔(106)は、それまで田中氏の歴代が従五位下相当の下野守の官途を使用したのに対し、正五位下相当の兵部大輔を使用している点から、飛鳥井家出身の重茂のことではないかと推定され、彼が猶子でなく養子であった点からも所領の相続が想定され、彼が田中氏家督を継いでいた可能性は高い。

第三節　織田信長と田中氏

永禄九年に入り、江北の浅井長政は高嶋郡の山徒・土豪を引き入れるかたちで積極的に高嶋郡への進出を図った。長政は、饗庭氏を中心とする山徒「三坊」＝西林坊・定林坊（饗庭氏）・宝光坊に味方についたならば、保坂関所・万木の正覚寺跡・河上庄六代官のうち朽木殿分・善積庄八坂名を与えることを約した。また同じく山徒千手坊には「河上六代官之内田中殿分」を与えると約した。この時、土豪多胡氏にも誘いがかかり、西林坊・宝光坊が起請文を認めることで迎合した。(107) このように浅井長政は、土豪を味方につけることで幕府御家人朽木・田中氏らの所領押領を図ったのである。

その後の在地の状況が具体的にどのようであったのかは不明である。ただ永禄十年（一五六七）九月に織田信長が足利義昭を奉じて上洛した際には、数日前に信長軍により六角氏も敗れ伊賀に奔ったこともあり、「江州北郡衆・高嶋衆八千計」が京都神楽岡に陣取り義昭方として参加した。田中氏もこの「高嶋衆」に含まれていた可能性が高い(108)。

一年三か月後の正月、来月中の信長参洛に合わせ、禁中修理・武家御用・天下静謐のため、「同七佐々木」＝西佐々木七氏に上洛して将軍に御礼を申し上げて奔走するよう触れを出した(109)。同触状には近江国に関わる者として「京極殿《高吉》同浅井備前《長政》・同尼子・同七佐々木・同木村源五父子・同江州南諸侍衆」とあり、信長にとって近江湖西を代表する存在として西佐々木七氏は認識されていた。

四月に朝倉攻めのため越前へ下る途中、京都を発した信長は、湖西を通り二十日には志賀郡和邇に泊まり、二十一日には田中氏の本拠地「田中城」に泊まった(110)。そして翌日若狭国熊川の松宮玄蕃の宿所へと移る。この時点では浅井氏も織田方であり、信長が田中氏の居城へ宿泊したのも、田中氏が信長方であったためである。

ここからの高嶋郡の在地領主の動きは流動的になる。二十五日に信長と同盟を結んでいた浅井長政の裏切りが発覚すると、急遽信長は朽木氏の本拠朽木谷を通って帰洛、五月に朝倉義景が江北へ進出すると信長もこれに応戦、六月二十八日の朝倉・浅井軍との姉川の合戦では朝倉・浅井方の敗北となった。この直前の六月六日には、朝倉・浅井軍と戦うために将軍足利義昭が高嶋郡まで動座する予定であると、信長は甲斐の武田氏へ書状を出した(111)。将軍の高嶋郡動座予定に対し、十七日付で義昭から「佐々木下野守」は御内書を得る(112)。この「佐々木下野守」は田中氏が代々下野守を受領名としていることから、田中氏当主である可能性が高い(113)。この御内書は副状を細川藤孝が出しているため偶然その写しが細川家に残ったものである。御内書には、「近年不沙汰之段無是非次第候、如先々可其覚悟事肝要也」とあり、将軍と田中氏との関係が「近年不沙汰」となっていたことが窺える。結局義昭は「佐々木《下野守》」等を催して高嶋郡へ出馬を試みるが延期となり[114]、そのまま姉川の合戦となった。

しかし、その年の九月に本願寺が挙兵するに及び、これに乗じて朝倉・浅井両氏が再び挙兵し、十六日に坂本口（大津市坂本町）まで出動、これに「高島衆」も同陣営として出陣した[115]。越前・江北から湖西を通り坂本まで進出した朝倉・浅井軍には、湖西の在地領主も同陣営に加わらざるを得なかったものと考えられる。結局十二月まで湖西を押さえた朝倉・浅井連合軍であったが、将軍義昭の仲介で信長方と和議が結ばれる。和議締結後も、湖西の在地領主の多くは引き続き朝倉・浅井陣営についたものも多くいた。対する信長方と確実に判明するものは、高嶋郡最南端に位置する打下の林員清（与次衛門）、志賀郡の志賀城を守る武藤五郎右衛門[116]、堅田の猪飼野甚介、湖西永田氏の庶流と推定される湖東の永田景弘[117]などであった。西佐々木七氏は、そのまま朝倉・浅井方陣営に加わっていたものと推定される。

翌元亀二年二月、佐和山城を守備していた江北浅井氏家臣礒野員昌が信長方に寝返り、員昌は信長の命で高嶋郡へ入部することとなった。そのため湖西の浅井方勢力は苦しい立場となり、七月には朽木氏が信長方に降伏した[118]。九月の比叡山焼き討ちの後も織田軍の湖西平定への努力は続けられ、翌三年三月にはついに信長が志賀郡へ出陣し、和邇に居陣した。これは「木戸・田中」の城を攻めるためで、信長は明智光秀・中川重政・丹羽長秀に両城攻めを命じた[119]。十六日には織田信澄が家人の森・為村両氏を遣わして打下の白髭神社から北の「北高嶋」にある反信長の寺社五か所のうち四か所を焼き、五月十四日には織田軍が高嶋郡に乱入、百姓等の家を焼き払った[120]。十九日には朝倉・浅井方であった高嶋郡の土豪「逢〔饗〕庭三坊」＝西林坊・定林坊・宝光坊の城下が焼かれ、ついに「三ヶ所落去」となった。(121)これを聞いた朝倉軍はすぐに高嶋郡へ出兵するが、すでに信長は湖南へ退いた後であった。(122)両陣営の対立は、翌年（天正元）までもつれ込む。天正元年の二月十九日付将軍足利義昭御内書では、朝倉義景等に急遽出陣を命じ、朝倉方が六～七、〇〇〇人も志賀表に出てくればその日のうちに「一国平均」となると述べており、(123)湖西の幕府御家人達にとっては、この時反信長の意思を表明していた将軍義昭に奉公するという意味合いを持っていた。

四月七日付多胡宗右衛門宛て朝倉義景書状では、「和邇・朽木」を「敵城」と、信長軍の和邇城および前年信長方に降伏した朽木氏の城を書き挙げており、この時点で西佐々木七氏のうちで信長方陣営に付いたのは朽木氏のみであることがわかる。(124)結局、七月二十六日に織田軍の「高嶋表」への大船を使用した攻撃と、陸での総攻撃により、木戸・田中両城は落ち、両城は明智光秀に与えられた。(125)そのため、翌二十七日にはついに「国衆降参」となり、(126)ここに湖西一帯は完全に信長の支配下となった。降伏直前の十八日には、将軍義昭が山城槇島で信長に破れ、河内若江へ落ちており（二十一日）、奉公すべき将軍の敗退が、木戸・田中両城を開城させる要因の一つとなったものと考えられる。

降伏したことにより知行を安堵された者も多く、多胡宗右衛門は「本知、当知行・与力・寺庵・被官人」が信長から安堵され、「新知」（新知行）をも約束されている。(127)饗庭氏も、翌々年の酒波大菩薩新玉殿の建立に参加している(128)ことから、そのまま所領など安堵されたのであろう。

だが滅亡した一族もあり、「国衆降参」の翌年十一月には、高嶋郡の「横山父子」の首が京都へ運ばれている。(129)横山氏が最後まで織田軍と戦い、滅亡したことが分かる。また翌三年九月には、打下の林貝清が、元亀元年十一月の志賀陣の時に朝倉・浅井方の兵を導き、早船にて織田軍に渋矢を射懸けたことを理由に、信長により自害させられた[130]。朝倉・浅井勢力下にあっては、林氏としてもやむを得なかったのであろう[131]。

「国衆降参」以降、田中氏について知ることのできる史料はなくなる。田中氏が横山氏の様に滅亡したかすら定かではない。その動向が全く不明となることからすれば、信長の高嶋進攻と共にその嫡流は滅亡したものと推察される。ただ後世の記録ではあるが、田中氏の子孫を記す史料もある。それは、承応二年（一六五三）七月に京都清水寺執行宝性院僧都の田中宗親が、亡父正長の事跡を書き上げた「宗親書上[132]」である。

〔史料10〕

一、朽木ほく（牧）斎、正長（田中清六）に御城とやらんにて被逢候て、清六故誰ぞと存候へは我等か一門との事に候、兄正繁申候、又此正繁無分別者故万事不調法に候故、高木（朽、以下同）の事も不存と見へ申候、又は正長も高木の事は平侍かと存候て、田中高島（嶋）の田中にて源家とはかり申候哉、又十二歳の時弥左衛門果候て身上に取乱候故か、具成儀は不存候哉、具に存候は大房に居申候正円にて候、是正長十二歳の時正円廿四五にて御座候、又拙子も高木は成上りか何の無系図平侍かと存候処に、今度初て承候て大慶存候、

田中正繁が弟の宗親に語ったところに拠れば、朽木牧斎が「御城」（駿府城カ）で田中正長と逢った際、正長はことさらに「誰そ」と思った処、牧斎は「我等か一門」だったという。宗親は、正繁が牧斎の事をよく知らず、また正長も牧斎を平侍と思い、自分の出身は近江高嶋郡田中で源氏だとのみ言ったことによる牧斎の言かと評している。正長は、生後すぐに母と離別し、五歳まで京都東寺の門前に里子に出され、のち近江国蒲生郡大房（現近江八幡市）へ移り、九歳から京都法然寺で修行、十二歳の時に父弥左衛門が自害した。この様な身上の為、正長が牧斎の事を知ら

なかったのだろうかとも宗親は述べている。

田中正長（幼名を石松、通称清六）は天正初期から鷹商人として北奥羽と畿内を行き来し、慶長六年からは大久保長安配下で佐渡奉行を勤め、初期豪商として日本海沿岸の海上交通に従事、慶長十九年八月に死去した人物である。(133)正長の父弥左衛門も商人であったという。朽木氏と「一門」ということは佐々木田中氏の一族ということになるが、これ以上この点を確定できる史料がないため、室町幕府外様衆である佐々木田中氏の庶流が商人となったとの可能性を述べるに止める。(134)また江戸初期に筑後久留米三二五、〇〇〇石の藩主となった田中氏は、江戸時代の地誌『近江輿地志略』および『寛政重修諸家譜』では高嶋郡田中郷出身と記すが、高階氏の系統を祖とし、一次史料には全く見えない人物ばかりを挙げている点から、佐々木田中氏とは繋がらない家と考えられる。(135)

おわりに

佐々木田中氏は、田中郷という肥沃な土地を拠点とし、その周辺に西万木、河上庄にまで支配を及ぼし、南は志賀郡比良庄、西は葛川と接する栃生郷、東は安曇川河口の安曇川御厨、北は林寺関や「北近江関所十二ヶ所」と、湖西全域にわたる広域支配を行っていた。これまで朽木氏が「高嶋郡西半部規模の地域的公権として自立」していたとして、朽木氏の独自性を高く評価してきたが、田中氏のあり方をみれば、半郡規模の地域公権を実現していたのは朽木氏だけではなかった。朽木氏をも凌駕する、湖西全域にわたる広域支配を実現していたのが田中氏であった。幕府との関係に注目すれば、十四世紀終わり頃から越中・田中・朽木の三氏が将軍出行時の随兵や、段銭徴収責任者として現われてくるのは、西佐々木の嫡流である越中氏、湖西全域に跨がる地域支配を展開した田中氏、高嶋郡半郡規模での地域公権を自立させた朽木氏という、いずれも広範囲の地域公権を確立させた者達であった。

〔註〕

（1）内閣文庫影印叢刊『朽木家古文書』（上・下、国立公文書館、一九七七・七八年）一四八号。以下「朽〇〇」と略記する。

（2）朽一四七。

（3）以上、朽一四六・七三九。

（4）『吾妻鏡』文暦二年七月二十七・二十九両日条。「天台座主記」同年閏六月二十六日条（『大日本史料』五―一〇、一二三頁）。この事件については、黒田俊雄「延暦寺衆徒と佐々木氏」（『日本中世の国家と宗教』岩波書店、一九七五年。初出一九六九年）参照。

（5）「葛川明王院所蔵葛川明王院文書」三六一号（村山修一編『葛川明王院史料』吉川弘文館、一九六四年。以後、「葛〇〇」の如く略す）。

（6）葛五六九。

（7）その後、この地は康永二年（一三四三）十月に道仏坊の養子沙弥祖休が永代寄進し、明王院領となる（葛三五七）。

（8）葛九〇一。

（9）葛三六四。

（10）葛三六六。

（11）葛三四二。

（12）葛三七五。

(13) 葛三六七。

(14) 葛三七四。

(15) 嘉吉元年卯月十五日付山門西塔院政所集会事書（「目安等諸記録書抜」『北野天満宮史料　古記録』北野天満宮、一九八〇年、三一一頁）。天文十一年十二月二十五日付某書状案（朽四六〇）に「松笠〔蓋〕寺連〔蓮〕蔵坊者、むかしより朽木殿御寺ニ付」とある。また『安曇川町史』第三章第四節「天台の古寺」（中江彰執筆）も参照のこと。田中氏の山城上寺城（田中城）は、この松蓋寺跡地を利用したものと考えられている（『滋賀県中世城郭分布調査8（高島郡の城）』滋賀県教育委員会・近江の城友の会、一九九一年、「上寺城」石田敏執筆。『安曇川町史』。中江彰「中世田中郷の城館について」『近江地方史研究』一五・一六合併号、一九八二年）。松蓋寺は天文十一年までその存在が確認できるため、一五四〇年代以降、田中氏により占拠され、城郭として利用されたものと推定される。

(16) 以上、葛一六八・一七〇・一六一・一六三・一六四。青蓮院の訴えによる将軍家御教書および守護遵行状が明徳元年六月に発給されているため、応永三年九月日付青蓮院門跡雑掌目安案で「明徳年中」というのは明徳元年のことと判断される（葛一六八）。

(17) 朽四三四。

(18) 板井瀬の所在は不明。徳治三年二月日付朽木庄地頭代官弁空二答状案（「国立国会図書館所蔵葛川明王院文書」三七号。『葛川明王院史料』。以後、「国葛〇〇」の如く略す）。

(19) 葛二二一・一六八。

(20) 葛一六八。

(21) 葛一六九・一六七。国葛八八。

(22) 現在の境界は、寛永七年（一六三〇）に栃生柚木の忠次郎が鉄火裁判に勝訴したことで決定した境界といわれる（『高島郡誌』人物篇、四〇七頁。玉木京編『朽木村の昔話と伝説』朽木村教育委員会、一九七七年）。近世には右淵の他、畑・腰越・野街道・日野の五集落を栃生村と言った。現地には、栃生の最北端に位置する畑・腰越の住民は朽木氏に仕えてきた者だという伝承がある（『角川日本地名大辞典25滋賀県』栃生の項）。これは朽木氏にとって、畑・腰越より南域の支配が不安定なものであったことを示している。

(23) 朽四七〇。

(24) 朽六四六。「相国寺供養記」（『群書類従』）。

(25) 朽六八五。

(26) 田中氏の安曇川御厨所務職については、網野善彦「日本中世都市をめぐる若干の問題――近江国高嶋郡船木北浜を中心に――」（『年報中世史研究』七、一九八二年。のち「近江国船木北浜」と改題し、同氏著『日本中世都市の世界』筑摩書房、一九九六年に収録、二五〇頁）にも言及がある。

(27) 河上庄の領有関係については、岡田晃司「中世後期の近江国河上荘と朽木氏」（『史翰』一六、国学院大学地方史研究会、一九八〇年）。湯浅治久「室町・戦国期における山門領荘園の支配と代官職――近江国高島郡河上庄を事例として――」（河音能平・福田榮次郎編『延暦寺と中世社会』法藏館、二〇〇四年）を参照のこと。

(28) 朽三一一。この文書は十一月二十四日付飯尾行房書状（朽三三〇）と一連のものと考えられる。年代について湯浅治久氏は、「御料所江州高嶋郡河上庄領家職御代官職事」と記す大永三年の中沢秀綱奉書と「ほぼ同時代」という（「室町・戦国期における山門領荘園の支配と代官職」註〈11〉）。しかし、飯尾行房は延徳二年から幕府奉行人を勤め、永正五年に足利義澄から足利義尹へ将軍職が入れ替わる際に罷免された。義尹のもとでは奉行人を勤めることはできず、義澄の子義晴が将軍になってから漸く行房の子盛就が奉行人に就くことができた（今谷明・高橋康夫編『室町幕府文書集成奉行人奉書篇上』思文閣出版、一九八六年）。そのため、行房が幕府料所河上庄内歓喜寺名に関わることができたのも、永正五年以前となる。また宛名の「朽木弥五郎」（直親）は永正元年十月までしか窺えず、永正二年正月には子「竹松丸」（後の稙綱）が家督として現れるため、永正元年以前ということになる（内閣文庫所蔵「御状引付」）。

(29) 甲屋氏と河上庄との関係がその後も続いていたことは、大永四年（一五二四）の河上庄地頭方年貢米算用状に「甲屋・同下女、在庄」のために一石四斗六升、その雑事銭として七斗四升が下行されていることからも窺える（朽八二四）。また田中氏の被官は、甲屋貞光の他、永正初め頃と推定される二月十八日清水以俊書状に「田中殿御雑掌平井方」と出る平井氏くらいしか分からない（朽四〇九）。

(30) 甲屋氏が今津の問丸であることは、湯浅治久「中世後期における在地領主経済の構造と消費」（『国立歴史民俗博物館研究報告』九二、二〇〇二年、一四八頁）参照。朽木氏の重臣たちも、朽木氏財政の不足財源を補塡できる有徳人であった（松浦弘「中世後期朽木氏にみる収支請負と家政組織」『国史学』一八四、二〇〇四年）。

(31) 朽七〇九。

(32) 『鹿苑日録』天文七年九月十六日条。永禄九年卯月十八日付浅井長政書状（「来迎寺文書」『東浅井郡志』四、三三八頁）。

(33) 『国立国会図書館所蔵貴重書解題』第四巻　古文書の部第一（国立国会図書館、一九七二年）。

(34) 明応六年十一月六日付足利義澄御判御教書（「足利将軍御判御教書」五）。この文書では、「比良庄内山門領分預所職」とする。

(35) 東京大学史料編纂所架蔵謄写本「一色家古文書」。同日付の一色政具宛て室町幕府奉行人連署奉書では、比良庄預所職だけでなく、越前国野田郷・同国衙年貢并当郷内元興寺領分なども押領されていた事がわかり、一色氏の散在所領はことごとく押領されていた状況が看守される（同上「一色家古文書」）。

(36) 以上、『満済准后日記』永享三年八月十八（「次佐々木田中江州没落処、於越前国一党悉打進、甲斐沙汰云々、神妙由同被仰了」）・十九・二十一日各条。

(37) 斎木一馬「恐怖の世――嘉吉の変の背景――」（同氏著作集2『古記録の研究』下、吉川弘文館、一九八九年。初出一九六八年）。

(38)『後鑑』永享三年九月八日条所収「古文書」。

(39) 筑波大学所蔵。新行紀一氏所蔵の写真を閲覧させていただいた。記して謝意を表する。なおこの史料の性格については、山本隆志「北野神社松梅院とその文書――「北野天満宮寄進状壹巻」を中心に――」(『筑波大学附属図書館特別展「学問の神」をささえた人びと――北野天満宮の文書と記録――』筑波大学附属図書館、二〇〇二年)参照。

(40) 次章第一節参照。

(41)『北野社家日記』延徳三年十一月十八日条。

(42) 康正二年十二月二十三日付足利義政御教書案、寛正六年七月二十四日付足利義政御判御教書案、応仁元年十月二十五日付室町幕府奉行人連署奉書案、文明十四年十二月十八日付足利義政御判御教書案(以上、筑波大学所蔵「北野天満宮へ寄進状御朱印写　壱巻」所収)。長禄二年四月十六日付足利義政御判御教書(史料纂集『北野神社文書』六六)。『北野社家日記』明応二年正月二十七日条。また、文安五年には「高嶋郡田中庄(マヽ)」が北野社に「返付」されていることから、一時幕府により没収されていたようである(文安五年十二月二十六日付管領細川勝元奉書案「北野天満宮へ寄進状御朱印写　壱巻」)。さらに応仁元年には北野社松梅院は、「田中郷并西万木等」を質にした「借物」があったようである(応仁元年十月二十五日付室町幕府奉行人連署奉書案「同」)。

(43)『北野社家日記』長禄二年十月二十六日条。

(44)「神輿動座並回禄記録」(『北野天満宮史料　古記録』北野天満宮、一九八〇年)。

(45)『北野社家日記』長享二年正月二十日、延徳三年十一月十八日各条。

(46)『北野社家日記』長享二年正月二十~二十五日各条。

(47)『北野社家日記』長享二年十一月六日条。

(48)『北野社家日記』延徳三年五月六日条。

(49)『北野社家日記』延徳三年九月六・十日、十月一日各条他。延徳元年、北野社松梅院は「乱妨」に遭い、「田中郷古

帳」等を紛失した。その様ななかでの申請であった（『北野社家日記』延徳三年七月六日条）。

(50)『北野社家日記』明応二年正月二十七日条。

(51) 朽九五六。この田一反は、文明二年十一月に還俊が心花寺持仏堂にその油田として寄進した地である（朽一四一）。この地には、「公方神人」へ一斗七升、「郡司崇善寺」へ八升、「地頭方」へ加徴米五升の負担があった。「公方神人」とは地頭北野社神人のことと考えられ、この地では文明期、地頭代の地位にあった田中氏は、いまだ公方とは認められていなかったことが窺われる。高嶋郡の郡司を務める崇善寺は、安曇川河口南の横江（現高島市安曇川町横江）にあった寺院である。田中郷の小目代は、文明五年時は助五が、その後、郷内にあった勝安寺の住持が代々小目代を務めたようで、浄珍（一五一一年）・明超（一五四二年）が確認できる（朽九五六。高島市勝野の勝安寺所蔵阿弥陀如来像裏書・親鸞上人御影裏書）。勝安寺は、織田信澄の大溝城建設時、大溝城下へ移転した。

また今も五月に流鏑馬神事が行われ、田中氏の氏神でもあった田中神社（現高島市安曇川町田中）に関する中世の文献はほとんどない。わずかに、文明十一年時、横山郷内の救急下司名月成名一町のうち、一反分の井料を出すこととなっていた「田中天王宮」は、牛頭天王社と称していた田中郷の田中神社のことと推される（朽一〇〇一）。

(52) 朽一〇二五。

(53) 文明七年十二月十三日付定全田地売券（八条七里一坪、田一反。朽九六四）、文明十四年卯月八日付松蓋寺円隆房源純田地売券（七条二里十四坪、田一反。朽一〇二五）ほか。右はいずれも手継文書で、「朽木文書」に残ることから、最終的に朽木氏のもとへ集積されたものと考えられる。

(54) 朽八四六。（年月日未詳）田中・荒川蔵米注文（「朽木清綱氏所蔵文書」）。

(55) 朽八四五。

(56) 東京大学史料編纂所架蔵影写本「宝鏡寺文書」。史料4・5は同文書一に、史料6は三、史料7は六にそれぞれ収載。

(57) 文明二年二月二十二日付田中貞信宛て女房「ち」書状（「宝鏡寺文書」三）。

(58)「宝鏡寺文書」三。湯之上隆「遠江国浅羽荘と比丘尼御所」(『地方史静岡』一三、地方史静岡刊行会、一九八五年)、「足利氏の女性たちと尼寺」(九州大学国史学研究室編『古代中世史論集』吉川弘文館、一九九〇年)。大石雅章「比丘尼御所と室町幕府――尼五山通玄寺を中心にして――」(『日本史研究』三三五、一九九〇年)。菅原正子「中世後期の比丘尼御所――大慈院の生活と経営――」(『学習院女子大学紀要』六、二〇〇四年)。加藤岡知恵子「室町時代比丘尼御所入室と室町殿免許について――伏見宮家姫宮と入室尼寺をめぐって――」(『史学』七三―四、三田史学会、二〇〇五年)参照。この他、近世の宝鏡寺については、岡佳子「近世の比丘尼御所――宝鏡寺を中心に――(上・下)」(『仏教史学研究』四二―二・四四―二、仏教史学会、二〇〇〇・〇二年)がある。

(59)松澤徹「戦国期在地領主の関所支配」(『早稲田大学教育学部学術研究』四八、二〇〇〇年)。

(60)『大日本古文書　家わけ　伊達家文書』八〇号。

(61)松沢、註(59)論文。

(62)藤田達生「室町末・戦国初期にみる在地領主制の達成」(『日本中・近世移行期の地域構造』。初出一九九二年)。

(63)東京大学史料編纂所架蔵写真帳「永田一馬氏所蔵文書」。『思文閣古書資料目録』第一二五号、No.九一。「伊藤泰詮家文書」(『志賀町史』第四巻、中世編No.四九)江州志賀郡小松之庄与音羽新庄与山論目録。

(64)『大日本古文書　家わけ　蜷川家文書』三一号。

(65)『蔭凉軒日録』長禄三年十二月十八日条。

(66)『北野社家日記』長禄二年十月二十六日条。

(67)朽七九九。

(68)朽六六三。「長享元年九月十二日常徳院殿様江州動座当時在陣衆着到」(『群書類従』)。『北野社家日記』長享二年正月二十日条(「今日田中郷御奉書下御陣」)。

(69)『蔭凉軒日録』延徳三年十一月二十一日条。

(70) 尚、長享三年（一四八九）三月、志賀郡葛川と西隣の山城国久多庄との堺相論で、幕府から、もしもの時の葛川への合力を要請されている「田中殿」も貞信のことであろう（葛八三八）。
(71) 朽八〇二。この様な互いの行き来は、しばしば行われていたようで、下行帳の残る大永二年四月にも田中氏が、翌五月には横山氏が二度朽木谷の朽木氏宅を訪れている（朽八一八）。
(72) 田中源四郎は、田中貞信存命時、貞信の名代として上洛した人物である（朽三四二）。
(73) 朽三〇六。
(74) この田中下野守は、五年前の文亀三年に朽木氏の河上庄地頭職獲得に際し、その「調法」が期待された「田中三郎右衛門」と同一人物の可能性がある（朽七〇九）。
(75) 朽七一三・三六七。
(76) 朽八九。
(77) 朽六七一。
(78) 朽六三四。
(79) 朽六七三。
(80) 「足利時代古文書」（『国立国会図書館所蔵貴重書解題　第六巻　古文書の部第二』国立国会図書館、一九七四年）七〇号。
(81) 松澤徹「戦国期における商品流通と在地領主――近江国高嶋郡朽木氏を例として――」（『日本史攷究』二四、早稲田大学教育学部社会科、一九九八年）。
(82) 朽六四七。永正十五年九月二日付田中頼長書状（「宝鏡寺文書」六。史料7）ほか。
(83) 『今堀日吉神社文書集成』一六。朽一七九。
(84) 朽三一八。

(85) 朽九一。
(86) 朽一六四～一七一。
(87) 以上、『鹿苑日録』天文七年九月十一・十二・十六日（「饗庭者海津之西浜江居陣ト、越中殿同」）、十月十二日（「田屋城十一日退散云々」）各条。朽四九一。
(88) 杉江進「二つの「九里半街道」――「九里半街道」の名称と道筋をめぐって――」（『近江地方史研究』三七、近江地方史研究会、二〇〇五年）。従来、九里半街道は、近江今津と若狭小浜間を指すと考えられていた。杉江氏は、中世の九里半街道が北国道（西近江路）と交わる高嶋南市を起点に若狭小浜へ通じた事、陸路の輸送に困難な重い物の輸送や船を利用した旅に今津への道が選択された事を明らかにし、近世に発達した小浜―今津間の荷物輸送のイメージを中世に遡らせることを糺した。
(89) 享禄年間の九里半街道の流通路をめぐる相論については、脇田晴子「中世商業の展開」（同氏著『日本中世商業発達史の研究』御茶の水書房、一九六九年。初出一九六〇年）、仲村研「保内商業の展開過程」（同氏著『中世惣村史の研究』法政大学出版局、一九八四年。初出一九七七年）。奥村徹也「戦国期六角氏の湖西における訴訟裁定」（『国学院大学大学院紀要　文学研究科』二二、一九九一年）、宇佐見隆之「近江の道と関」（同氏著『日本中世の流通と商業』吉川弘文館、一九九九年）にその経過の検討があるが、史料の解釈については各人独自に解釈しており、一様ではない。本稿では田中氏の立場から叙述する。
(90) 保内商人の若衆については、宇佐見、註(89)論文、註二〇を参照。
(91) 宇佐見、註(89)著書、五八頁。
(92) 翌享禄二年七月に下された六角氏の裁定は、保内商人を全面的に支持したものであった（『今堀日吉神社文書集成』三二一）。
(93) 朽六八三。

(94) 朽六八四・一七九。

(95) 以上、朽二三三・一七九・三九〇・二〇三・四五五・四五六。

(96) 朽三四一。

(97) 朽四五五。なおこの点について、奥村、註(89)論文が詳しく分析を加えている。

(98) 『群書類従』所収。

(99) この儀式には飛鳥井雅綱も参加しており、後に姻戚関係を結ぶ田中氏との関係の一旦を見出すことができる。

(100) 表10参照。

(101) 群書類従本の記述の仕方は、田中氏の視点からの記述となっている。また水戸彰考館本「将軍義輝元服記」（東京大学史料編纂所架蔵謄写本）は、群書類従本と全く同じであるため、群書類従本の元本である可能性が高い。さらに群書類従本には、その先頭部分に「後奈良院天文十五丙午歳十二月十九壬寅日、於坂本樹下宅、公方左馬頭義藤朝臣後被号義輝御元服之次第」とある。「後被号義輝」と天文二十三年二月に義藤から義輝へ改名した義藤のことを載せているので、この部分は後から挿入された可能性がある。

表10　朽木稙綱の御供の状況

年 月 日	御供の相手	出　典
天文 5. 2.21	義晴	御産所日記
12.11	若公(義輝)	後法成寺関白記
6. 1.19	若公	言継卿記
8. 1. 8	義晴	親俊日記
12	義晴	親俊日記
閏 6.16	若公・御台	鹿苑日録・親俊日記・常興日記
7. 7	若公・御台	常興日記
8	御台	親俊日記
11. 5	若公	親俊日記
17	義晴	親俊日記
12. 3	義晴	親俊日記・常興日記
9. 3. 8	義晴	常興日記
7.26	義晴	後鑑所収大館日記
11. 3.28	若公	親俊日記・言継卿記
4. 8	義晴	常興日記
5.21	若公	親俊日記
7.21	義晴	親俊日記
11.20	御児(義昭)	親俊日記
13. 1.10	若公	言継卿記・後鑑所収伊勢貞助記
14. 1.10	若公	言継卿記
15. 1.10	若公	言継卿記
12.18	若公	光源院殿御元服記・足利季世記
16. 1.25	義輝	言継卿記
21. 1.28	義輝	言継卿記
8.26	義輝	言継卿記
永禄 3. 5. 4	義輝	鹿苑日録
6.19	義輝	後鑑所収伊勢貞助記

(102)「足利季世記」(『改定史籍集覧』) 公方東坂本御出奔ノ事。

(103) その後足利義晴は、細川晴元・六角定頼と赦免という形で和睦した。

(104) 朽三四一。

(105)「高嶋」は近江高嶋郡のことを指すと考えられる。

(106)「御礼拝講之記」(『続群書類従』)。

(107)「来迎寺文書」。

(108)『言継卿記』永禄十一年九月二十七日条。

(109)「二条宴乗記」(『ビブリア』五三) 永禄十三年二月十五日条。

(110)『信長公記』(奥野高廣・岩沢愿彦校注、角川文庫) 元亀元年四月二十一日条。

(111)「尊経閣文庫所蔵文書」(『福井県史』資料編2中世、七二二頁)。

(112) 六月十七日付将軍足利義昭御内書写・同日付細川藤孝添状写(『綿考輯録』(細川護貞監修、第一巻、汲古書院、一九八八年) 元亀元年六月条)。『綿考輯録』の戦国~江戸初期にかけての記述には、一部信憑性に欠ける部分があり注意を要するが、この部分は御内書・副状共に掲載しているため、信憑性の高い部分と判断した。

(113)『東浅井郡志』(巻二、三八一頁) は、「佐々木下野守」を京極高吉と推定する。しかも京極氏には下野守の官途を持つ人物がいないため、高吉の長門守受領名を疑って、「後攷を俟つ」と結ぶ。その根拠は、『綿考輯録』編者が義昭御内書・藤孝副状に続けて付した解説部分に、「如是佐々木・京極・朽木等を始、三上兵庫頭軍勢を催し御進発可有処」とあるのを、「佐々木京極・朽木等」と読むことで、京極氏と解釈した。しかし京極・朽木に関する史料を掲載しないで解説部分が叙述されているため、『綿考輯録』編者の憶測による叙述と言わざるを得ない。とするならば、「佐々木下野守」は下野守を代々受領名とした佐々木田中氏の可能が高くなる。解説で「佐々木・京極・朽木等」と表現するのは、直前の文書「佐々木下野守」に引きずられての表現と考えられ、「佐々木」と「京極」は分けて解釈すべきである。『綿考輯録』編者は佐々木下野守の人名比定ができなかったため、「佐々木」とのみ記さざるを得なかったのであろう。

(114)『綿考輯録』（第一巻、汲古書院、一九八八年）巻二。

(115)『言継卿記』永禄十三年九月二十日条。

(116)『兼見卿記』（史料纂集）元亀元年九月二十日条。

(117)『信長公記』。「堅田村旧郷士共有文書」。「永田文書」ほか。

(118)朽三八。

(119)『信長公記』元亀三年三月十一日条。角川文庫本脚注では、この時の「木戸」を志賀郡の木戸に当てるが、織田方磯野員昌が高嶋郡に入部し、平野部の焼き討ちが行われている時期であることからも、高嶋郡の清水山城のことではないだろうか。と言うのも従来木戸城は、志賀郡木戸の木戸城が想定されてきたが、近年、『信長公記』に出てくる木戸城は高嶋郡の清水山城を指す可能性が指摘されている（本書第一部第三章、註〈65〉参照）。本稿も『信長公記』に出る木戸城は高嶋郡の清水山城を想定している。ただ、元亀四年推定四月二日付浅井長政書状に「木戸御籠城」と出る志賀郡の土豪馬場国平・光平父子が立籠ったという木戸城は、地理的にも志賀郡の木戸を想定すべきであろう。馬場父子は二月には「今堅田」の城（「十乗坊城」とも呼ばれた）に籠っていたが、明智軍に破れると、北上し、四月には志賀郡木戸の木戸城へ籠ったようである。いずれもこの時の攻防は「志賀郡」をめぐる戦いであった（以上『大日本史料』一〇―一四、天正元年二月二十六日条）。即ち、木戸城は志賀郡と高嶋郡の二か所あったのではないか。土豪馬場氏の軍事力は不明ながら、土豪という性格上、その規模は推して図られよう。今後の志賀郡木戸城跡の発掘調査を期待したい。

さらに同年七月、信長軍が高嶋郡に進攻した時の『信長公記』記事には、

七月廿六日、信長公御下り、直に江州高嶋表彼大船を以て御参陣、陸は御敵城木戸・田中両城へ取懸け攻められ、海手は大船を推付け、信長公御馬廻を以てせめさせらるべき処、降参申し罷退く、則、木戸・田中両城明智十兵衛に下さる、

高嶋浅井下野・同備前彼等進退の知行所へ御馬寄せられ、林与次左衛門（員清・高嶋郡打下居住）所に至って御居陣なされ、当表（高嶋）悉く御放火、

と記す。信長は木戸・田中両城を落とすことで、高嶋郡を押えることができた。木戸・田中両城が志賀郡にあるのなら、改めて高嶋郡を攻略しなければならないはずである。この事は、木戸・田中両城が高嶋郡の城であることを示すのではないか。高嶋郡には、湖西でもっとも勢力を誇る西佐々木七氏がいる。なかでも清水山城は、西佐々木嫡流の越中氏の本拠地である。そのため湖西における朝倉・浅井方拠点は、やはり高嶋郡の木戸（清水山）・田中両城を想定するほうがよいと考える。

また木戸・田中両城については、『当代記』元亀四年七月二十六日条に、

七月廿六日、信長下給、江州田中・木戸両城被取懸処、城主令悃望、城を相渡間、明智十兵衛に被下、

とあり、織田軍の攻撃が始まると、その城主が織田方へ悃望して、城を明け渡したという。そのため木戸・田中両城は焼失を免れたものと考えられる。

(120)「集入雑記」（『日吉神社文書』『今津町史』一、四五三頁）。「永禄以来年代記」。

(121)元亀三年推定五月十九日付明智光秀書状写（「細川家文書」『熊本県文化財調査報告第二九集　古文書等緊急調査報告書　細川家近世文書目録（付「中世編」補遺）』熊本県教育委員会編・刊、一九七八年、二二三頁、三二四号）。年代推定の根拠は、①明智光秀が志賀郡を得た元亀二年九月以降であり、翌年三月に丹羽長秀等と共に木戸・田中両城攻めを織田信長から命ぜられている事（信長公記）、②文中「林方」は高嶋郡打下の林員清と考えられ、彼は元亀三年六月二十七日付で信長から湖北の湖岸の放火を命ぜられている事（『増訂織田信長文書の研究』三二六号）、③同年三月から五月にかけて高嶋郡一帯が織田軍により焼き討ちされている事（信長公記他）、④元亀四年二月には足利義昭は信長を攻めて対立したため、織田方の光秀が義昭へ高嶋郡の状況を報告する可能性は低いと考えられる点から、元亀三年と推定した。

(122)「永禄以来年代記」（『続群書類従』）元亀三年五月十四日条。

(123)「牧田茂兵衛氏所蔵文書」(『大日本史料』一〇—四、一四三頁)。

(124)「尊経閣文庫所蔵文書」(『福井県史』資料編2中世、七二六頁)。高嶋郡の土豪多胡宗右衛門も朝倉・浅井方であった(元亀四年推定三月十八日付朝倉義景書状・四月七日付朝倉義景書状「尊経閣所蔵文書」『福井県史』資料編2中世、七二六頁)。

(125)『信長公記』元亀四年七月二十六日条。

(126)「永禄以来年代記」天正元年七月二十七日条。

(127)「田胡家由来書」(奥野高廣『増訂織田信長文書の研究』上、吉川弘文館、一九八八年、六五七頁)。

(128)天正三年仲冬十五日付大処神社棟札(『マキノ町誌』一九八七年、二九九頁)。

(129)「永禄以来年代記」天正元年十一月十六日条。

(130)『信長公記』天正三年九月二日条。

(131)また「国衆降参」から一か月後、「先年」千種峠(永源寺町)で信長を鉄砲で打った杉谷善住坊が高嶋郡の奥深くに隠れていたところ、礒野員昌に捕えられ、岐阜の信長の許へ送り届けられ、竹鋸で首を引く刑に処せられた(『信長公記』)。延暦寺大講堂領高嶋郡河上庄には二五人の給主がいたが、彼はその一人で山徒である。善住坊は所領関係から高嶋郡に隠れたものと推定される。

(132)京都大学文学部日本史研究室所蔵影写本。尚、活字化されたものとして、常葉金太郎校訂『出羽国最上郡新庄古老覚書』(戸沢家、一九一八年。一九七二年に新庄市教育委員会から復刻)所収付録乙「田中宗親書上」がある。

(133)村上直①「近世初期佐渡鉱山の支配について——とくに大久保石見守長安を中心に——」(『信濃』一八—一、一九六六年)、②「大久保石見守長安の研究覚書(五)」(『信濃』一九—六、一九六七年)、③「初期豪商田中清六正長について」(『法政史学』二〇、一九六八年)。

(134)「御城」が駿府城だとすると、慶長十八年頃に朽木元綱(牧斎)は駿府へ移住、慶長十九年には田中正長が死去することから、このエピソードは慶長十八・九年頃の話と考えられる。また村上氏（註〈133〉②③論文）や『高島郡誌』（三一五頁）は、正長の出生地を近江国高嶋郡田中下城村とする。これは江戸時代も末期の嘉永頃に敦賀気比宮の社家石塚資元により執筆された「敦賀志稿」（「敦賀志」。『敦賀市史』史料編第五巻に収載）に拠った見解である。

(135) 享保十九年（一七三四）に近江国膳所藩の儒臣寒川辰清が編纂した『近江輿地志略』（大日本地誌大系所収）高島郡上寺村の項には、

○古城跡　上寺村にあり、山城也、田中播磨守実氏居城の跡也、高島七頭の一員たり、此城を上の城と号し、南市村の城を下の城と云、実氏は高階筑前守惟範が九男田中十郎惟業が二男二郎惟氏が末葉なり、秀吉公の五奉行田中兵部大輔吉政といへるは、此実氏が子なることは詳かに人物門に載す、

とあり、人物之部「田中兵部大輔吉政」の項には、高階氏の流れを説くなかで、

其九男を田中十郎惟業と云、後右衛門尉となる、当国田中に居住す、此より子孫皆田中と号す、其二男を二郎惟氏といひ、其末葉を田中播磨守実氏と云、代々当国高島郡田中に住す、実氏が子は則吉政也、

と説明する。田中吉政の祖は高階氏の流れだというのである。『尊卑分脈』（高階氏）は、平安末期の高階惟範の子に「惟業 田中左衛門尉」を載せるが、惟業以降の記述はない。江戸末期の安政四年（一八五七）頃脱稿したと考えられている『系図纂要』（高階氏）には、「惟業 田中十郎左エ門尉、住近江田中邑」と記し、実氏までの系図を載せる。『系図纂要』の記述は、『近江輿地志略』の説と同じであるから、『近江輿地志略』の記事を基としていると考えられる。そうすると『近江輿地志略』の記述が吟味されなければならない。『近江輿地志略』は田中播磨守実氏を「高島七頭」の一員とするが、西佐々木七氏の佐々木田中氏は、高階氏の系統ではなく清和源氏の流れであり、また一次史料で『近江輿地志略』が挙げる惟業以降の田中の歴代は全く窺えない点から、その存在が疑われる。

実は、田中播磨守実氏について記すもう一つの史料がある。それは明暦二年（一六五六）に刊行された『江源武鑑』である。この書は沢田源内が記した偽書として夙に有名である。沢田源内の父は近江国雄琴村の農民であったが、源内

は出世のため自分は六角氏の嫡流であると経歴を詐称し、偽系譜や偽書を多く作成した人物である（笹川祥生「偽書『江源武鑑』の世界」『戦国武将のこころ』吉川弘文館、二〇〇四年）。この『江源武鑑』天文十一年九月十六日条に、田中播磨守実氏は「高嶋八人《（マヽ）》」のうちの一人として登場する。田中播磨守実氏が、「高島七頭」の一員だとする点からも、田中実氏に関する『近江輿地志略』の記述は、『江源武鑑』に端を発していることはほぼ確実である。

寒川辰清は『江源武鑑』を直截引用する場合、「所載信用し難し」、「偽書也」などと注記しているが、田中氏の部分に限ってその様な注記がないところを見ると、『近江輿地志略』の編纂が行われていた頃にはすでに、地元で広く言い伝えられた言説となっていたものと考えられる。『江源武鑑』が刊行されてから七十八年、その言説が広く人々へ浸透し、伝承として語られている点に驚きを禁じ得ない。私は一次史料では「佐々木越中守」「佐々木越中」「越中」氏としか出ない西佐々木の嫡流越中氏が、現在高嶋氏として伝承され、広く流布している事実を第一部第三章で明らかにしたが、西佐々木の嫡流を高嶋氏と記したのも、管見の限り『江源武鑑』が最初である。西佐々木の嫡流が高嶋氏だという言説も、『江源武鑑』が作り出したものだと私は考えている。滅び去った家は、後世に事実がねじ曲げられても何も言えない。江戸時代初めに作られた偽書『江源武鑑』は、広く江湖に読まれ、一部の良識ある人々を除き人々に信用され、伝承として言い伝えられていったのである。田中播磨守実氏を創出し、その先祖を『尊卑分脈』に載る高階（田中）惟業に繋ぎ合わせたのも、恐らく沢田源内の仕業ではないだろうか。

なお最近、太田浩司「田中吉政の出生と立身」（市立長浜城歴史博物館編『秀吉を支えた武将　田中吉政――近畿・東海と九州をつなぐ戦国史――』サンライズ出版、二〇〇五年）により、田中吉政の出生地は近江国浅井郡三川村（現滋賀県東浅井郡虎姫町三川）であることが確実となったことを付言しておく。

第五章　西佐々木七氏の経済基盤と序列

——在地領主の同名中成立——

はじめに

近江国湖西における在地領主の研究は、これまで一、三〇〇点もの古文書を伝来してきた朽木氏を中心に行われてきた。その論考は中世に限っても既に七〇余編を数え、その領主制や上部との関係が明らかにされつつある。その評価は、朽木氏が高嶋半郡規模の領主にまで成長し、将軍の御供衆となったことから、同郡における主導権を握っていったとされる。しかし朽木氏だけの分析でそのように評価してよいものであろうか。

このような問題意識から第二章では、室町幕府との関係のあり方から、西佐々木の越中・田中・朽木・能登・横山・永田・山崎の七氏をみると、幕府関係者との関係が深い者達とそうでない者達がいたこと、初期の将軍出行時の随兵勤仕には、越中・能登・朽木の三氏に限定されていたものが、中期以降能登氏が抜け、代わりに田中氏が加えられたこと、また幕府との関係があまり窺えない者達の文明期の特徴として、湖岸の在地領主が家格を超えて連合し、湖東へ進出し、交通・流通へ関与してゆく姿を明らかにできた。では、彼らのこの様な動きの違いは、何に由来するものなのか。本章ではこの点の分析を行う。

高嶋郡には十五世紀半ばから「西佐々木七人」「西佐々木同名中」「七頭」「七カシラノ衆」「七佐々木」等と呼ばれ

る西佐々木七氏による同名中が形成され、湖西における一大勢力となっていた。従来この同名中については、同名中組織として一枚岩の如く評価されてきたが、その内実についてはなんら明らかにされていない。その分析を行うためには、朽木氏以外の諸氏を明らかにし、比較検討することが必要となる。

湖西地方の在地領主の実態は、朽木氏を除き近世へ家が繋がらなかったため、まとまった史料がなく、市町村史でもほとんど解明されず、基礎的事実すら明らかでない。近年、水野章二氏のグループが行った高嶋郡木津庄故地を地籍図との対比で現地景観を復元するという方向性もでてきたが[1]、圧倒的な史料の散在性により、この地域の在地領主研究は行詰り感がある。これを克服するには、これまで伝説や後世の軍記物・系図で語られてきた事を、史料の徹底的収集により一次史料から検証・復元することである。第三章では佐々木越中氏について、第四章では佐々木田中氏について一次史料からの検証・復元を行ったのであるが、本章では、いまだその所領や所持する所職すら知られていないその他の家について解明を試み、今後の研究の発展のためにも、その基礎的土台を作る。唯一、湖上ネットワークの視点から永田氏の存在形態について触れた小風真理子氏の研究[2]があるが、その経済基盤については不明である。そのため同氏についても検討する。

本章では、西佐々木各氏の所領や所持する所職の抽出を行い、その経済基盤のあり方から、室町中期から顕著となる彼らの行動原理の淵源を探る。その上で西佐々木同名中を形成する彼らの序列について分析し、在地領主の同名中について考察する。

図７　永田・能登・横山・山崎各氏関係地図

（国土地理院５万分１地形図を縮小）

第一節　佐々木永田氏の存在形態

佐々木永田氏については、中世後期の湖上ネットワーク形成過程のなかに、湖西と湖東に分かれて存在したことを明らかにした小風真理子氏の研究があり(3)、また本書第一部第二章においても幕府との関わりで言及したため、ここではいまだ明らかとなっていない永田氏の経済基盤に絞って解明することとしたい。

佐々木永田氏は、『尊卑分脈』によれば西佐々木の祖高信の子胤信から始まり、胤信・長綱・有綱まで記載する。『尊卑分脈』は胤信の肩に「長田」と記すが、中世の一次史料からは永田氏は「永田」としかでない。これは佐々木越中氏が後世に高嶋氏と認識されたのと同様の理由によるのであろう。現在みられる『尊卑分脈』は、現在までに何度も転写・書き加えがなされたものであるから、この肩書部分は後世に、永田氏が「長田」と認識されて書き加えられた部分と考えられる(4)。

一次史料に現れる永田氏の初見は、建武四年（一三三七）八月付鴨社祝鴨秀世重訴状に高嶋郡高嶋庄をめぐって発向された、室町幕府の両使の一人「永田四郎信氏」からである(5)。翌年、吉野の南朝勢力追討に守護京極高氏から軍勢催促された「永田四郎」も信氏のことで、彼が永田氏惣領なのだろう(6)。「四郎」を通称としている点から、『尊卑分脈』に長綱の弟として載せる四郎貞綱、その子四郎長信の系統が永田惣領職を継ぎ、四郎信氏へと繋がる可能性が高い。

永田氏の本貫地は、高嶋郡音羽庄永田（現高島市永田）で、現地にはその居城跡がある(7)。音羽庄は高嶋郡の最南部に位置する。その領有関係は、長保三年（一〇〇一）に平惟仲が白川寺喜多院（後の寂楽寺）に施入したことに始まり、治承三年（一一七九）までに山城禅林寺（永観堂）に、次いで建久年間（一一九〇―九九）までに近江石山寺へと領有権が移った。そののち文永五年（一二六八）までに桜井宮門跡となり、桜井宮門跡を継いだ円満院（園城寺末）が領有することとなった。観応三年（一三五二）三月には再び石山寺領として音羽庄がみえ、足利義詮から同庄等の入免等への軍勢の濫妨、兵糧賦課を禁止されている。(8) これらの領有が地頭職・領家職どちらを指すかは不明である。翌月二日、「山門一揆衆中」は音羽庄地頭職・若狭国河崎庄・越前国主計保を「勲功賞」として足利義詮から宛行われた。(9) 河崎庄が河崎大蔵左衛門・同庶子等跡を、主計保が豊田修理亮跡であることが注記されており、これらの地は観応の擾乱で敵方であった足利直義方の所領が没収されて宛行われたものと考えられる。音羽庄にはこのような注記がないことから、直義方の没収地ではないことが分かる。これ以降、音羽庄地頭職は山門が持つこととなり、その「給主」山徒護正院と円明坊とが争いながら織豊期までその支配は継続された。

図8　『尊卑分脈』所載の長田（永）氏系図

- 高島 高信
  - 泰信（高嶋・平井）
  - 頼綱（横山・田中・朽木）
  - 長田 胤信（長田七郎）
    - 長綱（左衛門尉）― 有綱（三郎）
    - 貞綱（長田四郎）― 長信（四郎）
  - 女子
  - 女子

ではこの様ななか、永田氏はどのような所領支配を展開していたのであろうか。永田氏が音羽庄内永田を本貫地としていることを考慮すれば、その所在の明確でない鎌倉時代の音羽庄地頭職を保持していた可能性は指摘できようが、いずれにしろ室町初めには、地頭職は山門が保持していた。永田氏は本貫地の地頭職を保持できない状況下、さらに追い討ちがかかる。

〔史料1〕

寄附

北野宮寺

近江国高嶋郡永田上総介跡事

右所寄附当社之状、如件、

応永廿八年六月三日

従一位源朝臣（足利義持）御判

（「法花堂記録」[10]）

応永二十八年（一四二一）六月、将軍足利義持は永田上総介の所領を没収し、北野社へ寄進した（史料1）。これにより永田氏の経済基盤は、一から立て直さなければならなくなった。この時、永田氏だけでなく田中氏・横山氏もその所領が没収されており、将軍義持の勘気に触れる何らかの行為があったものと考えられる。所領没収の理由を直截説明する史料もなく、その理由を説明するのは困難を極めるが、没収・寄進がなされた応永二十六～二十八年という時期は、将軍義持にとっても特異な政策を行った時期であった。最近の清水克行氏の研究によれば、この間義持は四回にも亘る禁酒令を発令したという。彼は自らの周辺を、理想とする中国禅の世界に近付けるため、禁欲主義的教化政策をとり、禁酒令を布き、麹専売の特許を北野社へ独占させることにより、酒の生産量をも減少させようとした。その対象は宗教者から始まり次第に俗人にまで及び、起請文まで書かせて強制的に禁酒を誓わせ、飲酒がもとで逐電した僧侶もいた[11]。田中・永田・横山各氏の所領没収は、まさにこの禁酒令が俗人に及んだ時期にあたり、彼らが禁酒令に抵触したことで義持の勘気に触れ、所領没収された可能性が考えられる。没収された所領の社寺への寄進史料しか残存していないが、時期的にみて義持の禁酒令くらいしか所領没収の理由を説明する材料はなく、一つの可能性として提示しておきたい。

この幕府による所領没収により、永田氏はその経済基盤を失った。そのため永田氏は、新たにその経済基盤を築いてゆかなければならなかった。

〔史料2〕

一、円明兼澄代　　　　　　（文明六年）
同前（飯加＝飯尾為信）　一　八　廿三

知行分江州高嶋郡内音羽庄代官職事、自去年佐々木永田弾正忠（親綱）仁契約之処、就算用構新儀之間、以古算用状問答之処、令承諾、調算用状、既乍加判形、更違変之由申之、

（「政所賦銘引付[12]」）

〔史料3〕

一、円明兼澄代　　　　　　（文明十二年）
布野州（布施英基）　一　六　七

知行音羽五个庄代官職事、佐々木永田弾正忠（親綱）ニ契約之処、変約諾了、可被遂算用云々、

（「同」）

永田氏は、音羽庄地頭職を持つ山門山徒の代官になることで本貫地との関係を保った。〔史料2〕によれば、文明五年（一四七三）に永田親綱は音羽庄代官職に補任された。しかし契約に背き新儀の算用を行ったため、地頭の山徒円明坊兼澄は古算用状を示し親綱と問答したところ、一度は親綱も承諾し、親綱の判形も得た。それにも拘わらず親綱は、再度新儀の算用を行ったため、地頭方の山徒円明坊兼澄代により、幕府政所へ訴えられた。文明十二年にも同様の訴えがなされているため、永田親綱の新儀の算用はその後も続いていたものと考えられる（史料3）。文明六年

の訴えでは「自去年」契約としているが、こういった契約は恐らくはそれ以前から行われ、度々更新されていたのではないだろうか。永田氏は地頭代官職に就くことで、本貫地における経済基盤を得たのである。しかし山門代官としてでしか本貫地を支配できず、代官職改替という不安を常に持ち続けなければならなかった。

このような経済基盤の脆弱性を、永田氏は地頭である山徒との繋がりを強固にすることで克服しようとした。〔史料2・3〕に見える如く、山徒円明坊とは代官契約を結ぶという関係を持った。円明坊は、同じく山徒の護正院と「音羽庄并志賀・穴太人足等」をめぐり争っており、大永二年（一五二二）に一度幕府から折中し半分知行するよう判決が下されたが、最終的に同八年に護正院の全面勝訴となり、音羽庄は護正院が知行することとなった。[13] このような経緯によるのであろう、慶長六年には護正院は永田姓を名乗っていることから、永田氏はその後、護正院との関係を深め、永田氏から同院主を輩出するまでになったものと考えられる。[14]

この文明年間は、同じ西佐々木の能登氏と共に湖東へ商業利権を求め進出しようとした時期であり、また田中・朽木両氏とも関係を深め、一時的に将軍出行時の随兵を勤めるまでに至った。[15] しかし六角氏と対立する形での湖東進出に失敗したため、明応頃から庶流が湖東へ移り住み、守護六角氏の被官となることで、逆に六角氏との関係を深めてゆく。[16] この湖東に出てくる永田氏が湖西の永田一族であることは、『親俊日記』天文八年十一月十三日条に、京都細川晴元亭を訪れた六角定頼の「相伴衆」に「永田《西佐々木》刑部少輔《(景弘)》殿」と記されていることから確かである。天文期、湖西の永田氏惣領は「永田伊豆守」であり、湖東で六角氏被官として活躍する永田景弘は庶流と考えられる。[17]

湖東の永田氏庶流は、明応頃からその活動が窺える。明応三年（一四九四）八月に湖東の愛智郡香庄の所務を「永田源次郎」は六角高頼から安堵され、[18] さらに彼の子猿菊は、高嶋郡河上庄内鴨野今新田を「給分」として高頼から宛行われている。[19]六角氏被官となることにより永田氏庶流は、湖東と湖西の双方に所領を持つことができた。ただ翌年早くも河上庄内鴨野今新田は朽木氏により「違乱」されており、その支配は安定的ではなかった。[20]そのため永田氏は現地の年貢徴収を朽木氏に任せ、自らはその得分を得るようにした。というのも大永四年の河上庄地頭方年貢米算用状からは、この年の地頭方年貢四一五石余のうち、二二石五斗が「備中殿」＝湖東の永田備中守高弘の許へ渡っている。[21]後欠のため詳しいことは分からないが、この算用状を朽木方が作成し、その用途を示したものであるとするならば、永田高弘への二五石五斗は、永田氏の同庄からの得分と考えられ、年貢を朽木氏が徴収し、その得分を永田氏が得るシステムになっていたものと考えられる。永禄期の河上庄には、「高嶋河上七頭之衆」と呼ばれ、[22]西佐々木七氏が代官として共同統治していたが、永田氏と河上庄との関わりは、庶流家との関わりだったのである。

湖西の永田氏はこの他にも、音羽庄の北西に位置する高嶋郡仁和《にわじ》寺庄の代官職も入手した。

〔史料4〕

家領当郡（近江国高嶋郡）仁和寺庄年貢無沙汰之条、先年被成御下知押置之処、代官永田種々以懇望之儀、堅及請文之条、得其意之処、其以後又背請文之旨、年々無沙汰之間、令改易、為直務差下上使候、猶自然之儀者、被得其意候者、可為祝着候、恐々謹言、

九月廿六日　（日野内光）（花押）

佐々木朽木殿

（朽二九二）

〔史料4〕は、約一か月後に発給されたと考えられる十一月六日付古川守国書状に、「一、仁和寺儀、従日野殿御書并副状上申候、各へも同前ニ参候」[23]とある「日野殿御書」に当たり、古川守国が永正十五年（一五一八）から大永三年

（一五二三）にかけて史料に見える人物であることから、一五二〇年前後のものと推定できる。[24] これに拠れば、永田氏は日野家領高嶋郡仁和寺庄の代官を務めていたが、年貢を無沙汰するため、一度改易させられそうになり、請文提出により再任される。しかし再度の違背で改易させられた。「年々無沙汰」とあるため、数年来代官を務めてきたのであろう。同庄は御室門跡と日野家が知行をめぐり争っており、日野家が永田氏を代官に補したのも、現地支配を確実にするためであった。[25] 仁和寺庄は、「田中郷十ヶ村」の一村である仁和寺村（現高島市安曇川町田中）付近の庄園と考えられる。

永田氏の仁和寺庄代官罷免は、一時的なものであったようで、天文頃と推定される日野晴光書状によれば、仁和寺庄の年貢を抵当に借金をし、商人と考えられる貸主伊藤氏が直接現地の年貢を受取るようにした。[26] この書状には、「此代高嶋仁和寺分、永田方へ被申談、押可被取候」と記しており、伊藤が直接永田氏と掛け合い、年貢を押し取ることが求められている。この書状を分析した菅原正子氏も指摘するように、日野家はすでに仁和寺庄の現地支配を放棄している。[27] 仁和寺庄は結局、永田氏に実力支配された。

以上、永田氏の経済基盤の特徴は、本拠地音羽庄が代官職しか保持できず、文明期に近隣の土豪・問屋等と共同して交通・流通支配をめざし、湖東へ進出するが失敗し、以降は庶流を湖東六角氏の被官として移住させることで、それまでとは逆に六角氏との関係を強化した。これにより庶流は湖東・湖西へ六角氏から給分が与えられることとなった。湖西の嫡流は、音羽庄地頭の山徒護正院との一体化を目指し、近世初頭には院主を輩出するまでにいたる。また音羽庄代官の他、日野家領仁和寺庄の代官となり、最終的には実力支配してゆく。代官職しか保持し得ない永田氏嫡流の経済基盤は、非常に脆弱なものでしかなかったと判断される。[28]

第二節　佐々木能登氏の存在形態

佐々木能登氏については第二章において、十四世紀後半に将軍出行時の随兵勤仕が見られなくなる時期に、流通の要地である安曇川河口へと拠点を移し、元居住していた土地を放出している事実から、その所領経営及び拠点移動と将軍出行時の随兵勤仕との関連を指摘した。本節では、どのような理由で室町初期、越中・朽木氏と共に能登氏が将軍出行時の随兵を勤仕できたのか、また拠点移動後の所領支配について検討する。

一　能登氏の系譜　――鎌倉時代の能登氏――

能登氏は室町時代、安曇川御厨の地頭として安曇川河口の北船木に居住した、西佐々木同名中の一人である。その出自については諸説あり、いまだ明確な系譜関係は明らかでない。基本となっているのは一九二六年刊行の『高島郡誌』の説明で、その後の市町村史にそのまま取り入れられた。『高島郡誌』は次の様に記している。

能登は元は平井氏なり。師綱、平井村に居りしより家号とす。(中略) 能登の居城は北船木村にあれば夙に平井村は去りしなるべし。師綱の子時綱を一の系図に能登守とあり。猶其子孫に能登守たるものありて能登を家号としたるなり。(中略) 平井を称したるもあるを知るべし。(後略)　(五二六頁)

『高島郡誌』では、能登氏はもともと平井村(現新旭町平井)に居住する平井氏であり、平井村から北船木村へ移り、能登守を受領名としたことから能登を家号としたとする。[29]『高島郡誌』のいう「一の系図」を特定することはできないが、この系図を根拠に、平井師綱の子孫が能登守に任官し、能登を家号としたとしているに過ぎない。平井氏の後

図9『尊卑分脈』所載の高嶋・平井・京極氏系図

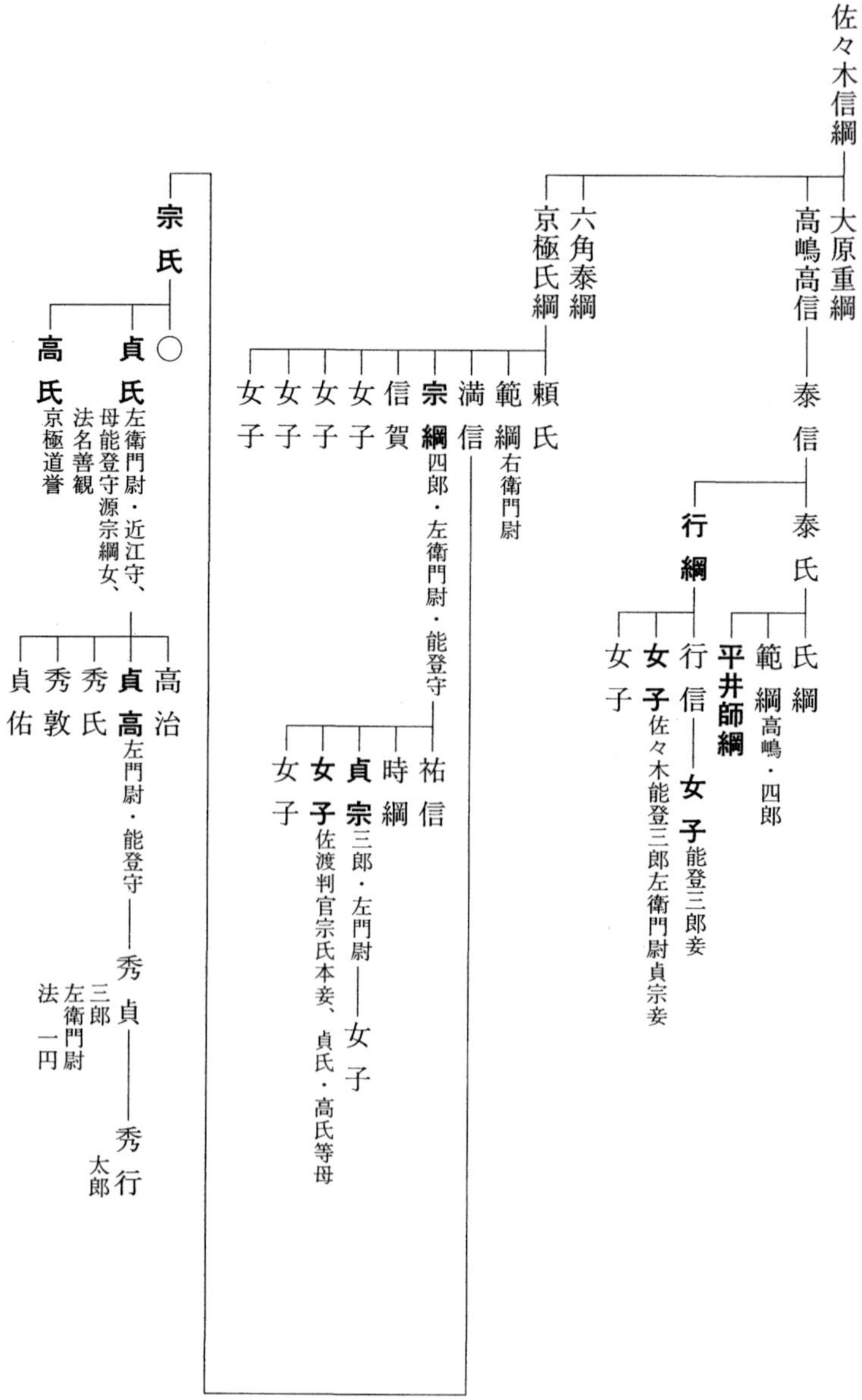

※本文引用人名についてはゴチックで表記。

裔が能登氏であることを証明するだけの一次史料は管見にはない。そのため系図類を手がかりに考察せざるを得ない。『尊卑分脈』によれば、平井氏と非常に近い血縁関係を持ち、「能登守」を官途にもつ家との繋がりが窺える（図9参照）。それは平井師綱の叔父佐々木行綱の子や孫である。行綱は父泰信とその妻妙語との間に生まれた子であった。彼には所領高嶋本庄案主名・後一条が譲られることとなっていたが、父に背く不孝者であったため勘当され、所領は従兄弟の横山頼信へ譲られた[30]。そのため彼の所領はほとんどなかったか、あっても狭小なものであったものと考えられる。このような彼の生い立ちは、必然的にその子を有力者のもとへ嫁がせることとなったものと思われる[31]。

行綱の長女は「佐々木能登三郎左衛門尉貞宗妾」、孫女は「能登三郎妾」と注記され、彼の又従兄弟の佐々木貞宗に嫁いでいる。貞宗は父を宗綱に持つ京極氏の嫡流である。宗綱は弘安四年（一二八一）に幕府引付衆に加えられ、同八年の霜月騒動では安達泰盛一族を追討した功績により従五位下・能登守に叙任された人物である[32]。その子貞宗は、父の「能登守」にならい「佐々木能登三郎左衛門尉」と「能登」を名乗る。『尊卑分脈』によれば、宗綱の長男祐信は不孝者であったため父の遺産配分を受けず、次男時綱は早世、三男貞宗は「雖為嗣嫡依無男子不継之」と嫡子であるにも拘わらず、男子がいなかったため家を継がなかった。『続群書類従』所収の「佐々木系図」によれば、貞宗は嘉元三年（一三〇五）に十九歳で死去したという。この後、京極庶流の高氏が、「養父貞宗」の跡を継いだ[33]。西佐々木の嫡流越中氏は、京極氏嫡流で能登を称する宗綱・貞宗と姻戚関係を結んだのである。

宗綱には、庶流の宗氏に嫁ぎ、貞氏（左衛門尉・近江守）・高氏を生んだ娘がいる。京極高氏の兄貞氏には、「左衛門尉」「能登守」に任官した子貞高がいた。貞和元年（一三四五）八月の天龍寺供養での足利尊氏の「帯刀」として随行した「佐々木能登守」は、年代的に彼の可能性が高い[34]。京極嫡流を継いだ高氏を叔父にもつ貞高が、将軍出行時に随行したのである。

この貞和元年の「佐々木能登守」や、応安五年（一三七二）二月の将軍足利義満の六条新八幡宮・北野社・祇園社への社参に「御調度」役として随行した「佐々木能登四郎右衛門尉」、その三年後の永和元年正月に幕府の評定始の「御荷用」を勤めた「佐々木能登三郎左衛門尉」は、その通称（四郎・三郎）・官途（左・右衛門尉）・受領名（能登守）から、先の京極宗綱系一族との関係を想定せずにはいられない[35]。室町初期に将軍近習として、幕府諸行事での諸役勤仕や将軍出行時に随行できたのは、鎌倉幕府の引付衆にまでなった京極嫡流を継いだ、高氏を弟にもつ家であったためである。

高氏の兄貞氏の系統と高嶋郡の能登氏とを結ぶ直接の史料はない。応安二年に高嶋郡平井の地を売った「能州九郎左衛門尉師信」と、三年後将軍義満の出行に随行した「佐々木能登四郎右衛門尉」、さらにその三年後、幕府評定始の「御荷用」を勤めた「佐々木能登三郎左衛門尉」、この三者の間には「能登」を称する共通点があるのみである。三郎・四郎・九郎という通称からは、彼らは兄弟か親子であったかもしれない。将軍出行時の随兵勤仕・評定始の「御荷用」を勤める能登氏はこれ以降見えなくなり[36]、この頃を境に高嶋郡での能登氏の活動が窺えるようになる。そして文安年間に至り「西佐々木七人」の一人に「佐々木能登」が登場する。これは京都で活躍する京極の流れが、養子・縁組等の姻戚関係もしくは所領の相続等何らかの事情で、近江高嶋郡の地へ入ってきたことを示すのではないだろうか。確実な史料のない能登氏の出自については、これ以上明らかにすることは難しい。

二　拠点の移動とその政治動向

京極氏との関係が想定された能登氏は、十四世紀後半に流通の要地北船木（現安曇川町北船木）へ拠点を移す。拠点を移す理由として、能登氏（「能州九郎左衛門尉師信」）は応安二年に自身の所領の一部を売却していることから、その財政状況が思わしくなく、流通拠点の移動はその打開策であったと推察される。北船木は安曇川河口部分の琵琶湖岸に面した地にあり、安曇川支流の北川と安曇川との間に挟まれた「輪ノ内」と呼ばれる地である。(37)この地は安曇川河口部にあたるため、朽木谷など上流の山間部から狩り出された筏を南隣の横江浜との間にある松ノ木内湖に集め、湖上を通って大津へいたる筏の集散地となっていた。至徳三年（一三八六）七月に、近江守護六角氏が能登氏と守護代的位置を占めていた伊庭満隆に対し、高嶋郡の横江浜で伊庭氏の被官助太郎衛門と三郎が青蓮院門跡の材木筏六組を抑留したのを解除するよう命じているのも、安曇川を下ってきた材木筏が横江浜で集められていた状況を示している。(38)さらにこの地は琵琶湖対岸の沖の島に非常に近く、建武五年（一三三八）には朽木頼氏が湖東の南朝軍を攻めるため、横江浜に陣取ったところ、逆に沖の島に在陣した南朝軍により夜襲をかけられているのも、その近さ故であろう。(39)対岸とも比較的近く、木材流通の拠点でもあることから、北船木・横江浜付近には、湖上に船木関（平井・中浜・横江浜の三か所）も設置されていた。(40)このように北船木は、湖東とも近く、交通・流通の要衝ともいえる地だったのである。明応六年（一四九七）七月の北船木の若宮神社造営に関する棟札には、「地頭殿能登守長綱」とあることから、能登氏は安曇川御厨の地頭としてこの地の支配に臨んでいた。(41)

至徳三年と同様の遵行は、この他にもいくつか挙げることができる。

〔史料5〕

山門根本中堂造営料所近江国音羽庄事、御施行如此、早任被仰下之旨可沙汰付護正院兼全代之状如件、

永享七年十月廿五日　沙弥（守護六角満綱）

能登中務入道殿

田中式部丞殿

（「永田一馬氏所蔵文書」[42]）

永享七年（一四三五）十月四日、高嶋郡音羽庄が山門根本中堂の造営料所として将軍足利義教の御判御教書で護正院兼全に奉行が命ぜられると、十三日付で管領細川持之から近江守護六角満綱へ護正院兼全の代官へ沙汰付するよう遵行され、さらにそれは二十五日付の六角満綱の施行状により、能登中務入道と田中式部丞へ現地での沙汰付を行うよう命が下された[43]。ここでは、能登氏が田中氏と二人で遵行を行っている点が注目される。田中氏との行動は、翌年の志賀郡小松庄と高嶋郡音羽庄との山堺相論でも窺える。相論は、幕府の「伊勢殿」（政所）に裁定が持ち込まれ、湯起請によって小松側勝利となり、九月十日に将軍家御教書が発給された。二十四日には守護六角満綱から能登中務入道・田中式部尉（丞）の両氏に命があり、両氏の使者が現地を訪れ幕府の裁許に基づき境を確定した[44]。永田氏（護正院）の本拠地高嶋郡音羽庄をめぐる問題は、近隣の田中・能登両氏による両使遵行でなされたのである。

文安年中（一四四四―四九）作成の番帳「文安年中御番帳」には、その外様衆に「西佐々木七人」「在京人」として「佐々木能登守」も記載されており、他の「西佐々木七人」と同じく外様衆として幕府に編成されていたことが分かる[45]。こうした能登氏の「在京人」としての活動は、寛正六年（一四六五）十一月二十三日に将軍足利義政の子（後の足利義尚）が御台所御産所で生まれ、義政が御産所へ渡御した際、諸氏が群参奉賀するなかに「佐々木能登」が義政に太刀を進上している点に僅かながら窺うことができる[46]。

文明四年（一四七二）、高嶋郡内の鴨社領闕所に関わる争いの調停に管領細川勝元の口入れを求めた連署状では、能登氏を除く西佐々木六氏が署名している。[47] ここで能登氏が含まれないのは、能登氏が鴨社領闕所をめぐる本件の当事者として関わっていたためである可能性が高い。同様に大永二年（一五二二）には「佐々木能登修理亮」等の西佐々木の面々に、保坂関の小林国家分押妨を停止させるよう幕府から命ぜられている。[48]「西佐々木七人」は幕府から現地遵行を連合して期待される存在として機能していた。

文明六年二月に能登氏は伊勢正鎮から幕府に訴えられた。それは「佐々木能登守持秀息弥三郎長綱」が伊勢正鎮から具足を二〇貫文で買い受けるというので、具足を遣わしたところ、後日、能登氏の「若党土田」某が書状を持ってきて、能登としてはそのことについて一向に存知していないと言ってきたからであった。[49] ここからは、土田という若党の存在、明応六年に「能登守長綱」と見える長綱の通称が「弥三郎」で、その父は「佐々木能登守持秀」であったこと等が判明する。

文明期の能登氏は湖東へも進出しようとしていた。能登氏は西佐々木の一人永田氏と海津の土豪饗庭氏、今津の問屋松本氏ら湖岸の在地領主・土豪等と家格を超えて連合して湖東へ進出し、守護六角氏に対抗して、交通・流通支配へ関与しようとした。[50] しかしこれ以降、舞台となった湖東奥嶋・長命寺門前中庄で彼らの関与が窺えなくなり、能登氏の湖東進出は失敗した。こういった能登氏の交通・流通への関与は、明応以前に九里半街道沿いの保坂関に新関設置を試みたり、永正期には「七頭之面々」が「北近江関所十二ヶ所」を支配している点に窺える。[51]

能登氏は文明期の湖東進出に失敗すると、それまでとは逆に湖東の六角氏との関係を深めていった。天文期に六角定頼の「内者」として定頼の使者を勤める「能登右馬允」は、この時期の嫡流に「能登守定持」がいることから庶流と考えられる。[52] ただし庶流は六角氏内者として活躍するが、嫡流は幕府外様衆として活動しており、天文八年十月に将軍足利義晴が京都六角定頼邸へ御成を行った際には、「西佐々木能登」は将軍の馬を牽く役を勤めている。(53) 能登氏と六角氏との関係はその後も続く。永禄期に見え、従五位下相当の官途名、実名に「高」字を含む事から、能登氏最後の惣領と考えられる「能登宮内少輔高持」は、六角氏と対立していた浅井一族の浅井掃部助の六角方帰参の仲介の労をとっており、六角氏に近い立場をとる能登氏の姿が窺える。(54)

三　領域支配の展開

明応六年（一四九七）七月十八日、「地頭殿能登守長綱」は「船木北浜郷」の若宮権現社を造営した。(55)「能登守長綱」は、文明六年に「能登守持秀」の子「又三郎長綱」とでてきた人物で、この時「能登守」に任官していることから、能登氏惣領となっていたものと考えられる。若宮権現社は、四年前の明応二年六月八日に「事始」を行い造営に掛かっていた。明応二年六月といえば、その前年に将軍足利義材による六角高頼征伐が行われ、高頼らを伊勢へ追い遣り一応の近江平定を見、十二月に故六角政高の猶子となっていた「西佐々木越中守息八郎」が守護に補任され、西佐々木同名中から初めて近江守護を輩出した時期であった。越中八郎の守護職は、若宮権現社の造営「事始」を行ってから、僅か二十一日後に明応の政変が起こり、解任させられた。守護在任は短期に終わったが、能登氏が若宮権現社の造営を始めたのは、まさにこれから西佐々木の一族が近江国守護として国を支配してゆこうとしていた時期にあたる。(56) 西佐々木のうちから守護輩出という機運のうちに神社の整備を行い、越中氏の守護解任後も造営は継続された。

この棟札には、地頭能登氏を頂点に、「時の神主」「老」等名字を持つ侍衆、その下に「国衆」と呼ばれる百姓層が「殿原方」「百姓方」に分かれ若宮神社に結集している。そこに「領域内の階層秩序の核」として存在する鎮守寺社の姿をみる見解もある。(57)若宮神社の造営が能登氏によって継続されたのも、領域支配の核に関わる問題だったからであろう。橋本鉄男氏の研究によれば、北船木にはもと五郎社（現在は若宮神社の末社）のみがあったが、能登氏により若宮権現社が勧請されたことを推測している。(58)若宮が五郎社に対する呼称と考えられることからも、傾聴に値する指摘であろう。能登氏が地域の核となる社寺造営を行うようになっている点、地域の支配者としての成長を読み取ることができる。そして十六世紀初め、能登氏はついに書下を発給するようになる。

〔史料6〕

善興寺下司職八段小廿四歩之事

山上・国方之儀、雖押申候、従先祖御知行無相違之由、被仰披候間、必□返付申候者也、殊山上ニテ相副補任状、重申候上者、永代無相違、可被御知行全者也、仍為後日状如件、

永正五年（一五〇八）戊辰十一月　日　能登五郎左衛門尉高勝（花押）

定林坊　御坊中

（「饗庭昌威氏所蔵文書」）

これは定林坊が持つ善興寺下司職とそれに付随する土地が、「山上」＝比叡山延暦寺および「国方」＝近江守護により取り上げられた事につき、能登高勝が比叡山に掛け合い返付させるとし、定林坊に安堵したものである。高勝は、明応五年と推定される八月二十二日付能登高勝書状において「能登又五郎高勝」と出る、六角氏と朽木氏との仲介役を担った人物である。(59)同年同様の仲介者に「能登四郎右衛門尉」も存在する。(60)明応六年には能登氏惣領能登守長綱がいるため、高勝・「四郎右衛門尉」は能登氏庶流と考えられる。彼らの通称・官途名が「又三郎」（長綱）、「四郎右衛門尉」（某）、「又五郎（のち五郎左衛門尉）」（高勝）である点を考慮すれば、長綱の弟と見做せる。何らかの事情で、

永正期には長綱の跡を一時期高勝が継いでいたか、家政を切り回していたものと考えられる。(61)定林坊は十五世紀終わりから十六世紀にかけて高嶋郡において勢力を伸ばした、海津の饗庭一族と考えられている。(62)能登・饗庭両氏は文明年間、共同して湖東へ進出しようとした仲である。定林坊は能登氏の安堵を受ける事により、比叡山に没収された職と土地を所持する正当性を得たのである。書下＝直状は守護クラスの武士が発給する文書形式で、すでに文明期には朽木氏が使用している。(63)能登氏が書下を使用している事は、永正期には守護クラスの領主に準じた格式をもって領域支配に臨んでいたことを示す。

このような能登氏独自の領域支配の展開は、さらに高嶋郡内の河原者へも「課銭」する、という状況に窺える。

〔史料7〕

禁裏御庭者小法師小五郎等申江州高嶋郡中皮役事、為御給恩于今無其煩之処、被官海津・石橋河原者号被相懸課銭、難渋之間、有名無実云々、以外次第也、如先々厳密可致沙汰之旨、堅可被加下知、若猶背御成敗者、可被処罪科之由、被仰出候也、仍執達如件、

永正十(一五一三)

九月十二日　　基雄《斎藤》

　　　　　　　英致《松田》

佐々木能登弥二郎殿

（「守光公記」永正十年九月十六日条）(64)

禁裏御庭者小法師とあるように、小五郎は禁裏の清掃や樹木の手入れ等に携わる者である。(65)「高嶋郡中皮役」とは、禁裏から「御恩給」として小五郎等が得た、高嶋郡中の河原者に対する皮役賦課権を指す。(66)すなわち文意は、禁裏御

庭者の小法師小五郎等は、恩給として高嶋郡中の河原者への皮役賦課権を得ていたところ、彼等の被官である海津・石橋の河原者が、能登氏からの「課銭」のため諸役の納入に難渋している、と幕府に訴えた。そのため幕府は、佐々木能登弥二郎に賦課停止を厳命した、となる。海津（現高島市マキノ町）は琵琶湖から越前敦賀へ抜ける七里半街道の通の基点で交通・流通の拠点、石橋（現高島市安曇川町三尾里。旧三尾里村の枝村）は湖東の保内商人と九里半街道の通行で対立した五ヶ商人の一つ高嶋南市商人の拠点である高嶋南市の南隣で、いずれも交通・流通の拠点と関わりの深い場所である。海津の河原者に「課銭」するということは、能登氏の海津との関わりを想定すべきで、その背後には、これまで共同で湖東へ進出し、また安堵状を求める海津の饗庭一族の存在があったからであろう。河原者の言い分である点注意を要するが、能登氏は海津・石橋の河原者に「課銭」を賦課しようとした。どういう権限をもって賦課したのかは問題であるが、交通・流通の拠点を押さえ、河原者にまで諸役を賦課しようとする能登氏の性格の一面が窺える。

その後の能登氏については、天文四年（一五三五）四月十三日付若宮権現社本殿上葺棟札に記されている「地頭殿能登守定持」、次いで永禄頃の「能登宮内少輔高持」を最後に、史料から窺えなくなる。(67)

小括

以上、佐々木能登氏の出自およびその存在形態について明らかにしてきた。明らかになった点を整理しておこう。

① 佐々木能登氏の出自は西佐々木の祖高信にあるが、鎌倉末～室町初めまでは佐々木京極氏の系統に受け継がれ、この系統が高嶋郡と何らかの関係をもって安曇川御厨の北船木を本拠に活動したのではないかと推定した。

② 応永期に安曇川河口で流通の要地である北船木に拠点を移すと、幕府からは能登氏の遵行能力に期待し、しばしば命令が下った。とくに田中氏と共に両使遵行を行うことが多く、西佐々木のうちでも田中氏との関係が注目された。

③ 文明期には、湖岸の在地領主達と連合して、六角氏膝下の湖東へ進出する動きを見せるが失敗した。そして一転して六角氏に接近し、天文期には庶流に六角氏の内者を出すまでに至った。

④ 能登氏の所領支配の特徴として、西佐々木から守護が輩出するという機運のなか、領域支配の核となる若宮神社等を勧請・造営し、十六世紀に入ると守護クラスが発給する書下を発給するようになる。そして交通・流通の拠点を押さえるという性質から、交通の結節点に存在する海津や石橋の河原者にまで諸役を賦課した。その背景には、海津の土豪饗庭氏との関係が推測された。

安曇川御厨くらいしかまとまった所領が検出できない能登氏であるが、交通・流通の拠点を押さえ、土地支配ではない、物流に基盤をもつ能登氏の姿が浮かび上がってくるのである。

第三節　佐々木横山氏と横山郷

本節では、西佐々木七氏の一つ佐々木横山氏を扱う。横山氏は、朽木氏の本拠地朽木庄に隣接する高嶋郡横山郷を本貫地とする在地領主である。同氏は、「高嶋七頭」の一氏として湖西を代表する家であるが、越中・田中・朽木各氏のように有力な存在ではなかったようである。横山氏が西佐々木七氏に加えられる理由、およびその存在形態はいかなるものであったのか。本節ではこの点を解明する。

一　鎌倉時代の横山氏

1　横山郷と横山氏

横山氏の史料上の初見は、正応五年（一二九二）推定の閏六月二十八日付「よこ山《（横）》のさへもん《（左衛門）》殿」宛の尼妙語書状である。[68]四年後の妙語書状にも「よこやまとのへ」とあり、十三世紀末には既に横山姓を名乗っていたことが分かる。「よこ山のさへもん殿」とは、「横山出羽三郎左衛門尉頼信」[69]のことで、父は佐々木頼綱、朽木氏の祖義綱、田中氏の祖氏綱とは兄弟である。正応五年十二月五日付の父佐々木頼綱置文案には、もし子供がなかった場合、その所領は兄弟三人の子孫すなわち頼綱子孫の間に譲り、他人への譲渡を禁止し、他氏への流出を防ぐことを誓わせている。[70]

尼妙語は、横山頼信の伯母で佐々木（越中）泰信の室である。彼女が地頭職を持つ高嶋本庄付地案主名・後一条は、当初彼女の子行綱へ譲る予定であったが、行綱が父泰信に背く不孝者であったため勘当され、甥の「ては《（出羽）》の三郎さゑもん《（左衛門）》よりのふ《（頼信）》」へ譲ることとなった。譲与を四か月後に控え彼女は、彼女の娘「せんにち」（勘当され尼となり「みかハ」[71]で育つ）が勘当を解かれ帰ってきたため、案主名・後一条のうち、案主名内に小名田を「せんにち」へ与えたい、と横山氏へ相談した。[72]二年後頼信は、鎌倉幕府から案主名・後一条の安堵を受ける。[73]これにより越中氏の所領の一部が、横山氏のもとへ流入することとなった。

この地はその後、嘉元二年（一三〇四）八月に頼信から娘の愛寿御前へ譲られたが、愛寿御前に子供が生まれなかったため、元徳元年（一三二九）十月に至り、御前一期ののちは「道定」（＝横山頼信の出家名）が幼少のころから養子として育てていた「おとしゆ丸」に同地を譲ることとし、三年後に譲渡された。[74]「おとしゆ丸」への譲状には、「たかしまよこやまのうち御あすに申をく」とあり、愛寿《(愛寿)》御前が横山郷に居住していたことが判明する。また頼信がその娘に所領を譲渡し、その娘に子がなかったため、彼の養子に所領を譲渡していることからすると、横山氏は初代において、早くもその直系は途絶え、養子による家の継承がなされたものと考えられる。

案主名・後一条はその後、横山氏の手を離れ、最終的には朽木氏のもとへと移ってゆく。妙語の書状等の正文が「朽木文書」のなかにあるのも、手継証文として残ったためである。「おとしゆ丸」への譲渡からわずか七年後の暦応二年（一三三九）九月には、先に勘当されて同地を譲与され損った佐々木行綱の娘尼心阿と、朽木義信とが同地をめぐり相論となり、和与に至る。和与状によれば、心阿は「関東安堵御下文・御下知并六波羅御下知・次第手継等」を所持し、義信は関東安堵外題証文等を備えていた。義信が建武四年（一三三七）正月二十日に同地へ打入り乱妨狼藉を働いたため、心阿方が室町幕府へ訴え、三問三答の末、「為義信一族」め和与となり、心阿方が「案主職・同名田」を、義信方が後一条を得ることとなった[75]。

「おとしゆ丸」への譲与後、わずか五年後には既に案主名・後一条は彼の手を離れていた。手継証文などを所持している点から、「おとしゆ丸」が死去するなど、何らかの理由で尼心阿が案主名・後一条を得たものと考えられ、元服前の子供や尼による支配を狙って、義信が押領を図ったのであろう。結局、横山氏は案主名・後一条を手放すこととなった[76]。

2　横山郷の支配

横山氏の本拠地は高嶋郡横山郷（現高島市武曾横山）である。この地は、永仁二年（一二九四）十二月二十三日付[77]と推定される六波羅下知状によれば、地頭職は鎌倉初期に大江広元がなり、次いで佐々木広綱に改補されたが、承久の乱で京方に付いたため「京方之咎」により収公され、新たに新補地頭として佐々木「近江守信綱法師」（広綱の弟）が拝領し、それを横山頼信が伝領したとある。(78)

同下知状によれば、同郷には日吉一切経保田四〇町（本免二〇町・新免二〇町）があり、それは「新長講堂并内親王御菩提料所」であった。四〇町以外は国衙領であったが、どれくらいの規模かは不明である。この一切経保田については、領家雑掌道円と横山郷地頭横山頼信の代官宗成との間で相論が起こり、永仁三年に六波羅探題により裁定がなされた。鎌倉時代の横山郷の状況が窺える事例であるため、相論の経緯と結果を以下にみてみる。

まず「保田四十町下地事」として、雑掌方の解状には、「本名主等」が安貞年間（一二二七―一二二九）に三分二を領家方へ避進し、三分一を地頭方へと避出した。しかしその後、地頭が「新田がある」と称して領家分の作田を押妨し、また「山野」に乱入し「用木」を伐取り、「屋敷・竹垣内・樹木」を奪い取ったと云う。

これに対して前地頭代の源智の陳状には、安貞年間の名主等の「出田注文」のとおり領家方三分の二について地頭は関与していない。ただし「内検」を遂げた時、荒野を開発し新田が出来たので、慣例に任せ地頭がその部分について進止したことは当然である。また「当郷山野」は領家の関与は全くなく、地頭が進退する地である。「竹垣内」については、「非保田内」ず、専ら「国衙」が進退する地である。「下地」については、名主が「自由」に企てたものであるため「中分」を止めるべきであるという。

雑掌の二問状には、保田は除田として代々「国検目録」から除外されている。そのため地頭といえども下地を進止することはできず、「一円」を領家に付すべきだという。

地頭の二答状（ここで地頭方の代官は源智から宗成に替わる）には、「当郷者国領」である。「国検」の時「国衙公田四十町之所当米」を割分し、「一切経読誦料」に寄付されたので、「有限之所当許」り弁済するのであって、「地頭避状」を帯びないで三分二を領家に付すのは難しいと反論した。

両者の訴陳に対し六波羅探題は、両方の申状は「前後相違」していると指摘する。

①「国検帳」には一切経保田四〇町が「国検除田」とあるので、雑掌が言うように地頭が関与してはいけない、というのは勿論である。また横山郷地頭職は、大江広元補任後、佐々木広綱に改補されたが、彼は承久の乱での「京方之咎」により「収公」され、その弟の信綱が拝領し、横山頼信へと伝領している。「為二代没収之地」（=源平内乱と承久の乱による没収ヵ）により「一郷之下地悉地頭進止」だと地頭代宗成は言うが、「郷分之下地」は「非相論之限」ず保田に至っては往古から除田なので「本地頭」（大江広元・佐々木広綱）の時から彼の下地に干渉する証とはならない。全く「胸臆申状」である。

②また地頭代の初答状には、三分二と三分一に領家と地頭に分けて進止したと載せているので、安貞年中から三分一の下地を領掌し始めたのは明らかである。地頭代の申詞には、前地頭代の源智が雑掌に同意して陳状にこのことを載せ、そのために源智を追放したとあるが、源智が同心した証拠がないので信用できない。

③とくに雑掌道円が言うように、「国検帳」に「国検除田」と載る地なので地頭が三分一領知するというのは根拠のないことである。地頭が実際に扱った「所務」においては「押妨之年紀」を表している。

④「根本之道理」に任せて一円を領家の進止とすべしというべきであるが、安貞年間に分割してから数十年を経ている。今更改沙汰にするまでもないので、領家三分二、地頭三分一とこれまでのように「管領下地」するように。

これに続き当郷内の「米末名」についての一条が設けられているが、詳細については後欠のため詳らかにしない。結局、嘉元二年（一三〇四）に至り、地頭（地頭代はさらに宗成から兼憲に替わる）・領家双方の和与となった。[79]すなわち、日吉一切経保田四〇町の領家三分二、地頭三分一の下地分割を確認し、「未進」として地頭方が七〇貫文を領家方へ弁償することで決着がついた。

本相論からは、横山郷のうち日吉一切経保田四〇町分については、安貞年中から領家三分二、地頭三分一に下地が分割されていたことが判明する。そしてこの相論により、地頭の山野の使用権の確定など領家と地頭との用益のあり方を明確にし、四〇町のうち三分一の下地を地頭領として下地中分し、また新たに荒野を開発して「新田」を作り地頭領としていたことが窺われる。本事例は、鎌倉末期の朽木氏においても窺われるように、相論により所領や用益を獲得していった、近隣の在地領主の動きと同様のものと理解される。

3 「大将軍」横山道光

横山頼信は、元徳元年（一三二九）までに出家し道定と名乗り、建武四年（一三三七）には「出羽三郎入道道光」と出てくる。[80]彼は長命で、貞和四年（一三四八）までその存在が確認できる。[81]養子「おとしゆ丸」がその所領を早くに佐々木越中氏へ返還していることや、「おとしゆ丸」についてもそのご窺えなくなる点から、頼信は子供には恵まれなかったのであろう。そのため出家した後も横山氏惣領として活躍したものと考えられる。初見から五十七年、鎌倉末期から南北朝の動乱を乗り切り、横山家を支えた人物であった。

彼は器量に優れ、実力のある人物であったようである。次の文書は、近江国伊香郡大音の大音助俊が、若狭国三方郡の浦へ進出し、在地を取り込むために、冒頭部分を「近江」の文字の上に「若狭」と貼紙し、自らを若狭国御家人としようとしたことで夙に有名な大音助俊軍忠状である。(82)

〔史料8〕

「若狭」（貼紙）国御家人大音左衛門三郎助俊謹言上

欲早任合戦忠節旨、預御注進、蒙恩賞、向後弥抽軍忠之間事

右、自去二日若狭国近江国打越、奉就大将軍、三尾崎関所警固之処、同十日自北国二条輔大納言殿上洛之時、於三尾崎関所并世喜寺同究畠、致合戦忠節候、然大将軍佐々木出羽三郎左衛門入道御存知上、同国御家人横江六郎并八田三位房所見也、且此上者、早預御注進、蒙恩賞、弥為成弓箭之勇大切、言上如件、

建武三年六月十三日　　　大音助俊

「承了（花押）」（異筆）

（「大音正和家文書」(83)）

右、大音助俊軍忠状は、これまでその冒頭部分のみが注目され、本文後半部分については全く検討が加えられることがなかった。文意は、建武三年六月二日に、若狭（近江）御家人の大音助俊が「大将軍佐々木出羽三郎左衛門入道」に従軍し、近江高嶋郡三尾崎の関所を警固していた。十日に北国から上洛してきた「二条輔大納言」方と合戦となり、助俊は忠節を尽くした。この事実を「大将軍佐々木出羽三郎左衛門入道」は知っており、近江国御家人の横江六郎と八田三位房も見知っている。そのための軍忠状を「佐々木出羽三郎左衛門入道」に提出し、彼により「承了」と証判が加えられた。従って、この証判部分は、助俊が属した大将（大将軍）「佐々木出羽三郎左衛門入道」が記したものと考えられる。

この「佐々木出羽三郎左衛門入道」が証判した花押は、貞和四年八月二十四日付佐々木横山道光起請文に据えられた横山道光の花押と一致する。(84) そのため、「佐々木出羽三郎左衛門入道」は横山道光（頼信・道定）の事と判断される。合戦があった三尾崎は、現在の高島市勝野の湖岸で、高島市拝戸にある三尾山麓から湖岸辺りを指す。この地は横山氏の本拠地の近隣である。さらに横江六郎・八田三位房にしても、三尾崎に近い横江（現高島市安曇川町横江）を出身とする横江氏、横山氏の本拠地である横山郷内の八田谷から東流し、現在の安曇川町鴨で鴨川と合流する八田川流域を出身とする八田氏といった、三尾崎近隣の者達であった。

横山道光を大将に、その下で大音助俊・横江六郎・八田三位房らが、足利方として三尾崎の関所を警固し、合戦に及んだのである。道光を「大将軍」と記しているのは、大音助俊の認識であり、道光に証判をもらわなければならないという点を考慮しなければならないが、少なくとも助俊は彼を「大将軍」と呼んでおり、一軍を従える大将であった。道光が、伯母の尼妙語から越中氏所領を譲られたのも、この様な彼のもつ器量と実力を見込まれてのことと考えられる。

その他にも道光は、建武四年（一三三七）八月に室町幕府の両使として永田四郎信氏と共に、山徒山本坊定祐の鴨社領高嶋庄押領の停止を行っている。(85) この年二月二十三日に山徒定祐の家人等が神税を押取ったため、鴨社は京極高氏に訴え、横山・永田両氏による両使遵行が行われることとなった。横山・永田両氏の「起請之請文」によれば、道光らが定祐に神税の鴨社への糺返を触れたが、定祐はそれを叙用しなかったという。そのため七月二十三日に厳命の御教書が発給されたが、逆に定祐が事実無根と訴えてきた。道光と信氏の二人は、幕府から現地での執行能力を期待される存在だったのである。(86)

4　金蓮院・地蔵院領横山郷内一切経田と横山氏

さて、横山郷内一切経保田はその後、「新長講堂并金蓮院領（山城国葛野）」となっていた暦応から観応（一三三八―五一）頃と推定される一切経保田雑掌禅海申状案によれば、「佐々木（横山）出羽弥三郎法師（法名道光）」が同地に濫妨狼藉し、訴えにより院宣が発給され、さらに守護六角氏頼の遵行命令により雑掌に下地が打ち渡されたが、道光はこの「使節遵行之地」に立ち還り再度押妨を働いた。[87]

その後も道光の押妨は続き、貞和四年（一三四八）八月二十四日付横山道光起請文によれば、金蓮院領横山郷内一切経保田二六町六反大（＝領家方三分二）について、前年十月七日に「日吉領」と号して道光が幕府の御下知を掠め取ったという。この訴えに対し道光は、「雖然如此相互契約之上者、此後於濫妨人者、依為郷内早令追出而可令全領家之御所務」しとし、偽りを申したときは「八幡大菩薩御罰」を蒙っても構わないと誓った。彼がこの起請文を認めた背景には、幕府の下知を獲得した半月後には日吉社領を統轄する立場にある天台座主尊胤からも、その令旨により金蓮院の観空上人への同地安堵がなされたこととも関係があろう。[88] 横山氏の積極的な所領獲得の動きが窺われるが、正当な理由のない押領は失敗し、この起請文をもって道光の活動は窺えなくなる。

5　横山郷内の私有地

国衙領横山郷内には、一切経保田四〇町以外にもいくつもの私領が存在した。たとえば永仁二年（一二九四）十一月、平為光から平氏女に「高嶋南郡北横山郷内」「七条二里八坪」の田二反が沽却された。この売券は正文が「朽木

表11　横山郷内の私領

年 月 日	西暦	売・譲主	買・被譲主	所　在　地	形態	備　考	出典
永仁 2.□.11	1294	平為光	平氏女	7条2里 8坪、田2段	売券		朽867
延文 2.□. 9	1357	平氏女	神野左衛門太郎	6条2里17坪、田1段	売券	後三条余田	朽870
応永14. 6.24	1407	朽木妙林	朽木能綱	相町	譲状		朽113
文安元.12.21	1444	八田慶次郎	八田正全	5条2里 1坪、田大	売券	地頭方公田	朽892
享徳 4. 2. 8	1455	鴨の聖林坊祐舜	八田ちゃちゃ女	5条2里36坪、田2段	売券	救急安次名	朽899
康正元. 7.25	1455	津島左衛門女	八田修理	5条1里20坪、畠	譲状		朽900
寛正元.11.—	1460	松蓋寺	千千代	6条2里18坪、田2段	売券	後三条余田	古文書
寛正 4.12.16	1463	信近	あや御れうにん	6条2里18坪、田2段	売券	後三条余田	朽933
寛正 7. 2.10	1466	八田教次	角某	5条2里17坪、田3段 6条3里 2坪、田1段	売券	地頭横山殿	朽945
文明11. 7.—	1479	暹恩	朽木貞高	6条3里 6坪、 救急年貢米2石7斗	売券	救急下司名 内月成名	朽1001
文明14. 6. 6	1482	湖山庵慶源	朽木貞高	5条1里27坪、1段	売券		朽1029

文書」中に残ることから、のちに同地を朽木氏が買得したものと考えられる(89)。

また永和二年（一三七六）には朽木氏庶流の氏秀が、高嶋本庄付地案主名・後一条地頭職とともに「横山郷内相町」を将軍足利義満から安堵され、応永十四年（一四〇七）にも朽木妙林（氏秀）から朽木氏惣領能綱へ同地は譲渡された(90)。しかしその後、永享三年（一四三一）の能綱から嫡子時綱への所領譲渡時には、「相町」はなく、何らかの理由で朽木氏の手から離れたものと考えられる(91)。

横山郷の北隣には「公方御祈願寺」で山門西塔末寺の松蓋寺があり、諸公事が免除されていた(92)。同寺は朽木氏の菩提寺でもあり、平安時代創建の高嶋郡を代表する天台系寺院で高嶋七か寺と呼ばれる一つに数えられる寺である(93)。そのため横山郷内には松蓋寺の寺領も存在し、次項に見るように一切経保田領家方二六町六反大のうちには「松蓋寺免田内二反 阿弥陀堂供米田、一反 大般若田」三反があった。また寛正元年（一四六〇）十一月には、松蓋寺の年行事慶言等が「千千代」に同寺の惣田である「横山郷六条二里十八坪」の田二反を売却しているのも、同寺領が横山郷内にあったためであろう。(94)

表11は、横山郷に関わる土地売買・譲渡文書から窺われる私領を一覧にしたものである。この表からは、一四四〇～五〇年代にかけての八田氏の土地集積が注目され、その後、六〇年代に逆に八田氏が土地を放出、七〇～八〇年代に朽木氏が横山郷の土地を集積してゆく姿が窺える。「朽木文書」の売券からの状況であるので、朽木氏に偏るのは致し方ないが、横山郷内の土地は八田・角・朽木氏等に侵食されつつあったと評価できる。

二　室町時代の横山郷と横山氏

1　一切経保田の押領

一切経保田領家方二六町六反大は、その後、永和五年（一三七九）に金蓮院領半分が地蔵院に寄進されるが、この寄進以降のものと推定される年未詳領家方（金蓮院・地蔵院）散在年貢目録によれば、二六町六反大のうちから除外されるべき分が書き上げられている。後欠のため全容は分からないが除外分として、「若宮神田」四反、「松蓋寺免田内二反一反　阿弥陀堂供米田、大般若田」三反、「御所御堂馬上免」三反小、「万師寺馬上免田」一反、「三尾神田」三反、「公文給分」一町三反小、「下司給」一町三反小、「新下司給」一町三反小、「図師給」一町五反、「職事給」二反大、「井料田」二反小がある。一切経保田領家方二六町六反大のうちだけでも五町二反もの様々な給分や免田が存在した。(95)

永和五年に地蔵院へ領家方二六町六反大のうち半分が寄進された四十九年後、残り半分のうち二分一がさらに地蔵院へ寄進された（永享九年〈一四三七〉）。(96)横山氏の押妨が無くなったあとも、領家内部での争いが絶えず、応永十年

（一四〇三）八月には同地を金蓮院雑掌が一円押領したため、地蔵院が幕府に訴え、守護六角満高に遵行命令が下され、実際に打ち渡しが行われた。その九年後、今度は京都北山の尊勝院が地蔵院領の一切経保田を押領、地蔵院はまたも幕府へ訴え、幕府の下知を現地に触れたが音沙汰無く、翌年再度の訴えにより守護六角満高へ遵行命令が下された。しかし、その翌年には、はや「不知行」という状況であった。

このような度々の押領・不知行化に悩まされた地蔵院は、翌応永二十一年三月にこの年から二十年間、所務半分納入の契約で「千代満殿」を代官に補すことにより、年貢の確保を目論んだ。後に同地の代官を横山氏が務めていることを考慮すれば、「千代満殿」は横山氏の可能性が高い。五か月後、幕府から「地蔵院領所々」が段銭など諸役免除の守護不入地として安堵された[97]。

応永二十八年（一四二一）六月、突如「近江国高嶋郡横山参川守跡散在所々」が幕府の「寄付状」に任せて石清水八幡宮雑掌へ与えられた[98]。頼信＝道光の後、七十三年間横山氏の活動については不明であったが、ここにようやくその官途名から惣領と思しき名が現れる。横山三河守の跡地が幕府の寄進により石清水八幡宮へと渡ったのは、横山三河守が幕府から何らかの咎を受けたためと推察された（第一節参照）。この時、横山氏と同様に田中・永田氏もその所領を没収されている。これ以外、石清水八幡宮関係史料にも関連史料がないため、石清水八幡宮がこの寄進により実際に支配を行ったかは不明である[99]。

十八年後の永享十一年（一四三九）十月、横山郷内領家方田地を「地頭分之代官」が「闕所」と称して違乱押領し、下地・本年貢を押さえたため、地蔵院への年貢が未進となり、永享九年から十一年までの三年間で三五石七斗七升三合（毎年一二石三斗九升一合）となっていることを、「庄主」某が地蔵院へ注進した[100]。永享九年から三年間、領家方田地を押領していた地頭およびその代官が横山氏であったか否かは詳らかにしない[101]。

文正元年（一四六六）二月、地蔵院が持つ「高嶋（一切経）保田領家分□□（年貢等）未進并末寺宝慶寺分之公用弐千疋」が「無沙汰」となっていたため、「横山出羽守」に納入を迫るべく地蔵院が管領細川勝元へ訴えた[102]。この頃には確実に横山氏は地蔵院の代官となっていた。地蔵院の訴えにより、二月二十三日に管領細川勝元は「横山出羽守」に公用の納入を命じたが、以後「地蔵院文書」からは同地に関する文書は無くなる。横山氏による公用納入は実際には果たされなかったのであろう。地蔵院も翌年応仁の乱が勃発すると細川氏と関係の深い同院は、山名勢によって焼失した。そのため同院領横山郷一切経保田は事実上横山氏による実力支配となったものと考えられる[103]。

2　幕府政所執事伊勢氏と横山氏

文安年中（一四四四―四九）作成の番帳「文安年中御番帳」には、その外様衆に「西佐々木七人」「在京人」として「佐々木横山」氏も記載されている。ただし越中・田中・朽木・永田・能登各氏のように通称・官途名まで記されていない点、幕府との距離が感じられる[104]。外様衆であること以外、ほとんどその活動を明らかにできない横山氏であったが、応仁・文明の乱前後になると少なからずその活動が明らかとなる。

寛正六年（一四六五）から現存する蜷川親元の日記『親元日記』同年二月二十日条には、「御被官江州横山三郎左衛門鴈一進上」とみえ、横山三郎左衛門が伊勢貞親の被官であったことが分かる。彼の実名は同日記の文明十三年四月十八日条に「横山三郎左衛門尉宗延」と出てくることから、「宗延」である。彼はその後も伊勢氏への年頭の礼物などを進上しており、文明十三年（一四八一）までその活動が認められる[105]。第二章で検討した如く、伊勢貞親被官の横山宗延は横山氏庶流であると考えられる。

伊勢氏が幕府内で権勢を振るったこの時期に、横山氏はその庶流を伊勢氏被官として輩出し、中央との関係を持とうとしていたのである。ただ同族の朽木・田中両氏の嫡流が伊勢氏から偏諱を受け、擬制的親子関係を築いていたのに対し、横山氏は庶流が被官となっているに過ぎず、偏諱も貰っていない。この時期、伊勢氏の被官として現れるのは、湖西の在地領主のうちでも土豪クラスの連中ばかりであることを考慮すれば、明らかに伊勢氏との関係は、朽木・田中両氏に比べれば薄い関係でしかなかった。

3　横山氏の出挙

応仁・文明の乱前後、横山氏惣領と考えられる「横山出羽守」は、横山郷内に出挙を行っていた。

〔史料9〕

永代売渡申私領田地事

在横山郷之内保田之名田也、五条二里か十七坪参反、六条三里か二坪壱反、以上肆反之内より公方
わきまゐ夫ちんせ〔ま脱カ〕ちこれあり、

合肆反者、

右件田地ハ、八田孫六地〔知〕行之私領也、しかりとゆえ共ア横山殿御出挙を無沙汰仕候間、能米出挙升定弐石五斗ニ限
永代売渡申処実証明白也、イ但角殿のゆつり状のうらを御わり候上ハ、子々孫々いらんわつらい申物候ハヽ、公方
様として御さいくわたるへく候、ことニウ地頭横山殿之御米をかり申候て無沙汰申候間、地下をちくてん仕候はん
間、つの〔角〕方に田地売候て弐石五斗わきまゐ申候間、後々ニをいていつれの御方にても候へ、いらんわつらいある

ましく候、仍而為後日永代売券之状如件、

寛正七年戌年二月十日　　　　八田孫六 教次（花押）
（一四六六）
（朽九四五）

右売券によれば、横山氏から出挙を受けた八田教次は、横山氏へ出挙米の返済ができず、現地を逐電しようと思っていたところ、角氏に教次の横山郷内の私領田四反を「能米出挙升」二石五斗で売り渡すことで横山氏への出挙米返済に充てることができた（ア・ウ線部）。その際、角氏の譲状の「うらを御わる」＝裏を毀ちその効力を消滅させていることから、恐らく教次は以前に角氏から同地を譲与されたのであろう。教次の一族や子孫が同地への違乱を起こさないよう、角氏の譲状をこの時破棄したのであった。

八田氏は室町時代初期から朽木・越中両氏にも家臣を輩出した一族である。その姓から横山郷内を流れる八田川流域に本拠を構える土豪と推定される。横山氏はこの時期、郷内の土豪に対し出挙米を貸付け、その運用による利米を得ていたことが判明する。この場合、出挙米返済に困窮した八田教次は、角氏へ土地を売却することにより返済を完納しているが、横山氏への土地売却により返済に充てられる場合もあったであろう。同様の事例は、この時期隣庄の朽木氏にも見られ(106)、横山氏も朽木氏と同様に出挙米運用による財政運営を図っていたのである。

三　応仁・文明の乱以降の横山氏

「横山出羽守」の後、文明四年（一四七二）五月までに「横山三郎高久」が惣領職を継ぐ。高久は、幕府から高嶋郡内の鴨社領闕所の社家代官への打渡しに合力するよう命ぜられ、牢人・山門の乱暴により失敗すると、能登氏を除く西佐々木五氏と共にその処置について管領細川勝元へ訴えている(107)。湖西の有力御家人として横山氏の姿が窺える。

また明応七年（一四九八）以前に内裏御料所として横山・朽木・能登の各氏が九里半街道沿いの保坂関を設置したが、南北五ヶ商人らにより撤廃させられている。横山氏も交通・流通の結節点である関支配に乗り出そうとしていたことが窺える。[108]

〔史料10〕

飯尾加賀守清房申江州高嶋郡新庄内両名預所職事、□〔去カ〕年永正元横山被官人八田□□〔兵〕衛尉種々以造意引汲三井□
□之条、可処罪科之趣、依□□、則被放被官之段、請状□□神妙也、然動引入同名□□□〔知〕行分
大田村許容□□於両名者、□〔両〕三人居置□□雖被成□□
□段以（後欠）

（朽木清綱氏所蔵文書）

右後欠文書の年代は、文中から永正二年（一五〇五）と推定される。破損箇所が多く文意は取りにくいが、大意は、高嶋郡新庄内両名預所職のことで幕府奉行人飯尾清房が訴えた。その内容は、永正元年に横山氏の被官八田某が三井某を両名へ引き入れたことは処罰の対象となるので、横山氏は八田氏の被官を解き、その旨を記した請状を横山氏は作成すべきだ（もしくは作成して神妙である）、と前半部は読める。

両名をめぐっては、二年前から同地を押領した六角氏被官三井高就と預所職をもつ飯尾清房との間で争いが生じていた。三年前の文亀二年末に六角氏家臣伊庭貞隆が挙兵し、六角高頼は日野の音羽城に逃れ、翌年六月講和が結ばれ終結に至る（第一次伊庭氏の乱）。この時、六角氏の被官三井高就は在所を退き、湖西の高嶋郡を徘徊し、「柳殿」領であった高嶋新庄内両名を押領し、春成・諸公事等を押取った。高就としても「不混自余由緒」があるというから、なんらかの権益を持っていたのであろう。[109] そのため飯尾清房は幕府に訴え、翌文亀三年三月に幕府は朽木氏へ三井押

領に対する警固を命じ、飯尾氏も朽木氏へ同地の保護を訴えた(110)。幕府奉行人である飯尾清房が朽木氏へ保護を依頼したのも、彼がこの頃朽木氏の高嶋郡河上庄地頭代官職の知行安堵申請を取り次いでいた関係によるのであろう(111)。和議成立後も三井高就の押領は続き、しかも翌永正元年二月には、六角高頼による高就への同地（両名年貢・本庄二季段銭等）の安堵がなされるに至る(112)。そして高頼は朽木氏に、飯尾方ではなく三井方として合力するよう依頼した(113)。八月にとうとう三井氏の代官が現地に入部した。この連絡を六角・三井両氏から朽木氏は受けている。両者の和議成立直後、朽木氏は六角氏へ祝儀の礼物を送っていることから、朽木氏の立場は飯尾方というより六角・三井方だったと判断される(114)。

この様な状況のなか、〔史料10〕が発給された。横山氏被官八田氏は三井氏の現地入部を引き入れた。朽木氏も六角・三井方であった点を考慮すれば、近隣の在地領主が幕府奉行人飯尾清房方ではなく、守護六角氏の活動を支持・先導していた。同じ年の十月にも六角方から「当郡内在々所々」について「堅可被押置」しと、朽木・横山両氏へ依頼されていることからすると、この両氏が六角氏と結びついて起こした押領と推される(115)。

〔史料10〕からは、この他に八田氏が横山氏被官であった点が判明する。八田氏は先に土地売券の一覧表で見たように、横山郷内にいくつもの私領を持っていた。横山郷は現在の高島市武曾横山一帯と考えられるが、武曾横山のうち武曾地区には現在でも八田姓が十三軒あり、周辺に八田姓がないことからも、武曾地区が八田氏の本拠地であった可能性が高い。同氏は康暦二年（一三八〇）から朽木氏被官として見え、文安四年（一四四七）には越中氏の若党にも見え、横山郷を本拠地としつつも朽木・越中・横山各氏に被官を輩出する一族であった(116)。

一つ山を隔てた隣庄の朽木氏と横山氏との関係は、以後しばしば窺われる。具体的には、大永二年（一五二二）五月に横山氏は二度朽木谷の朽木氏宅を訪れたり[117]、米六石を送ったりし[118]、同四年には逆に朽木氏が横山氏へ「陣立」の酒を送ったりしている[119]。この頃の横山氏は朽木氏との関係が特に深かったようである。この点は、同五年に「丹後物騒」のため若狭守護武田元光が六角氏を通じて救援を西佐々木「同名中」へ「御廻文」をもって依頼した際、六角家臣香庄貞信は六角定頼の出陣はないだろうことを朽木氏に告げると共に、「其段横山殿へも申入候、可有御内談候」と、横山氏へも連絡が行っているので横山氏と相談するよう勧めていることにも窺える[120]。六角氏は、朽木・横山両氏が六角氏に近い存在として認識していたことが窺える[121]。六角氏との関係は、天文七年（一五三八）に江北浅井氏を六角定頼が攻めた時にも見られ、横山氏は坂田郡箕浦へ、他の西佐々木氏の連中と共に出陣している[122]。

六角氏に近い存在とはいえ、幕府との関係は続き、享禄元年九月から同四年正月までの間、将軍足利義晴が朽木谷に動座してきた際には、逗留中に隣庄の横山郷内武曾へ京都の御霊八所神社から御霊神社が勧請されたと現地では伝えられている[123]。朽木庄の隣地であったこと、および横山氏が将軍動座に協力したことを窺い知ることのできる伝承である。

そして義晴が入洛し、京都で政務を見るようになった天文五年（一五三六）前後の記事と推定される大館常興の記録「雑条」には、「よこ（横）山慶千代」が義晴に名代をもって御礼を申し上げ、対面を果たした。この名代を将軍に会わせるか否かについて記主常興の許へ問い合わせがあり、常興は家の子郎等ならば座敷へ上げてはいけないが、「たしかに同名にて候ハヽ、いかにも　御対面可然」しと返事し、実際に対面となった[124]。横山氏が家格のうえでは外様衆であったことによるのであろう。またこの頃横山氏惣領が、いまだ幼名の慶千代であったことが判明する。天文十二年に見える惣領「横山三郎左衛門尉」は恐らく元服後の慶千代であろう[125]。

〔史料11〕

伊黒之内之横山民部入道知行之下地にて候つるを、此春蓮蔵房（坊）方より申候間、こつ〳〵と買徳（得）仕候処、伊黒之右京新当秋之所当をおさへ候由作人申候、不得心候子細候、故三河（横山）之入道之時、伊黒之庵領候、横山之内ニ候をかんらく（勧落）候て、今此子細を黒山之子息あつかわれて山上へ被付候て、如此我か下地をおさゑられ候由承候、縦さ様之子細候共、余之れうけん（了見）にて彼方へ被仰候て、此下地事者無私遣候者可為祝着候、此分弾正殿（六角定頼）へ被仰候て黒山方ニ此いろいをのき候へと成敗候者所仰候、

（奥書）「永田奥殿へ案文」

（朽七一二）

右文書案は、「朽木文書」中にある案文のため、恐らくその差出しは朽木氏と推察される。朽木氏差出しとするならば、朽木氏が伊黒の土地を買得している点から、朽木氏の近隣地への土地買得が頻繁化する寛正～天文年間頃までの文書と推定され、「弾正殿」が成敗する様な状況は、十六世紀前期の六角定頼（弾正少弼）しかいない。定頼が湖西地方へも裁定を行うようになるのは天文年間であるので、天文頃のものと推定できる。文中にでる「伊黒」は現在の高島市伊黒で横山郷の南隣である。「蓮蔵房」は松蓋寺蓮蔵坊、「故三河之入道」は、横山氏惣領がしばしば三河守を受領名としていることから横山氏と考えられ、また「右京新」は伊黒に居住した山門の下司林氏のことと推定される。(126)

内容を意訳すると以下の様になる。

伊黒のうち「横山民部入道」が知行していた下地を、その年の春に松蓋寺蓮蔵房からの口利きで朽木氏が買得した。ところが伊黒居住の右京新がこの年秋の所当を押さえてしまったと当地の作人は言う。これには朽木氏としても納得

がいかなかった。こうなった理由は、「故（横山）三河之入道」存生の時、伊黒には「庵領」（恐らく山徒の庵領）があった。横山郷内にもあった「庵領」を横山氏が没収（「勧落」）した。黒山氏の子息がこの事を比叡山（「山上」）へ知らせた。その報復として山門の下司である右京新は、伊黒の横山氏知行の下地を抑えた。そのなかに朽木氏が横山氏から買得した土地が含まれていた。たとえそのような事情があったにせよ、朽木氏にとっては法外な処置なので、下地を私することなく渡してくれるようにと、朽木氏は六角定頼の成敗を求めた。そのため朽木氏は永田氏へ、永田氏から定頼（「弾正殿」）にこの事を取り次いでくれるよう依頼した。

　ここでは、湖西の在地領主によって六角定頼の許へ裁定が持ち込まれている点や、文明以降六角氏被官として庶流を出した西佐々木の一つである永田氏が六角氏への取次を行っている点など、天文年間における湖西地方の在地領主のあり方が示されている。また朽木氏が松蓋寺蓮蔵坊の口利きで横山郷内の土地を買収しつつあることや、横山郷の南隣の伊黒に横山氏の所領があったことなど、横山・朽木氏の所領支配の一端も窺い知ることができる。

　その後、天文二十二年（一五五三）六月に饗庭氏作成の用途不明算用状に「横山殿」、永禄五年（一五六二）十一月に行われた将軍足利義輝の近江日吉神社での礼拝講に、「西佐々木」「七頭」が神馬を出した際、「横山三河守」も神馬を供出している他は、その動向は詳らかにしない。[127] 元亀から天正にかけての織田信長の近江高嶋郡攻めには、朽木氏を除く他の西佐々木各氏と行動を共にし、天正元年（一五七三）七月二十七日に近江の国衆が信長に降参した三か月後の十一月十六日、高嶋の「横山父子之首」が京都へ上っている。[128] 信長により横山氏は滅亡した。このことは、現在、横山氏被官であった八田姓の家は横山郷にあるが、横山姓はない点にも滅亡が裏付けられよう。

小括

横山郷くらいしかまとまった所領がない横山氏、これが横山氏の経済基盤である。戦国期には「高嶋七頭」の一人として、近隣地の関所などの代官を一部勤めるが、横山郷内の地においても朽木氏により買得されつつある状況であった。寛正・文明期には一族に幕府政所執事伊勢氏へ被官を出し、大永期には朽木氏との繋がりを深めるに至った横山氏は、琵琶湖に接せず、かつ朽木氏のように山中の街道沿いに位置するわけでもなく、その立地に規制され、室町幕府の家格上では外様衆に位置付けられながらも、現地においては弱小在地領主であったと判断される。横山氏が幕府外様衆として西佐々木同名中の一人として存在できたのも、その出自によるところが大きかったと言わざるを得ない。

第四節　佐々木山崎氏の経済基盤とその出自

佐々木山崎氏はこれまでほとんど不明とされてきた家で、正確な本拠地すら明らかではない。大正末から昭和の初めにかけて編纂された『高島郡誌』や『近江蒲生郡志』では、山崎氏を愛智氏系の家で、湖東の愛智郡山崎を本拠地とする一族が湖西へ移り住んだものだとする。(129) 本節では、これまで全く不明とされてきた湖西における山崎氏の経済基盤、およびその出自について検討する。

『高島郡誌』の天満宮の項には、次のような由緒を載せる。(130)

天満宮　村社。安曇村大字五番領に鎮座す。同大字の氏神なり。祭神菅原道真。勧請年代不詳。応安二年佐々木氏の麾下山崎兵庫頭此地を領有し、城郭を築きて以来、領内鎮護の神として尊崇し、神田を寄附したり。元亀年

間山崎左京介、織田氏の為めに亡され、社領も掠略せらる。（後略）

この由緒、および現地に城郭遺構や山崎氏の子孫と伝える家が存在することから、高島市安曇川町五番領の地が佐々木山崎氏の本拠地と言われている。[131] 五番領の地は、条里で言えば九条三里辺りで、三重生郷内にある。[132] 同郷は、室町時代京都廬山寺領で、現在の五番領・十八川・三重生・庄堺の四か村を含む地域である。山崎氏は三重生郷の何らかの所職を所持していた可能性がある。由緒なので一概に信用はできないが、応安二年（一三六九）に山崎氏がこの地を領有し拠点としたという点は、同じ頃、能登氏が越中氏膝元の平井村から安曇川河口の流通拠点へと移住していることからも、郡内では、そのご拠点となる地への人々の移動がこの頃活発になされていたことを推察せしめる。

確実な史料での山崎氏初見は、「文安年中御番帳」に記される「西佐々木七人」の一人「佐々木山崎」である。文安年中（一四四四―四九）には既に、西佐々木七氏の一人として佐々木山崎氏は存在していた。愛智氏は佐々木の一族であるので、愛智氏系の山崎氏が佐々木を名乗ることに問題はない。

五番領以外の確実な山崎氏所領として、高嶋郡宮野郷があげられる。

〔史料12〕

一、佐々木山さき（崎）申、たかしまのこほり（高嶋郡）のうち宮の〻（野）郷の事、ふちきやう（不知行）のたん、ねんきすき（年期過）候といへ共、給人充等あるにいたりてハ、ほんしゆそせう（本主訴訟）により、御さいきよ（裁許）をかうふるたん、御はう（法）にて候と存候、それにつきて山さき申候にハ、いにしへくわん（寛）正二年のたひ、さ〻木の宮内大輔（山内政綱）申状并山崎同申状により、くわん正三年に、慈照院殿（足利義政）様返しつけられ候、御御（行）下ち無紛候、追々何も〳〵正文をさ〻け申、殊にこんほんくんこう（根本勲功）のしやう（賞）見へ候へく候、然間、今度、弾正少輔（六角定頼）より申され候と申、かた〳〵もつて別儀なき御事かと存候、此趣御申所仰候、　（「雑条」[133]）

右「雑条」は、天文年間に幕府内談衆を勤めた大館常興が記したもので、年記のある条文は天文四～十一年までの記事があり、ばらばらに収載されている（因みに本条文の直前の年記は天文八年正月二十八日付）。右条文もこの間のものと考えられる。ここからは、寛正二年（一四六一）に佐々木山崎氏が宮野郷について、守護六角高頼の重臣山内政綱（佐々木宮内大輔）の申状と山崎氏の申状の両通を幕府へ提出し、翌年将軍足利義政から同郷返付の下知を受けた。しかし、天文頃には再度不知行となっていた。山崎氏は被官へ宛行った土地も含まれていたため、「年期過ぎ」＝二十年以上の不知行地であったが本主訴訟を起こした。その際、幕政後見役ともいえる近江守護六角定頼からも口入があったため、恐らく返付の裁許が下されるだろうと大館常興は記している。

ここでの注目点は、一つに宮野郷を「根本勲功の賞」の地としている点である。所領回復の方便である可能性もあるが、少なくとも宮野郷は山崎氏が湖西における「根本」＝基盤となる地とするだけの由緒をもつ所領だったのである。すなわち、湖西における山崎氏の本拠地とでもいうべき場所であったと考えられる。しかし幕府の下知を得ても、再度不知行となる状況からも、その支配は不安定であったと言えよう。

二つには、寛正二年の返付申請にあたり、六角氏重臣山内政綱が山崎氏と一緒に申状を提出している点である。山崎氏と六角氏の関係の深さは、文明十八年（一四八六）七月に六角高頼の名代として山崎新三郎が上洛している点に窺える。[134] この山崎新三郎は、同四年五月に能登氏を除いた西佐々木の六氏が、高嶋郡内の鴨社領の闕所について幕府の命令で社家代官と合力し、強いて入部した牢人等を切り出し生害したため、山門が神訴に及び、その処理に困り、管領細川勝元へ口入を求めた彼等六氏の一人「佐々木（山崎）新三郎冬能」（もしくはその子）である可能性が高い(135)。同一人物だとするならば、西佐々木の山崎氏と六角氏の関係は、六角氏の名代を勤める程の間柄であったということになる。

またこの頃湖東には、六角氏被官で愛智郡山崎（現彦根市内）を本拠地とする山崎中務丞がいる(136)。

六角氏の名代を勤める湖西の山崎氏および湖東の六角氏被官山崎氏、両者の間には六角氏を媒介にした関係が窺える。山崎という地名、六角氏との関係の深さ、湖西での山崎氏の活動や所領はほとんど窺えず、西佐々木の流れからは追うことのできない系譜等の点から、十五世紀半ば以前（由緒では一三六九年）に湖東の山崎一族が湖西へ移住し、西佐々木同名中の一員となったものと考えられる。

最後に山崎氏被官について述べておこう。

〔史料13〕

（花押）（山崎冬能）

永代売渡申田地之事

合弐段者、　在高嶋郡内七条三里九坪、南ヨリ二段目壱段也、同卅六坪、北ヨリ二段目壱段也、公方五升八合国衙升（枡）、万雑公事一粒一銭有へからす、

右件田地者、雖為源（山崎）冬能相伝之私領、以能米、永代朽木岩神殿江売渡候処実正也、然上者末代無相違可有御知行者也、万一於已後此下地違乱煩申輩候者、為公方御沙汰堅可成罪科者也、仍永代放状如件、

文明拾戊戌年十二月十八日　売主山崎殿御内横井河入道
正泉（花押）
横井河右衛（門脱）二郎
秀恒　（花押）

中村次郎左衛門尉
祐弘（花押）

（朽九九五）

右売券は、「源冬能」私領の田二段を朽木岩神殿＝朽木貞高へ売却したものである。「源冬能」は文明四・十八年に見える佐々木山崎新三郎冬能のことと考えられる。この文書の特徴は、差出し部分に「売主山崎殿御内横井河入道正泉」以下、横井河秀恒・中村祐弘の三名が連署し、別に袖判がある点である。これは「源冬能」＝山崎冬能の「御内」がこの文書を作成・連署し、山崎氏私領の売却であるため冬能が袖に判を据え、了承したものと考えられる。横井河正泉は山崎氏「御内」＝被官であり、それに連署する横井河秀恒・中村祐弘も同じく山崎氏被官と見做せよう。中村祐弘は三重生郷内にある真如庵の旦那、横井河氏も宮野郷内に私領をもつ、山崎氏所領と関わりの深い人物である。[137]この様な文書形態になったのは、同じ日、横井河正泉は別の売券で宮野郷内の田を朽木氏に売却しており、[138]〔史料13〕においても日下に「売主山崎殿御内横井河入道正泉」とあたかも売主の如く表現されていることから、被官横井河正泉の困窮を山崎氏が私領を売却して救おうとした結果、このような文書形式になったのではないだろうか。本文末尾を「売券」としないで「放状」としているのもそのためであろう。[139]

山崎氏は同じ佐々木の系統ではあるが、西佐々木の祖とも言うべき佐々木高信から分かれた家ではない。そのため他の西佐々木六氏と比べれば、その血縁関係は薄かった。同名中に加わる理由は、高嶋郡内という地縁関係で加わったと評価せざるを得ない。山崎氏がどういった理由で湖西に移り住み、西佐々木の一員に加えられるようになったのか。性急にその理由を説明するのは困難を極める。しかし、湖西の本拠地ともいうべき宮野郷内には鋳物師集団が存在していたことや、[140]湖東の山崎氏の存在形態およびその政治動向がこの問題を解く鍵となろう。今後の課題としたい。

第五節　西佐々木同名中について　――七頭の序列とその変動――

一　西佐々木各氏の存在形態の特徴

前章までの佐々木越中・田中両氏についての検討と、本章での西佐々木各氏の経済基盤・政治行動についての分析結果を基に、本節では、彼らが総体としてどのような特徴を持つのか、また彼らは同名中を形成するが、その内実は如何なるものであったのかについて、より具体的に分析する。表12は、これまでの分析を基に、西佐々木各氏についての経済基盤（所領）・人脈・軍事力などを一覧にしたものである。以下、この表から七氏について比較検討を行う。

まず各氏の所領をみる。各氏の所領は、現在検出できる全てのものである。ただし当然のことながら、朽木氏のように文書を残した家は多くの所領を検出できるが、それ以外の家は史料的制約があり、これが全てではない点に注意が必要である。

第一の特徴は、越中・田中両氏においても朽木氏と同様に遠隔地所領を持っていた点である。朽木氏の場合、鎌倉時代から相伝してきた遠隔地所領は、北は陸奥国から南は備前国までの広範囲に亘るが、これらのほとんどが応永年間に不知行となる。田中氏の越前国内の散在所領や、越中氏の庶流高嶋氏が持つ伊勢国昼生上庄は、いずれも永享三年（一四三一）に見える所見である。この頃まで、朽木氏と同様に、越中・田中両氏も遠隔地所領を保持していたのである。まとまった史料を残さなかった彼らにとって、それは遠隔地所領の片鱗であったに違いない。こういった遠隔地所領は、以降全く史料に窺えなくなる点から、朽木氏同様に、不知行化していったものと考えられる。

第二の特徴は、西佐々木各氏が同一地域を重層的に支配している点である。それは高嶋郡内に限られる現象である

表12　西佐々木七氏比較表

事項	越中	田中	朽木	永田	能登	横山	山崎
軍事動員力（天文期）	一〇〇〇人	六〇〇人	二〇〇人				
天文22年某算用状案に載る出銭額	三〇貫文	一〇貫文		五貫文	五貫文	五貫文	
永禄5年将軍足利義輝の近江日吉神社で礼拝講を修した折の神馬奉納「七頭之次第」注記の番号	一	二	三	四	五	六	七
将軍出行時等の随兵勤仕	○	○	○	○			
高嶋郡における幕府段銭の徴収責任者	○	○	○				
伊勢氏との関係	庶流が被官	擬制的親子関係	擬制的親子関係・姻戚関係			庶子が被官	
公家との関係		飛鳥井家と姻戚関係	飛鳥井・甘露寺両家と姻戚関係				
六角氏との関係	客分	客分		庶流が被官	庶流が被官		
同朋衆との関係				徳阿弥との関係			
所領　近江国高嶋郡内	田中郷地頭（鎌倉期） 高嶋新庄地頭（代官）	田中郷地頭（代官） 安曇川御厨所務 朽木庄内栃生郷	横山郷内相町 朽木庄内針畑（針畑庄） 朽木庄地頭	音羽庄（代官） 仁和寺庄（代官）	平井村 安曇川御厨地頭 海津・石橋	横山郷地頭	宮野郷 五番領カ
	河上庄（六代官・高嶋河上七頭之衆）						
	河上庄殿下渡領カ	河上庄歓喜寺名（代官）	河上庄地頭・領家	河上庄鴨野今新田（庶流）			
	高嶋本庄案主名・後一条地頭（鎌倉期）	西万木地頭（代官）	高嶋本庄案主名・後一条地頭			高嶋本庄案主名・後一条地頭（鎌倉期）	

(所領)

近江国内

高嶋本庄地頭カ

高嶋本庄安元名内古天神西南寄2段(庶流)

後三条(代官)

広瀬庄領家

北近江関所十二ヶ所

林寺関(代官)

保坂関(代官)

志賀郡比良庄預所

首頭庄(代官)

近江国外

伊勢国昼生上庄(庶流)

越前国内の所領

陸奥国板崎郷地頭
常陸国本木郷
安房国くすわら村
武蔵国石坂郷
相模国鎌倉郡甘縄魚町東頬地
越中国西条郷内岡成名地頭
丹後国倉橋庄与保呂村地頭
丹波国蓮興寺領(庶流)
播磨国在田庄
備前国野田保地頭
山城国久多郷領家代官
若狭国金輪院知行分(代官)
若狭国大杉関四分一(代官)
若狭国安賀庄(代官)
京都洛中巷所(代官)

が、例えば、①横山郷には地頭職を横山氏が、郷内相町を朽木氏が知行し、②安曇川御厨では、地頭職を能登氏が、所務職を田中氏が知行、③河上庄では、庄内の殿下渡領を越中氏が、歓喜寺名代官職を田中氏が、同庄地頭・領家職を朽木氏が、鴨野今新田を永田氏庶流が知行している。④高嶋本庄では、地頭職を越中氏が、案主名・後一条地頭職を朽木氏が、安元名内の地を朽木氏庶流が知行している。この事は、庄園・国衙領内に存在する様々な所職を西佐々木各氏が獲得することにより、重層的に土地の支配を行い、重層化することで高嶋郡全域に亘る広域支配の実現を可能としていたことを示している。この点、後の天文期、河上庄は「六代官」「高嶋河上七頭之衆」によって支配されていると史料に表現されるのは、このような所職保持のあり方が反映したものと考えられる。

また、安曇川によって形成された沖積平野を通る北国街道と、西佐々木の各氏との関わりも注目される。清水山城下に形成された今市・川原市といった安曇川左岸を越中氏が、安曇川右岸は北から五番領—山崎氏、高島南市—田中氏、三尾里（石橋）—能登氏、音羽庄—永田氏と北国街道を覆うようにその所領が現れる。ここに西佐々木各氏の交通路支配志向の一端を読み取ることができよう。

第三の特徴として、永田・能登・横山・山崎四氏の所領が圧倒的に少ない点である。これは史料的制約を考慮する必要があるが、同様に家の史料を残さなかった越中・田中氏と比べても、その経済的基盤の脆弱性は否めない。この点は、経済的脆弱性から、おのずと彼らが動員できる軍勢規模や、将軍への奉公形態へも影響を与える要素を持つものと予想される。

以上の三つの特徴は、越中・田中・朽木の三氏が室町初めまで遠隔地所領を保持していた状況に対し、永田・能登・横山・山崎の四氏についてはその所領が非常に狭小であり、その経済基盤に格差があったことを示す。その上で彼らは、重層的に高嶋郡内の庄公に所職を持つことで郡規模の支配を実現していたのである。

二　西佐々木七氏の序列

所領をめぐる右の特徴は、七氏で構成される西佐々木同名中へどのような影響を与えていたのだろうか。次にこの点を検討する。

西佐々木七氏のうち、十六世紀二十年代に中央の幕府や公家が、湖西の在地領主として実力があり最も有望視していたのは、大永元年の将軍義晴元服段銭の高嶋郡分徴収責任者や、義藤（義輝）の元服・将軍宣下で見られた如く、越中・田中・朽木の三氏に絞られてきていた。有望視されるだけあり、彼らの経済状況はそれに相応しいものであった。天文二十二年六月に高嶋郡の土豪饗庭氏が作成した算用状案(141)を見てみる。この文書は前欠文書であり、その作成目的は不明な点残念であるが(142)、そこには、

一、越中殿　卅貫文　　一、田中殿　十貫文

一、永田殿　五貫文　　一、能州　五貫〔文脱〕　　一、横□〔山〕殿　五貫文

とあり、越中氏が三〇貫文、田中氏が一〇貫文出資している。これに対し、他の永田・能登・横山各氏は越中氏の六分の一、田中氏の半分しか計上されていない。朽木氏と山崎氏の記載はないが、少なくとも越中・田中両氏が、他の在地領主に比べより豊かな経済力を保持していたことを予想させる。

また次の事例は、西佐々木七氏の序列を示す点で興味深い。永禄五年（一五六二）十一月、将軍義輝が近江日吉神社に礼拝講を修した折、「西佐々木面々中」へ神馬奉納が命ぜられた。この礼拝講の次第を記した「御礼拝講之記」には、神馬奉納を命じた際、「七頭之次第」として

一越中大蔵大輔青毛　七山崎三郎五郎　五能登　四永田伊豆守　六横山三河守　三朽木民部少輔　二田中兵部大輔

と記す。各氏右肩の数字は何を意味するのか。番号順に並べると、越中・田中・朽木・永田・能登・横山・山崎各氏の順となる。まず考えられるのが、位階の順ではないか。越中・田中両氏の大蔵大輔・兵部大輔は正五位下相当、朽

木氏の民部少輔は従五位下相当、横山氏の三河守は従五位下相当、永田氏の伊豆守は正六位下相当である。位では永田氏より横山氏の方が上位であるため、必ずしも位階順に並んではいないことが判る。

次に考えられるのが、西佐々木各氏と将軍との距離を示す序列である可能性である。これは、十六世紀二十年代に中央の幕府や公家が、湖西の在地領主として実力があり最も有望視していたのが、越中・田中・朽木の三氏であったことからも、傾向として合致する。

さらにこの順位は、在地での軍事・経済力の差を反映しているのではないか。先の検討で各氏の経済基盤が、越中・田中・朽木の三氏とそれ以下の者達との間で大きく開きがあることを指摘した。また天文二十二年の某算用状での出資額も、越中・田中両氏が他より多かった。この点は、彼らの軍事動員力にも現れており、越中氏が一、〇〇〇人を動員できたのに対し、田中氏が六〇〇人、朽木氏が二〇〇人とその動員力にも差がある。将軍権力を支えるために動員できる軍事力の差は、自ずと将軍から期待される度合いも違ってくるものと考えられる。

将軍との距離、軍事・経済力の差が、この順位とほぼ相応しているのであるが、さらに越中氏は西佐々木の嫡流であり、軍事動員力も最大規模である点からも筆頭に位置するのに相応しい。すなわち、以上の理由からこの順位は、血統、軍事・経済力、将軍との距離を反映した西佐々木七氏＝同名中内の序列を示しているのではないか。この点を端的に示す例証として連署状における署名順序を挙げたい。中世社会にあっては、署名をする位置には厳然たる決まりが存在していた。次の二通は、僅かに残った西佐々木の各氏が連署する書状である。

〔史料14〕越中持高等連署書状案

就当郡《(近江国高嶋郡)》之内鴨社領闕所之事、已前被成御奉書、社家代官可致合力之由、被仰付之間、致其成敗候之処、彼牢人強入部仕候間、以近所山徒、色々無為之儀、雖致計略候、不事行、結句彼等切出及生涯候、当座之時宜、無為覚悟次第候、依之山門及神訴候条、迷惑仕候、如今者、於国不及了簡候、管領様(細川勝元)へ可然様預御口入、属無為候之様、預御披露候者、可畏入候、恐々謹言、

文明四
五月十日

田中四郎五郎 貞信
山崎新三郎 冬能
横山三郎 高久
永田弾正忠 親綱
朽木信濃守 貞高
越中守 持高

一富備後守殿御陣所

(朽四三八)

〔史料15〕永田斎奥等連署書状

長命寺門前中庄奥嶋北津田之事、御理之旨承引上者、於向後従早舟中矢銭・矢米非分之儀不可有之候、若理不尽之子細申懸儀候ハヽ、不可有承引候、其通諸陣中衆へ可申渡候、恐々謹言、

十一月十八日

松本甚三郎 貞勝(花押)
同 左馬丞 重頼(花押)
同新右衛門尉 貞行(花押)

饗庭□□丞
貞祐（花押）
能登之代
貞祐（花押）
永田弾正忠
斎奥（花押）

長命寺
中庄
奥嶋同北津田
御中

（東京大学史料編纂所架蔵影写本「長命寺文書」）

まず〔史料14〕は、西佐々木では手に負えなくなった山門への対処を、管領細川勝元へ訴えたものである。ここでの署名順は奥から越中持高・朽木貞高・永田親綱・横山高久・山崎冬能・田中貞信である。能登氏が見えないのは、鴨社領内に拠点を置く同氏が牢人側に関与していたためではないかと推察される。連署の順は、書札礼では奥に署名するほど上位である決まりがある。ここでは、日付の下（日下）に署名する田中氏を除き、先に検討した七氏の序列に合った署名順である。田中氏については、日下に署名している点が重要である。天文二年七月に伊勢貞満が作成した故実書「伊勢加賀守貞満筆記」(143)には、武家の書札礼として、連署を行う場合、その文書の執筆者が日下に署名し、奥へ行くにしたがって上首とすること、執筆者は他の連署者より上首であっても日下に署名する故実を記している。そのため田中貞信が日下に署名しているのは、この書状の執筆者であったからと考えられる。

次に〔史料15〕においても、日下の松本貞勝から奥へ行くに従って饗庭・能登・永田氏と連署しており、問屋の松本氏、土豪の饗庭氏、西佐々木の能登・永田両氏の順で、能登・永田両氏が土豪・問屋より上首であったため、奥に記されたものと考えられる。また能登氏より永田氏を奥に記していることは、能登氏より永田氏の同名中内序列が上位であることを示しており、先の西佐々木七氏の序列と一致する。[144]

幕府との関係に注目すれば、十四世紀終わり頃から、越中・田中・朽木の三氏が将軍出行時の随兵や、段銭徴収責任者として現れてくる。その後、朽木氏が将軍の御供衆として在京するようになると、在国する越中・田中両氏は守護六角氏との関係が深くなり、将軍側近となった朽木氏とはその立場に明確な差異が生まれた。しかし、その軍事力・所領規模・幕府との距離感の点では、七氏の間では、越中・田中・朽木・永田・能登・横山・山崎の順で捉えられていた。ここには、室町後期における家格の固定化の傾向を読み取ることができる。

同名中を形成した七氏であったが、その内部には越中・田中・朽木・永田・能登・横山・山崎の順で序列があったのである。ただその領主規模の違いがあったとしても、外部からは「西佐々木」もしくは「七頭」とまとまった集団として見られていたことは確かで、永禄元年（一五五八）七月の若狭守護武田信豊・義統父子の対立には、信豊が若狭から高嶋郡へやって来て、「七カシラノ衆」を引率し若狭へ討ち入るとの風聞も立っていた。[145]

最後に、この序列がいつごろまで遡ることができるのか言及しておく。室町時代初期において将軍出行時等に供奉していたのは越中・能登・朽木の三氏であったが、永和元年（一三七五）を最後に能登氏が勤仕しなくなり、代わりに明徳三年（一三九二）から田中氏が勤めるようになった。能登氏の勤仕は、鎌倉以来の京極氏の系統を引く血統が影響していたと思われる。これから、少なくとも室町初期においては、越中・能登・朽木の三氏が他四氏より上位に位置していたものと推察される。しかし、十四世紀終りの能登氏の転落は、財政窮乏と拠点の移動が影響していると考えられた。能登氏は、経済力の低下から将軍への奉公を勤めることができなくなっていた。そして十六世紀には、七氏中五番目に位置することとなった。能登氏に替わり、朽木氏との関係を深めた田中氏が、その経済力を背景に将軍出行時等の供奉を勤めるようになり、十六世紀には越中氏に次ぐ位置を占めるようになったのである。十四世紀終わりに、西佐々木七氏の序列に大きな変化が起きたものと考えられる。

三　一族一揆としての在地領主の同名中

最後に、西佐々木同名中の如き在地領主の同名中を、室町時代を特徴づける一揆研究史のなかに位置付けてみたい。

室町期在地領主の同名中は、これまで一揆研究史上にその位置が与えられていない[146]。戦国期に見られる同名中については、近江国甲賀郡に現れる伴同名中・山中同名中・美濃部同名中等、従来、土豪・地侍・小領主と把握された中間層が素材とされてきた[147]。彼らを「小規模な在地領主」と把握する久留島典子氏、山中氏の在地領主的支配の実態を分析し、山中氏を在地領主と位置づける石田晴男氏の見解もある[148]。しかし、山中同名中の初見が延徳四年（一四九二）であり、その分析も天文年間以降を中心としているため、同名中を戦国期特有の領主連合と捉える結果となっている点、注意を要する。

久留島氏によれば、「小規模な在地領主」による同名中は、「同名中本来の血縁結合によって一定領域が押さえられた」十六世紀前半の段階から、名主・百姓の村落結合強化・自立化に対応するため、同名中も「百姓支配のためのきわめて人為的組織――「一揆衆」に変貌」してゆくという[149]。湯浅治久氏は、近江国北部の土豪今井氏の分析から、「「一揆」的な在地支配形態」＝同名中を形成すると評価している[150]。在地領主の同名中である西佐々木同名中においても、惣勢力との対決、交通・流通の共同統治といった所領支配維持のために領主層が結集しているという点で、一揆組織と見做せる。

この一揆は、これまでみてきた如く、血縁（擬制的でもある）を媒介とする点で一族一揆の範疇に入るものと判断される。一族一揆は、「中世前期に普遍的であったと考えられる武士団の惣領制的結合がくずれ、分割相続から嫡子単独相続へと移行するとともに、かつて惣領家に従属していた庶子家はそれぞれ独立した家となりながらも、しかもそれらは一族との協力・盟約にもとづいて一団となり、新たな時代に対処して行こうとする、そうした集団が一族一揆であった」と規定されるものである。[151] この一族一揆は、南北朝期に集中的に出現する。そして十五世紀には地縁的な国人一揆が形成されるため、血縁的な一族一揆から地縁的な国人一揆へという一揆の発展図式が提示された。[152]

西佐々木の同名中組織の枠組みが史料上初めて見出されるのは、文安年間（一四四四―四九）である。[153] また同じ近江北部の幕府奉公衆である大原氏の同名中組織は、十五世紀初頭の応永年間にまで遡ることが湯浅氏により指摘されている。[154] 十五世紀末から十六世紀にかけて中間層（土豪・地侍・小領主・「小規模な在地領主」）の同名中組織が広範に形成されるが、在地領主の同名中組織は、それより約一世紀も早い十五世紀初頭にまで遡るのである。

時期的にも、血縁（擬制的でもある）を媒介に地縁的に共同するという形態からも、西佐々木同名中は、血縁的な一族一揆から地縁的な国人一揆へ移行する過渡的状態と言うことができる。多くの一揆が、軍事的要因や所領の維持確保を目的に一時的に形成され、比較的短期間で解体するのに対し、この同名中は、戦国最末期まで継続する〝長期間継続する一揆〟であった。

では、その形成の背景には何があったのか。西佐々木同名中の場合、惣勢力との対決及び交通・流通の共同統治という要因があるが、その枠組みの初見が文安頃という点に注目すべきである。すなわち、越中・田中・朽木各氏に見られた様に、応永年間に遠隔地所領の不知行化が決定的[155]となり、近江国高嶋郡を中心とした所領支配の再編成が余儀なくされる。永田・横山両氏においても、応永年間末期は幕府にその所領を召し上げられ、在地支配の危機に直面していた時期にあたる。[156]そして、相続形態も分割相続から嫡子単独相続へと変化した時期に重なる。[157]所領支配の危機と一族内部の再編＝惣領制の変質のなかに、遠隔地ではない、本拠地近隣の支配に重点をおいた、「西佐々木」という血縁（擬制的でもある）を媒介にした地縁的な一揆＝西佐々木同名中が形成されていったと考えられる。惣勢力との対決も交通・流通の共同統治も、本拠地周辺を確実に支配してゆくという方向のもとに採られた結集の結果だったのである。

以上から、在地領主の同名中は、所領支配の転換と惣領制の変質のなかに生まれた一族一揆の一形態と評価したい。[158]

おわりに

本章では、西佐々木各氏の政治的動向および経済基盤について比較検討を行った結果、これまで一枚岩の如く認識されてきた西佐々木同名中のなかには明確な序列があり、その序列は、血統・経済基盤・軍事力・将軍からの期待度等と比例する関係にあったことを明らかにした。明らかにできた点をまとめると、次の様になる。

① 応永年間末期の十五世紀前半に、遠隔地所領の不知行化が決定的となり、高嶋郡を中心とした所領支配に重点を移さざるを得なくなった湖西の在地領主達は、所領支配の再編に伴い、「西佐々木」という血縁（擬制的でもある）を媒介にした地縁的な一揆＝同名中を形成していったと考えられた。

② 同名中を形成した西佐々木七氏は、室町幕府の家格としては外様衆という同一の高い家格を有しながらも、将

軍から幕府公役や軍勢を期待される家は、漸次、越中・田中・朽木の三氏に限定されてくる。限定付きながら、西佐々木各氏の所領経営状況を比較すると、この三氏は他の連中に比べ、より豊かな経済力を有していたと考えられた。

③ また、朽木氏だけが高嶋半郡規模を支配した地域公権であったとも言い切れず、田中氏のように湖西全域に支配を及ぼす状況が窺え、これを朽木氏だけに限定することは出来ない。西佐々木各氏は、庄公の所職を重層的に所持することにより、広域支配を実現していた。また七氏が関所を共同統治したように、単独では支配困難なものには共同で解決してゆく姿が窺えた。ここに同名中形成の一つの要因が見られた。

④ しかし彼らには、凡その所領経営規模に応じた序列（越中・田中・朽木・永田・能登・横山・山崎の順）があり、それは軍役を多く勤めることができるという点で、将軍家との関係の親疎として現れた。

⑤ 幕府との関係があまり窺えない者達（特に湖岸の在地領主）が、家格を超えて連合し、湖東へ進出し、交通・流通へ関与してゆくのは、その経済基盤の脆弱性に起因しているものと考えられた。しかし商業的利権を求めた湖東への進出に失敗すると、庶流を湖東六角氏の被官にして、それまでとは逆に六角氏との関係を強化していった。

これまで大量の文書を残した朽木氏のみの分析から、朽木氏が高嶋半郡規模の地域公権となることを領主制の進展と見、同氏の近世への存続理由を説く見方がなされていたが、西佐々木各氏の経済基盤や政治状況を子細に検討すると、各氏もそれぞれが持つ動機のなかで、各々の領主制を進展させていた。なかでも朽木氏は、西佐々木のうちでも序列の上では三番目に位置する存在でしかなく、そのことは経済基盤や軍事力の上にも反映されていた。西佐々木における序列は、西佐々木以外に主要な在地領主のいない近江湖西地方では、そのまま近江国西半分地域における序列と見做せる。

本章で明らかにできたことは、ここまでである。次に問題となるのは、内部序列は西佐々木同名中のなかで、どのような規制や矛盾を含んでいたのか。彼らと山門、その配下で現地にいる山徒、湖南の六角氏や湖北の京極・浅井両氏とはどのように関係を持つのか。城郭を中心とする考古学的発掘成果との対比、地名や水利・土地区割り等による歴史地理学的な研究を進めてゆく必要がある。在地領主の結合形態の地域的な違いや特質等、派生する課題は多くあるが、全く明らかでなかった西佐々木七氏を中心に、近江湖西地方の在地構造についての基礎的事実を洗い出せたという成果を確認し、全ては今後の課題としたい。

〔註〕

（1）水野章二編『中世村落の景観と環境——山門領近江国木津荘——』（思文閣出版、二〇〇四年）。『滋賀県高島郡新旭町　近江国木津荘現況調査報告書（Ⅰ・Ⅱ）』（近江国木津荘調査団・新旭町教育委員会、二〇〇二・〇三年）。水野章二「中世村落の構造と景観」（『日本史講座』四、東京大学出版会、二〇〇四年）。

（2）（3）小風「戦国期近江における湖上ネットワーク——佐々木永田氏の場合——」（『史学雑誌』一〇六—三、一九九七年）。

（4）「長田」と記されるようになったのはいつからであろうか。江戸時代初期の寛永年間、幕府が編纂した『寛永諸家系図伝』では、湖東の永田氏について「永田」を使用し、明暦二年（一六五六）に刊行された沢田源内の偽書『江源武鑑』でも嫡流に「永田」を使用しているからこれ以降のことである。文化九年（一八一二）完成の『寛政重修諸家譜』

や安政四年（一八五七）頃完成した『系図纂要』では、既に「長田」となっている。そのため「永田」氏を「長田」と認識しだすのは、江戸時代中・後期に形成された認識だと考えられる。

（5）「加茂御祖皇大神宮諸国神戸記」六（『古事類苑』神祇部一、六三九頁）。両使のうち、もう一人は横山道光である。

（6）内閣文庫影印叢刊『朽木家古文書』（上・下、国立公文書館、一九七七・七八年）五六～五八号。以下「朽〇〇」と略記する。

（7）『滋賀県中世城郭分布調査8（高島郡の城）』（滋賀県教育委員会・近江の城友の会、一九九一年）「永田城」小林大祐執筆。

（8）以上、日本歴史地名体系二五『滋賀県の地名』（平凡社、一九九一年）「音羽荘」の項。観応三年三月付足利義詮御判御教書（『大日本史料』六―一六、四〇七頁）。

（9）観応三年四月二日付足利義詮下文案（東京大学史料編纂所架蔵写真帳「永田一馬氏所蔵文書」）。

（10）『北野天満宮史料　古記録』（北野天満宮、一九八〇年）所収。

（11）以上、清水克行「足利義持の禁酒令について」（同氏著『室町社会の騒擾と秩序』吉川弘文館、二〇〇四年、初出一九九九年）。

（12）桑山浩然校訂『室町幕府引付史料集成』上（近藤出版社、一九八〇年）所収。

（13）大永二年三月二十四日付室町幕府奉行人連署奉書、および同八年六月十一日付室町幕府奉行人連署奉書（いずれも「永田一馬氏所蔵文書」）。

（14）慶長六年十月二日付護正院永田宗珎宛て山門執行代等連署安堵状（「永田一馬氏所蔵文書」）。永田氏の家系から護正院主を輩出した点については、小風真理子「中世後期近江国の国人領主永田氏の流通支配と公権力――「永田一馬氏所蔵文書（護正院文書）」を素材として――」（一九九四年史学会第九二回大会日本史部会報告。要旨は『'94史学会第九二回大会プログラム』に収載）参照。護正院そのものについては、小風「山門使節と室町幕府――永享・嘉吉事件と護正院の台頭――」（『御茶の水史学』四四、御茶の水女子大学文教育学部人文科学科比較歴史学コース読史会、二〇〇〇年）、「山門・室町幕府関係における山門使節の調停機能――山門関の過書遵行権をめぐって――」（『史学雑誌』一一三―八、二〇〇四年）がある。

(15) 本書第一部第二章。応仁・文明の乱で永田氏は、将軍足利義政の東軍方へついた。そのため西軍方であった六角高頼の重臣山内政綱らが高嶋郡に乱入し、「永田館」を攻めるとの風聞が流れている（朽二九六）。この時期の永田氏が将軍家と関係を深め、かつ湖東の六角氏の権益を脅かすような行動をとるのは、東軍につくという政治的行動とも連動している。

(16) 小風、註(2)論文、及び本書第一部第二章参照。

(17) 朽四九一。『石山本願寺日記』天文六年六月九・十日両条。「松原興敬寺文書」№三（早島有毅・西脇修「東近江中郡における真宗寺院の草創年代と本末関係（一）」『龍谷大学仏教文化研究所紀要』一九、一九八〇年）ほか。

(18) 明応三年八月十四日付六角氏奉行人連署奉書案（『大日本古文書　家わけ　醍醐寺文書』一一二二号）。『大日本古文書　家わけ　醍醐寺文書』編者は、宛所を「永田孫次郎」と読んでいる。しかし、東京大学史料編纂所架蔵の写真帳（「醍醐寺文書」第九箱）で確認したところ「永田源次郎」と読める。判断の理由は、この文書が写である点、「源」と「孫」のくずしは酷似しており判別が難しい点、同時期の十一月十四日付六角高頼書状（正文・朽二八三）には「永田源次郎」と出る点から、「永田源次郎」と読んだ。

(19) 朽二八三。

(20) 朽三一三。

(21) 朽八二四。この算用状については、朽木氏の代官職得分を明らかにしようとした湯浅治久氏の分析がある（「中世後期における在地領主経済の構造と消費――近江国朽木氏を事例として――」『国立歴史民俗博物館研究報告』九二、二〇〇二年）。

(22) 永禄九年卯月十八日付浅井長政書状（「来迎寺文書」『東浅井郡志』四、三三八頁）。
(23) 朽二四三。
(24) 史料纂集『朽木文書』は、この文書の花押を日野政資もしくは内光に比定する小泉宜右氏の判断を紹介しているが、一五二〇年前後のものだとすると、明応四年に没した政資のものではなく、内光（大永七年没）のものと考えられる。また九月二十六日付山形満宗副状も残存している（朽三三八）。古川貞国の所見は、朽八一一・八一三・八一五・八一九・八二一を参照。
(25) 延徳三年八月十五日付室町幕府奉行人連署奉書（「仁和寺文書」『室町幕府文書集成　奉行人奉書篇』一七三八号）。大永四年十一月九日付室町幕府奉行人連署奉書（「宝鏡寺文書」『同』三〇八九号）。
(26)(27) 宮内庁書陵部所蔵「日野晴光書状」。菅原正子「日野家領の研究」（同氏著『中世公家の経済と文化』吉川弘文館、一九九八年。初出一九九三年）参照。
(28) 永田氏嫡流は、幕府の格式上はあくまでも外様衆として存在していた。寛正四年から天文十一年の間に大館常興により作成された「大館常興書札抄」（『群書類従』）の外様衆の覧には、

一、江見殿　益田殿　土肥殿　佐々木田中殿　永田殿
　かやうの衆ハ進之候とあるべし、又さうに御宿所もくるしからず候、

と脇付を「進之候」もしくは「御宿所」と記すよう指示されている。
(29) 後略部分では、「世に伝ふる所の平井系図」や「松下系図」を、沢田氏郷（源内）の偽作、もしくは従い難い内容であるとして却下している。
(30) 朽一〇七。
(31) 行綱の娘心阿は、甥の西佐々木の嫡流である佐々木範綱のもとへ嫁いでいる。心阿は行綱の娘であったため、のちに本来ならば行綱へ譲られるべき所領案主名・後一条の地を横山氏から取り戻している（朽一〇三・一〇四）。

(32) 宗綱は、弘安十年九月には佐々木「能登前司宗綱」であり、幕府使者として京都御所へ遣わされる関東御使を勤め、永仁五年九月に死去した（『群書類従』所収「関東評定伝」。『勘仲記』弘安十年九月二十六日条。『尊卑分脈』宇多源氏京極項。多賀宗隼「弘安八年「霜月騒動」とその後――執権政治の一考察――」、同氏著『論集中世文化史』上、公家武家篇、法蔵館、一九八五年収載、初出一九四〇年）。

(33) 京極高氏については、森茂暁『佐々木導誉』（吉川弘文館、一九九四年）が詳しい。

(34) 朽六四二。『園太暦』（貞和元年八月二十九日条）・『太平記』（巻第二四）では「佐々木能登前司」とする。

(35) 「花営三代記」（『群書類従』）応永五年二月十日、同八年正月十三日各条。「御評定着座次第」（『群書類従』）。

(36) 諸系図によれば、貞氏の子孫は、そのご長岡・鏡氏となったとする。

(37) 南・北船木に関する研究は、以下のものがある。『安曇川町史』（滋賀県安曇川町、一九八四年）。網野善彦「日本中世都市をめぐる若干の問題――近江国高島郡船木北浜を中心に――」（『年報中世史研究』七、一九八二年。のち「近江国船木北浜」と改題し、同氏著『日本中世都市の世界』筑摩書房、一九九六年に収録）。橋本鉄男『輪ノ内の昔』上・下（北船木史稿刊行会、一九八九・九一年）。北船木「輪ノ内やしろ」編集委員会編『輪ノ内の社　国重要文化財若宮神社保存修理事業完成記念誌』（北船木区・改修実行委員会、一九九九年）。南船木区史編集委員会編『南船木史』（南船木区、一九九九年）。櫻井彦「近江国高嶋郡「船木荘」の諸相」（『山間村落における交流の総合的研究――景観・文献・信仰・石造物からの歴史的復元――』平成10年度～平成12年度科学研究費補助金基盤研究（C）研究成果報告書、研究代表者小林一岳、二〇〇一年）。

(38) 本書第一部第二章註(75)参照。

(39) 朽四三一。

(40) 朽二五一・二六三他。橋本『輪ノ内の昔』上巻、第六章「浜の湖上関」参照。

(41) 能登氏の安曇川御厨地頭職入手経緯は不明である。

(42) 東京大学史料編纂所架蔵写真帳。
(43) 「永田一馬氏所蔵文書」。永享七年十月十三日付管領細川持之施行状の正文は、『思文閣古書資料目録』第一二五号(思文閣出版、一九九一年)、No.九一参照。
(44) 「伊藤泰詮家文書」(『志賀町史』第四巻、志賀町、二〇〇四年、中世編No.四九号)。この相論については、『志賀町史』第二巻(一九九九年)第一章第四節参照。
(45) 『大日本古文書　家わけ　蜷川家文書』三一。
(46) 『親元日記』(『続史料大成』)寛正六年十一月二十三日条(「佐々木能登太刀金、同御礼」)。
(47) 朽四三八。
(48) 朽一六四・九一・一六五・一六七・一七〇・一七一。横山氏宛の幕府奉行人連署奉書は残存していないが、状況からみて横山氏へも発給されたものと推察される。
(49) 「政所賦銘引付」(桑山浩然校訂『室町幕府引付史料集成』上、近藤出版社、一九八〇年)文明六年条。
(50) 本書第一部第二章参照。
(51) 『今堀日吉神社文書集成』(仲村研編、一九八一年)一三八。『大日本古文書　家わけ　伊達家文書』八〇号。
(52) 天文四年卯月十三日付北船木若宮神社棟札(『「非文献資料の基礎的研究(棟札)」報告書　社寺の国宝・重文建造物等　棟札銘文集成――近畿編一――』国立歴史民俗博物館編・刊、一九九六年)。『大館常興日記』天文十年十一月二十八・二十九日両条。
(53) 『親俊日記』天文八年十月十八日条。
(54) 「古今消息集」(『近江蒲生郡志』巻二、六五三号)。橋本鉄男氏は、「佐々木能登守持国」を能登最後の当主として載せ、その子や、家臣平田氏について記す「平田系図」を基に能登氏のその後を描くが、持国の「知行」を「七千七百石」とすることや、持国が他の史料では窺えない点から、本稿では採用しなかった(橋本『輪ノ内の昔』上巻、第七章）。

(55) 明応六年七月十八日付北船木若宮神社棟札（『「非文献資料の基礎的研究（棟札）」報告書　社寺の国宝・重文建造物等　棟札銘文集成――近畿編一――』）。

(56) 安曇川御厨内の川島（現安曇川町川島）にある阿志都弥神社の「明細書」によれば、同じ年、「佐々木能登守」は同神社の社殿も再建したという（橋本鉄男「阿志都弥神社」谷川健一編『日本の神々』第五巻、白水社、一九八六年）。また宝永五年（一七〇八）の北浜村明細書によれば、北船木内にある諏訪神社にも、能登長綱以下の若宮神社と同様の棟札があったことを記しており、この時期能登氏が、安曇川御厨内での信仰の対象である神社の整備を目指していた事を推察せしめる（橋本『輪ノ内の昔』上巻、第七章三及び下巻、第七章一）。宝永五年北浜村明細書の関連部分を左掲しておく（閲覧に当たり藤田弥壽三氏のお世話になった。記して謝意を表する）。これに拠れば、諏訪八幡は能登氏の守護神だという。

（前略）

一、氏神若宮権現　神体正観音、長五寸立像、但作者知レ不申候、

是者明応六暦丁巳七月廿四日ニ佐々木能登守造営之棟札御座候、是ゟ已前ハ知レ不申候、中比正保三暦七月ニ酒井讃岐守様御上葺被為遊被下候、（中略）

一、氏神諏訪八幡　神体白羽矢、太刀一振、

是者若宮同時佐々木能登守造営棟札御座候、従是已前ハ知レ不申候、別而諏訪八幡宮能登守護神ノ由ニ及承申候、則当村居住之由承伝申候、（後略）

(57) 湯浅治久「中世後期の領主と地域社会」（『人民の歴史学』一五七、二〇〇三年）。

(58) 橋本『輪ノ内の昔』上巻。橋本氏は、賀茂別雷神社の祭神雷神に基づいた名称をもつ五郎社（通称ゴロウサン）が本来のものであったと指摘する。また、若宮神社の神主筋には能登氏の家紋「隅立四目結」にあやかった「丸に隅立四目

結」の紋所をもつ家が多いことをも指摘する（第七・八章）。

(59) 朽三五二。

(60) 朽二八七・二四八。この他にも、長享二年（一四八七）に、高嶋郡木津庄内「加々（加嘉）名」代官職で六角氏と申し合わせを行った「能登相州」は、能登氏庶流の一人と推定される（長享二年推定十二月六日付後藤高恒書状。朽二四九）。「加々名」については、小原嘉紀「木津荘の負田・公事・名」（水野章二編『中世村落の景観と環境』）参照。

(61) 永正十年には惣領と思しき「佐々木能登弥二郎」が存在するため（史料7）、高勝の能登氏家政切り回しは永正初め頃のみと判断される。

(62) 水野章二「木津荘の成立と展開」（同氏編『中世村落の景観と環境』）。

(63) 佐藤進一『〔新版〕古文書学入門』（法政大学出版局、一九九七年）一七三頁。藤田達生「室町末・戦国初期にみる在地領主制の達成」（『日本中・近世移行期の地域構造』校倉書房、二〇〇〇年。初出一九九二年）。

(64) 宮内庁書陵部所蔵「守光公記」（東京大学史料編纂所架蔵写真帳）。今谷明・高橋康夫共編『室町幕府文書集成　奉行人奉書篇』（下、思文閣出版、一九八六年）二七六二号にも翻刻はあるが、「皮役」を「彼役」と読み、山門使節中宛奉行人奉書についても省略している。

(65) 禁裏御庭者小五郎については、丹生谷哲一①「中世賤民研究雑考」（『歴史研究』二五、大阪教育大学歴史教室、一九八八年）、②「中世公武政権と河原者の位相」（『別冊文芸　天皇制』河出書房新社、一九九〇年。①②共に同氏著『日本中世の身分と社会』塙書房、一九九三年に収録）に詳しい。

(66) 小五郎は高嶋郡の他に志賀郡の皮役賦課権も持っていた。

内裏御庭者小法師小五郎知行江州志賀・高嶋両郡皮役事、申披由緒、武家被成御下知上者、不可有相違之由、依仰下知如件、

永正十年十二月十四日　　右衛門尉国秀

（宮内庁書陵部所蔵「守光公記」永正十年十二月二十三日条）

(67) 天文四年卯月十三日付北船木若宮神社棟札（『「非文献資料の基礎的研究（棟札）」報告書　社寺の国宝・重文建造物等　棟札銘文集成——近畿編一——』。同書の活字では、「大龍院之御秘斗にて下向」と読むべき所を「大龍院之御執計之上　下向」と誤読している（棟札閲覧に当たり藤田弥壽三氏のお世話になった）。十二月八日付六角承禎書状写（註〈54〉、『近江蒲生郡志』巻二、六五三号）。
(68) 朽七三〇。
(69) 朽一〇三。
(70) 朽七三九。
(71)「三川」・「三河」とも記される若狭国三方郡御賀尾、もしくは近江国浅井郡三河のどちらかであろう。
(72) 朽七三〇・一〇七。
(73) 朽三九。
(74) 朽一一〇・七四三・七四四。
(75) 朽一〇三・一〇四。
(76) その後、心阿の知行していた案主名は、心阿から寄進をうけた称弥陀院と、愛寿御前→朽木義信→朽木氏秀と相伝したと主張する朽木氏秀との間で争われた永和三年（一三七七）の相論で、氏秀方勝訴となり、朽木氏のもとへ集約されることとなった（朽五）。このようにして一端横山氏のもとへ入った佐々木越中氏所領も、結局は再度越中氏のもとへ返還され、後には朽木氏のもとへ集約された。
(77) 註(79)文書から推定。
(78) 京都大学博物館所蔵「地蔵院文書」。大山喬平編『京都大学文学部博物館の古文書　第3輯　細川頼之と西山地蔵院文書』（思文閣出版、一九八八年）。

（79）嘉元二年十一月二十八日付近江国高嶋郡横山郷内保田地頭代兼憲・預所代道円連署和与状（早稲田大学図書館所蔵「荻野三七彦氏旧蔵資料」。請求番号イ四―三―五三―A三八）。本文書は、早稲田大学所蔵資料影印叢書や『早稲田大学所蔵荻野研究室収集文書』（早稲田大学図書館編、上下、吉川弘文館、一九七八・八〇年）にも収載されていない史料であるので、ここに翻刻しておく。

（端裏書）「和与状」

和与

新長講堂領并内親王御菩提所近江国高嶋郡横山郷内日吉一切経保田所務条々事

一、保田四十町下地事

件下地四十町内於三分之二廿六町六段大者、任永仁三季十二月廿三日六波羅殿御下知之旨、相副坪付、去渡領家方畢、向後、更地頭不可相綺者也、至三分之一十三町三段小者、為地頭進止、領家不可相綺事、

一、未進事

件未進者、以和与之儀、令弁償銭貨七十貫文畢、但於沙汰人百姓等未進者、遂算用、可被致其沙汰者也、其時地頭更不可申子細者也、

右、以前二箇条、雖番訴陳、両方令和与之上者、自今以後、更不可有違犯之儀、若背和与状者、速可被申行罪科之状、如件、

嘉元弐季十一月廿八日　地頭代兼憲（花押）

預所代道円（花押）

（裏書）「為後証、奉行人所封裏也、

嘉元三年八月廿三日

左衛門尉基任（斎藤）（花押）

沙　弥唯勝（花押）」

(80)「加茂御祖皇大神宮諸国神戸記」六（『古事類苑』神祇部一、六三九頁）。
(81) 貞和四年八月二十四付佐々木横山道光起請文（「地蔵院文書」）。
(82) 網野善彦「偽文書を読む」（同氏著『日本中世史料学の課題』弘文堂、一九九六年。初出一九八九年）。錦昭江「松尾寺文書にみる中世刀禰の諸相」（和泉市史編さん委員会編『和泉市史紀要第3集　松尾寺所蔵史料調査報告書』和泉市教育委員会、一九九九年）・「中世浦刀禰の推移」（同氏著『刀禰と中世村落』校倉書房、二〇〇二年）ほか。
(83)『福井県史』資料編8（福井県、一九八九年）収載。
(84) 建武三年六月十三日付大音助俊軍忠状は、図録『若狭湾と中世の海の道――若狭湾の浦々と日本海流通――』（福井県立若狭歴史民俗資料館編・刊、二〇〇五年。二八頁。写真26）に、貞和四年八月二十四日付佐々木横山道光起請文は、大山喬平編『京都大学文学部博物館の古文書　第3輯　細川頼之と西山地蔵院文書』（思文閣出版、一九八八年。四頁。写真6）に写真が掲載されている。
(85) 註(80)参照。
(86) この他、鴨社が京極高氏に訴え、幕府から御教書が発給されている点注目される。建武三年七月に東近江警固を任され、同五年四月に近江守護に補任されるまでの高氏の立場については、森茂暁氏の著書『佐々木導誉』（吉川弘文館、一九九四年、六〇・六一頁）に詳しい。森氏は幕府引付方の活動のあるこの時期に高氏が足利直義への非公式のルートをもっていた可能性を指摘しているが、本事例も直義―高氏の非公式ルートを経由した可能性が高い。
(87)「地蔵院文書」。
(88)『京都大学文学部博物館の古文書　第3輯　細川頼之と西山地蔵院文書』（四頁）写真5参照。
(89) 朽八六七。
(90) 朽六八九・一一一二。

(91) 朽一四四。

(92) 嘉吉元年卯月十五日付山門西塔院政所集会事書(「目安等諸記録書抜」『北野天満宮史料　古記録』北野天満宮、一九八〇年、三一一頁)。

(93) 『安曇川町史』(安曇川町史編纂委員会編、安曇川町、一九八四年)二七二頁。

(94) 宮内庁書陵部所蔵「古文書」。

(95) 他に、横山郷には公文や下司・図師・職事なども存在したことが分かる。

(96) この間の事情は、大山喬平編『京都大学文学部博物館の古文書　第3輯　細川頼之と西山地蔵院文書』「解説」に詳しい。

(97) 以上「地蔵院文書」。

(98) 東京大学史料編纂所架蔵影写本「菊大路文書」三。応永二十八年六月五日付室町将軍家御教書。

近江国高嶋郡横山参川守跡散在所々事、早任御寄附状之旨、可被沙汰付石清水八幡宮雑掌由、所被仰下也、仍執達如件、

応永廿八年六月五日　　沙弥(細川満元)(花押)

佐々木四郎兵衛尉殿(六角満綱)

(99) 「法花堂記録」(『北野天満宮史料　古記録』)。「筑波大学所蔵北野神社文書」。

この頃全く一切経保田の押領や、諸史料に横山氏の活動が窺えないのも、幕府による所領の召し上げや横山道光亡き後の人材不足が影響している可能性が高い。とくに現段階では、横山氏所領は横山郷地頭職および同郷内一切経保田領家方三分一のみしか明らかにし得ない。また幕府公役についても、将軍出行時の衛府・帯刀にしても、越中・朽木・永田・能登の四氏に限られ、横山氏は決して出てくることはない。このことはその所領規模や幕府との親密度の違いが現れているのではないか。とにかく他の西佐々木氏と比べて、所領が少ないことと、幕府との距離がある点は注目できる。

(100)　永享十一年十月日付近江横山郷庄主某注進状（「地蔵院文書」）。

(101)　この時期地蔵院領一切経保田では、応永三十三年に寺官忠阿が他人に寺領を宛行い、忠阿逐電による「非分之掠領」や、永享二年の珎阿が「山門之威」を仮り「奸訴」を企てた（幕府法廷にて地蔵院方勝訴）ことなどが挙げられる（「地蔵院文書」）。

(102)　寛正七年二月二十三日付細川勝元書状案（「地蔵院文書」）。

(103)　江戸時代に地蔵院は再興される。

(104)　同様のことは、今谷明氏が番帳部分を明応元年（一四九二）五月十九日～同二年正月十七日間に成立したと推定した「東山殿時代大名外様附」の外様衆の欄には、「佐々木越中守」「佐々木能登守」「同朽木」「同田中」を載せる（『室町幕府解体過程の研究』岩波書店、一九八五年、第二部第三章）。同史料の外様衆部分は、今谷氏もその成立年代の比定を保留された部分であり、成立年代を確定できず、架空のものである可能性すらある。例えこれが架空のものであったにせよ、この四氏のみが挙げられている点興味深い。横山・永田・山崎各氏がなぜ挙げられていないのか。ここには室町将軍との親密度の違いが表れているのではないだろうか。

(105)　寛正六年十一月十三日、文明十年三月十七日、同十三年四月十八日条。伊勢氏の家宰蜷川氏の日記であるので「御被官」と敬称をつけるのは伊勢氏の被官であるからである。

(106)　藤木久志『戦国社会史論』（東京大学出版会、一九七四年）総論第二章・Ⅰ第一章。

(107)　朽四三八。

(108)　『今堀日吉神社文書集成』（仲村研編、一九八一年）一三八。

(109)　朽二七一。

(110)　朽八二・三二九。「燈心文庫所蔵文書」。

(111)　朽三九六。

(112)朽二六九。

(113)朽二七一・三五一・二七二。

(114)朽二七四・三五三・二七三・二六四。

(115)朽二六六。

(116)朽七六〇。文安四年七月十六日付山門西塔院釈迦堂閉籠訴訟条目(「目安等諸記録書抜」『北野天満宮史料　古記録』三〇八頁)。

(117)朽八一八。この時は、猿楽が催された。

(118)大永六年。朽八六一。

(119)朽八二三。

(120)朽三五五。

(121)なお長享元年(一四八七)推定十月十七日付杉江宗通書状には、朽木氏の「傍輩」として横山氏が登場する(朽二三〇)。

(122)朽四九二。

(123)『高島郡誌』一二〇頁。

(124)「大館記」九(天理図書館報『ビブリア』八八、天理大学出版部、一九八七年)。

(125)横山三郎左衛門尉は、天文十二年に朽木領中での柴木伐採を禁じる触などを六角氏から受けた人物である(朽六八四)。

(126)中世から近世にかけての伊黒村の歴史を伝記風に綴った「伊黒村条目帳」(「八田家文書」『比良山系における山岳宗教の調査報告書』元興寺文化財研究所編・刊、一九八〇年、資料編所収)によれば、永正頃に伊黒には「山門之下司」の「林右京亮」がいたと記している。一次史料でないため比定は慎重であらねばならないが、「伊黒之右京新」は下司

　

を勧める林一族の者ではないだろうか。

(127)「饗庭昌威氏所蔵文書」（東京大学史料編纂所架蔵写真帳）。「御礼拝講之記」（『続群書類従』）。

(128)「永禄以来年代記」（『続群書類従』）天正元年十一月十六日条。

(129)『高島郡誌』五二一・五二六頁。『近江蒲生郡志』巻二（滋賀県蒲生郡役所、一九二二年）五五頁。

(130)『高島郡誌』第一編第三章神社、一四五頁。因みに、確実な史料に窺える湖西の山崎氏の通称・官途名は、「佐々木新三郎冬能」（一四七二年）、「山崎新三郎」（一四八六年）、「山崎三郎五郎」（一五六二年）であり、兵庫頭や左京介を官途に持つものはいない（朽四三八・蔭涼軒日録・御礼拝講之記）。

(131)『高島郡誌』五二六頁。『滋賀県中世城郭分布調査8（高嶋郡の城）』（滋賀県教育委員会・近江の城友の会、一九九一年、四一頁）五番領城の項。

(132)文明十一年四月五日付真如庵祖仲田地売券によれば、三重生郷内の田一反に懸かる公方年貢として「三重生郷五番領江毎事弐斗」出すことが記されており、五番領が三重生郷内にあったことがわかる（朽九九七）。『滋賀県の地名』（平凡社、一九九一年）五番領の項。木下光生「産所村」（世界人権問題研究センター編『散所・声聞師・舞々の研究』思文閣出版、二〇〇四年）。

(133)天理図書館所蔵「雑条」（請求番号二一〇・五―イ五三―五〇。天理図書館報『ビブリア』八八、天理大学出版部、一九八七年収載の「大館記」九にも翻刻があるが、原本にて校訂を行った）。

(134)『蔭涼軒日録』文明十八年七月二十七日条（「山崎新三郎殿為六角殿名代上洛、今日来于当軒、持硯一面、副四千字之折紙」）。

(135)朽四三八。

(136)「昔御内書符案」（『大日本史料』八―四）
亀寿（六角高頼）並宮内大輔（山内政綱）以下敵退治事、被仰付佐々木（六角）四郎政尭訖、早馳参御方、属彼手可抽戦功候也、

九月十六日（文明三年）

目賀田次郎衛門殿

下笠美濃守殿

高野瀬与四郎殿

小河丹後守殿

山崎中務丞殿

(137) 朽九九七・九九四。

(138) 朽九九四。

(139) 史料13の文書名は、『朽木家古文書』編者は横井河正泉能冬等連署田地売券とするが、本文での検討の如く、正確には佐々木山崎冬能田地放券とすべきものである。また中村祐弘が三重生郷内にある真如庵の旦那であり、山崎氏の拠点といわれる五番領も三重生郷内の地であることから、山崎氏は三重生郷に関わるなんらかの所職を所持していたかもしれない。

(140) 宮野郷は、中世以来鋳物師が居住する地であった。高島郡新旭町の太田神社所蔵鰐口銘には、表「江州高嶋郡新御庄大田郷天神御宝前鰐口也、本願多胡新兵衛長種・饗庭対馬入道覚音」、裏「大工宮野助ヱ門中司藤原朝臣吉仲、天文三年甲午十一月廿五日、敬白」とある。近世には地下官人真継家の支配下にあった。管見に触れた史料を左に示す。

(端書)「享保十三」

(朱印)(「御蔵真継」)　(朱印)(「珍弘」)

近江国高嶋郡宮野村之鋳物師助左衛門、先規之通家職相勤之処神妙也、抑鋳物師所職永繁栄可為其家再興、仍任先例状如件、

禁裏諸司従五位上蔵人方御蔵刑部少輔

正徳四甲午年（一七一四）十一月十六日　珍弘（花押）

近江国高嶋郡宮野村
入田（マヽ）　鋳物師助左衛門

「（紙背）江州於高嶋郡宮野村従先規相伝処之職、今般令相続畢者、旧例之所職全不有相違、依任旧規之状如件、
禁裏蔵人方正五位下刑部少輔
享保十三年（一七二八）申八月日　判
宮野村鋳物師
助左衛門
」
（名古屋大学文学部所蔵「真継文書」）

（141）「饗庭昌威氏所蔵文書」。

（142）ただし前年五月に饗庭右京進が定林坊へ与えた定書に、「二宮大工職」の事と共に、「彼宮（二宮）并鳥居作事等祝言之事」も記していることから、二宮及び鳥居の作事に関わる算用状の可能性がある（郷土文化保存伝習施設マキノ資料館所蔵写真帳「海津天神社文書」社寺役所記録所載天文二十一年五月二日付饗庭右京進定書写）。

（143）『続群書類従』巻六八九。

一、連署の事、右筆人、日の下に官名乗まて可書之、さて判形は名のとをりのうちに可在之、其人数上下の次第は、おくを上首と可心得、右筆の輩ハ、上首たり共我調進候間、日下に可書之、又無官の人は、名乗はかりも書之、又氏をも書事も在之、

尚、北西弘「連署・連判攷」（『市史かなざわ』一〇、二〇〇四年）は、時代による連名順位の変化についての考察を行っている。

（144）能登氏が「能登之代」として代官の署名となっている点は、①永田氏と能登氏は同じ外様衆であるが、署名では永田

氏が奥となるため、同格意識から代官が署名した、②当主が署名できる状況ではなかった、の二点が考えられるが、外様衆としての家格の同列を説くよりは、西佐々木七氏内の序列が反映されていると見るべきで、能登氏当主自ら署名できない何らかの事情があったものと考えたい。

(145)「羽賀寺年中行事」。

(146)久留島典子「領主の一揆と中世後期社会」(『岩波講座日本通史』第九巻、岩波書店、一九九四年)。峰岸純夫「中世社会と一揆」(青木美智男ほか編『一揆』第一巻、東京大学出版会、一九八一年)ほか。池享「戦国期の地域権力」(歴史学研究会・日本史研究会編『日本史講座』五、東京大学出版会、二〇〇四年)では、「畿内近国の国人領主組織」として戦国期の同名中を位置づけている。

(147)高木昭作「甲賀郡山中氏と「郡中惣」――小領主の性格規定のために――」(『歴史学研究』三二五、一九六七年)。村田修三「戦国時代の小領主――近江国甲賀郡山中氏について――」(『日本史研究』一三四、一九七三年)・「国人一揆と惣国一揆」(大阪大学文学部日本史研究室編『古代中世の社会と国家』清文堂出版、一九九八年)。宮島敬一「戦国期における在地法秩序の考察――甲賀郡中惣を素材として――」(『史学雑誌』八七―一、一九七八年)。湯浅治久「「惣国一揆」と「侍」身分論――在地領主・村落研究の接点を求めて――」(『歴史評論』五二三、一九九三年。のち改稿し、同氏著『中世後期の地域と在地領主』吉川弘文館、二〇〇二年に収録)。長谷川裕子「戦国期における土豪同名中の成立過程とその機能――近江国甲賀郡を事例に――」(『歴史評論』六二四、二〇〇二年)・「戦国期における紛争裁定と惣国一揆――甲賀郡中惣を事例に――」(『日本史研究』四八二、二〇〇二年)ほか。

(148)久留島典子「中世後期在地領主層の一動向――甲賀郡山中氏について――」(『戦国大名論集』四、吉川弘文館、一九八三年。初出一九八一年)。石田晴男「両山中氏と甲賀「郡中惣」」(『史学雑誌』九五―九、一九八六年)。

(149)久留島、註(148)論文。宮島敬一氏も、戦国期に現れる同名中掟の分析から、「同名中掟・組織は、戦闘状況を核にして形成され、一定領域の法・法行使者として現れた「一揆」の一形態」とみる(同氏著『戦国期社会の形成と展開――

浅井・六角氏と地域社会──』吉川弘文館、一九九六年、第二章二「同名中組織と法・「掟」」）。

(150) 湯浅治久『中世後期の地域と在地領主』第一部第二章・第二部第六章。湯浅氏は、近江国における「同名中」の形成は、「室町期の国人領の崩壊と密接に関連する」とし、近江北部では半国守護京極氏が応仁の乱以降に在国した影響（京極氏の押領、代官職宛行）で、国人領は不安定となり、自立した領域の支配が変質し、上下関係の不明確化とともに「一揆」的形態をとるとする（湯浅著書、第二部第六章）。しかし、同じ近江北部の在地領主大原氏の存在形態を考察した「「公方」大原氏と地域社会」（湯浅著書、第一部第二章）では、十五世紀初めの応永年間以降に「同名中」組織が現れるとし、先の見解とは異なる。在地領主の同名中は十五世紀初めに現れるため、本稿では応仁・文明の乱後の京極氏在国が所領の不安定化をもたらしたとの説は採らない。

(151) 石井進「一揆契状」（『中世政治社会思想』上、岩波書店、一九七二年、五三七頁。引用部分の括弧は省略）。

(152) 石母田正「解説」（『中世政治社会思想』上、六〇二・六〇三頁）。峰岸純夫「上州一揆と上杉氏守護領国体制」（同氏著『中世の東国──地域と権力──』東京大学出版会、一九八九年。初出一九六四年）。小林一岳『日本中世の一揆と戦争』（校倉書房、二〇〇一年、一三九頁）。尚、小林氏が右著書第二部第七章で指摘するように、「私戦」の主体になる可能性を常に持つ一揆を、幕府が奉公衆として組織化することで止揚しようとしたという視点は魅力的であり、今後さらに考えてゆきたい点である。

(153) 本書第一部第三章参照。

(154) 湯浅治久「「公方」大原氏と地域社会」（『中世後期の地域と在地領主』）。

(155) 本書第一部第三・四章、第二部第一章。仲村研「朽木氏領主制の展開」（同氏著『荘園支配構造の研究』吉川弘文館、一九七八年。初出一九七五・七六年）。

(156) 本章第一節・第三節参照。

(157) 註(155)及び加藤哲「鎌倉・南北朝期における近江朽木氏の世代と所領」（『国史学』一〇九、一九七九年）・「朽木貞高

の苦悩」(『歴史手帖』一〇―一五、一九八二年)。

(158) 在地領主の同名中が、戦国期に登場する中間層(土豪・地侍・小領主・「小規模な在地領主」)の同名中とどのように関わるかは、今後の課題である。在地領主に遅れること約一世紀、土豪・地侍・小領主等の中間層にも同名中を形成する諸要件が整い、同名中形成へと至ると予想される。とくに「小規模な在地領主」とも評価される山中氏の同名中が、西佐々木同名中や大原同名中に遅れて登場する理由については、①山中氏の甲賀郡での活動が小領主的要素を多分に持っていた点、②甲賀郡という守護六角氏権力の膝下である点、③西佐々木同名中の様に幕府から外様衆という高い家格に組織されるだけのものでなかった点など、今後、結集の諸要因の地域的偏差に注目してゆく必要がある。

第二部　朽木氏の研究

第一章　室町中・後期における朽木氏の系譜と動向

はじめに

鎌倉時代以来、近江国高嶋郡朽木庄（現滋賀県高島市朽木）に蟠踞した近江源氏佐々木氏の庶流朽木氏に関する研究は、その基本史料である「朽木文書」[1]の大部分が同氏の在地支配に関するものであるため、主にその領主制について研究が深められてきた[2]。

しかし、そのための基礎的研究である朽木氏の代替り・世代関係等については、鎌倉・南北朝期までは加藤哲氏により整理されているが[3]、室町時代においてはいまだ十分に明らかにされていない。またその政治動向についても同様である。そのため、先学により明らかにされた朽木氏領主制についても、その世代および政治動向等と関連づけての説明はなされていない。朽木氏はどのような政治状況のなかで、どのような政治権力と関わりを持ってその領主制を展開していったのか。このことを明らかにすることは、京郊一在地領主の存在形態をさぐる意味でも重要と思われる。

そのためには、まず基礎的作業として、朽木氏の代替り・世代関係および政治動向を明らかにする必要がある。朽木氏は、将軍足利義晴の朽木庄下向を機に、惣領が将軍の御供衆に加えられ、以後将軍近習として活躍しており、朽木氏にとって将軍の朽木庄下向は一つの転機であった。そのため、本稿の視角として、朽木氏と幕府との関係に注目したい。それにより将軍の朽木庄下向の一要因も明らかになるものと考える。

図10　中世朽木氏系図

（a）『寛政譜』・「系譜」を基に作成。

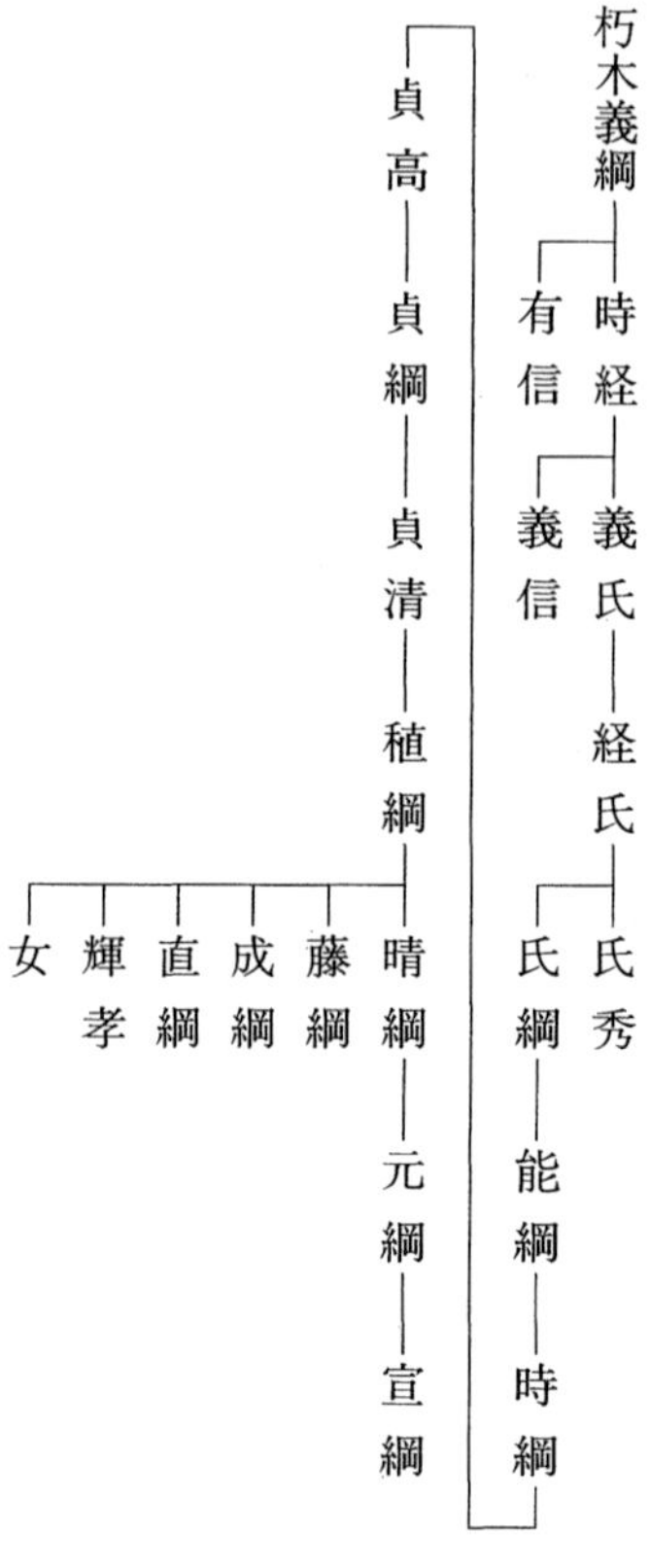

（b）実際に史料に現れる人物を基に作成（本稿対象分のみ。『寛政譜』・「系譜」も参考にしたが、その利用は最小限に止めた。破線は推定を表す）。

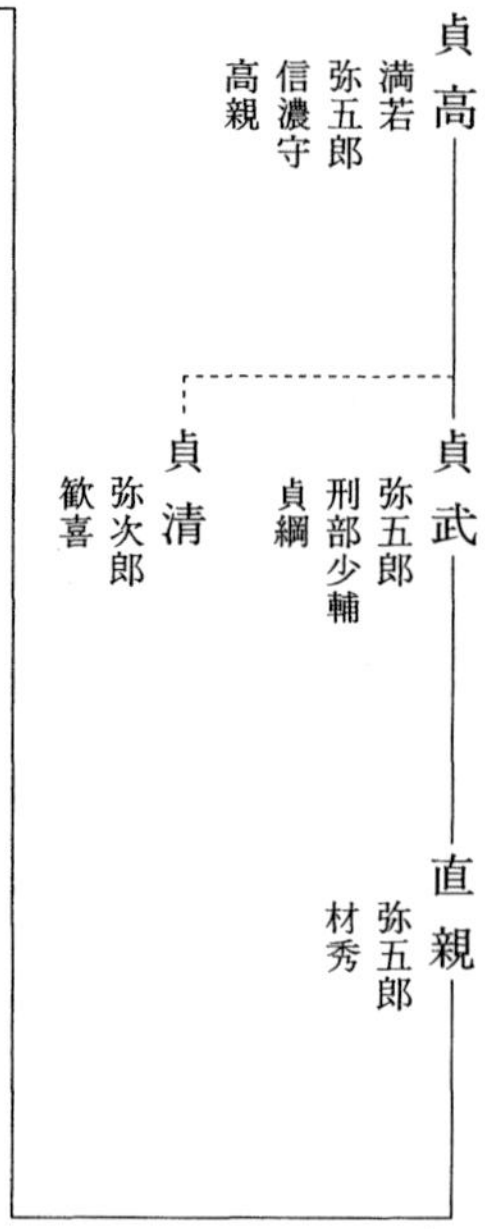

次に、将軍近習に加えられたことにより、在京する者と、在地に居住する者とが一族内で出てくるが、そのことによる一族のありかたの変化をみる。とくに惣領家と庶子家との関係に着目したい。朽木氏は、応永年間に分割相続から嫡子単独相続に移行し、「於□〔含〕弟共者、無向背之儀者、可加扶持」[4]の如く、その庶子は惣領の下で扶持を受ける存在となっていた。このような状況が、一族の在京を契機として、どのように変化してゆくのかを、二つ目の視角として設定したい。

以上の視角により、室町中・後期における一族の存亡を賭けた動向を、政治的な観点から明らかに出来るも

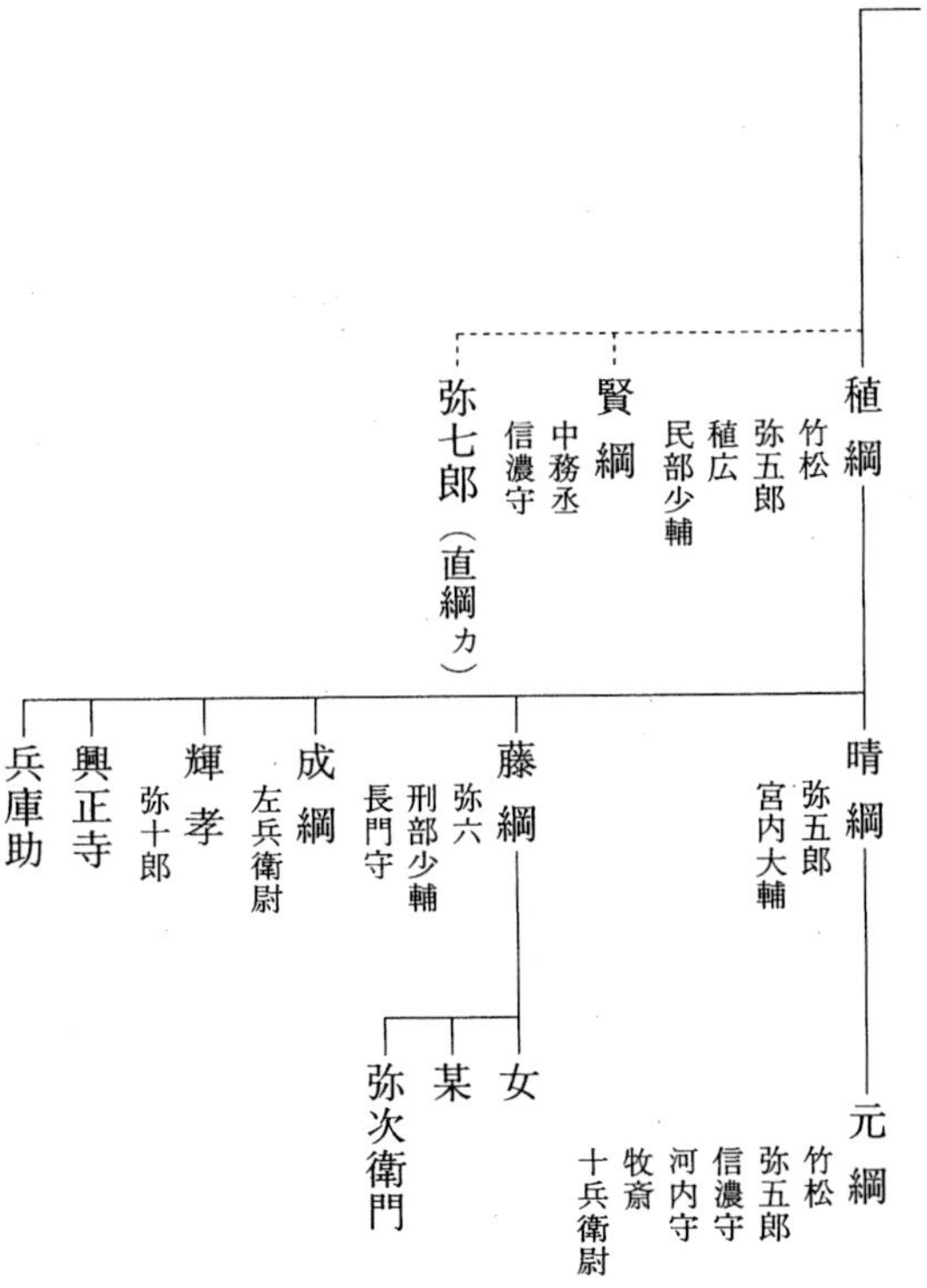

のと考える。

まず、本論に入る前に、室町前期における朽木氏の動向を概観しておこう。朽木氏は幕府成立当初から、京郊の一御家人として活躍し、文安六年（一四四九）時の奉公衆を記したと考えられる『文安年中御番帳』には、奉公衆のうち外様衆に編成されていた。しかしその所領支配は、南北朝期には一〇か所あった近在・遠隔地所領が、守護や在地武士などの押領により、永享三年（一四三一）時には本貫地朽木庄のみ知行し得る状況であった。朽木氏は所領の不知行化・矮小化の対策として、嫡子単独相続への移行（応永期）、家臣団の編成（文明期）、朽木庄内および近在の土地買収による地主化（寛正～文明期）、不知行所領を幕府料所化しその代官となる（長禄～応仁期）などして、その所領支配の貫徹を図った。

以上が十五世紀中期の惣領貞高までの動向の概観である。所領支配の危機から、朽木氏が様々な対策を取っていたことが窺え、これによりその領主制は達成されたものとの見方もなされている。[5]ではその後、その動向はいかなる軌跡をたどるのであろうか。

第一節　朽木貞武・直親の代　――中央勢力への接近――

十五世紀中期、惣領貞高が幕府政所執事伊勢氏の被官となったことが藤田達生氏により指摘されているが、それ以来、朽木氏の上洛は頻繁になる。[6]応仁の乱時においても東軍として活躍しており、応仁二年十一月の東軍将軍足利義政の許にいた足利義視の突然の出奔時には、嫡子貞綱（弥五郎）が京都の陣屋を抜け出し下向しており、この時、伊勢貞親が田中貞信をもって在所朽木庄にいる貞高に早々の上洛を命じている。[7]これから乱時、貞綱（後の貞武）が京都に出陣し、父貞高は在所の朽木庄にいたことが判る。伊勢貞親と朽木氏との関係の深さは、応仁二年頃家督を継いだ貞綱が、甘露寺親長の子で貞親の養女「冷泉局」を室にしていることや、文明三年に貞親が京都から朽木谷へ出奔してきたことが挙げられよう。[8]しかし伊勢氏との関わりも、朽木一族内の事情により徐々に薄れて行く。すなわち同十六年に貞高（岩神殿・上殿）が死去し、翌年七月には貞武（貞綱改名）も死去、その妻「冷泉局」においても嫡子出産時の同五年に死去したことである。[9]

惣領の死による一族の危機は、庶子貞清が家政を切り回すことにより回避された。貞清については、「系譜」[10]等によれば、貞綱の嫡子で、通称は弥五郎、はじめ材秀と称し、信濃守に任官したとされてきた。しかし現存史料からは、貞清が弥五郎と称し、信濃守に任官している徴候は窺えず、さらに「材秀」以前に「貞清」が存在することから、[11]再検討を要する。貞武死去の翌年文明十八年二月に、七月予定の足利義尚拝賀の供奉を、「佐々木朽木殿」宛てで幕府から朽木氏は命ぜられ、実際には「朽木弥次郎貞清」が参勤した。[12]これから、先の「佐々木朽木殿」は、貞清を指すと推定される。次に、翌長享元年（一四八七）九月に、六角高頼追討のための幕府奉行人奉書が、「佐々木朽木歓喜」宛てで出される。[13]「歓喜」は従来（系譜等）、朽木貞綱（貞武）の父貞高の法名とされてきたが、貞高と歓喜が別人であることは、すでに藤田達生氏により指摘されている。歓喜は、同年十月に伊勢貞固から大智院領後一条代官職に補任され、[14]同年閏十一月にも幕府から六角高頼討伐の忠誠を命ぜられており、[15]彼が貞武死去後、朽木氏の家政を切り回していた事が窺われる。さて「弥次郎貞清」以前に「歓喜」は現れず、その逆（「歓喜」以後「貞清」）もなく、両者とも朽木氏当主として活動している。これらから、両者は同一人物ではないだろうか。つまり貞清は、文明十八年七月から翌年九月までの間に出家し、「歓喜」と称するようになったのではないかと推定されるのである。

以上から、貞清の出家名が歓喜ではないかと推定したが、彼は文明十八年の将軍足利義尚の拝賀に供奉し、翌長享元年の将軍義尚の六角高頼征伐にも、幕府の要請に応え出陣しており、[16]これから貞武の死後、彼の嫡子（後の直親）は十三歳と若かったため、家督は貞武の兄弟と推定される弥次郎貞清が継いだものと考えられる。

その後、足利義視の子義材が将軍宣下を受けた延徳二年（一四九〇）七月に、材秀（後の直親、系譜によれば貞武の妻「冷泉局」の子で、文明五年に生まれた）は祖父貞高の忠節により御料所朽木庄公用一〇〇貫文を幕府から返付され、九月に将軍義材から同庄を安堵された。[17]これより家督は歓喜（貞清）から材秀へ移った事が窺える。

彼は文亀三年（一五〇三）十二月までに「直親」と改名しており、[18]その没年は、永正十四年（一五一七）九月の葛川寺務雑掌三答状案に[19]「亡父材秀」とある事から、同年までには没していたことが確実である。遅くとも永正二年十二月には彼の嫡子「竹松」（後の稙綱）が家督を継いでおり、[20]「竹松」と幼名である点から、彼が何らかの事情で家督を継がなければならなかったことが窺われる。さらに直親の活動は永正元年までしか窺えない事から、彼は同二年には没していたと推測し得る。

彼の代はすでに伊勢氏との関係は希薄で、父貞武や貞清が受けたと推察される伊勢氏の偏諱「貞」字もない。代わって明応八年（一四九九）九月以前に、朽木氏の娘が、後に内談衆となる大館常興（尚氏）の子元重の許に嫁いでおり、新たな中央勢力への接近が窺える。[21]直親の動向で注目されるのは、明応の政変で越中国に逃れた前将軍足利義尹（義材改名）と幕府の双方に通じていたことである。明応七年九月に、前将軍足利義尹は越中国から越前国に移るが、この情報を材秀は、幕府方細川氏の被官安富元家や政所執事伊勢貞宗、その被官杉江宗通に注進する。[22]その一方で彼は、同年閏十月に義尹へ太刀を、その側近一色視房にも一貫文を進上し、七月に下向した義尹の姉曇華院の越前国からの上京では、高嶋郡での警護を一色視房から命じられている。[23]また彼は、翌年にも義尹上洛の報を幕府方に注進し、義尹側近種村視久から義尹の上洛が七月二十日に決定したとの情報を得ると、直ちに幕府方に伝え、安富元家から義尹上洛時の合戦を命じられているのである。[24]彼が義尹と幕府の双方に通じ、どちらが有利な情勢になっても対処できる様、対策を取っていたことが窺える。

以上、貞武・直親の代においては、伊勢氏・大館氏との姻戚関係に端的に現れている様に、中央勢力への積極的な接近姿勢が窺え、かつ政治的にも自らの保全に努めたことが指摘出来よう。これら幕府勢力との良好な関係、および朽木庄が京都近郊である点が、将軍の朽木庄下向の一要因として挙げられよう。[25]

第二節　朽木稙綱・晴綱の代　――将軍足利義晴・義輝期――

稙綱・晴綱の代は、将軍の朽木庄下向があり、稙綱はそれに伴い御供衆に加えられ、以後将軍近習として在京するようになった事が特筆される。そのため、まず京都での一族の動向を見、次に在地支配のあり方を見たい。

享禄元年（一五二八）九月に堺の足利義維・三好元長らと将軍足利義晴との不和により、将軍義晴は近江国朽木谷に動座した。稙綱（弥五郎・稙広・民部少輔）はその忠節のため十月に御供衆に加えられ、同四年の将軍義晴の同国湖東轍山の桑実寺（現蒲生郡安土町）への動座や、天文三年の上洛にも随行し、以後在京奉公するようになった。彼は、申次衆・内談衆に召し加えられ、また正式な訴訟手続きとは別に将軍義晴へ当事者の言い分を伝える「内々披露」の役や、幕府―六角氏間の取次役を勤め、奉公衆としても活動した。(26)『光源院殿御元服記』(27)によれば、同十五年十二月の近江国坂本での足利義晴の嫡子義藤（後の義輝）の元服には、「打ち乱り筥」の役を勤めた。元服の翌日、義藤が将軍に任ぜられた後は、もっぱら義藤（義輝）の御供衆として活動し、たびたびの将軍義輝の動座にも随行した。(28)同二十年には、三好長慶との不和により将軍義輝（十六歳）は、六角定頼の勧めで近江国比叡辻宝泉寺から朽木谷に移り、一年間滞在した。同二十二年八月にも、将軍義輝は供四〇余人をもって再度同地に動座し、永禄元年（一五五八）三月までの約五年間滞在した。将軍義輝の帰京後も、稙綱は度々義輝の御供衆を勤めたが、同五年十一月の『御禮拝講之記』(29)の記事を最後に史料から見えなくなる。「竹松」と現れてからすでに五十八年を経ている。

稙綱が将軍御供衆として在京したため、彼の家族も京都に住んだ。彼の正妻については不明であるが、妾に葉室頼継の娘「今」がいる。彼女の母は中御門宣秀の娘である。彼女は将軍家（義晴）の女房であったが、天文十三年（一

図11　朽木植綱周辺系図

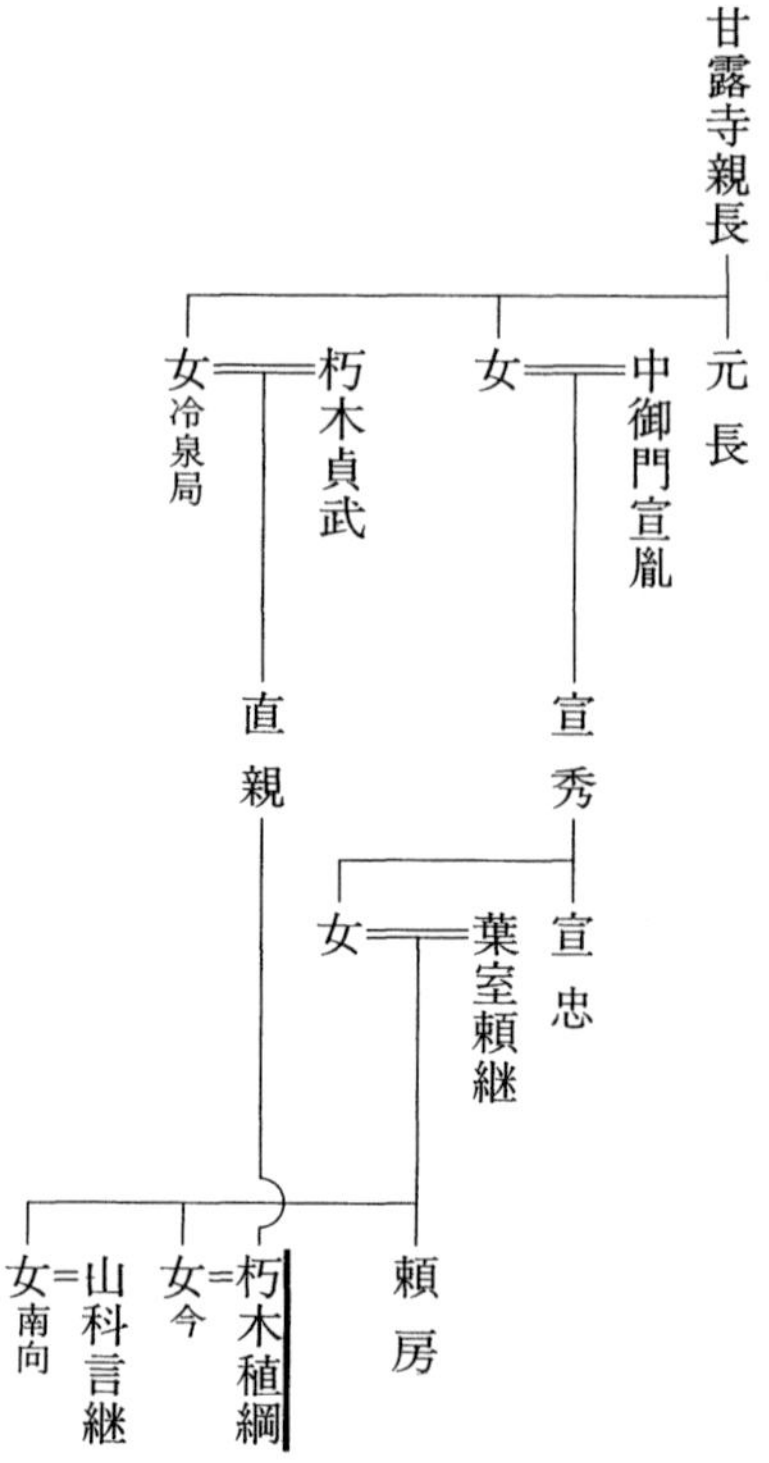

五四四）にはすでに植綱の妾であり、同十九年までに「弥六」（後の藤綱）を産んだ。(30)彼女及びその女房衆達は、京都の騒擾による将軍義晴・義輝父子の度々の動座に伴い、植綱と行動を共にした。とくに将軍義輝が朽木谷に動座する直前の同二十二年八月には、京都の朽木宅を去り、彼女の実母の関係から中御門宣忠宅に約一か月間避難し、のち近江国坂本経由で朽木谷に下向した。(31)その後「今」が上京したか否かは不明であるが、彼女は天正四年（一五七六）六月十九日に死去したことが『言継卿記』『言経卿記』から知られる。

　このように植綱の代において、公家との姻戚関係がもたれ、京都の武家・公家との交流が図られるのであるが、その傾向は、同時代に現れることから彼の兄弟と推定される、庶子賢綱の動向にも窺える。賢綱は永正十四年（一五一七）から史料に見え、同年に幕府が丹後国守護一色義清を救援した時には、管領細川高国の下に属す典厩家細川尹賢の使者として、また惣領朽木植綱とは別に細川尹賢方として出陣した人物である。(32)彼は『後法成寺関白記』によれば度々上京し、土御門有春・近衛尚通・幕府奉行人松田頼亮らと交流を深めている。(33)さらに大永三年（一五二三）に近江国高嶋郡河上庄領家代官職を得、享禄四年（一五三一）以前に小川坊城家領の左京職巷所代官を福井家綱と共に勤め、在京人との関わりが窺われるのである。[34]

さて、惣領植綱の在京以後の在地はどのようであったのだろうか。とくに注目されるのが、嫡子晴綱の動向である。彼は系譜類によれば、永正十五年に生まれており、享禄三年に元服したものと推定される。[35] 天文十一年十二月二十五日付某書状案[36]によれば、某が「松笠(蓋)寺連(蓮)蔵坊」から近江国高嶋郡三重生郷内の地二畝を買い取った時、「斗次ノ本証文ハナシ、新券文ヲ以買取也、朽木民部少輔(植綱)御状在之、証諸御袖判者弥五郎(朽木晴綱)殿御判也」と、買い取りを認める朽木氏の判は植綱ではなく、その嫡子「弥五郎」(＝晴綱)によってなされている。これから晴綱が同十一年までに惣領職を継いだものと考えられる。ところで彼は、父植綱と異なり在京せず、在地の朽木谷に居住した。その根拠は、①植綱の庶子達(藤綱・成綱・輝孝ら)の京都での活動は窺えるが、晴綱の京都での活動は窺えないこと、②天文年間に植綱から晴綱へ宛てた書状が数通あり、[37] 口上で伝えられない距離に両者がいたこと、③この数通の書状が、全て在地である高嶋郡における様々な事柄に関する内容であること、④在地朽木庄に残った「朽木文書」中には、植綱から晴綱に宛てた書状はあるが、その逆はないこと等が挙げられる。彼が在地に居住したことは、その所領支配と密接に関わるものと考えられる。父植綱が享禄四年に朽木谷を離れ、天文三年から在京奉公する様になって以降、晴綱が朽木氏当主として現れる同十一年までの間の朽木氏の在地支配は、多くを知り得ないものの、天文十二年の朽木山木相論では、晴綱が在地の「年寄衆・其外衆」を召し寄せ、彼らに六角定頼の下知と、「我ら京・いなか馳走」によって朽木氏の存分の通りに事が整ったことを申し聞かせるよう、植綱が晴綱に依頼しており、[38] さらに天文後期に起こった朽木氏による領内路地留相論でも、朽木庄内の道が通れるようになったことを他の郷庄へ伝えるよう、植綱は晴綱に依頼しており、[39] いずれも朽木氏の在地での行動を指示する植綱の晴綱宛て書状が出されていることから、植綱存命中は絶えず、京都の稙綱から朽木谷の晴綱へ、その行動の指示が出され、稙綱は晴綱の後見役を担っていたものと推察される。

ところで晴綱においても京都公家との姻戚関係が認められ、天文十八年までに飛鳥井雅綱の娘を娶っている(40)。飛鳥井雅綱の娘を娶った理由としては、父稙綱が天文六年の京都の雅綱宅での歌会始や同十三年の同宅での蹴鞠などに参加している点から、稙綱と雅綱との交流が、婚姻の一因として挙げられる(41)。また彼について系譜類には、同十九年四月二十一日に高嶋越中守との高嶋郡河上庄俵山での合戦で戦死したとあるが、同二十年に将軍義藤（義輝）が朽木谷に動座した折発給されたと推定される、二月十二日付「佐々木宮内大輔」（＝朽木晴綱）宛て足利義藤御内書(42)があることから、天文十九年死亡説は疑問である。また遅くとも同二十四年四月には、晴綱の嫡子「竹松」（後の元綱）が惣領職を継いでおり(43)、「竹松」と幼名で記され、彼が何らかの理由で元服以前に晴綱の跡を継ぐ必要があったと考えられることから、晴綱は天文二十年から二十四年までの間に死去したものと推定される。

以上稙綱・晴綱の代では、稙綱の将軍近習としての在京や、それに伴う公家衆との姻戚関係が窺え、その在地支配のあり方は、享禄四年から天文十一年までは不明ながら、嫡子晴綱は在京奉公せず、京都の父稙綱の指示を受けながらも在地に居住し、その支配を行っていたことが明らかとなった。

第三節　朽木元綱の代　――将軍足利義輝弑逆以降――

本節では、惣領元綱及び同時代の在京庶子達の動向を明らかにし、次節において在京庶子と惣領家とによる一族内の確執についてみることとする。

父晴綱の死により、天文二十四年四月までに惣領職を継いだ嫡子元綱（竹松・弥五郎・十兵衛尉・信濃守・河内守・牧斎）は、系譜類によれば同十八年に生まれている（実母は飛鳥井雅綱の娘）ため、この時わずか七歳であった。祖父稙綱の京都での活動が永禄五年まで窺えることから、晴綱の時の如く、稙綱は在地に居住する「竹松」（元綱）の後見役を担っていたのではないだろうか。そののち元綱は、永禄十一年十一月に帰京した足利義昭から「名字地」＝朽木庄を安堵されたが(44)、同年十二月に江北の浅井久政・長政父子から、浅井氏に有利な起請文が提出された(45)。その主な内容は、浅井氏が元綱に高嶋郡内の新地千石を与えると共に、朽木家中の人質を浅井氏に差し出すことや、朽木谷の守護不入地の確認、浅井氏への情報提供などであった。しかし、元亀元年四月に越前国の朝倉攻めを行っていた織田信長が、浅井長政の裏切りにより撤退を余儀なくされた時、若狭国から近江国朽木谷に入った信長軍を元綱は迎え入れた(46)。その後、再度元綱は浅井方についたと推定されるが、翌年信長の軍門に降った(47)。後に彼は豊臣秀吉・徳川家康に仕え、寛永九年八月に八十四歳で死去した(48)。彼においても飛鳥井雅綱の子堯恵の娘を娶っており、その関係から永禄十二年二月の上洛では、飛鳥井雅教宅に宿している(49)。

さて稙綱の在京後、嫡子晴綱は在地に居住したことを先にみたが、その他の庶子達は稙綱と共に在京し、将軍の近習となっていることが知られる。すなわち藤綱・成綱・輝孝・兵庫助・興正寺らである。彼らは京都でいかなる活動を行っていたのであろうか。

まず藤綱（弥六・刑部少輔・長門守、実母は稙綱妾の「今」）については、天文十九年以降その存在が窺え、父稙綱と共に在京し、稙綱終見の翌年、永禄六年から将軍足利義輝の御部屋衆として見える(50)。同八年五月十九日に三好義重（義継）・松永久秀らにより将軍義輝が二条御所において弑逆され、義輝の近臣五〇余名が討死した折には、藤綱は出仕前であったため難を逃れ、叔父の山科言継を頼り、同宅に逃げた。言継は、彼の義兄で藤綱の伯父にあたる葉室頼房宅に藤綱を避難させ、藤綱の女房衆を言継宅に匿った。翌二十二日、奉公衆・奉行衆などが三好・松永各氏に礼を申しに行くと云うので、藤綱も行こうとしたが、「雑説」のため中止となった。そして同日夜、彼は若狭国に落ちた。彼の女房衆も若狭国の商人「亀屋」が嵯峨まで上京してきたので、二十六日に「亀屋」と共に若狭国に下向した。[51]彼が若狭国の何処に落ちたかは不明である。その後の動向から、恐らくは武田義統のもと（小浜）に、庇護されていたものと推定される。翌年八月に、奈良興福寺一乗院を脱出した故足利義輝の弟義秋（後の義昭）は、若狭国守護武田義統を頼り若狭国に滞在したが、その折義秋の御部屋衆に藤綱は加えられた。[52]しかしその後、義秋が朝倉義景や織田信長を頼り越前国や美濃国に移ったにもかかわらず、彼は義秋に随行せず、若狭国に止まっていた。[53]その後彼は、義昭（義秋改名）の上洛後には在京しており、天正四年まで京都での活動が窺え、永禄十一年十二月には「武家」（将軍足利義昭）の使として山科言継宅を訪ねている。[54]

朽木氏の京都屋敷については、ほとんど明らかにできないが、将軍義昭上洛後の藤綱の屋敷は、『言継卿記』永禄十二年三月二十七日条から四条坊門西洞院（現京都市中京区西洞院・元本能寺町付近）の本能寺の近所にあった事が判る。この地は、将軍義昭が仮御所としていた六条堀川の本国寺（本圀寺、現京都市下京区柿本町）に比較的近い。永禄十二年四月に義昭が二条御所（二条城）に移った後も、藤綱は下京に居住した。[55]また彼の家族は、彼と共に京都に居住し、永禄二年生まれの娘と次男弥次衛門が確認できる。[56]

庶子成綱（左兵衛尉）も同様に将軍義輝・義昭に仕えており、天文十七年か十九年のものと推定される正月九日付香川政利・朽木成綱連署書状を初見とし、永禄九年の足利義秋（義昭）の若狭国滞在中に、義秋の「詰衆番衆」「一番」に加えられている。[57]彼も藤綱と同じく、義秋の越前国・美濃国への流浪にはついて行かず、若狭国に滞在していたものと推定される。義昭が帰京した同十一年十月、成綱は惣領元綱に対し起請文を提出し、〃今は足利義昭に仕えているが、行く〳〵は朽木谷に帰る〃ことを約している（後述）。彼は将軍義昭上洛と共に在京し、義昭の走衆を勤仕すると共に、将軍義昭の命令を奉じ諸氏に伝達する役も勤めた。[58]彼の活動は元亀二年以降、一旦途絶えるが、慶長二年十月に相国寺鹿苑院で行われた故足利義昭の四十九日に、香を資しに来ている。[59]

同じく庶子輝孝（弥十郎）も、永禄四年から元亀三年までその存在が確認でき、将軍義輝の御部屋衆や御内書の副状発給、将軍への申次（披露）役を勤めた。[60]将軍義輝弑逆直後、彼は正親町天皇の聴許を得て在京したと推定され、[61]足利義昭上洛後も在京し、義昭の御部屋衆に加えられ、将軍の申次（披露）役も勤め、将軍のいる仮御所本国寺の騎馬での警護などの奉公衆としての活動も窺われる。[62]また在京庶子には、元亀元・二年時に幕府奉公衆の「外様」として、度々幕府に出仕した事が確認できる兵庫助や、永禄二〜八年にかけて在京が確認できる興正寺（藤綱の弟）もいる。[63]その他、系譜類では稙綱の子に弥七郎直綱を挙げ、永禄年間に将軍義輝の申次を勤めたとあるが、彼の将軍申次としての活動は確認できず、わずかに「弥七郎」が享禄四年に確認でき、[64]これから彼は稙綱の兄弟の可能性がある。

以上本節では、惣領家が在地支配に専念したのに対し、庶子家は在京奉公し、将軍近習として活動したことが明らかとなった。次節では、この様な惣領家と在京庶子家との関係が、そののちどのように変化して行くのかを見ることとしたい。

第四節　惣領家と庶子家との確執　――稙綱の庶子達――

稙綱終見の翌年永禄六年の将軍足利義輝の御部屋衆に、朽木藤綱・輝孝らがいる。[65] 御部屋衆とは、用心のため毎夜将軍の寝所に泊まり、番をする衆のことで、その身分的位置は御供衆の次に位置づけられる。[66] 朽木藤綱・輝孝は共に稙綱の庶子で、嫡子晴綱の弟である。彼らが御部屋衆に加えられたのは、彼らの父稙綱が将軍義晴・義輝の御供衆を勤めたことや、義輝の二度にわたる近江国朽木谷への動座によるものと考えられる。しかしながら、彼らは父稙綱の様に御供衆に加えられず、その次に位置する御部屋衆に加えられている。このことは、稙綱が朽木氏当主として将軍義晴に仕えたのに対し、将軍義輝の時には、朽木氏当主竹松（晴綱の嫡子元綱）は近江国朽木谷に居て、その庶子（藤綱・輝孝）のみが在京して将軍義輝に仕えたことに起因するものと考えられ、他の在京庶子も同様に考えることができる。

永禄八年五月の、三好義重（義継）・松永久秀らによる将軍足利義輝の二条御所での弑逆時、義輝の御部屋衆で朽木氏庶子の藤綱は、難を逃れるため、朽木氏の本貫地で惣領のいる近江国朽木谷には向かわず、若狭国に下向した。また庶子成綱も若狭国にいた。その他の庶子の動向は、庶子輝孝が正親町天皇の聴許を得て在京したと推定されるほかは不明であるが、これら庶子の動向の意味するところは、その後の行動から明らかにできる。

同十一年九月、織田信長と共に足利義昭は入京し、そののち摂津国芥川城まで出動する。そして三好・松永方の擁立する将軍足利義栄が死去したため、三好義継・松永久秀らは義昭方に降伏した。義昭は十月十四日に帰京し、本国寺（本圀寺）に入り、十八日に将軍宣下を受けた。

義昭は帰京した十月十四日、朽木氏惣領元綱に「名字地」＝朽木庄を祖父稙綱の時のごとく安堵するとの御判御教書を出す(67)。同日庶子朽木成綱は、元綱の重臣宮川右衛門尉に宛てて、「向後之儀」について元綱への取次を依頼する書状を出す(68)。

同状には、京都に雑掌を一人置くこと等と共に、「我等義(儀)も行々者、御谷(朽木谷)へ罷越候て、奉公可申覚悟候、只今之儀ハ、先一性(往)公儀へ御届申候ハてハ、不叶義(儀)候間、如此候」とある。つまり成綱は、宮川右衛門尉を通じて元綱に、今は在京して足利義昭に仕えているため、近江国朽木にいる惣領元綱のもとで奉公することはできないが、行く〱は朽木谷へ帰る予定であることを記している。「我等」とあることより、成綱以外の在京庶子も含むものと考えられる。また、庶子成綱が惣領元綱に直接書状を出さず、その重臣を通じて意見を言上していることも注目され、朽木氏庶子家が惣領家と同等の位置にない事が窺われる。そして同状に、「以誓紙可申候」とあるように、同月二十五日に成綱は、宮川右衛門尉宛てに起請文を提出する（次文書(69)）。

起請文之事

一、奉対弥五郎(朽木元綱)殿へ向後別心・疎略存間敷候事、

一、公儀其外雖為何様御用、随分致馳走、如在有間敷事、

一、雖為何時、御用子細在之候者、公方様(足利義昭)御暇次第罷下、奉公可申候事、（後略）

右起請文で庶子成綱は、惣領家への忠誠を誓う。先述の将軍義輝弑逆の際には、在地の朽木谷に逃げず、若狭国に落ちており、ここに庶子家独自の行動が看取される。稙綱以来、朽木氏庶子が将軍の近習として在京するようになってすでに三十五年を経ており、若くして在地を守る惣領元綱（二十歳）と庶子家は疎遠な関係になりつつあったので

あろう。この様な状況のなか、成綱の起請文は、庶子家の惣領家への従属を確認し、一族としての結束を固める役割を果たしている。

その後、庶子家（藤綱・成綱・輝孝・兵庫助）は将軍足利義昭の近習として在京奉公した。そして天正元年（一五七三）七月に、織田信長により義昭が京都から河内国若江へ追放された後は、京都および義昭の供衆に朽木氏は窺えないことから、彼ら庶子達は、永禄十一年の成綱起請文に記されている様に、在地近江国朽木に赴き、惣領元綱のもとで奉公したものと推定される。惣領元綱は元亀元年（一五七二）に織田信長の軍門に下っているため、信長と義昭の関係が決定的に決裂した段階で、庶子達は織田軍下である惣領のもとへ下ったのであろう。

おわりに

室町末期、朽木氏は積極的に室町幕府に接近し(70)、幕府奉公衆すなわち将軍直轄の御家人として活躍し、十六世紀初期には惣領が在京奉公するまでに至ったが、何らかの理由で――恐らくは、その所領支配を維持するため――惣領は在地に戻り、庶子達のみが在京し将軍側近として活躍した。一時、庶子家と惣領家との確執も窺われたが、将軍足利義昭が織田信長により京都を追放された段階で、庶子家は在地朽木庄に還住したものと推定された。朽木氏が室町幕府に見切りをつけたのが、義昭の京都追放の段階であったことが窺える。

京都近郊の一在地領主朽木氏のこれらの行動は、後期室町幕府権力および幕府自体の存在意義を、改めて確認させてくれると共に、なぜこの様な行動を取ったのかが問題となる。それは恐らくは、在地においてその所領支配および動乱のなかでの生き残りのために選択された道であると考えられる。

朽木氏が在京奉公するに至った理由を勘案するに、一つには、朽木氏の在地領主制——在地の掌握・財政運営——がある程度成功を収めていたであろうこと、二つには、守護六角氏からの頻繁なる軍事要請から回避するためであろうと考えられる。事実、惣領植綱が将軍に在京奉公するようになってからは、六角氏への軍事協力が一切無くなるのである。

室町時代後期は、戦国大名による被官化または滅亡に至るものは多く、近江国においては守護六角氏の在国守護化による戦国大名への変化は、湖西の国人にもその選択を迫った。そのような状況のなか、朽木氏は地理的に京都に近いこともあり、将軍直轄の御家人への道を選んだものと考えられる。

しかし惣領の在京奉公は、約七年間しか続かず、以後惣領家は在地での所領支配に専念した。その背景には、惣領のいない在地支配が芳しくなかったことが予想され、具体的には、隣接国人間との相論が事例として挙げられる。天文期の在地における相論は、隣接国人との関わりのなかで起きており、その裁定者は守護六角氏であった(71)。朽木氏が六角氏の裁定を受け入れる理由としては、在地においては、幕府より六角氏による保証の方がより効果をあげた事によるものと考えられる。

高嶋郡には朽木氏の他に越中・能登・横山・田中・永田・山崎各氏などの国人がいたが、そのうち永田氏は六角氏城下に移り住み、その被官となっている(72)。同地域には朽木氏のように幕府に接近していったものや、逆に永田氏のように六角氏の被官となっていったもの、両者の間でその選択を迫られつつあったものと、様々な状況がみられる。では具体的には、どの様な経緯・事情があったのであろうか。彼らの幕府・守護六角氏との関わりやその在地におけるあり方の両面から、その相互関係を究明してゆくことが、次なる課題となる。本章では十分触れることのできなかった、朽木氏の政治動向とその領主制との関連もその一つなのである。ただ注意すべき点は、朽木氏の場合は京都近郊の事例であり、より幕府権力が現実的意味を持っていた地域での事例であることである。将軍権力がより現実味を帯びていた地域は、将軍およびそれに準ずる人物（足利義尹や同義秋など）が、京都を追われた時、追従する者を見込んで流浪した近江国や北陸地方が考えられ、同地域に幕府御料所が多いこととも、何らかの関わりがあるものと推察される。同地域が後期幕府の存続基盤として重要性を帯びた地であった事が想定される。

以上、朽木氏の対幕府・六角氏関係とその領主制との関わりを明らかにすることの研究展望を述べたが、それについては次章以下で展開することとしたい。

〔註〕

（1）内閣文庫影印叢刊『朽木家古文書』（上・下、国立公文書館、一九七七・七八年）及び朽木家所蔵文書（東京大学史料編纂所架蔵写真帳「朽木文書　乾坤」）。以下、『朽木家古文書』及び文書番号を「朽〇〇」と略記する。

（2）近年のものとして、藤田達生「室町末・戦国初期にみる在地領主制の達成——近江国朽木氏を素材として——」（『文化学年報』一一、神戸大学大学院文化学研究科、一九九二年）があり、その四八頁註一〇に主な研究が整理されている。以下、藤田氏による指摘は、全て右論文による。

（3）加藤哲①「鎌倉・南北朝期における近江朽木氏の世代と所領」（『国史学』一〇九、国学院大学、一九七九年）、②「朽木貞高の苦悩」（『歴史手帖』一〇—一五、名著出版、一九八二年）。

（4）朽四三四。

（5）藤田、註（2）論文。

（6）朽一九二。『親元日記』寛正六年二月二十七日、八月十五日、十二月十一日各条。『斎藤親基日記』同年八月十五日条。『親長卿記』（以上、『増補続史料大成』）文明十六年四月二十三日条等。

（7）朽四一九・二二九・四七六・四七五・二〇二・三九六（「御陣所」）・三七一（「御宿所」）。

（8）応仁二年三月三十日付足利義政袖判御教書（朽二七）において、義政は貞高に朽木庄を安堵する。三カ月後の同年七月八日付室町幕府奉行人連署奉書（朽四九）の宛所は「佐々木朽木弥五郎」（貞綱）で、以後朽木氏への安堵・軍勢催促・書状等は、主に貞綱（貞武）宛てに出される。冷泉局については『親長卿記』文明三年五月二十五日条参照。彼女は同三年九月十六日条に「朽木冷泉局予息女官女」とあることから、一時宮中に仕えていたと考えられる。伊勢貞親については『大日本史料』文明三年四月二十八日条（第八編之四）参照。彼は二年後の文明五年正月に若狭国で死去する。貞親は出奔後養女冷泉局を頼り、一時期朽木谷に居住していたものと推察される。

（9）朽七九二・四四一。『親長卿記』文明三年五月二十五日、同十七年七月十七日各条。貞綱は文明十年正月までに「貞武」、同十六年四月～十一月間に「弥五郎」から「刑部少輔」に任官・改名した（『親元日記』文明五年九月十三日条、『大日本史料』同十年雑載、第八編之十一、一三三頁所収「蜷川親元日記」同年正月十五日条、『親長卿記』同十六年四月二十四日条、朽四四〇）。

（10）朽木氏に関する系図（系譜）は、『寛政重修諸家譜』（以下『寛政譜』と略す）や『系図纂要』があり、その他、朽木家所蔵「系譜」（『滋賀県有影写文書』一二二、一九二一年）と京都大学文学部日本史研究室所蔵「系譜」がある。朽木家所蔵家譜は、弘化三年（一八四六）九月付朽木大綱の撰による。加藤哲氏は「新しい家譜ではあるが古文書を豊富に収載し、比較的信用できる」という（加藤、註〈3〉①論文）。京都大学文学部日本史研究室所蔵家譜は、寛政十一年（一七九九）十二月二十九日付朽木綱泰の撰による。綱泰の嫡子が大綱である。朽木家・京都大学が所蔵する両家譜ともに、綱泰以前の記述はほぼ同じであることから、朽木家所蔵家譜は、大綱が父綱泰の作成した家譜を基に増補したものと考えられる。なお本稿本文中、注記のない親子・兄弟関係は、全て右諸系譜による。

(11) 朽四二及び『親長卿記』文明十八年七月二十九日条。
(12) 朽六八及び『大日本史料』(第八編之十八) 文明十八年七月二十九日条。
(13) 朽六九。
(14) 朽一四四。
(15) 朽七四九。
(16) 『大日本史料』(第八編之十八) 文明十八年七月二十九日条。『山科家礼記』(史料纂集、第五補遺) 同年同日条。朽六九・六六三・二一四 (「御陣所」)・七四九号。
(17) 朽五一・二八。
(18) 朽二八・一七二。
(19) 「国立国会図書館所蔵分葛川明王院史料」一〇八号 (『葛川明王院史料』吉川弘文館、一九六四年)。
(20) 朽八三。
(21) 『鹿苑日録』明応八年九月十日条。
(22) 朽二一〇・三二五・二二一。
(23) 朽三三四・三三五。
(24) 内閣文庫影印叢刊『楓軒文書纂』上、国立公文書館、一九八二年所収「第二五冊朽木文書一三」、五一三頁下・五一二頁下文書。朽三〇〇・三三六・二一三・六三〇。
(25) この他文明～明応期にかけて、山科家雑掌が記した『山科家礼記』に「朽木中将」なる人物がみえる。彼は度々山科家に進物を行い、文明九年・延徳三年に上洛した事が知られる (文明九年十一月七日、長享二年三月六日、十一月十九日、同三年三月十四・十七日、延徳三年五月二十八日各条。東京大学史料編纂所架蔵写真帳「文明十八年雑記」文明十八年七月二十三日条)。延徳三年の上洛時には、彼は禁裏月次の楽に参加している。文明十五年下殿出挙米算用状には、一五貫二〇〇文が「三位方料足本利ノ分」として「ちうしやうとのへ渡申候」とあり、「三位方」への利分を受取る存在として朽木中将がいたことが判明する（朽七九三）。今後「三位方」の人名比定が鍵となる。朽木中将については、朽木氏が「中将」になれるか疑問でもあり、朽木一族か否かは今後の課題としたい。

(26) 稙綱の活動については、岩片寿広「天文期室町将軍家側近朽木稙綱の動向」（『史学研究集録』一八、国学院大学日本史学専攻大学院会、一九九三年）を参照。彼の奉公衆としての活動は、『鹿苑日録』天文七年四月十五日条、『言継卿記』同十四年六月十五日、同十五年二月十二日各条等。申次衆としての活動は、『大館常興日記』（『増補続史料大成』）天文七年九月九日、同十年正月一日各条、『鹿苑日録』同八年正月十一日、五月十一日各条、『惟房公記』（『続々群書類従』第五）同十一年三月十七日条、「天文十四年日記」（『ビブリア』七六、天理大学出版部、一九八一年）、『言継卿記』天文十九年六月二十八日、同二十二年四月九日各条等。「内々披露」としての活動は、『同』同三年正月二十六日条、同二年に行われた大徳寺領城州賀茂内散在田畑地子等相論（『大日本古文書　家わけ第十七　大徳寺文書』一の五七四・六一一・二の九二二・六の二〇五六・二〇五七他）など。

(27) 『群書類従』。

(28) 『言継卿記』天文十一年二月八日、同十六年正月二十五日、同十七年正月二十八日各条、『後鑑』永禄三年六月十九日条等。

(29) 『続群書類従』。

(30) 以上、『尊卑分脈』顕隆卿等孫葉室の頼継子息の項、『言継卿記』天文十三年十月二十一日、閏十一月十日、同十七年正月十三日、同十九年正月十五日各条。

(31) 『言継卿記』天文十七年六月五日、同十九年正月十四日、同二十一年三月二十二日、同二十二年七月二十八日～八月二十四日各条。

(32) 朽三三二・三五七・三六七。

(33)大永三年正月四日、同六年十二月三日各条。賢綱は大永三年正月から八月の間に、「中務丞」から「信濃守」に任官している（同前条及び朽八一八）。
(34)朽四五二・四八六・四五三・四六五。
(35)朽五一九〜五二一。
(36)朽四六〇。
(37)朽四五五〜四五九。
(38)朽四五六。
(39)朽四五七〜四五九。
(40)『尊卑分脈』師実公孫飛鳥井の雅綱子息の項及び『寛政譜』・「系譜」の晴綱の項。『寛政譜』の元綱の項には「母は雅綱が女」とあり、元綱没年から誕生年を逆算すれば天文十八年となる。なお『系図纂要』（飛鳥井）は雅綱「女　朽木河内守《(元綱)》　室」と記すが、「室」は「母」の誤記と考えられる。
(41)『言継卿記』天文六年二月八日、同十三年十二月一・二日各条。
(42)朽九九。
(43)朽五八三。
(44)朽三一。
(45)朽四一七。
(46)『大日本史料』（第十編之四）元亀元年四月三十日条。
(47)奥野高廣『増訂織田信長文書の研究』上（吉川弘文館、一九八八年）四六九頁。朽三八。
(48)「系譜」。
(49)『寛政譜』（朽木）、「系譜」、『系図纂要』（飛鳥井）。『言継卿記』永禄十二年二月二十三日条。

(50)『言継卿記』天文十九年正月十五日条。藤綱は永禄九年六月～同八年正月間に「刑部少輔」に、天正四年頃に「長門守」に任ぜられた（『同』永禄六年六月十四日、同八年正月二十日、天正四年六月二十二日各条）。
(51) 以上、『言継卿記』永禄八年五月十九～二十三・二十五・二十六日各条。
(52)『永禄六年諸役人附』（『群書類従』）後半部分。同部分及び前半部分の成立年代については、長節子「所謂「永禄六年諸役人附」について」（『史学文学』四―一、続群書類従完成会、一九六二年）参照。
(53)『言継卿記』永禄九年四月二十日、九月二十三日、同十年二月六日各条。また足利義秋の越前国滞在中の同行者が記されている『朝倉始末記』（『改定史籍集覧』六）や『朝倉亭御成記』（『群書類従』）に、朽木氏は窺えない。
(54)『言継卿記』永禄十一年十二月七日、同十二年三月二十日、元亀元年二月十八日、同二年八月十六日、天正四年十二月五・六日各条等。
(55)『同』元亀元年正月二十六日条。
(56)『同』永禄八年五月二十六日、天正四年六月二十二日各条。
(57)「京都上京文書」（東京大学史料編纂所架蔵影写本）。『永禄六年諸役人附』後半部分。
(58)『言継卿記』永禄十二年二月二十六日、元亀二年五月十九日各条。走衆とは、将軍出行時、徒歩で随行し、将軍の警固や雑用を行う衆のことで、中級以下の御家人がこれを勤めた（二木謙一「足利将軍の出行と走衆」米原正義先生古稀記念論文集『戦国織豊期の政治と文化』続群書類従完成会、一九九三年）。「革嶋家文書（一）」二四（『資料館紀要』五、京都府立総合資料館、一九七七年。仁木宏氏のご教示を得た）。
(59)『鹿苑日録』慶長二年十月十七日条。
(60)『三好筑前守義長朝臣亭江御成之記』（『群書類従』）、『言継卿記』永禄六年六月十四日条、『永禄六年諸役人附』前半部分、『大日本古文書　家わけ第十五　山内首藤家文書』（東京大学史料編纂所、一九四〇年）二二六～二三〇・二三三・二三四号。

(61) 本書第二部第二章第一節参照。
(62)『言継卿記』永禄十二年正月二十七日、三月一日、元亀元年十月十七日、十一月四日各条。「鹿苑院公文帳五山位次簿」(東京大学史料編纂所所蔵)の「諸山位次簿」元亀三年条、「塩川利員氏所蔵文書」(徳川義宣『新修徳川家康文書の研究』徳川黎明会、一九八三年、四九頁)。
(63)『言継卿記』永禄二年三月二十一日、同八年五月二十一・二十六日、元亀元年正月一・十一日、六月一日、同二年七月一日、八月一日各条他。
(64) 朽二二五。
(65) 註(50)及び『言継卿記』永禄六年六月十四日条参照。
(66)『古事類苑』官位部二「部屋衆」。『長禄二年以来申次記』(『群書類従』)。式日における将軍への対面は、身分の順序によってなされる。
(67) 朽三一。
(68) 朽四〇三。
(69) 朽四一六。
(70) 朽木氏の中央勢力への接近姿勢は、その歴代の実名にも端的に現れている。すなわち貞高の「貞」が伊勢貞親から(貞武・貞清も伊勢氏歴代の名から)、直親の初名材秀の「材」が将軍足利義材から、稙綱の「稙」が将軍足利義稙から、賢綱の「賢」が細川尹賢から、晴綱の「晴」が将軍足利義晴から、輝孝の「輝」が将軍足利義輝からの偏諱と推定される。
(71) 朽四五五・四五七。
(72)『近江蒲生郡志』巻二(滋賀県蒲生郡役所、一九二二年、九一三頁)所収「永田氏」。

〔付〕朽木氏に関する先行研究を以下に挙げる。ただし紙数の都合上、民俗および福知山藩関係は割愛した。

朽木庄および朽木氏関係論文・ノート目録

［古代］

戸田芳実「山野の貴族的領有と中世初期の村落」（『ヒストリア』二九、一九六一年。のち同氏著『日本領主制成立史の研究』岩波書店、一九六七年に収録）、「摂関家領の杣山について」（井上薫教授退官記念会編『日本古代の国家と宗教』下、吉川弘文館、一九八〇年五月。のち同氏著『初期中世社会史の研究』東京大学出版会、一九九一年に収録）、「湖西の荘園と杣山――摂関家領河上荘など――」（岡田精司編『史跡でつづる古代の近江』法律文化社、一九八二年。のち同氏著『中世の神仏と古道』吉川弘文館、一九九五年に収録）。奥野高廣「宇治平等院と織田信長」（高橋隆三先生喜寿記念論集『古記録の研究』続群書類従完成会、一九七〇年）。藤本孝一「治暦四年における後三条天皇と藤原頼通――禅定寺文書と日置神社文書との関係を中心にして――」（『法政史学』二四、一九七二年）、「近江国高島郡河上庄・大江保の資料について――平安～桃山時代関係資料――」（『法政史論』二、一九七四年）。

［中世］

牧野信之助「土一揆の発源」（一九二七年。のち同氏著『武家時代社会の研究』刀江書院、一九四二年に収録）。田代脩「戦国期における領主制――近江国高島郡朽木氏を中心に――」（『歴史』二六、東北史学会、一九六三年）、「近江の中世領主朽木氏とその在地支配」（『歴史手帖』一―二、一九七三年）。黒川直則「徳政一揆の評価をめぐって」（『日本史研究』八八、一九六七年）、「ワタリ歩ク荘園　近江国朽木荘」（『月刊歴史』三二、一九七一年）。仲村研「中世後期の村落」（『日本史研究』九〇、一九六七年。のち同氏著『荘園支配構造の研究』吉川弘文館、一九七八年に収録）、「朽木氏領主制の展開」（同志社大学『社会科学』一七・一八、一九七五・七六年。のち『荘園支配構造の研究』に収録）。藤木久志「戦国の動乱」（『講座日本史』3、東京大学出版会、一九七〇年。のち同氏著『戦国社会史論』東京大学出版会、一九七四年に収録）、「在地領主の高利貸機能について――文明～大永期、近江朽木氏の財政帳簿の分析――」（豊田武教授還暦記念会編『日本古代・中世史の地方的展開』吉川弘文館、一九七三年。のち『戦国社会史論』に収録）、「村から見た領主」（『朝日百科・日本の歴史別冊　歴史を読みなおす13　家・村・領主――中世から近世へ』朝日新聞社、一九九四年）。宇佐美富美子「朽木文書について――特に改姓期を中心として――」（『大正史学』創刊号、一九七一年）、「「朽木文書」について――在地領主としての朽木氏――」（『史』五、昭和四十六年度卒業生卒業記念論文集、大正大学史学研究室所属昭和四十六年度卒業有志刊、一九七二年）。高村隆「十五・十六世紀における村落の領主制について――売券を中心にして――」（『地方史研究』一一四、一九七一年）、「中世後期における近江朽木氏の村落支配について」（豊田武博士古稀記念会編『日本中世の政治と文化』吉川弘文館、一九八〇年）、「近江朽木氏の家臣団編成と山野河川の支配について」（『日本大学生産工学部報告B』一四―一、一九八一年）。西川幸治「土豪と村落」（同氏著『日本都市史研究』日本放送出版協会、一九七二年）。鈴木敦子「国人領主朽木氏の産業・流通支配」（『史艸』一七、一九七六年。のち同氏著『日本中世社会の流通構造』校倉書房、二〇〇〇年に収録）、「（史料・文献紹介）『内閣文庫影印叢刊　朽木家古文書』上」（『歴史学研究』四四八、一九七七年）。今谷明「「大溪晃夫家文書」について」（『京都市史編さん通信』九三、一九七七年）、「（紹介）国立公文書館内閣文庫刊　内閣文庫影印叢刊　朽木家古文書　上・下」（『史林』六二―五、一九七九年）。小泉宜右「解説」（内閣文庫影印叢刊『朽木家古文書』下、国立公文書館、一九七八年）。加藤哲「鎌倉・南北朝期における近江朽木氏の世代と所領」（『国史学』一〇九、一九七九年）、「朽木貞高の苦悩」（『歴史手帖』一〇―一五、一九八二年）。小要博「（紹介）内閣文庫影印叢刊『朽木家古文書』上・下」（『古文書研究』一四、一九七九年）。岡田晃司「中世後期の近江国河上荘と朽木氏」（国学院大学地方史研究会『史翰』一六、一九八〇年）。石田敏「朽木村西山城跡と「砲台」伝承」（『滋賀文化財だより』四〇、一九八〇年）、「境争論のトリデ『細川城』」（『滋賀県中世城郭分布調査』2、滋賀県教育委員会、一九八四年）。兼安保明・納谷守幸・木谷秀次「池の沢庭園遺跡発掘調査概要」（『関西学院考古』七、一九八一年）。西田耕二「朽木氏村落支配の特質」（『史翰』一八、一九八二年）。島村圭一「朽木氏の関所支配」（『史翰』一八、一九八二年）。古川誠「朽木庄における土豪層の動向」（『史翰』一八、一九八二年）。小泉義博「九里半街道と大杉・保坂関（上・中・下）」

（『若越郷土研究』二七―五・二八―一・二八―二、一九八二・八三年）、「中世の若狭街道」（高澤裕一編『北陸社会の歴史的展開』能登印刷出版部、一九九二年）。今岡典和「戦国期の幕府と守護――近江守護六角氏を素材として――」（『ヒストリア』九九、一九八三年）、「守護の書状とその副状」（矢田俊文編『戦国期の権力と文書』高志書院、二〇〇四年）。湯浅治久「中世後期近江高島郡の地域構造――「西佐々木」同名中をめぐって――」（『内乱史研究会報』三、一九八四年）、「中世後期における在地領主の収取と財政――朽木文書の帳簿類の分析から――」（『史学雑誌』九七―七、一九八八年。のち同氏著『中世後期の地域と在地領主』吉川弘文館、二〇〇二年に収録）、「室町～戦国期の地域社会と「公方・地下」」（『歴史学研究』六六四、一九九四年。のち『中世後期の地域と在地領主』に収録）、「中世後期における在地領主経済の構造と特質――近江国朽木氏を事例として――」（『国立歴史民俗博物館研究報告』九二、二〇〇二年）、「室町・戦国期における山門領荘園の支配と代官職――近江国高島郡河上庄を事例として――」（河音能平・福田榮次郎編『延暦寺と中世社会』法藏館、二〇〇四年）。藤田裕嗣「中世畿内近国における商品流通と京――湖西地方の材木・板を中心に――」（水津一朗先生退官記念事業会編『人文地理学の視圏』大明堂、一九八六年）。松尾容孝「山林原野の利用と領域化――主に杣山の研究史の整理から――」（『人文地理学の視圏』、一九八六年）。髙橋昌明「朽木氏と保坂関」（同氏著『湖の国の中世史』平凡社、一九八七年）、「中世の若狭街道と関所」（畑中誠治教授退官記念会編『近江歴史・考古論集』滋賀大学教育学部歴史学研究室、一九九六年）。石井進「中世木簡の一形態――山札・茅札についての覚書――」（『木簡研究』一〇、一九八八年。のち『石井進著作集』一〇、岩波書店、二〇〇五年に収録）。野田泰三「中世の朽木氏について」（『近江の城』三四、一九八九年）。大音百合子「中世後期における近江国朽木氏の動向――その所領・所職をめぐって――」（『立教史学』六八、一九九〇年）、「戦国期に於ける近江国朽木氏の軍事的動向」（『慶応義塾女子高等学校研究紀要』八、一九九一年）。奥村徹也「戦国期六角氏の湖西における訴訟裁定」（『国学院大学大学院紀要　文学研究科』二二、一九九一年）。藤田達生「室町末・戦国初期にみる在地領主制の達成――近江国朽木氏を素材として――」（『文化学年報』一一、神戸大学大学院文化学研究科、一九九二年。のち同氏著『日本中・近世移行期の地域構造』校倉書房、二〇〇〇年に収録）。古谷新一「朽木史をひもといて」（『湖国と文化』一六―二、滋賀県文化振興事業団、一九九二年）。岩片寿広「天文期室町将軍家側近朽木稙綱の動向」（『史学研究集録』一八、国学院大学日本史学専攻大学院会、一九九三年）。久留島典子「領主の倉・百姓の倉――収納の場と請負人――」（『朝日百科・日本歴史別冊 歴史を読みなおす13 家・村・領主――中世から近世へ』朝日新聞社、一九九四年）。辻本弘明「村の歴史に生きる年中行事――戦国期の旧近江国朽木村の民俗――」（御影史学研究会創立二五周年記念論集『民俗の歴史的世界』岩田書院、一九九四年）、「政所の政治・法制上の機能――戦国大名下行帳の研究序説――」（京都大学日本法史研究会編『法と国制の史的考察』信山社、一九九五年）。橋本鉄男「朽木文書の「川狩銭」のこと」（『鴨東通信』一九、一九九五年。のち同氏著『私のトルヌス――民俗学からの遥かなる視線――』サンライズ印刷出版部、一九九六年に収録）。西島太郎「室町中・後期における近江朽木氏の系譜と動向」（『日本歴史』五九一、一九九七年）、「中・近世移行期における近江朽木氏の動向――国人領主から旗本・大名へ――」（『年報中世史研究』二四、一九九九年）、「足利義晴期の政治構造――六角定頼「意見」の考察――」（『日本史研究』四五三、二〇〇〇年）、「中・近世移行期における在地領主の代官請について――山城国久多郷を例に――」（三鬼清一郎編『織豊期の政治構造』吉川弘文館、二〇〇〇年）、「朽木氏の針畑庄支配と山門・幕府」（『日本歴史』六二九、二〇〇〇年）、「近江国湖西の在地領主と室町幕府」（『年報中世史研究』二八、二〇〇三年）、「朽木家旧蔵史料について――その伝来、及び現状と復元――」（『古文書研究』五八、二〇〇四年）、「近江国佐々木越中氏と西佐々木同名中」（『日本歴史』六七五、二〇〇四年）、「戦国末期室町幕府女房所領に関する一史料」（『織豊期研究』六、二〇〇四年）、「（書評）湯浅治久著『中世後期の地域と在地領主』」（『日本史研究』五〇七、二〇〇四年）。小柳光範「織田信長の若狭出兵について――明智・丹羽の針畑越え――」（『城郭史研究』一八、一九九八年）。松澤徹「戦国期における商品流通と在地領主――近江国高嶋郡朽木氏を例として――」（『日本史攷究』二四、早稲田大学教育学部社会科、一九九八年）、「戦国期在地領主の関所支配」（『学術研究――地理学・歴史学・社会科学編――』四八、早稲田大学教育学部、二〇〇〇年）、「朽木荘との相論と交流・流通」（研究代表者小林一岳『山間村落における交流の総合的研究――景観・文献・信仰・石造物からの歴史的復元――』平成10年度~平成12年度科学研究費補助金基盤研究（C）研究成果報告書、二〇〇一年）。西川広平「（修士論文要旨）中世後期における生産・流通形態と地域社会――近江国朽木荘・丹波国山国荘を中心として――」(『中央史学』二二、一九九九年)。砂川和義「(書評) 藤木久志著『村と領主の戦国世界』」(『法制史研究』四八、一九九九年)。星野重治「南北朝内乱期近江国における佐々木京極氏の立場――分郡守護論の再検討を中心として――」(『古文書研究』五〇、一九九九年)。櫻井彦「葛川谷北側の堺について」(『山間村落における交流の総合的研究』、二〇〇一年)。小原嘉記「木津荘の負田・公事・名」(水野章二編『中世村落の景観と環境――山門領近江国木津荘――』思文閣出版、二〇〇四年)。熊谷隆之「比叡荘・高島荘・木津荘――安曇川下流域の荘園公領――」(『中世村落の景観と環境』、二〇〇四年)。松浦弘「中世後期朽木氏にみる収支請負と家政組織」(『国史学』一八四、二〇〇四年)。山野井健五「朽木氏公事における夫役について」(『常民文化』二八、成城大学常民文化研究会、二〇〇五年)。

[近世以降]

小牧實繁「朽木谷の歴史地理学的概観」(『滋賀大学学芸学部紀要　人文科学・社会科学・教育科学』六、一九五七年)。有薗正一郎「耕境地帯における耕地の後退――滋賀県高島郡朽木村を例にして――」(『人文地理』二六―二、一九七四年)。原田敏丸「近江朽木谷の山割について」(『金鯱叢書――史学美術史論文集――』六、徳川黎明会、一九七九年。のち同氏著『近世村落の経済と社会』山川出版社、一九八三年に収録)。西田真樹「「交代寄合」考」(『宇都宮大学教育学部紀要』第一部第三六号、一九八六年)。藤田彰典「近世京都の魚市場と鯖街道」(『市場史研究』六、一九八九年)。進野義一「越中・六度寺村栄福丸の遭難調査と同船主　朽木清平家について」(『富山史壇』一〇三、一九九〇年)。三木晴男「江戸時代の地震災害――寛文二年五月一日近江地震の場合――」(中島暢太郎・三木晴男・奥田節夫『歴史災害のはなし』思文閣出版、一九九二年)。今里悟之「村落の宗教景観要素と社会構造――滋賀県朽木村麻生を事例として――」(『人文地理』四七―五、一九九五年)。藤井譲治「慶長十一年キリシタン禁制の一史料」(『福井県史研究』一五、一九九七年)。上野利夫「嘉永元年『東海道御登御道中銭払御勘定帳』について――交代寄合朽木藩の参勤交代道中経済事情――」(『天理参考館報』一〇、天理大学出版部、一九九七年)。向田明弘「里山の生活誌――近江朽木谷のホトラヤマ」(八木透編著『フィールドから学ぶ民俗学――関西の地域と伝承』昭和堂、二〇〇〇年)。

[自治体史・報告書]
『朽木村郷土誌』(朽木力雄著、一九〇六年)。『高島郡誌』(滋賀県高島郡教育会、一九二七年。のち『増補高島郡誌全』弘文堂書店、一九七二年、として増補復刻)。『滋賀縣史』(全六巻、滋賀県、一九二八年)。『朽木谷民俗誌』(高谷重夫・橋本鉄男共著、私家版、一九五九年)。『三谷郷土誌』(滋賀県高島郡今津中学校郷土研究クラブ・橋本鉄男編、三谷郷土誌刊行会、一九六七年)。『湖西大所有林山村のすがたと進路——畜産振興を中心に——滋賀県高島郡朽木村』(財団法人山村振興調査会、一九六七年)。『高島郡朽木村能家民俗資料調査概報』(滋賀県教育委員会、一九六九年)。『朽木谷学術調査報告書』(滋賀県、一九六九年)。『朽木村志』(橋本鉄男編、滋賀県朽木村教育委員会、一九七四年)。『朽木村昔話記録　針畑・麻生川篇』(丸谷彰・菅井寿世・羽賀裕美著、京都精華短期大学美術科、一九七七年)。『朽木村の昔話と伝説』(玉木京編、朽木村教育委員会、一九七七年)。『朽木村歴史年表』(朽木村教育委員会編、朽木村公民館、一九八〇年)。『朽木村・麻生調査報告書』(社会調査報告一九八〇年度、大阪教育大学社会学・経済学研究室編・刊、一九八〇年)。『池の沢庭園遺跡発掘調査概要——高島郡朽木村村井所在——』(朽木村教育委員会編・刊、一九八一年)。『高島町史』(滋賀県高島町役場、一九八三年)。『福知山市史』(第三巻、京都府福知山市役所、一九八四年)。『安曇川町史』(滋賀県安曇川町役場、一九八四年)。『新旭町誌』(滋賀県新旭町役場、一九八五年)。『マキノ町誌』(滋賀県マキノ町、一九八七年)。『朽木家文書目録』(文化庁文化財保護部美術工芸課、一九八九年)。『輪ノ内の昔』(上・下、橋本鉄男著、北船木史稿刊行会、一九八九・九一年)。『滋賀県中世城郭分布調査8(高島郡の城)』(滋賀県教育委員会・近江の城友の会、一九九一年)。『朽木文書と一迫狩野氏』(姉歯量平著、宝文堂、一九九二年)。『朽木村の城館探訪』(石田敏著、朽木村教育委員会編・発行、一九九五年)。『サバ街道と都の文化——京は遠ても十八里——』(福井県立若狭歴史民俗資料館編・発行、一九九五年)。水谷巖『地良々刑部に関する一考察　補遺——時代背景と伝聞を敷衍して——』(私家版、一九九六年)。『志賀町史』(全五巻、滋賀県志賀町、一九九六〜二〇〇五年)。『今津町史』(全四巻、滋賀県今津町、一九九七〜二〇〇三年)。『鯖街道』(上方史蹟散策の会編、向陽書房、一九九八年)。『鯖の道朽木』(「鯖の道冊子作成調査事業」実行委員会編、朽木村商工会、一九九九年)。『シンポジウム織田信長と謎の清水山城——近江・

高嶋郡をめぐる攻防――』（新旭町教育委員会編、サンライズ出版、二〇〇二年）。『主要地方道小浜朽木高島線道路改築工事関連遺蹟発掘調査報告書1　朽木陣屋跡　高島郡朽木村野尻』（滋賀県教育委員会事務局文化財保護課編・刊、二〇〇三年）

［史料］

塩川利員「稀書二題」（『大阪青山短期大学研究紀要』五、一九七六年）。内閣文庫影印叢刊『朽木家古文書』（上・下、国立公文書館、一九七七・七八年）。奥野高廣・加藤哲校訂『朽木文書』（一・二、〔史料纂集〕古文書編、続群書類従完成会、一九七八・八一年）。石尾芳久ほか「朽木文書の研究（一）」（『関西大学法学部論集』二八―一、一九七八年）。『近江国高島郡河上荘史料』（国学院大学地方史研究会中世部会編・刊、一九七九年）。「朽木文書」（内閣文庫影印叢刊『楓軒文書纂』上、国立公文書館、一九八二年所収）。

第二章　中・近世移行期における朽木氏の動向
——国人領主から旗本・大名へ——

はじめに

鎌倉時代以来、近江国高嶋郡朽木庄（現滋賀県高島市朽木）に蟠踞した朽木氏は、室町幕府のもと、奉公衆として活躍し、十二代将軍足利義晴の朽木谷動座を契機として、御供衆・申次・御部屋衆・走衆など将軍近習を輩出して、室町後期に至ってますます幕府へ接近していった数少ない国人領主の一つである。

同氏に関する研究は、主にその領主制について研究がなされてきた。分析の基本史料である「朽木文書」[1]は、室町中期の売券を中心に約一、三〇〇通ほど残存しており、その数は文明年間をピークにその後漸次減少し、十六世紀中期以降激減することを特徴とする。そのため室町末～江戸時代にかけての朽木氏の動向については、ほとんど明らかにすることができず、先行研究においても、わずかに残る文書と系譜類をもとに語られるに過ぎなかった。[2]

朽木氏は中・近世を通して本貫地近江朽木を動くことなく、国人領主から近世には旗本として存続し、庶流家は大名となったのであるが、これまでの研究では、近世における旗本・大名朽木氏形成に至る過程が十分に検討されずにきた。室町末期から織田・豊臣・徳川と中央の政治を動かしていった人々と、朽木氏はいかなる関係を築き、いかなる活動をもって近世における旗本および大名としての存続を可能としたのであろうか。中世の朽木氏を、近世延いては近・現代へと繋げる作業が必要であるものと考える。

本章では、室町末~江戸初期に活躍した惣領朽木元綱を中心とした同氏の動向を、時の政治権力との関わりの中から明らかにすることを通して、右の課題に迫る。

第一節　室町末~織田信長期

室町末期の朽木氏の動向については、第一章において検討したため、ここでは当該期の惣領元綱の活動を確認した上で、新たに将軍足利義輝の朽木谷滞在状況や浅井氏との関係、庶子輝孝・成綱の活動を具体的にみることとする。

朽木元綱は、系譜類[3]によれば天文十八年（一五四九）に惣領晴綱（弥五郎・宮内大輔）の嫡子として生まれた。幼名は「竹松」。母は飛鳥井雅綱の娘。父晴綱が飛鳥井雅綱の娘を娶ったのは、祖父稙綱が将軍近習として在京し、飛鳥井雅綱との歌会・蹴鞠などの交流が一因として挙げられる。天文期、祖父稙綱は将軍近習として在京し、父晴綱は在地朽木庄に居て、所領支配を行っていた。晴綱は同二十年から二十四年までの間に死去したと推定され、同二十四年四月二日付の佐々木宮大神主重吉の「朽木竹松」宛て神事銭請取状があるため、竹松は同年四月までには惣領職を継いでいたと考えられる。[4]この時、竹松はわずか七歳、元服も済ませていなかった。同二十二年か二十三年の十一月の六角一族と考えられる亀松丸の稙綱宛て返書から、「竹松殿祝儀」として稙綱が亀松丸へ太刀等を贈ったことが分かるが、この「竹松殿祝儀」は竹松の家督相続の可能性が高い。[5]また永禄五年まで京都での活動が窺われる祖父稙綱が、在地に居住する竹松の後見役を担っていたものと推察される。

竹松が家督相続した頃は、将軍足利義輝が天文二十年二月から翌年正月までの一年間、および同二十二年八月から

図12　朽木元綱周辺系図

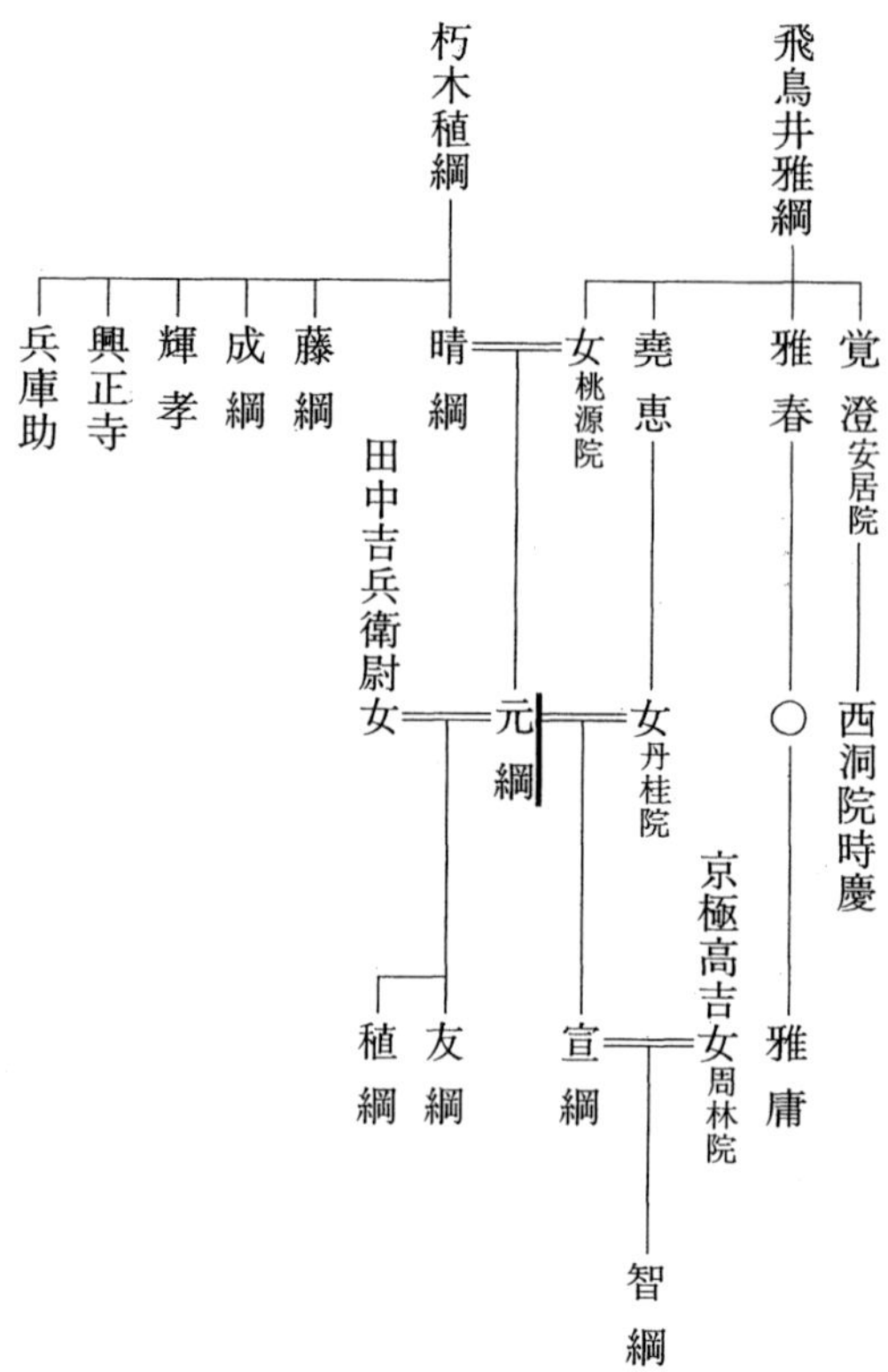

永禄元年（一五五八）三月までの約五年間を近江朽木庄に滞在した。天文二十二年の動座では、朽木谷へ移動する途中、龍華において三好軍により奉公衆・奉行衆が拉致されたため、御供の人数は一二〇人から四〇余人になった。[6] 現在確認できる義輝と共に朽木谷に滞在した者は、表13の如くである。これらの時、義輝と共に朽木庄に落ちた近衛稙家・大覚寺（近衛）義俊、細川晴元・藤孝の近衛・細川両家とは、その後朽木氏との関係が窺われるようになる。

竹松の叔父たちは在京して将軍近習を勤めたが、彼ら庶子家と嫡流家とは確執があったものと考えられ、永禄八年五月の三好義重・松永久秀らによる将軍義輝弑逆時に、庶子達は朽木庄に逃げず、若狭国へ落ちており、後に庶子家は元綱へ「向後別心・疎略存間敷」と起請文を提出している。[7]

同十一年九月、織田信長と共に足利義昭は入京した。十月十四日に「朽木弥五郎」（元綱）は義昭から「名字地」＝朽木庄を祖父稙綱の時のごとく安堵するとの御判御教書を得た。[8] 朽木氏と義昭との関係は、天文十一年十一月に当

表13　朽木谷滞在者一覧[9]

天文二十年二月十日～二十一年正月二十八日				
門跡	大覚寺義俊			
女房	清光院			
武家	細川晴元			
申次	三淵晴員			
奉行衆	諏訪晴長	飯尾貞広	飯尾堯連	飯尾盛就
	松田晴秀	松田藤弘	松田藤頼	治部光栄
同二十二年八月三十日～永禄元年三月二十日				
公家	近衛稙家			
女房	清光院	宮内卿局	春日局	
武家	細川晴元	細川藤孝	大館晴光	曾我上野介
申次	飯川信堅	三淵晴員		
奉行衆	諏訪晴長	飯尾貞広	飯尾堯連	松田藤弘
	松田藤頼	松田盛秀	松田頼隆	治部貞兼
	治部藤通			
同朋衆	祐阿			

時六歳の義昭が近衛稙家の猶子となり、興福寺一乗院入室のため京都から奈良へ下向した時、稙綱が御供したことに始まる。[10] 将軍足利義輝の死後、義昭が武田氏を頼り若狭にいた頃、庶子の藤綱は「御部屋衆」に、成綱は「詰衆番衆」「一番」として見え、彼らは上洛後も将軍近習として仕えた。

義輝死去の翌永禄九年四月に、江北の浅井長政は、高嶋郡の山徒西林坊・定林坊（共に土豪饗庭氏）・宝光坊へ保坂役所（関）や河上六代官のうち朽木氏分を、千手坊へも河上六代官のうち田中氏分を与え、在地土豪の多胡氏をも味方につけており、[11] 高嶋郡の山徒や土豪層を引き込むことにより、朽木・田中氏などで構成される「西佐々木」同名中勢力と敵対し、高嶋郡進攻を企てた。そして義昭入洛の三カ月後、浅井久政・長政父子から元綱へ起請文が提出された。[12] その主な内容は、浅井氏が元綱に高嶋郡内の新地一、〇〇〇石を与えるとともに、朽木家中の人質を浅井氏に差し出すこと、保坂役所は今まで通りとすること、朽木谷の守護不入地の確認、浅井氏への情報提供などであった。しかしながら、この起請文では、保坂役所が元のごとく朽木氏により知行されているため、長政による高嶋郡進攻は成功を収めたとは言い難い。義昭入洛に際し、「江州北郡衆・高嶋衆八千計」が軍勢参加しており[13]、義昭の入洛・将軍宣下という新たな状況に当たり、浅井・朽木両氏の間で高嶋郡における権益の確認がなされたのではないだろうか。

元亀元年（一五七〇）四月に越前朝倉攻めを行っていた織田信長が、浅井長政の裏切りにより撤退を余儀なくされた時、若狭国から近江朽木谷に入った信長軍を元綱は迎え入れた[14]。その理由としては、信長は将軍義昭を奉じていること、先の長政の起請文に見られるように、朽木・浅井双方の勢力は高嶋郡において拮抗していたと考えられることなどから、元綱は信長の領内通過を黙認したものと推察される。

その後、十月に浅井・朝倉両氏が志賀郡にまで出兵した際には、元綱は再度浅井方に付いたものと考えられる[15]。将軍義昭による織田・朝倉両者間の調停後、信長に降伏した元浅井氏家臣磯野員昌が、翌年二月に信長の命により高嶋郡新庄（現高島市新旭町）に入拠して来、七月に至り元綱は信長の軍門に降る。信長からは、「須戸庄」（首頭庄カ、所在不明）の請米の承認と「新知方」＝新知行の保証を約された[16]。西近江にはいまだ反信長勢力がいたが、天正元年（一五七三）七月の信長による高嶋郡進攻により、同郡の「国衆」は降伏した[17]。

信長の高嶋郡進攻の直前、将軍義昭は信長により京都から河内国若江へ追放されたが、それ以後義昭の近習として在京奉公していた朽木庶子家（藤綱・成綱・兵庫助）は、京都および義昭の供衆に窺えないことから、彼ら庶子たちは在地近江国朽木に赴き、惣領元綱のもとで奉公したものと推定される。惣領元綱は元亀二年に信長の軍門に降っているため、信長と義昭の関係が決定的に決裂した段階で、庶子たちは織田軍下である惣領のもとへ下ったのであろう。

これら庶子家のうち輝孝・成綱については、室町末期の朽木氏と公家との関係や、庶子家の嫡流家に果たす役割の一端が明らかにできる。

輝孝（弥十郎）は、はじめ将軍足利義輝の御部屋衆を勤めていた。[18] しかし、永禄八年五月十九日に、三好義重・松永久秀らにより義輝が弑逆された時からの彼の行動は、他庶子とは異なる。彼は義輝が弑逆される以前に、義輝から勘当されていた。そのため京都に止まることができなかったが、義輝の死後、六月三日に至り京都へ出てきて、高倉永相を通じ正親町天皇から滞在の聴許を得た。[19] このことから彼は他の庶子のごとく若狭へ落ちず、その後も在京した可能性が高い。彼が天皇の聴許を得られたのは、近衛家との関係の深さが一因しているものと推察される。足利義昭の上洛後、彼は義昭の御部屋衆・申次・奉公衆として活動しているが、[20] 同時に近衛家の家礼としての活動も窺われる。元亀二年三月に大覚寺（近衛）義俊の命により、輝孝は桂宮院へ討ち入りを行っており、本能寺の変後の天正十年八月には、近衛信基が吉田兼見邸へ御成を行った際に、彼は小笠原貞慶と共に信基に「被召連」て御供している。[21] 彼と近衛家との関係は、将軍義輝が近江朽木へ落ちた時、大覚寺義俊や信基の祖父稙家が、義輝と共に朽木谷に滞在したことに起因するものと推察され、将軍足利義晴以降、公武関係において新たに台頭してくる近衛家に、朽木氏はいち早く関係を深めていったことが看取される。

次に在京庶子成綱は、はじめ将軍義輝に、義輝弑逆後は義昭に仕え、「詰衆番衆」「一番」・走衆・申次を勤め、[22] 永禄十一年の庶子達の惣領元綱への起請文には、「我等」として彼が作成していることから、在京庶子を代表する存在でもあった。彼についての以上の点は第一章において明らかにしたが、義昭期における彼の元綱に果たした役割を、具体的に窺えるのが高嶋郡後一条をめぐる相論での活動である。

高嶋郡の安曇川両岸の九条七・八里、十条十二・十三里、十一条七・十八・十九里の散在地からなる後一条半済分（花頂門跡と半済）は、もともと朽木氏が地頭として知行していたが、庶子朽木妙林の被官大智院の押領以来、不知行となっていたのを、応仁二年から幕府御料所として、その代官に朽木氏があたることにより知行を回復した地であった。同地の料所指定は長享元年まで窺われるが、以後指定が解除されたのか否かは詳らかにしない。その後、天文三年に元綱の祖父稙綱は幕府内の御佐子局へ、その公用を一期の間進上した。しかし、足利義昭が将軍として在京していた永禄十一年から天正元年までの間に、同地について元綱と御佐子局との間で問題が発生した。それは恐らく代官朽木氏の公用未進に対する局方の直務支配要求であったと考えられるが、この時元綱の意向を将軍近習の飯川信堅（申次）や大館宗貞（御部屋衆）らと「談合」したのが成綱であった。将軍義昭は局による直務支配を命じようとしたが、飯川信堅の執り成しにより、これまでどおり朽木氏が代官を勤めることとなった[23]。庶子家の嫡流家に果たした役割の一端が窺えるとともに、義昭期における将軍女房衆の収入源を示す一事例としても注目される。

信長と朽木氏との関係は、天正三年に信長が勢多橋を架橋した際、「朽木山中」から材木を切り出したことや、同七年に醍醐寺三宝院の訴えにより、信長が寺領山城国久多郷の代官元綱を改替し、三宝院に代官職を還付したことなど以外窺えない[24]。

以上、朽木氏と将軍義輝・義昭、信長との関係をみてきたが、惣領元綱は父の死により幼少にして家を継ぎ、義昭の入洛を契機に在京する庶子家との確執を纏め、浅井氏との高嶋郡における権益の確認を行い、そのご早くに信長軍門に降った。また在京庶子のうち、輝孝は幕府内に勢力をもつ近衛家との関係を持ち、成綱は惣領元綱の意向を幕政に反映させるべく活動していたことを明らかにした。

第二節　豊臣秀吉期

天正十年六月の本能寺の変では、明智光秀の娘を室とし、高嶋郡を支配していた大溝城主織田信澄が大坂城で織田信孝に殺されており、高嶋郡内の領主層は微妙な位置に立たされていたものと考えられる。この頃の「朽木文書」が全く残存していないのも、同変との関連による可能性がある。そのためこの時期の元綱の動向は不明である。

元綱は初め「弥五郎」を通称とし、同七年頃から「十兵衛尉」を、同十七年頃に「信濃守」を名乗っていた[25]。彼は秀吉からの命で、「十兵衛尉」時代に伊勢国関地蔵（鈴鹿郡関町）普請の人夫役二〇〇人を出したり、同十七年の小田原攻めでは二〇〇人を参陣させた[26]。そして同十八年十一月に関白秀吉の執奏により、彼は従五位下・河内守に任ぜられ、秀吉から豊臣姓を授かる[27]。ここに元綱が明確に秀吉家臣となった事が窺われる。その後も元綱は、同十九年に秀吉の命により方広寺大仏殿造営のため五〇〇石を高嶋郡のうちから出している[28]。

さらに文禄三年（一五九四）には伊勢国検地の検地奉行を勤め、度会郡・多気郡・飯高郡・一志郡・河曲郡・鈴鹿郡・三重郡の検地を行い、この検地直後の九月に、元綱は同じ検地奉行の新庄東玉と共に秀吉から、伊勢国安濃郡五七、八七八石の蔵入地の代官を命ぜられ、うち二、〇〇〇石を蔵入地支配の扶持として与えられ、さらに翌年八月には近江国高嶋郡の蔵入地一二カ村九、二〇三石余の蔵入地代官を命ぜられている。後に時期は不明ながら、この伊勢国二、〇〇〇石の替地として、高嶋郡東万木村・南古賀村二、〇一五石が与えられており、元綱はその内一〇石を伊勢神宮へ寄進している[29]。

慶長三年（一五九八）三月の秀吉・秀頼による山城醍醐寺での花見では、彼は秀吉側室松の丸（京極氏）の輿添えを、六・七月には越前国の検地奉行を勤め、能美郡北袋西山の新保村や今南東郡下新庄新村の検地を行い、八月に病床の秀吉のいる山城伏見城の船入番八番が定められた際には、四番を矢野十左衛門と共に勤めた[30]。

この様に、元綱は人夫役・普請役・蔵入地代官・検地奉行などを勤仕する秀吉直臣として活動した。

この時期、特筆されることは、朽木一族と思われる人物が各地に見い出されることである。すなわち朽木調右衛門尉・弥二郎・友綱・昭貞・昭知・刑部少輔などである。

調右衛門尉は、天正十一・十二年における中川秀政宛ての秀吉書状の使者を勤めた人物で、朽木一族の者ではないかと推察される[31]。弥二郎は大坂岩津にその妻と共に住し、天正二十年九月に吉田兼見が大坂の秀吉のもとへ行った際には、彼の邸で宿泊した[32]。彼はその通称から朽木氏庶流と考えられる。調右衛門尉・弥二郎共に、秀吉（大坂）周辺に窺われる人物であり、朽木一族と推される人物が秀吉近辺に活動していたことが窺われる。

また細川氏との関係が深くなる点も注目される。元綱の次男友綱（与五郎。母は田中吉兵衛尉の娘）は細川忠興のもとで養われた。彼は系譜類によれば慶長四年生まれで、元和元年の大坂夏の陣では忠興に御供し、戦功を挙げ銀子二〇枚を受けた。他の細川家家臣が知行を与えられているのに比べ、彼の扱いが違う点注目される。その後、同四年に将軍徳川秀忠に初見し、書院番に召され、のち歩行頭となった[33]。昭貞（六兵衛尉）は三淵藤英の子で、朽木家へ養子に入り、朽木を称したものと考えられる。忠興の父藤孝は、藤英の実弟であるので、彼は忠興の従兄弟である。彼は文禄元年に秀吉から朝鮮出兵の船役を命ぜられており、そののち慶長十五年には細川忠興のもとで仕えていた。細川氏の支配する豊前国に在国し、同八年には彼の娘が死去したことが知られる[34]。昭貞の子と考えられる昭知（内匠）は、元和元年から寛永十七年までその存在が知られ、忠興の嫡子忠利に仕えた。寛永以降「三淵内匠」と出てくることから、三淵家に還ったものと考えられる。[35]

これら細川氏と朽木氏との関係は、将軍足利義輝の代に細川晴元・藤孝らが約五年もの間、義輝と共に朽木谷に滞在したことが大きく影響しているものと推察され、江戸時代、細川家家臣団中に、三、〇〇〇石を扶持された「御備頭」朽木内匠など朽木を称するものが散見されるのは、右に見たような朽木氏と細川氏との関係によるものと考えられる。[36]

その他、九条家雑掌に朽木刑部少輔がいる。その官途名から稙綱の庶子刑部少輔藤綱の系統の可能性が高い。[37]直臣元綱と共に秀吉周辺に見える一族と思われる者の存在は、朽木氏が一族として新政権に積極的に接近していったことを窺わせ、さらに当代一流の文化人細川藤孝（幽斎）家との関係も深めていったことが看取される。

元綱自身は、天正九年に嫡子宣綱が生まれていることから、同年までに一身田専修寺門跡大僧正堯恵（堯慧）の娘（丹桂院）を娶った。堯恵は飛鳥井雅綱の三男で、母は近衛尚通の娘、将軍足利義晴の猶子となった後、専修寺住持となった。[38]彼の妹は、元綱の実母である。朽木氏は二代にわたり飛鳥井家に連なる者を室に迎えたことになる。この関係により、例えば、同十三年八月の朽木谷の鎮守山神社の神体新調では、元綱は飛鳥井雅春を通して京都の吉田兼見へ依頼を行っている（因にこの勧請では、十六日の遷宮に、元綱以下親類・女房衆のみならず、朽木谷中から二、〇〇〇人余が残らず出て来たという）。[39]慶長十五年正月に飛鳥井雅庸・西洞院時慶らが豊臣秀頼に歳首の賀を述べるため大坂へ赴いた折には、彼らは飛鳥井の「常宿」元綱処（宿守は石蔵某）に泊まっている。[40]

以上、秀吉期の朽木氏の動向を見てきた。惣領元綱は秀吉直臣として、人夫役・普請役・蔵入地代官・検地奉行などを勤め、一族と思われる者も秀吉（大坂）周辺で活動し、細川藤孝家との結び付きを強めていったことを明らかにした。

第三節　徳川家康・秀忠・家光期

徳川家康と朽木氏との関係を示す初見は、元亀三年十一月に家康と武田信玄とが対峙した三方原合戦最中に、家康が将軍義昭の御内書発給に対する礼および戦況報告を記した、元綱の叔父で義昭の申次役を勤めていた輝孝宛ての書状であるが(41)、これは将軍の申次を勤める庶流家との関係であり、秀吉の直臣として活動した嫡流家との関係は関ケ原の戦いを待たなければならない。

秀吉死後、慶長五年の関ケ原の戦いでは、元綱は八月に大谷吉継らと共に越前・加賀へと出陣し、そののち若狭敦賀から近江木之本・長浜・美濃関ケ原へと西軍として参陣したが、結局小早川秀秋らと共に東軍に寝返った。元綱は事前に東軍京極高知・藤堂高虎と内通していたという。十五日夜、細川忠興を頼り徳川家康に会い、本領安堵を許され、十七日の近江佐和山城攻めに加わり、家臣日置・宮川などの死傷者を出す戦いを行った。この時家康に安堵されたのは、高嶋郡朽木庄・針畑庄・三谷庄・高嶋本庄内二か村・広瀬庄内三か村・音羽庄内一か村・山城国愛宕郡久多郷の九、五九五石余であった(42)。

しかし、これにより元綱は依存する主体を豊臣から徳川に移した訳ではなかった。依然、元綱は大坂に宿所を持ち、しばしば秀頼のもとへ赴き、礼物を進上していた(43)。この状況を大きく変える事件が、慶長十三年に起こる。醍醐寺三宝院との山城国久多郷をめぐる相論である(44)。同相論は、元綱の久多郷代官職解任を江戸幕府へ訴える三宝院側と、秀吉の安堵に基づく知行を主張する元綱の間で行われたが、京都所司代の板倉勝重が元綱の「非分」を許さず、駿府の大御所家康の裁許を仰ぐこととなった。家康は、元綱の「非分」を不問に付し、秀吉の朱印状の如くとする、と元綱勝訴の判決を下した。この家康の元綱優遇政策は、元綱が前々から家康の覚えが良かった点もあるが、[45]大坂の秀頼を意識してのものと考えられ、西国における豊臣臣従者の一角を徳川方へ取り込む意図があったものと推察される。元綱は、この相論が家の存亡にかかわる問題であることを正確に認識しており、「朽木文書」中には、相論のあった三〜七月にかけての元綱宛て書状を中心とする関連文書が約六〇通現存し、京都の板倉勝重や醍醐寺三宝院の周辺、駿府の家康周辺の状況など、近江朽木谷に居ながら逐一京・駿府の情報を収集・把握していたのである。[46]この情報収集に関わった人々として、京都では京都所司代板倉勝重の内者川那部八右衛門尉、近衛信尹とも親交の深い棒庵道信(久我祖秀)[47]、金子内記・飛鳥井雅庸・東条法印(行長)・山本久五郎らが、駿府では一色龍雲・渡辺勝・竹中重義[48]・大野治純、大久保長安の手代飯嶋五郎右衛門尉、尾嶋六兵衛・川井与五衛門尉・仙石左門・亨徳院・養庵らがおり、元綱の幅広い交友関係と情報収集の実態が窺える。

彼は初め、在地朽木谷に居住していたが、この相論の五年後の同十八年頃から家康のいる駿河国駿府城下に移住している。嫡子宣綱も父と同じく駿府に居住したようである。[49]本相論を契機に、朽木氏はその依存する主体を豊臣から徳川へと転換したものと評価できよう。

家康のもとで元綱は、同九年に近江勢多橋の普請を請け負い、同十三年には前年全焼した駿府城の普請人足を出し、同十六年には嫡子宣綱と共に禁裏修造の役を勤め、同十九年の大坂冬の陣では宣綱と共に家康に従い京都二条城・奈良へ行き、軍勢甲乙人の濫妨停止のため河内国天野で在陣し、翌年の夏の陣では大和・河内の境の闇峠の警護をした。[50]

嫡子宣綱と共に駿府城下に移住してからの元綱は、所用で将軍徳川秀忠のいる江戸に行く他は、[51]大御所家康のもとで仕えた。駿府での生活は、多くを知ることができないが、同十八年に西洞院時慶が駿府へ下向した折には、家康の晩餐に時慶・梵舜・日野唯心・以心崇伝・一色龍雲らと共に相伴している。とくに幕府の外交・寺社行政を担当した以心崇伝とは頻繁に書状の遣り取りをし、細川家や飛鳥井家と崇伝との書状の仲介を行っている。(52)

ここで嫡子宣綱（弥五郎・兵部少輔）について言及しておこう。系譜類によれば、彼は天正十年生まれ、母は堯恵の娘。文禄四年（一五九五）六月に中山親綱に諸大夫成の御礼を行っている「朽木弥五郎」は宣綱と推定され、また秀吉に京都三条・五条の橋の小石敷のため人夫二〇〇人を出すことを命ぜられている「朽木弥五郎」も彼の可能性が高い。(53)慶長三年には嫡子（後の智綱）が生まれているため、これ以前に京極高吉の娘を娶ったと考えられる。同年の秀吉による醍醐の花見において、元綱が宣綱室の実姉である秀吉側室松の丸の輿添えを行っているのは、このような朽木氏と京極氏との関係によるためであろう。彼宛ての豊臣秀吉の端午の祝儀の礼状や秀頼の歳暮の礼状は、秀吉・秀頼との関係を物語るが、徳川氏とは慶長十三年五月朔日に諸大名が将軍秀忠に揃って服を献上した時、元綱と共に帷子を献上しているのが最初で、以後幕府の命令や諸氏の書状の宛名にも元綱と並んで彼の名が記されるようになる。(54)元和二年三月に家康が太政大臣に任ぜられた時、諸大夫であった宣綱が勅使饗応に相伴する配膳役を勤め、(55)四月の元綱剃髪後は宣綱単独で幕府の命令などがなされるようになる。宣綱の家督相続はこの頃完成したものと考えられる。

元綱・宣綱は慶長十八年頃から駿府へ移住したが、在地朽木谷では、同十四年十二月に宣綱の嫡子竹松（後の智綱）が朽木谷の大宮殿（神宮寺）へ梵鐘を寄進したり、同十七年六月に竹松の御使衆が葛川明王院を訪れていること(56)から、竹松が在地において支配を行っていたものと考えられ、その様な状況であったからこそ元綱・宣綱らは駿府へ移住できたのであろう。同十八年時、智綱は十六歳であった。

元和二年（一六一六）四月に駿府で家康が死去すると、元綱は剃髪し「牧斎」と称した。彼は将軍秀忠から江戸に屋敷を拝領し、以後江戸に居住した。細川忠興・忠利父子は、元綱の江戸屋敷選定に、両家の交信に人を遣わさずにすむから、と細川氏の江戸屋敷近くを斡旋しているが、そののちどこに決定したのかは不明である。(57)

十二月二十一日、秀忠は「御放衆」（咄衆）を定めた。咄衆は直日を定めて日々交替で秀忠の御前で談話などをする衆のことであるが、牧斎（元綱）もこれに加えられ、とくに牧斎を含む日野唯心・山名禅高・水無瀬一斎らは「ことさら老耄なれば優待せられ、直日を定めず心まかせにまうのぼり、御談話に侍せしめされ」た。(58)時に牧斎六十七歳である。彼が咄衆になった一年後から庶子の幕府内登用がなされる。

同四年三月に次男友綱（与五郎）が将軍秀忠に初見し、書院番に加えられ蔵米三〇〇俵を給った。また友綱の役方登用の六か月後には、三男稙綱（弥五郎・民部少輔。慶長十年生。母は友綱と同じ）が秀忠から召し出され、若君（後の将軍家光）に付けられた。(59)稙綱の家が後に大名となるのは、偏に彼が家光付となったことに依るところが大きい。

牧斎は元和三・五両年の将軍秀忠の上京に供奉し、寛永期には秀忠に呼ばれて江戸城西の丸での茶事に出席、元和九年に将軍となった家光とは、寛永元年（一六二四）二月の家光の江戸伊達政宗邸御成に供奉し、同六年六月には家光の意向により牧斎息女が堀直之のもとへ嫁いだ。(60)彼は晩年しばしば近江朽木へ赴くこともあった（『本光国師日記』によれば元和九年五月二十四日～九月頃、寛永三年五月頃～十一月十三日の二度）が、同九年八月二十九日に江戸で死去した。八十四歳。法名宗徳。系譜類には、牧斎は近江朽木において死去したと記すが、死去の当日に江戸の以心崇伝はその情報を得、九月一日には外桜田の泉岳寺へ牧斎のための諷経に行っている事から、江戸での死去と考えられる。(61)

彼は寛永二年十月に隠居料として、本領から高嶋郡内三、二四〇石を割くことを幕府から許され、同七年五月には子らへの分与高を決めた「覚」を作成し、死後「覚」の通り、嫡子宣綱に一一五石（本高六、四七〇石）、次男友綱に二、〇一五石、三男稙綱に一、一一〇石が分与された。[62]

おわりに

中・近世移行期、朽木氏惣領であった元綱は、父の死により幼少にして家を継ぎ、室町幕府の将軍近習として在京する叔父達との確執を纏め、早くに信長の軍門に降り、本能寺の変後は秀吉の直臣として活躍し、新たに近衛・細川家との関係を築き、中央勢力との関係を深めた。秀吉死後も大坂の秀頼との関係を持っていた彼は、慶長十三年の山城国久多郷相論を契機にその依存する主体を豊臣から徳川へと転換させ、そののち朽木谷から家康のいる駿府に移住し、家康の側で仕えた。家康死後は秀忠に召されて咄衆として江戸に住み、同地で没した。室町幕府の将軍近習を輩出して、古い時代のことを知る元綱を家康・秀忠は厚遇し、その側に置いたのであった。『徳川実紀』には、彼が「ことに粗忽の人」として有名であったエピソードを載せているが、[63]彼の活動からはただの「粗忽」者であったとは思えない慎重な行動が看取される。そして時々の政治権力との思惑とも絡み、嫡流家は旗本として近江朽木に残ることができた。元綱は家康から本領安堵を得て、本貫地朽木谷を動くことなく、江戸幕府の職制上、老中支配として大名に準じた厚遇を受け、参勤交代する旗本である交代寄合として明治維新を迎えた。旗本朽木氏は幕府から特別な待遇を受けていたのである。

また元綱が咄衆として将軍秀忠に召されたのをきっかけに、次男友綱が役付に、三男稙綱が家光付となることとなった。この稙綱の家光付は、後に将軍家光近習である「六人衆」（後の若年寄）の一人として彼が登場し、慶安二年

（一六四九）に三万石で常陸国土浦藩主となり、嫡子稙昌の代以降は丹波国福知山藩主となる、庶流家の大名形成に繋がってゆくのである。(64)

〔註〕

（1）内閣文庫影印叢刊『朽木家古文書』（上・下、国立公文書館、一九七七・七八年）および朽木家所蔵文書（東京大学史料編纂所架蔵写真帳「朽木文書　乾坤」に一部収録）。以下、『朽木家古文書』および文書番号を「朽〇〇」と略記する。

（2）例えば、仲村研「朽木氏領主制の展開」（同氏著『荘園支配構造の研究』吉川弘文館、一九七八年）。その他、朽木氏に関する研究は、藤田達生「室町末・戦国初期にみる在地領主制の達成」（『文化学年報』一一、神戸大学大学院文化学研究科、一九九二年）の四八頁註(10)に拠られたい。

（3）『寛政重修諸家譜』（朽木）、『系図纂要』（朽木）、朽木家所蔵「系譜」（『滋賀県有影写文書』一二一、一九二一年）、京都大学文学部博物館所蔵「系譜」。

（4）朽五八三。

（5）朽二九四・二九五。

（6）『言継卿記』天文二十二年八月十四日条。

（7）朽四一八。

（8）朽四三〇。

（9）以下の史料から作成。「古簡雑纂」（岩瀬文庫蔵）所収天文二十年推定近衛義俊消息、同二十三年五月二十二日付馬田慶信書状。『公卿補任』天文二十二年条。『後鑑』弘治元年二月十二日条所収「古証文」。『綿考輯録』（巻一）。『大日本

古文書　家わけ第十九　醍醐寺文書』一七四五～一七五〇（「従当谷」）・一七五一号。『細川両家記』（『群書類従』）弘治三年五月三日条。「証如上人日記」（『石山本願寺日記』所収）天文二十年四月五日、同二十三年五月二十七日各条。奉行衆は、今谷明・高橋康夫編『室町幕府文書集成　奉行人奉書篇』（下、思文閣出版、一九八六）を参照。『言継卿記』同二十二年十月二十一日条。『大分縣史料（32）第二部補遺（4）大友家文書録二』一三〇一・一三〇二・一五一九号。同二十三年正月に飛鳥井雅綱の息子安居院（覚澄）が、大友義鑑の鉄砲進上のため、京から朽木の義輝のもとへ下向している（『同』一三〇一号）。また近衛稙家は、朽木へ落ちた後、翌年正月には京に、弘治二年九月には近江坂本に、永禄元年には朽木に居たことが確認できる（『言継卿記』天文二十三年正月二十日、弘治二年九月十一日各条。『公卿補任』永禄元年条）。

(10)『親俊日記』天文十一年十一月二十日条。『後鑑』同日条所収「二条寺主家記」。

(11)永禄九年四月十八日付浅井長政書状四通（「来迎寺文書」『東浅井郡誌』第四巻、三三二七～三三二八頁）。

(12)朽四一七。

(13)『言継卿記』永禄十一年九月二十七日条。

(14)『大日本史料』（第十編之四）元亀元年四月三十日条。

(15)奥野高廣『増訂織田信長文書の研究』上（吉川弘文館、一九八八）四六九頁。

(16)朽三八。

(17)『信長公記』天正元年七月二十六日条。『永禄以来年代記』（『続群書類従』）。

(18)『三好筑前守義長朝臣亭御成之記』（『群書類従』）。『言継卿記』永禄六年六月十四日条。

(19)『御湯殿上日記』永禄八年六月三日条。

(20)『言継卿記』永禄十二年三月一日、元亀元年十月十七日、同二年四月二十八日、十一月四日各条。『鹿苑院公文帳』（諸山位次簿）元亀三年条。「塩川利貝氏所蔵文書」（徳川義宣『新修徳川家康文書の研究』徳川黎明会、一九八三、四九頁）。
（21）『言継卿記』元亀二年三月二十八日条。「兼見卿記」（東京大学史料編纂所架蔵謄写本）天正十年八月十六日条。
（22）拙稿「室町中・後期における近江朽木氏の系譜と動向」（『日本歴史』五九一、一九九七年。本書第二部第一章、註〈58〉）参照。他に八月三日付朽木成綱書状（東京大学史料編纂所架蔵影写本「狩野文書」六）。
（23）朽五一三・五一四・一四四・六五二・八四八・一八六・一八五・四〇五・四六二・四七三。『室町幕府文書集成　奉行人奉書篇』七八七～七八九号。
（24）『信長公記』天正三年七月十二日条。『増訂織田信長文書の研究』補遺二〇一号。
（25）朽三一・三八。天正七年八月六日付山城国久多郷代官職補任状（名古屋大学文学部日本史研究室架蔵写真帳「岡田浩佐家文書」）。「兼見卿記」天正十三年八月十八日条。『大日本古文書　家わけ第三　伊達家文書』四八九号。
（26）『大日本古文書　家わけ第二　浅野家文書』三号。『大日本古文書　家わけ第三　伊達家文書』四八九号（四八七号文書は「三百騎」とする）。
（27）「柳原家記録」（東京大学史料編纂所架蔵謄写本）資勝卿符案御教書等。
（28）「大仏殿算用状」（『ビブリア』四三）。
（29）『三重県史』資料編近世1（三重県、一九九三年）付表1初期検地帳一覧、第二章一ほか。朽一〇七九・五二七・七五九。元和五年十月十六日付朽木牧斎宗徳書状（神宮文庫所蔵「古文書集」。名古屋大学文学部日本史研究室架蔵写真帳による）。福知山史料集第十九輯『朝暉神社文書』雑之部。
（30）「太閤さま軍記のうち」（『太閤史料集』新人物往来社、一九六五年）。「新丸村文書」（『増訂加能古文書』二一四二号）。「福岡新兵衛家文書」（『鯖江市史』史料編二）。朽五二六・四七二。『福井県史』通史編3近世一、九一頁表7。また河内守任官後の天正十九年以降のものと考えられる六月十六日付某書状によれば、高嶋郡大溝城を解体し、その用材を水口城へ移す際、元綱はその人夫を出している（東京大学史料編纂所架蔵影写本「西川文書」）。

(31)『中川家文書』（臨川書店、一九八七年）四・七号。
(32)「兼見卿記」天正二十年九月二十七日、十二月十一日条。
(33)『大日本史料』（第十二編之十八・二十二）元和元年四月十九日、七月一日両条所収「細川家記」。『徳川実紀』同四年三月十三日、寛永九年八月十一日条ほか。尚、友綱の妻は加藤則勝の娘である（『寛政重修諸家譜』加藤の項）。
(34)「兼見卿記」天正二十年十月十五日条。『綿考輯録』（巻十八）慶長十五年正月十九日条ほか。『大日本近世史料　細川家史料』細川忠興文書三三八号ほか。
(35)『大日本近世史料　細川家史料』細川忠興文書九七・八四八号、細川忠利文書一〇五八号ほか。
(36)『宝暦五年御侍帳』（汲古書院、一九八八年）。その他『綿考輯録』からは、朽木太郎右衛門・伊左衛門久悦・弥七郎などが窺える。
(37)文禄元年十二月十五日付九条家当知行朱印分目録案（『図書寮叢刊　九条家文書』一五一六号）。
(38)『大日本史料』（第十二編之六）慶長十四年正月二十一日条。『華頂要略』巻三三（『天台宗全書』一、第一書房、一九七三、一二三五頁）。「専修寺門室系譜」（『真宗史料集成』七伝記・系図、同朋舎、一九七五年、七三五頁）。丹桂院は慶長十一年十一月十一日に没した。
(39)「兼見卿記」天正十三年八月六〜二十日条。
(40)『大日本史料』（第十二編之六）慶長十五年正月十八日条所収「時慶卿記」。
(41)「塩川利貝氏所蔵文書」（註〈20〉参照）。
(42)『朝暉神社文書』雑之部。『徳川実記』（一、二二九頁）。朽五一七。『義演准后日記』（史料纂集）慶長五年十一月二日条。
(43)註(40)「時慶卿記」参照。慶長七年推定霜月六日付長尾□国・舟木某連署書状（東京大学史料編纂所架蔵写真帳「義演准后日記」同八年四月朔日条紙背）。朽一〇七四・一〇七六。

(44)同相論については、拙稿「中・近世移行期における在地領主の代官請について――山城国久多郷を例に――」(三鬼清一郎編『織豊期の政治構造』吉川弘文館、二〇〇〇年。本書第二部第四章)において詳しく検討した。
(45)朽四九六(「河州八上様前々ゟ能覚候間」)ほか。
(46)『朽木家古文書』に一四通、「朽木清綱氏所蔵文書」に四四通、「朽木雑々文書」(『滋賀県有影写文書』一三二)に一通ある。原本閲覧に際し、朽木清綱氏に便宜を図っていただいた。
(47)『鹿苑日録』慶長五年五月八日、同十一年十一月十七・十八日各条ほか。
(48)竹中重義は美濃国竹中半兵衛重治の従兄弟重利の子である。重義の家は、彼が寛永十一年二月二日に前職長崎奉行時代の不始末を糾弾され、奸曲ありとして切腹、お家断絶となる(『寛政重修諸家譜』第六、三百六頁)。重治の系統は、近江国柏原(二万石)で朽木家と同じく交代寄合となる家で、重治息子重門の娘は朽木元綱の孫智綱の室となり、子を儲けている(嫡男、左兵衛、早世)。年未詳五月五日付朽木智綱宛て朽木宣綱書状にも、竹中重治の曾孫重高との贈答の遣り取りが記され、朽木氏と同じ交代寄合でもあったことから、その交流が深かったことが窺われる(朽木清綱氏所蔵文書)。
(49)『本光国師日記』慶長十七年十二月十六日、同十八年三月十七日、十月六日各条ほか。『舜旧記』同年四月十九日条。『大日本史料』(第十二編之十一)同年三月十九日条所収「時慶卿記」。
(50)『大工頭中井家文書』(慶応通信、一九八三年)一三九号。「朽木清綱氏所蔵文書」。『大日本史料』(第十二編之八)慶長十六年三月是月条所収「禁裏御普請帳」。『同』(第十二編之十五)同十九年十月二十四日、十一月十二・十五・二十五日各条所収「時慶卿記」、「金剛寺文書」。『本光国師日記』同年十二月二日条ほか。『徳川実紀』元和元年五月五日条。
(51)『大日本史料』(第十二編之二十三)元和元年是冬条所収「譜牒余録」。
(52)『大日本史料』(第十二編之十一)慶長十八年三月十九日条所収「時慶卿記」ほか。『本光国師日記』元和元年十二月十八日、同二年正月六日各条ほか。

(53)「親綱卿記」(東京大学史料編纂所架蔵影写本) 文禄四年六月十八・二十日両条。「景山春樹氏所蔵文書」(同編纂所架蔵写真帳)。
(54) 朽一〇八一・一〇七四・四九七ほか。『当代記』慶長十三年五月一日条。
(55)『大日本史料』(第十二編之二十四) 元和二年三月二十七日条所収「雑録」。
(56)「神宮寺梵鐘銘」(『滋賀県有影写文書』一三二―二)。「葛川明王院所蔵分葛川明王院史料」六六五号 (『葛川明王院史料』吉川弘文館、一九六四年)。
(57)『大日本近世史料　細川家史料』細川忠興文書一二八号。『本光国師日記』元和二年七月六日条。
(58)『大日本史料』(第十二編之二十五) 元和二年十二月二十一日条。『徳川実紀』第二巻、一一四・一八二頁。咄衆設置以前、崇伝は元綱のことを「年寄衆」と呼んでいる (『本光国師日記』同年同月十三日条)。
(59) 註(33)参照。『徳川実紀』元和四年九月十一日条。
(60)『本光国師日記』元和三年九月十一日、同五年六月五日両条。『徳川実紀』寛永元年二月二十日、同五年十月六日、同七年四月八日各条。『大日本近世史料　細川家史料』細川忠利文書三一八号、細川忠興文書七五九号。
(61)『本光国師日記』寛永九年八月二十九日、九月一日両条。
(62) 朽五一七。『朝暉神社文書』雑之部。『福知山市史』第三巻、三六頁、写真17。
(63)『徳川実紀』第一巻、二〇〇頁。
(64) 植綱については、北原章男「朽木植綱と家光期の幕閣」(『史叢』一九、日本大学史学会、一九七二年) を参照。

第三章　朽木氏の針畑庄支配と山門・幕府

はじめに

近江国高嶋郡針畑《はりはた》庄は、現在の滋賀県高島市朽木の最も奥地にあり、大字能家《のうげ》・小入谷《おにゅうだに》・生杉《おいすぎ》（庄屋《せや》と生杉が併合）・中牧（小林と中牧が併合）・古屋・桑原の地を指し、かつて「針畑八ヶ村」と呼ばれた地域である。二つの谷に跨がり、安曇川の支流針畑川と北川の源流部に位置する。両川沿いにわずかながらの稲作が営まれているが、山間部であるため人々のほとんどが林業に携わっている。現在は過疎化が進む僻地であるが、かつてはそうでもなかったようである。

当地には若狭国小浜から根来を越え、針畑を抜けて、山城国久多を通り京都鞍馬へ出る、京若間の最も短い若狭街道が通る。この街道上の久多（京都市左京区）には、室町中・末期にその領主醍醐寺が設置した久多関があり、醍醐寺は同関から毎年三貫六〇〇文の収入を得ており、当街道には相当の交通量があったことが窺える。(1) 同じく当街道上の京都鞍馬口に設置された禁裏内蔵寮領鞍馬口関からは、延徳元年（一四八九）七～十二月の半年間に二貫四〇〇文の内蔵頭山科家への納入があった。

これに対して若狭小浜から近江高嶋郡保坂―朽木市場を通り大原を抜け京都へ至る若狭街道上の、左京区高野に設置された同領朽木口関からは、同時期に四貫二〇〇文の納入があった。関銭額は交通量に比例すると考えられるので、針畑・久多を通る街道の交通量は、朽木市場・大原を通る街道のおよそ五分の三程度であったと推定される。[2]そのため針畑庄は、決して外界と隔絶し閉ざされた地ではなかったと考えられる。このことはまた、針畑庄の八幡宮に奉納された享禄三年（一五三〇）銘の鰐口が、若狭小浜で造られたものであることや、若狭羽賀寺の小風呂の材木が、針畑から取り寄せられていたことからも窺われる。[3]

さて針畑庄に関する専論は現在のところまったくない。[4]この庄園の研究を困難にしている要因は、一つには庄園領主の退転によりまとまった史料が残存していないこと、およびその領有関係の複雑さによる。史料には、隣庄「朽木庄内針畑」と表記されることもあれば「針畑庄」「針畑村」と表記されることもあり、そういった表記がなぜ行われるのか解明されていないのである。そのため幅広く史料を収集し、その領有関係を明らかにし、なぜ複雑な表記がなされるのかについて明らかにしなければならない。分析視角の一つとして、領主の支配論理の相剋という視点から、領有関係の解明を試みたい。

また同庄は、在地領主研究で多くの蓄積のある朽木氏の本貫地朽木庄に隣接する地である。そのため朽木氏の進出が見られる。これまでの朽木氏の領主制研究では、主に朽木庄内や高嶋郡の平野部に対する支配の実態について解明が行われてきたが、[5]朽木庄よりさらに奥の山間部における支配のあり方については、いまだ明らかではない。平野部との差異を明らかにすることにより、朽木庄よりさらに奥の山間部における朽木氏領主制の特徴が指摘できるものと考えられる。そのため視角の第二として、朽木氏の同庄進出過程を解明し、その上で朽木氏領主制の特質にも迫りたい。

図13　針畑周辺図

(原図：国土地理院20万分１地勢図 宮津・京都及大阪)

第一節　領家の変遷とその支配

一　寂楽寺・藤原研子・法成寺領として

針畑庄の歴史的性格は、その成立期の状況が後々まで影響している。そのためまず針畑庄の変遷を明らかにしたい。

同地は、寛弘八年（一〇一一）七月に寂楽寺が、高嶋郡朽木杣の内の一所を「尚侍殿」＝藤原道長の二女藤原研子に寄進したことに始まる。[6] 朽木杣は朽木庄内の山間部と考えられる。朽木庄は長保三年（一〇〇一）に平惟仲が自ら建立した白川寺喜多院（後の寂楽寺）に、家領の「家地庄牧」を施入した際の一所であった。[7] 施入の際、寂楽寺の別当は惟仲の子孫が勤めることが決められている。戸田芳実氏によれば、朽木杣内の一所が藤原研子に寄進されたのは、惟仲が宇佐八幡宮宝殿を封じたかどで宮司に訴えられ、大宰権帥停任の処分中に大宰府で没した六年後になされていることから、喜多院の氏人平氏の長者で故惟仲の弟「生昌一門が道長の威を募り、故惟仲のごとき栄達の道を回復するための手段であった」とされる。[8] 戸田氏の推論に異論はなく、ここでは「杣一所」が朽木杣の内から割き与えられた地であることを確認しておきたい。

その後、康平七年（一〇六四）閏五月に、法成寺領である三尾杣・大虫〔見〕・山内・久多・「治幡〔針畑〕」住人への非例の課役を停止するよう、関白藤原頼通家の政所下文が近江高嶋郡司・在地刀禰等へ発給されており、「治幡」が法成寺領であったことが知られる。[9] 法成寺は寛仁二年（一〇二〇）に藤原道長が阿弥陀堂を建立したのに始まり、出家後の道長は同寺に住した。戸田氏が推定されるごとく、おそらく「治幡」の地は、法成寺建立の際、建立者道長の二女藤原研子から同寺へ寄進されたものと推察される。

大治二年（一一二七）に起こった、「治幡」の地の朽木庄への帰属をめぐる相論は、同地の性格の複雑さを露呈している。この年の九月付の近江国司庁宣には、「可以治幡村為朽木庄領事」とあり、朽木庄の内に「治幡村」を含めることを記している。しかしこの庁宣に対する摂関家側の所見は、高嶋郡司であった信濃公静意が「針幡〔畑〕庄」を手に入れるため、後見人の国司宗兼に庁宣を出させ、同地を「構取」ったのであり、証文となすことはできないとしている。高嶋郡司信濃公静意は、「治幡」の地を朽木庄内とすることで何らかの利益を得ることができたのであろう。また、これらの事を載せる明法博士中原明兼勘注が作成された長承二年（一一三三）までに、「治幡」の地が庄園化していたことが知られる。(10)

ここからはとくに次の点が指摘できる。すなわち「治幡村」は朽木庄内であるとする郡司・国司の勢力と、「針幡庄」は朽木庄とは別の庄園であると主張する庄園領主との相異なる見解が窺えるのである。これは当地が朽木杣の内から分かれた地であることに淵源するものと思われ、朽木杣の内の一所が施入された地であるから朽木庄内であるとする論理と、庄園化しているからにはすでに朽木庄とは別であるとする論理が看取される。朽木庄側勢力は、当地を同庄内に含めようとし、針畑庄側勢力は朽木庄とは関係のない一庄園と主張する。この両論理が当地においては後々まで再生産され、当地の領有関係を複雑にすることとなるのである。

二　大悲山寺領として

法成寺領としての針畑庄は、そののち平治元年（一一五九）四月に大悲山寺領となる。これは大悲山寺寺僧が後白河院に、近隣の「久多田拾伍町・針幡（畑）田拾伍町・大見田伍町」の計三五町を寺領となるよう請い、後白河院の院宣により大悲山寺領となり、法成寺には摂津国公田七〇町が替地として与えられることとなった。(11) 大悲山寺は現在の大悲山峰定寺で、京都市左京区花背にある。久寿元年（一一五四）二月に山岳修験者の観空西念が開基し、鳥羽美福門院が艸堂を建てて、本尊千手観音像を移し、四月には鳥羽上皇の勅命により不動明王二童・毘沙門天王像が安置され、その後、八条院により備中国生石庄の勅旨田年貢が仏聖灯油に宛てられる（保元二年〈一一五七〉など、皇室の信心の厚い寺であった。後白河院も平治元年に同寺への「三口之有職」（三人の阿闍梨位僧）設置を許しており、院宣発給も大悲山寺への所領施入という意味合いがあったのであろう。[12]

法成寺領から大悲山寺領となることにより、針畑庄の作人は法成寺の使役から解放されたわけではなく、双方から使役されることとなった。この時の藤原忠通家政所下文には、大悲山寺に宛てて次のように要求している。[13]

件田地三十五町并作人等、可令従彼寺（大悲山寺）、至于杣山者、為平等院・法成寺修理杣所、経年序也、抑彼作人等、若可立当杣者、任傍例可勤仕両方之役、

大悲山寺領の三五町とその作人等は大悲山寺に従うとともに、その作人等による山林の用益においては、傍例に任せて平等院・法成寺の杣役を勤仕しなければならなかった。これは戸田氏が指摘する如く、近隣の杣山も古くから平等院・法成寺の修理杣所であったため、これらの杣山での活動を行うためには、平等院・法成寺の杣役を勤めなければならなかったのである。また「兼彼三十五町之外、田畠新開田地等、不可為妨」とあることから、久多・針幡〔畑〕・大見には大悲山寺領の三五町の他にも田畠があり、かつ新開田地等もあったことが知られ、その地においては大悲山寺の不干渉を確認している。よって針畑庄は田一五町の大悲山寺領とその他の法成寺領が存在していたものと考えられる。このことは翌年五月に、法成寺から大悲山寺領の三五町に年貢雑事が課せられたため、大悲山寺が藤原忠通に訴え、賦課を停止させる政所下文が発給されていることからも明らかである。[14]

鎌倉末期には、久多・大見・針畑庄のうち久多・大見庄においては梶井門跡領となっており、両地の地頭職を足利氏が所持していた。[15]残された針畑庄の一五町においても、鎌倉末期のものと推定される大悲山寺奏聞状条々事書によれば、度々の勅命に背き真助法師により押領されている。そのため大悲山寺は、「永仁の勅裁」すなわち永仁年間

（一二九三～九九）に発給された勅裁の旨に任せて、真助法師の押領を止める院宣の発給を治天の君に訴えている。[16] しかしその後、室町中期に山門領として現れるまで、大悲山寺の支配はまったく窺えず、法成寺も南北朝期には廃寺と化していたため、まもなく針畑庄は大悲山寺・法成寺ともにその支配からは実質的に離れることとなったものと考えられる。[17]

第二節　朽木氏支配の進展

一　朽木氏の針畑支配の論理と現実

朽木氏の針畑庄への関与が窺われるのは、領家大悲山寺・法成寺の支配が退転してくる鎌倉末期からである。朽木氏は針畑庄の隣地朽木庄（高島市朽木）の地頭で幕府御家人である。朽木庄との関わりは、承久の乱で戦功をたてた宇多源氏の流れの佐々木信綱が、地頭職を獲得したことに始まる。信綱ののち次男高信、その子頼綱を経て、頼綱の三男義綱の代に至り、はじめて「朽木」を称し、同地に居住した。朽木氏は十三世紀末期に現れる義綱の代から南北朝期にかけて、戦功や譲与、相論により所領を増やし、最盛期には北は陸奥国から南は備前国に至るまでの近在・遠隔地に一〇か所もの所領を獲得したことが明らかとなっている。[18]

さて正安元年（一二九九）の朽木庄領家・地頭間での領家方年貢四二寸榑の員数をめぐる相論では、朽木庄側にとっての針畑のあり方が端的に現れている。当時の朽木庄領家は二位法印源舜、地頭は朽木義綱であった。本相論は、これまで恐らくは不定量に課し、不定期に領家へ納入していたと考えられる領家年貢四二寸榑の員数と納入時期を、幕府を介する和与により決定したものである。当初領家・地頭双方は四二寸榑の員数をそれぞれ四万寸・二万寸と主張、結局間を取って三万寸とし、それは「針畑村」を加えた百姓等の負担とすること、納入時期は五月中に二万寸、十月以前に一万寸とし、これを地頭は領家へ納めること、百姓等の逃亡時には、朽木庄の公事番四番の内で弁進することが決められた[19]。

注目されることは、和与の内容として、「為百姓等沙汰、四二寸榑毎年参万寸加針畑村定、可致沙汰」しとあることである。朽木庄の領家年貢の取り決めに、「針畑村を加え定むる」と注記することは、その地が注記を要する特殊な地であったことを意味する。ここには、朽木庄領家や地頭にとっては、針畑の地が特殊な地と認識されながらも、朽木庄と非常に関わりが深く、領家年貢を賦課することができる地である、いわば朽木庄内に準ずる地であるとする認識を読み取ることができる。また当地を〝庄〟ではなく〝村〟表記している点にもそのことは現れている。

そのご朽木氏は、針畑の地を朽木庄内として全面に押し出してくる。永和三年（一三七七）八月二十二日付将軍足利義満袖判下文によれば、「高嶋朽木庄内針畑」が七月二十二日付の惣領朽木氏綱の避状に任せて庶兄氏秀に安堵されている[20]。朽木氏が針畑の地を朽木庄内として認識していたことを、ここにはっきりと知ることができる。ここには、鎌倉末期からの針畑の地における領家支配の退転という現実と、もともと当地は朽木庄内の一部が施入された地であり、朽木庄地頭職を保持する朽木氏としては当然知行すべき地であるという認識が看取される。これまで鎌倉から南北朝時代にかけて朽木氏の所領獲得の契機として、戦功や譲与、相論などが指摘されてきたが、領家の分割、退転に対する地頭職の保持を全面に押し立てる論理により支配してゆく場合もあったことを指摘できる。

惣領氏綱・庶兄氏秀の代には、氏綱の軍事活動がほとんど窺えないのに対し、氏秀は度々幕府の軍勢要請に応え将軍直勤御家人として活躍しており、氏綱より氏秀の方が軍事的能力が長けていたことが知られる[21]。そして応安五年

（一三七二）に不知行地越中国部田・岡成両名が氏綱から氏秀へ譲与された時、知行回復後は年貢の三分の一を氏綱へ納めることを条件としていることから、氏秀による知行回復が期待されていたものと考えられる。[22] このことから、恐らくは永和三年に惣領氏綱が庶兄氏秀へ針畑の地を譲与したのも、後に述べるように支配根拠が弱く、惣庄が発達しつつあった針畑の地の支配の貫徹を期待してのものであったものと推察される。また、いまだ「朽木庄内針畑」が氏秀知行であった応永三年（一三九六）六月に、惣領氏綱から嫡子能綱へ譲与した所領のなかに「同（近江国）針畑村」がある。これは恐らく永和三年の氏綱の避状に、越中国部田・岡成両名の如き目的、すなわち氏秀の支配貫徹を期待した上で、氏綱の知行が一部保留されていたためであろう。[23]

さて地頭職を根拠にした朽木氏の針畑支配は長くは続かなかった。応永十四年（一四〇七）六月に、妙林（氏秀の出家名）から「朽木庄内針畑」ほか三か所が時の惣領朽木能綱に譲与された。[24] これは十四世紀終わり頃、遠隔地所領が守護や在地領主などにより押領され、ほとんど不知行となる状況のなかで、朽木氏は分割相続から嫡子単独相続へ移行しつつあったことを示している。そして永享三年（一四三一）二月の惣領能綱から嫡子時綱への所領譲与時には、「一所　同国（近江）針畑村　不知行」とあり、本貫地朽木庄を除く地はすべて不知行と化していた。[25] 隣地針畑の地でさえ朽木氏は自らの所領を支配することができなかったのである。

朽木氏が隣地針畑の地すら支配できなかったのはなぜか。私は朽木氏の支配根拠の薄弱さと惣庄の発達による在地の抵抗によるものと考える。すなわち朽木氏は同地に対して、朽木庄地頭であることを根拠に支配を行うのであるが、朽木氏が「朽木庄内針畑」と朽木庄内として認識しても、針畑方にとっては古くからその所属が問題となったように、針畑庄として朽木庄とは別であるとの認識が、朽木氏の支配を受け入れ難いものとしていたと考えられる。このことと相俟って、十四世紀末から十五世紀にかけての針畑では、惣庄の活動が窺われる。嘉吉三年（一四四三）二月の針畑の隣地である久多郷（庄）と葛川の山相論においては、「針畑惣庄」が口入し、今後どちらかからの違乱・妨げがあった場合には、「公方」へ訴えるとの証文（署名は公文と下司）を作成している[26]。これは針畑惣庄が中人制的役割を果たすまでの存在となっていたことを意味する。このような発達した惣庄が、支配根拠の弱い朽木氏に対し、抵抗したであろうことは容易に推察されよう。

二　支配論理の転換

朽木氏はいかにして針畑支配の回復を試みたのであろうか。一つには地主化の動きである。寛正三年（一四六二）には浄薫（縄手大夫）から「針畑庄内能家村」上・下両名のうち各々田一段ずつ、針畑公文から「針畑村内能家」公文名のうち大次郎垣内の田一反半を朽木洞昌寺が買得するという形で、朽木氏は土地集積を図っている[28]。現在、大字野尻に「洞照山」「洞照谷」と呼ばれる所があることから、洞昌寺は野尻にあった寺と考えられる[29]。売券が「朽木文書」の中にあり、同地が翌年に作成された朽木氏の買得した田地を書き上げた「算田帳」にも記載されていることから、朽木氏が買得したものと考えられる[30]。しかし、この他に針畑での土地買得事例が窺えず、朽木庄市場に最も近い能家のみに見られる現象であることから、朽木氏の地主化は針畑庄においては、ほとんどなされていないといえよう。耕地が少なく、その生業のほとんどが山林資源により成り立っているこの地域では、田地の買得がほとんど意味をなさなかったものと考えられる。これは寛正・文明期に朽木氏が、朽木庄内や高嶋郡平野部の土地（加地子）を大量に集積しているのと対照的である[31]。「朽木文書」中において、文明十七年（一四八五）以降の土地売券が極端に減少する理由を、家臣団による財政管理によるものとする見解[32]もあるが、寛正三年の事例しか窺えない針畑地域については、これは当てはまらないであろう。

土地買得が主とならなかった針畑庄において、朽木氏は何をもって支配の貫徹を図るのであろうか。それは領家の代官となることであった。宝徳三年（一四五一）と推定される七月十九日付延暦寺学頭代頼成等連署書状[33]によれば、延暦寺は朽木氏へ、「針畑庄地下人等」から「山門大訴」にかかる要脚二〇貫文を徴収するよう要請しており、この時すでに朽木氏は山門代官であったものと考えられる。針畑庄がいつから山門領となったのかは不明である。以後当庄は、延暦寺西塔院南尾領としてみえ、その代官に朽木氏があたっている。朽木氏は領家代官になることで、針畑庄支配に新たな論理を獲得し、現地支配に望んだのであり、ここに地頭職から領家代官職へとその支配論理の転換が窺える。

第三節　代官支配の実態

これまでの研究では、所領の不知行化対策として朽木氏は、分割相続から嫡子単独相続へ移行し、土地買得により地主化し、所領を幕府の料所となしてその代官となったことなどが指摘されてきたが[34]、高嶋郡内各所に数多く獲得した代官職については、ほとんど注目されておらず、その実態についても明らかとなっていない。ここでは針畑庄における朽木氏の代官支配の実態についてみることとしたい。

一　被官の形成

領家である山門の代官職を獲得することにより、朽木氏はいかなる支配を行ってゆくのであろうか。注目されることは、被官を形成してゆくことである。

文明十年（一四七八）正月二十八日、針畑の下司・公文は朽木氏重臣宮川掃部助・同二郎衛門助を通じて、朽木氏へ次のような起請文を提出した。

畏申上候、抑就今度針畑公事、両人身体〔進退〕之事、御屋形様奉御扶持候上者、下司・同公文、子々孫々末代御被官一分たるへく候、若背此旨候者、（略）日本国六十余州大小神祇、殊当庄河内之大明神針畑惣社之御罰罷可蒙候、然上者、於後々心中不相替可致奉公候、此旨をもつて可然様ニ御両人預御被官〔披露〕者、畏入可存候、仍而為後日之状如件、（略）　（朽四一八）

針畑の下司・公文は、御屋形様＝朽木氏の扶持を受け(35)、後々まで朽木氏へ奉公することを誓い、朽木氏被官人となったことがわかる。在地の有力者である公文・下司を取り込むことにより、朽木氏は針畑支配を強化していったのである。

次に挙げる文明頃のものと考えられる三月三日付針畑能家衆・公文某申状(36)からは、針畑庄民が朽木氏勢力に付く者と、そうでない者とに分裂・対立するまでに至っていたことを窺い知ることができる。申状は能家衆と公文某が、針畑牢人のことについて朽木氏（「御屋形様」）の政所へ訴え出たものである（便宜上、内容ごとに改行し、番号を付した）。

畏言上候、

①抑針畑猿人〔牢、以下同〕之事、去々年御発向之後、朽木方蓮蔵院違背、之〔マ、〕人々紀藤太権守道秀・森権守・落杤宮内・下司・古

屋衆一円・窪左近太郎此等として、古屋之僧下別当を京都へ上候て沙汰仕候、山上(比叡山)之宝住坊を憑候て量ニ、山上より御持候て、朽木方蓮蔵院を不可然候と申候へ共、不叶候て、無力罷下候、

②又去年之春二月廿八日ニ料足参貫文持候て、彼人数惣庄ニ陰(隠、以下同)候て、窪左近太郎・古屋左近両人上候て、公文ハ公方引申候間、還住不可叶由、うつたえ申間、御代官方より緩怠之至と仰候て、御成敗を以紀藤太権守御計らい候処ニ、彼子共立帰、親之かたきと申、公文之子を打候、曲事と存候へ共、不及力候処ニ、

③又去年大歳ニ公方引の物(者)を可打と申候て、中案(安)を打候て、同公文・別当・一郎(臈、以下同)・能家衆うち候ハんと仕候間、御領中を憑、依御扶持ニ于今堪忍仕候、さ候間、今度之中安之張行者、下司・古やか骨張ニて候、然ニ下司登山(比叡山)候て、猿人無一味由を申候、曲事ニ存候、さ候間、別当と一郎をハ下司請取候、中安をハ古屋衆以前之猿人一にてうち候、公文をハ落朽宮内請取候事、無陰候、

④又下司ハ猿人無一味由候を申候間、山上ニハまことゝおほしめし候て、無為之御成敗候処ニ、下司くたり候て、公文方能家衆還住せよ、還住せすハ、雨(天)か下ニかのうましき由申候へ共、我々か事ハ、御屋形様之御成敗を待申候て、堪忍仕候、

⑤又猿人方のたくミ(巧)にハ、御屋形之御下なきさきに、いかにも還住させ候て、一さうニ(掃)うちころす(打殺)へきたくみを申候とうけ(承)給候、曲事ニて候、我々か事ハ、万事御屋形を奉憑候間、本旨(望)たる御成敗を仰申候、謹敬白、

三月三日　能家衆

公文（花押）

御屋形御政所御中

まず、①一昨年に、針畑の牢人のことで朽木氏が成敗のため針畑へ発向した後に、朽木方の蓮蔵院が違背した。一

緒に違背した人々は、紀藤太権守道秀、森権守、落杤宮内、下司、古屋衆一円、窪左近太郎等であった。このことを公文らは、古屋の僧下別当を京都へ上して朽木氏に訴え、延暦寺の宝住坊にも憑んだ処、延暦寺から朽木氏が訴えを受け持つこととなった。下別当は朽木氏へ蓮蔵院のことを訴えたが、取り沙汰されずに下向した。

②次いで去年春の二月二十八日、違背の人々は針畑庄の料足三貫文を持ち、針畑「惣庄」に隠れていた。そのうちの窪左近太郎と古屋左近の両人が上洛して、朽木氏へ「公文は公方引であるので、我々は還住できないでいる」と訴えた処、朽木氏の代官から「料足を隠し持っていることは懈怠の至である」と言って彼らは成敗され、紀藤太権守の処分を行った処、彼らの子供が針畑庄へ立ち帰って来て、「親の仇」と言い、公文の子供を討った。公文・能家衆らは曲事と思ったが、力及ばなかった。

③そして去年の大晦日に、違背の人々は「公方引の者を打つべし」と言って、中安を討った。そして同じく彼らは、公文・別当・一﨟・能家衆を討とうとした処、我々（公文ら）は朽木氏領中を憑んで逃げ、朽木氏の扶持により堪え忍んでいた。今度の中安に対する張行は、下司・古屋が張本であり、別当と一﨟は下司が引き受け、中安は古屋衆が前の牢人を使って一緒に討ち、公文は落杤宮内が引き受けたことは、隠れない事実である。そうしたなか、下司が比叡山に登り、「私は牢人に一味していない」と延暦寺に言ったことは、曲事である。

④延暦寺は下司の「牢人に一味していない」との言を信じ、成敗を行わなかった処、下司が比叡山から下ってきて公文らに、「公文方能家衆は、針畑庄へ還住しなさい。還住しないならば、天下にかなわないであろう」と言った。しかし我々（公文ら）は、御屋形様＝朽木氏の成敗を待ち、今に堪え忍んでいる。

⑤また、牢人方の企みには、朽木氏が京都から朽木庄へ下向しないうちに、我々（公文ら）を還住させて、一掃に

打ち殺そうとしているようで、曲事である。我々のことは、すべて朽木氏を憑み奉っており、望み通りの成敗をしてくれるよう願い出た。

以上を端的にまとめよう。一昨年に針畑牢人のことで朽木氏が針畑に発向した後、蓮蔵院が違背し、公文らはそれを朽木氏へ訴えたが不問に付された。そして昨年春、公文が「公方引」であるため、違背の人々＝牢人方は針畑庄に還住できず、密かに庄内に隠れ住んでいた。しかし、庄の料足を隠し持っていたため、朽木氏の成敗を受け、庄追放となった。そのため牢人方は、「公方引」の者を打ち殺そうとし、「公方引」の者は、朽木氏領中へ逃げることとなった。下司は「牢人に一味していない」と山門に虚偽を申して処罰を免れ、公文らに還住を呼びかけるが、それは朽木氏が下向しないうちに公文らを還住させて、打ち殺そうとするためであった。公文らは朽木氏へこのことを訴え、成敗を望んだのであった。

ここにいう「公方引」とは、明らかに朽木氏に連なる者、すなわち朽木氏贔屓の者のことを指すと考えられる。牢人問題をめぐって、朽木氏に連なる「公方引」の者とそうでない者との深い対立が窺える。「公方引」の公文・能家衆らは、牢人方の者に打ち殺されようとしたため、朽木氏領中へ逃げ、朽木氏の扶持でもって生きながらえていた。朽木氏は被官形成を推し進めることにより、庄民を取り込み、朽木氏に連なる者とそうでない者とで庄内を二分するまでに至っていたのである。(37)

表14　公文方・牢人方一覧

公文方	公文　別当　一臈　能家衆　中安
牢人方	下司　蓮蔵院　古屋衆　紀藤太権守道秀　森権守　落杤宮内　窪左近太郎　古屋左近

以上本項では、支配論理を転換して山門代官職を獲得した朽木氏が、下級庄官や庄民を被官化

し、人的関係をもって針畑庄支配の貫徹を行ってゆくことを指摘した。

二　支配の実態

針畑庄からは、どのくらいの公用があったのであろうか。文明十六年（一四八四）分の針畑庄の公用は、二三貫八三〇文で内一〇貫文が比叡山へ上納されている。[38]年貢徴収者は、寛正六年（一四六五）には古川式部入道が能家下地の公事銭の注進を行っており、寛正頃には彼が年貢徴収者であったと考えられる。[39]その後、明応七年（一四九八）十二月の料足諸納帳からは、宮川次郎左衛門から三貫文を朽木氏は請取っており、肩に「針畠銭勲」と注していることから、明応頃には宮川次郎左衛門が針畑庄の年貢を徴収していたものと考えられる。[40]また朽木氏は財政上、朽木庄支配と針畑支配を分けて計上しており、大永三年（一五二三）十二月の朽木氏用米算用状には、翌年の針畑分の貸し付け本米として二一石四斗一升八合七夕五才が計上され、貸し付け分が「当郷《（朽木）》連判」米と「針畑分」とに、別々に計上されている。[41]

朽木氏は在地支配をすすめる一方、十六世紀初め頃から山門への年貢未進を行うようになった。永正十四年（一五一七）には針畑庄年貢が「去年数年未進」に及び、山門から幕府へ訴えられた。幕府は同庄が幕府の祈禱料所であるので、請文の旨に任せて早く納入するよう朽木稙広（のちの稙綱）に命じた。[42]大永五年（一五二五）にも同様の訴えがなされており、再度幕府から朽木氏へ公用納入が命ぜられた。[43]幕府としても針畑庄が幕府の祈禱料所であるため、捨て置くことができなかったものと考えられる。この時（大永五年）の幕府奉行人連署奉書は、南尾衆徒中・朽木稙綱・針畑庄の名主沙汰人中に発給されるとともに、「当所両代官中」にも発給されており、朽木氏の下に二人の現地代官がいたことが明らかとなる。[44] 天文年間以降に朽木氏が代官職を獲得する隣郷山城国久多郷（庄）においても、二人の現地代官で現地支配に臨んでいたことからすると、[45] 朽木氏は室町中・末期に高嶋郡内に数多く獲得した庄園代官職による支配方式として、二人の現地代官をもって支配を行っていたものと考えられる。[46] 翌六年にも幕府から再度山門への公用納入が命ぜられていることから、その後も朽木氏は年貢対捍を続けていた。[47]

年貢未進の理由は、大永六年に守護六角定頼が針畑庄名主百姓中へ、年貢銭を朽木氏へ納めるよう命じていることから、朽木氏による抑留だけでなく、針畑庄の名主百姓たちが年貢を納めなかったことにもよる。[48] 名主百姓たちの抵抗は、同二年六月に高嶋郡に懸けられた将軍足利義晴の元服段銭を、針畑庄は拒否していることにもみられ、朽木稙綱は徴収できないでいることを守護六角氏へ報告している。[49] また時期は不明ながら、山門が「百姓等無侘事者、縦雖成五年三年荒野ニ」仕方がないと言っていることから、地下百姓等は逃散をもって領主の賦課に抵抗していたことが窺われる。[50]

名主百姓の年貢対捍、および朽木氏自身による山門への年貢未進により、朽木稙綱は大永末年頃代官職を解かれたようである。それは享禄四年（一五三一）に山本実尚が新たに山門代官に補任されていること、および次項でみる如く、再び朽木氏が針畑を朽木庄内とする論理を持ち出してくるからである。領家代官職の解任により、朽木氏は針畑庄支配の根拠を失うこととなった。年未詳ながら、この頃のものではないかと推察される九月六日付葛川両奉行書状および九月十四日付明王院預所書状案によれば、朽木氏は針畑庄代官職を得るため、葛川両奉行に請人になるよう依頼して、彼らを通じて代官職獲得を図るが、両奉行から知らせを受けた葛川明王院の預所は、断固としてこれを拒否する姿勢を取っている。[51]

三　「朽木庄内針畑」論理の再生

領家代官としての針畑庄支配の根拠を失った朽木氏は、どのような行動を取ったのか。ここに至り朽木氏は再度〝針畑の地は朽木庄内である〟とする論理を全面に押し出してくるのである。すなわち幕府から「朽木庄内針畑」として安堵状を得ることにより針畑支配の根拠を得ようとした。しかし、その安堵状を得る過程は、奇妙な経緯をたどる。

〔史料1〕

御判（足利義晴）

近江国高嶋郡朽木庄内針畑事、任由緒之旨、所返付佐々木弾正少弼定頼（六角）也者、早守先例可□（被）領掌之状如件、

□□（大永）八年五月廿五日

「（紙背）□文写之訖、（六角定頼）（花押）」

（朽七五〇）

〔史料2〕

高嶋郡針畑之事、先祖妙林為割分之処、近年不知行条、今度歎申被返付旨、被成安堵御判間、朽木民部少輔稙綱為配分進之候上者、向後可被全領知、仍譲与状如件、

大永八年五月廿五日　　定頼（花押）

（朽一一五）

大永八年（一五二八）五月二十五日、将軍足利義晴は近江守護六角定頼に対し、「朽木庄内針畑」を「由緒之旨」

に任せて安堵した。定頼はその理由を、「先祖妙林為割分之処、近年不知行条、今度歎申被返付」れたとする。そして同日定頼は、朽木稙綱に同地を譲与したのであった。針畑の地は、応永十四年(一四〇七)に妙林＝朽木氏秀から惣領朽木能綱に譲与されていることから、定頼の申請は虚偽と考えられる。針畑安堵に定頼が登場する理由、定頼の申請を将軍義晴が認めた理由、そして安堵と同日に朽木氏へ譲与されたことの理由をいかに考えるべきであろうか。

私は六角氏が登場する理由を次のように考える。かつて将軍足利義満から「朽木庄内針畑」の安堵状を朽木氏は得た時期もあったが、その後幕府は針畑の地を山門領針畑庄として認め、幕府祈禱料所に指定していたため、針畑庄を「朽木庄内針畑」と認めることはできなかったものと考えられる。そのため朽木氏は、単独で同地を「朽木庄内針畑」として幕府から安堵を受けることは困難であった。そこで当時将軍義晴を実質的に支えていた近江守護六角定頼の力が必要だったのではないだろうか。五月十八日に稙綱は上洛し、管領細川高国に「御合力之御礼」として太刀・馬・樽などを進上しており、その他安堵前後において細川氏や六角氏、幕府関係者に礼物が進上されていることから、幕府中枢部を取り込むことにより朽木氏は安堵を得ることに成功したものと考えられる。[52]文書の上からは六角氏の意志により安堵申請がなされているが、安堵と同一日の朽木氏への譲与を考慮するならば、その裏には、朽木・六角両氏の積極的な共謀関係が窺えよう。定頼としてもこれを機に朽木氏に対する支配の強化を期待できた。

また虚偽の由緒を政権はなぜ認めたのであろうか。これは、安堵状発給前後の政治状況が密接に関連するものと考えられる。すなわち、将軍足利義晴にとっては、対立する堺の足利義維との和議がなるかならないかの時期で、安堵の三日後には結局和議は成らず、義晴は近江坂本へ動座し、九月八日には朽木稙綱のいる朽木庄に移っているため、この安堵は政治的に微妙な時期における朽木氏への優遇策であったと考えられ、このような政治的状況を背景として、将軍・六角・朽木三者の共謀により安堵が成立したものと考えられる。

定頼からの譲与後、十一月二十七日に朽木庄滞在中の将軍義晴から「朽木庄針畑等」が植綱に安堵された。[53] これにより朽木氏は同地に対する支配根拠を再び獲得し、実際に支配を行ってゆく。

これに対し山門は、享禄四年（一四三一）八月に山本実尚を領家代官に補任し、当時朽木谷の将軍足利義晴と対立し、「堺公方」といわれた足利義維へ「近年押領之族」がある、と訴え義維の下知を得た。[54] 代官職を得た山本実尚は、針畑の名主百姓中へ年貢・諸公事物等の納入を命じ、葛川の有力住人中村友尚を通じ、隣地久多郷の代官大森寿清や公文田中氏、弥三郎[55]などへ「御近所之事」として協力を依頼している。[56] この「押領之族」とは、代官職を解任され、針畑を朽木庄内として将軍義晴から安堵を受けた朽木稙綱であることは容易に推定できる。しかし、朽木谷に将軍足利義晴が滞在していたなかにあって、同谷に隣接する針畑に対する堺公方足利義維の下知の実行力は、ほとんど無いに等しいものであった。[57] その後、天文二十三年（一五五四）に朽木氏が針畑田地注文[58]を作成していることから、山門の針畑庄支配は回復せず、朽木氏による朽木庄地頭職を根拠とした実力支配が行われたものと考えられる。朽木氏は山門代官時代に形成した針畑庄の下級庄官や庄民との人的関係の上に支配を行ったのであろう。そしてこの実力支配が、近世においても朽木氏領として認められる根拠となったのである。

おわりに

針畑の地がもともと朽木杣内であったことが、この地の領有関係を複雑にした。朽木杣内から分かれた地であるから朽木庄内であるとする論理と、朽木庄とは別の針畑庄であるとする論理である。そしてこの二つの領有論理の相剋が、不断に再生産されたのである。朽木氏は朽木庄地頭職を根拠とした針畑支配にいったんは失敗した。しかし支配論理の転換を図り、領家山門の代官になることにより支配の貫徹を試みたが、年貢未納による代官職解任により、その支配根拠を失うこととなった。そのため朽木氏は再び「朽木庄内である」とする論理を持ちだし、幕府の安堵を獲得し、山門代官時代に築いた庄官や庄民との人的関係を梃子とした実力支配により、針畑支配の貫徹を図った。これにより領家山門は、当地を支配できなくなり、朽木氏の実力支配が行われ、そのことが近世において朽木氏領として認められる根拠となった。朽木氏は支配論理を巧みに用いて、針畑庄支配を貫徹したのである。

また朽木氏は室町中期、朽木庄内や高嶋郡平野部において、土地買得による地主化（加地子集積）を目指すが、朽木庄よりさらに奥の、田畑の少ない山間部においては、地主化を目指さず、領家代官もしくは地頭として、最後まで中央の公権力に連なるなかで支配を貫徹してゆこうとしたのであった。そして針畑庄支配の貫徹をもって、朽木氏は南隣の山城国久多郷進出の素地をつくり、天文年間には久多郷の領家代官職をも獲得してゆくのである。

最後に、幕府祈禱料所として山門領針畑庄を認めていた将軍足利義晴が、政治的駆け引きのため同地を朽木庄内として六角氏や朽木氏に安堵したことは、第一部第一章において論じた如く、この時期の幕政の実態を示す興味深い事例である。

〔註〕

（1）「岡田浩佐家文書」（名古屋大学文学部日本史研究室架蔵写真帳）。

（2）「年貢請取帳」（国立歴史民俗博物館所蔵「田中穣氏旧蔵典籍古文書」九二・九三。翻刻は、宇佐見隆之「山科家年貢

散用帳二点について」『国立歴史民俗博物館研究報告』七七、一九九九年）。

（3）朽木郷土資料館所蔵鰐口（銘文「江州高嶋郡針畑庄八幡宮　願人栗本木工助／享禄三年庚寅九月十七日　若州大工親政」）。「羽賀寺年中行事」（『福井県史』資料編9、福井県、一九九〇年、「羽賀寺文書」二七）。また大永四年（一五二四）には、大般若経が高嶋郡田中郷の積善寺から一〇貫文で中牧の大宮神社に施入された（『滋賀県大般若波羅蜜多経調査報告書』二、滋賀県教育委員会、一九九五年）。

（4）平安時代については、戸田芳実①「山野の貴族的領有と中世初期の村落」（『ヒストリア』二九、一九六一年）、②「摂関家領の杣山について」（井上薫教授退官記念会編『日本古代の国家と宗教』下、吉川弘文館、一九八〇年）で一部触れられている。民俗学的には、高谷重夫・橋本鉄男『朽木谷民俗誌』（私家版、一九五九年）、『高島郡朽木村能家民俗資料調査概報』（滋賀県教育委員会、一九六九年）、『朽木村志』（橋本鉄男編、朽木村教育委員会、一九七四年）、丸谷彰・菅井寿世・羽賀裕美『朽木村昔話記録　針畑・麻生川篇』（京都精華短期大学美術科、一九七七年）がある。しかし、いずれも針畑庄の全面的な解明は試みられていない。

（5）藤木久志①「戦国の動乱」（『講座日本史』3、東京大学出版会、一九七〇年）、②「在地領主の高利貸機能について」（豊田武教授還暦記念会編『日本古代・中世史の地方的展開』吉川弘文館、一九七三年）。高村隆①「十五・十六世紀における村落の領主層について」（『地方史研究』一一四、一九七一年）、②「中世後期における近江国朽木氏の村落支配について」（豊田武博士古稀記念会編『日本中世の政治と文化』吉川弘文館、一九八〇年）。湯浅治久「中世後期における在地領主の収取と財政」（『史学雑誌』九七―七、一九八八年）など。

（6）『平安遺文』二二八一号（以下、『平安遺文』及び文書番号を「平〇〇」と略記する）。

（7）平四一〇。

（8）戸田、註（4）②論文。

（9）平二二八一。

(10) 平二二八一。

(11) 平二九七七・三〇九六。

(12) 大悲山寺奏聞状条々事書写（内閣文庫所蔵「古文書録　坤」）。

（朱書）
「大悲山蔵」

大悲山寺　奏聞状条々事書

一、大悲山寺供僧并寺僧等申状事、

一、針幡村依　勅施入為大悲山寺領具書九通事、

一、大悲山者、三瀧聖人西念尋北峰之霊崛、令練行之剋、鞍馬寺衆徒蓮覚阿闍梨・俊覚阿闍梨随遂上人之間、且仰多聞利生擁護、且成同行芳契《譜縁》求勝地於鞍馬之隣、企止住於霊巌之傍、結草庵、送多年星霜、而彼山仁有九品之峰、擬安養界、傍又有一之霊石、如鸞鏡、号千手観音、宝鏡之御手奇特霊地無双道場也、然間上人行業薫修漸相積効験、達　天聴、因茲参　鳥羽美福門院久寿元年二月改艸堂御建立一宇御堂、奉移御本尊白檀千手観音像、同年四月　仙院忽降

勅命、奉安置不動明王二童并毘沙門天王像、是鄭重御願無双叡信也、八条院保元二季備中国生石庄

勅旨田年貢之内、被宛置仏聖灯油、後白河法皇平治元年被寄置三口之有職、鞍馬寺衆徒等帯之、同年五月十六日以針幡村可為大悲山寺領之由、　院庁御下文以下　院言備数通於具書事、

一、針幡村者、元雖為法成寺領、依為大悲山寺之近隣、被立替摂州公田七十町之後、為大悲山寺領令知行事、平治元季院庁御下文以下数通　勅裁明鏡事、

一、鞍馬寺衆徒等帯三口之有職、長日勤行毎年二季大法会、自往古于今無退転、令参勤奉祈天長地久御願事、

一、後白河法皇勅施入云、寺領由緒異于他之処、真助法師背度々勅命、令押領事、

一、任永仁勅裁旨、重可被成下　院宣事、

及び「大悲山寺縁起」（『続群書類従』）。

(13) 平二九七七・三〇九六。

(14) 平三〇九六。

(15) 正中二年十一月二十五日付梶井宮尊雲法親王相承庄園目録（東京大学史料編纂所架蔵影写本「三千院文書」）。「倉見文書」（福田豊彦「鎌倉時代における足利氏の家政管理機構」『日本歴史』三四七、一九七七年）。

(16) 註(12)参照。

(17) 現在、生杉地区の針畑川・旧若走路沿いの南側の斜面途中に「山伏屋敷」と呼ばれ、敷地内に涌き水を持つ平坦地がある（今井一幸氏からの聞き取り）。修験系の寺である大悲山寺（峰定寺）の修験者らによる回峰修行との関連が推される。

(18) 仲村研「朽木氏領主制の研究」（『社会科学』一七・一八、一九七四・七五年。のち同氏著『荘園支配構造の研究』吉川弘文館、一九七八年に収録）。

(19) 内閣文庫影印叢刊『朽木家古文書』（上・下、国立公文書館、一九七七・七八年）一〇二・四二四号（以下、『朽木家古文書』及び文書番号を「朽〇〇」と略記する）。

(20) 朽二三。

(21) 氏秀は、正平一統が破れた時、足利義詮から父経氏とは別に軍勢催促を、応安四年（一三七一）には管領細川頼之から南朝軍退治の軍勢催促を受け、康暦の政変（一三七九）時にも細川頼之に「御供仕忠節」って、四国讃岐に下向した節もあり、幕府からその軍勢が期待される存在であった（朽三四・六一・四三五・四三六・四六七）。この間彼は、後円融天皇口宣による出羽守任官（永和二）、守護六角氏頼からの高嶋郡後一条地頭職安堵（応安元）、将軍足利義満からの高嶋本庄内付地案主名・後一条地頭職、横山郷内相町安堵（永和二）、案主名をめぐる称弥陀院との相論での足利義満からの逆転勝訴の裁定（同三）を得ている（朽三・四五・六八九・四六・五）。この頃惣領氏綱は、康暦元年と永徳元年（一三八一）の二度、将軍義満の帯刀の役を勤めていることぐらいしか明らかにできない（朽六四四・六四五）。

(22) 朽一一二。

(23) 朽四三四。

(24) 朽一一三。

(25) 朽一一四。

(26)「葛川明王院所蔵分葛川明王院史料」八八一号（『葛川明王院史料』吉川弘文館、一九六四年）。

(27) 中人制については、勝俣鎮夫「戦国法」（岩波講座『日本歴史』中世2、岩波書店、一九七六年）、小柳春一郎「日本中世における在地の紛争解決」（『国家学会雑誌』九二—一・二合併号、一九七九年）参照。

(28) 朽九二八・九三二・九二九・七六七。

(29)『角川日本地名大辞典』25、滋賀県、一〇〇三頁。現在、洞照寺は能家の隣大字雲洞谷小字上村にあり、寛文三年創建で、朽木氏氏寺興聖寺の末寺である。

(30) 朽七六七。

(31) 註(5)参照。

(32) 藤田達生「室町末・戦国初期にみる在地領主制の達成」（『文化学年報』一一、一九九二年）。

(33) 朽一九六。『後鑑』宝徳元年七月十九日条。

(34) 註(5)・(18)・(32)各論文の他に、田代脩「戦国期における領主制」（『歴史』二六、一九六三年）、加藤哲「朽木貞高の苦悩」（『歴史手帖』一〇—五、一九八二年）など。

(35) 現在、生杉地区のうち、旧庄屋《せや》地区に「ゲシ屋敷」と呼ばれる地がある（今井一幸氏からの聞き取り）。

(36) 朽四二〇。朽木氏が「御屋形様」と呼ばれるのは、寛正二年以降（朽九〇八）。

(37) その後、朽木氏がどのように対処したかは不明である。なお、中安は現在の大字中牧に小字を残し、七〇年前まで中安姓の家があり（中安氏は大阪へ移住）、同じく中牧には八〇年前まで久保姓の家があった（久保氏は京都へ移住）。また、小入谷には小字落朽がある（以上、古屋の岡本小平氏〈一九〇七年生〉からの聞き取りによる。九九年八月調査）。中安・窪各氏は、観応三年（一三五二）の領家分福田村田地目録（朽七六五）に、それぞれ下中安名・窪名と見えることから、針畑の地の開発名主の家と考えられる。

(38) 朽七九五。
(39) 朽七六八。
(40) 朽八〇五。
(41) 朽八二一。
(42) 朽九〇。
(43) 朽六七九・六七七。
(44) 朽一七六。
(45) 拙稿「中・近世移行期における在地領主の代官請について――山城国久多郷を例に――」（三鬼清一郎編『織豊期の政治構造』吉川弘文館、二〇〇〇年。本書第二部第四章）。
(46) なお針畑には、朽木氏や延暦寺から「殿」付けで呼称される「年行事」の存在が確認できるが（朽四四四・一八八）、山門の支配機構上、どのような役割を果たしていたのか判然としない。
(47) 朽九六・一七五・一九九。
(48) 朽六八〇。
(49) 朽四四九。
(50) 朽一五三。
(51) 「国立国会図書館所蔵分葛川明王院史料」一九〇号（『葛川明王院史料』）。「足利時代古文書」八七号（『国立国会図書館所蔵貴重書解題』六)。
(52) 朽七三一〜七三三。
(53) 朽三〇。
(54) 朽一七八・七一一。
(55) 弥三郎は、久多郷新堀の住人(天文三年十二月二十三日付弥三郎売券「岡田浩佐家文書」。同二十二年十二月二十一日付弥三郎売券「東本須和男家文書」。名古屋大学文学部日本史研究室架蔵写真帳による)。
(56) 朽一八〇。
(57) 大音百合子「中世後期における近江朽木氏の動向」(『立正史学』六八、一九九〇年)も同見解である。
(58)「朽木清綱氏所蔵文書」。ここで観応三年十月十八日付福田村田地目録(朽七六五。『大日本史料』六―七、文和元年雑載、五八四頁)について言及しておこう。目録は公文助国が作成したもので、今井名(生杉に今井姓あり)、上白屋名・下白屋名(中牧に小字白屋《しらや》)、遠敷名(仲村氏は若狭国遠敷をあてるが、大字小入谷のことであろう)、下中安(中牧に小字中安)、窪名(中牧に小字久保)、能家下名(大字能家)、杖名、半名を記載する。天文二十三年の針畑田地注文案に載せる名との比較、および現存地名から針畑庄内の名と考えられる。仲村氏は端裏書に言及せず、「福田村を針畑村の誤記」とされる(仲村前掲著書、二三七頁)が、端裏書には「領家分」とあるため、明らかに領家分の田畑書上である。これら散在名を領家は「福田村」という収取単位で呼称していたものと考えられる。

〔付記〕現地調査にあたっては、生杉の今井一幸氏、今北哲也氏、古屋の岡本小平氏、桑原の栗本重太郎氏、栗本慶一氏、能家の田中喜千蔵氏にお世話になった。記して謝意を表する。また針畑には、丸谷彰氏を中心とする針畑生活資料研究会による記録映画「草鞋づくり」(一九八一年)、「テゴをつくる」(一九八四年)、「べべ」(一九八九年)、「ハルとのの」(二〇〇〇年)(以上、朽木村針畑の生活記録1〜4)がある。

第四章　中・近世移行期における在地領主の代官請について

——山城国久多郷を例に——

はじめに

室町後期の在地領主の存在形態を考察した藤木久志氏は、近江国朽木氏を例に在地領主の地主化を説き、それに伴う財政赤字を指摘した(1)。それに続く湯浅治久氏は「朽木氏の自己財源の事実上の破綻」、加地子収取機構構築の失敗を指摘し、失敗後の存立基盤を「公事」収取に求めた(2)。この在地領主の財政破綻論に疑問を投げかけたのが藤田達生氏であった。藤田氏は、家臣団組織の整備による広域支配の実現、担当家臣の家政処理による朽木家残存家政文書の減少、年貢米よりも「山野河川の用益に関わる銭納の年貢・公事分」が主要財源であるとした(3)。しかし、これらの議論には、室町末期に朽木氏が近隣地に数多く獲得した代官職支配についての配慮が十分でなく、それは「朽木文書」の史料的限界でもあった。

室町時代、寺社本所領は守護・地頭などの押領や惣村の発達による百姓層の年貢減免要求により、次第に支配の実態を失ってゆくが、その過程で寺社本所は、守護請、地頭請、地下請など一定額の年貢納入を条件に所領を請所化し年貢確保を行った。この一形態である代官請は、京都の土倉や禅僧、在地の有力国人領主や守護被官等が代官職を得て年貢納入を請け負った。朽木氏においても、室町後期、積極的に代官職を獲得していた。その一つである高嶋郡河上庄からは地頭代官得分として四一二石余（大永四）もの年貢を得ており、[4]年間一〇〇石前後の朽木庄内の年貢米収取に比べると、これを看過することはできないものと考えられる。そのため湯浅論文の最大の弱点である朽木庄内のみの財政収支による結論には賛同できない。私は十五世紀後期以降、より現実に朽木氏財政を規定する財源として、「公事」収取や山野河川の用益にかかる銭納の税を含み込む代官職得分を重視するものであるが、そのことを論証するためには、代官支配の実態を明らかにしなければならない。本稿では、これまで「朽木文書」の史料的限界から明らかにできなかった、室町末～織豊期における朽木氏の代官支配の実態を、庄園領主醍醐寺三宝院・代官朽木氏・在地の公文岡田氏三者の史料の残存する山城国愛宕郡久多郷（現京都市左京区久多）を例に検討を行う。

ところで中世における寺社本所領の代官職は、織田信長や豊臣秀吉による諸職の一職化政策や代官改易政策・検地などにより、諸権益は知行化され、消滅する傾向にあった。[5]その結果、江戸時代においては寺社・公家は年貢を、庄屋・名主から直接に納入、もしくは家司など内部の者を代官（大寺院では寺庄屋）として収取するようになった。[6]しかし久多郷に関しては、中世以来武家が在地と寺社に介在し、寺社に年貢を納入した。朱印地である当地は、いくつかの要因で中世から一貫して明治維新に至るまで武家の代官支配が行われたのである。このような状況がいかにして生み出されたのか。過渡期における寺社領の武家代官の実像を併せて検討する。

第一節　朽木氏の代官職獲得

山城国愛宕郡久多郷（久多庄。室町末頃から「郷」表記に変わる）は、鎌倉最末期には梶井門跡領（地頭は足利氏）であり、その後、正長二年（一四二九）までに醍醐寺三宝院領となっていた。[7]初め公文田中氏（のちの岡田氏）が醍醐寺へ年貢・関銭・月別銭を納入していたが、大永三年（一五二三）から京都の土豪大森寿清が代官として年貢を納入しており、そののち大森兼家が寿清の跡を継ぎ、年貢・関銭・月別銭を納入するようになった(8)。すでに天文頃に公文は久多惣中に埋没してゆくことが明らかにされており(9)、それまで年貢を徴収する側の公文が、惣中の側に立場を移したので、年貢確保を確実なものにするため、土倉大森氏が代官として起用されたものと考えられる。さて大森兼家は天文十三年に月別銭、同十四年に年貢米・関公用銭の納状を最後にその活動が窺えなくなる(10)。そして、その後しばらくして朽木氏が代官として現れる。その時期は、永禄五年以前説、元亀二年頃説、天正七年説などがあるが(11)、次文書および納状から、すでに天文末期には朽木氏が久多郷代官職を得ていたことが判明する。

〔史料1〕

城州久多事、三宝院殿為御代官入手儀、公私共興禅寺被申扱事勿論候、然間臨時非分儀不可被申付旨、江雲寺殿(六角定頼)下知并稙綱(朽木)一行分明之処、近年無謂子細条々被申懸由、以外不可然候、殊御門跡御公用一切無直納候儀、何事候哉、他国儀候、先代官大森不相捨存分申由候、旁以百姓今退屈候者不慮可為出来之至、其時当郡馳走不可成候、寔下代可申掠候間、急度被遂糺明順路可被仰付候、幸興禅寺被預事候条、相談肝要候、今後為其届之不可有油断候、恐々謹言、

十月廿四日　　承禎(六角)　御判

朽木民部少輔殿(稙綱)　進之候

（「岡田浩佐家文書」(12)）

右文書の年代は、永禄元年（一五五八）四月に六角義賢は剃髪し承禎を称する事、朽木稙綱の終見が同六年であ

る事から、同元～六年頃までに発給された文書と推定される。[13] この書状からは、a朽木氏の代官職入手に興禅寺が貢献している事、b臨時の非分を在地に懸けないとの六角定頼の下知状および植綱の一行書出があるにも拘わらず、近年それが守られず、門跡へ公用も納められていない事、c前代官大森氏が捨て置かないで訴え出た事、d百姓の懈怠、下代の申し掠めを必ず糺明し、門跡の裁定がある事などが窺える。この書状を承けて植綱は興禅寺を通じて三宝院門跡に、「近年者依都鄙忩、剰三宝院殿御公用等致無沙汰候」と、在京する植綱と在地との連絡が疎かになっていた事や、来年は植綱自ら命じる事など詫びを入れている（十一月朔日付興禅寺宛植綱書状）[14]。六角定頼は天文二十一年（一五五二）正月に没するから、これ以前に朽木植綱は自らの一行書出と定頼の関与で、久多郷代官職を得ていたものと考えられる。

このことは在地に残る公文宛の納状署名者からも変化が窺える。すなわち、年貢米が天文十四年十月十九日付大森兼家の納状から同二十一年十月二十日付小川吉安納状に、関公用銭が同十四年十一月十日付大森兼家納状から同二十三年十二月日付小川吉安納状に変化する。月別銭についてはその変化は少し複雑である。月別銭は同十年二月十七日付飯田忠経納状の後、同十二・十三両年に大森兼家が、同十九年に小川吉安・飯田忠経連署で現れ、永禄元年に至り小川吉安単独で納状を発給するようになる。[15] 後述するように、小川吉安・飯田忠経は朽木氏の下代と考えられるから、朽木氏が同十九年頃からすでに代官であったことを裏付けている。[16]

以上、天文十九年頃から近隣の国人朽木氏が土倉大森氏に替わり久多郷代官になった事を明らかにした。朽木氏が代官職を得るに至った直接の理由は不明である。ただ代官職獲得に六角定頼の下知状が発給されていることは注目され、天文期の定頼がその意見で幕政が左右されるほど政治権力があり、[17] また後述するように朽木氏においても、当該期積極的に朽木庄周辺の代官職を獲得しようとしていたことから、両者の三宝院門跡への積極的な代官職獲得運動の結果と見られる。

第二節　代官支配の実態

前節では、朽木氏が久多郷の代官職を天文末期には獲得していたことを明らかにしたが、本節では朽木氏の支配と在地の対応、醍醐寺や時々の政治権力の関与のあり方について検討する。

先の六角定頼書状にも窺われたように、朽木氏は代官職獲得後、在地に度々「非分之儀」を行い問題となった。永禄九年に久多惣中が糾弾した非分は次のようなものであった。

〔史料2〕

当郷先儀ニまかせテ之条々

一、御月別年中ニ二十八貫文也、
一、御年具〔貢〕二十一石弐升弐合、此内一斗いれう（井料）ニ疋〔引〕、
一、たんせん（段銭）ハ三年ニ壱度二貫五百卅文、二年ハやすミ申候、
一、せつき（節季）の物せんき（先規）のことく、公文進納、
一、せき（関）御公用三貫六百文也、公文進納、
一、そう（惣）所有御公事ハ御たつね可有、
一、陣敷人夫以下罷事無之候、

右、如此可被仰定候、此近年下大官〔代〕非分之儀被懸仰候、迷悪〔惑〕此申斗候、其付テ朽木殿〔元綱〕ハ御まきれ有間敷如此候ヘハ、下たい〔代〕いらさる儀ニ候、若被仰付候ハヽ、飯田山与（マヽ）殿一人ニ御定可有候、小川殿ハ百性〔姓〕たまらさる儀候ヘハ、請相申間敷、為得御心条々申上候、

永禄九年
九月廿四日　　　　　　　　　　　　　久多惣中　名衆
　　　　　　　　　　　　　　　　　　　　　　百性〔姓〕

進上興禅寺殿

（「岡田浩佐家文書」）

久多惣中が興禅寺を通じて三宝院へ訴え出たのは、まず月別銭・年貢・段銭・節季物・関公用・惣所有の公事・陣敷人夫について確認した上で、近年朽木氏の下代が「非分之儀」を懸けてきて迷惑しており、代官朽木氏も紛れなくそのようであるならば、そのような下代は必要ないという。もし三宝院から仰せがあるならば、飯田山与（マヽ）一人を下代に定めてほしく、下代の小川氏は百姓としては堪らないので惣中としては認められない、と。ここから久多郷支配について、代官朽木氏のもとに下代小川・飯田山与（マヽ）の二人がいたことが知られる。

小川・飯田両氏は、十六世紀初頭から朽木氏家臣として現れる一族で、主に朽木氏財政を担当する重臣層であった(18)。先の久多郷年貢納状に現れた小川式部丞吉安は、その官途名・名前から、大永年間に現れる小川式部丞吉行の子と推察され、飯田氏においても明応～文亀年間に現れる飯田民部・貞経らの一族と推察される。よって久多郷の下代小川・飯田両氏は代官朽木氏の家臣と考えられる。また久多惣中が三宝院側に下代罷免を訴えていることから、三宝院は下代に対するなにがしかの発言権をもっていたようである。下代の不正はこの七ケ条が守られないことにあった。下代の非分が確実ならば、その罷免を朽木氏は了承しているが、下代が朽木氏家臣である以上、三宝院には代官朽木氏の不正と写る。

この様な「非分」は、同五年九月の興禅寺事書や同六年三月の久多惣中の醍醐寺側へ訴えた非分条々によれば、板材木を過分に懸取る事や年貢升の「高下」を行う事、井料・月別銭の過分の賦課、陣夫・普請人の賦課等が窺え、さまざまな形で朽木氏は在地からの搾取を行っていたことが窺えるのである。[19]

天正七年（一五七九）四月、織田信長は三宝院に対して久多郷代官職を「当知行之旨」に任せて還付する朱印状を発給する。[20]それは久多郷を三宝院が「雖被預置朽木（元綱）、背補任之間（旨）、依非分之儀百姓逃散」したためであった。すでに醍醐寺は元亀三年に信長から「若非分之族於在之者、可被加成敗」の文言のある寺領安堵の朱印状を得ており、[21]朽木元綱も同二年に信長の軍門に降っていたため、三宝院は非分を行う元綱の代官職解任を、元綱の主である信長へ訴え出たものと考えられる。元綱の代官職解任を三宝院独自では行うことができなくなっている点注目され、信長も三宝院の当知行を認め、元綱の代官職解任を支持した。信長は新地給与地には「直務」支配を条件とし、代官等中間搾取者の否定を指向していたから、[22]これに沿う決定である。しかし、その四カ月後、再度元綱は三宝院から久多郷の代官職に補任された。[23]その補任状には、「今度雖被成　御朱印、重而無異儀被仰付候」と信長の朱印状で元綱を解任させたにも拘わらず、再度の補任を認めており、朽木氏無くしてはすでに三宝院の久多郷支配は成り立たなくなっていたものと考えられる。

その後も代官元綱の百姓への「違乱」が続き、再度百姓の逃散が起きた。これは天正十一年と推定される九月十一日付前田玄以書状案から窺える。[24]同状によれば、元綱の「違乱」による百姓逃散という事態に、三宝院は豊臣秀吉へ「直訴」を行った。秀吉は玄以へ実態究明を命じ、玄以は究明半ばではあるが「聽而　秀吉様御意次第可相究候間」、まずは還住するよう久多・大見百姓中に命じ、「一着」したならば再度「違乱」を行わないよう元綱へ堅く申し付けると約している。豊臣政権下では、元綱の代官職解任という処置を取らず、再発禁止の厳命という形を指向している。朽木氏としても手を拱いていた訳ではない。

〔史料3〕

以上

御札之旨具拝見仕候、仍久多郷御月別去年六月以来難渋之由、被仰越候、百姓無沙汰之義(儀)共迷惑仕候、堅申付急度運上可仕候、少も不可存如在候、可然之様御取成頼存候、猶近日可申入候、恐々謹言、

(文禄五年)
正月廿四日　　朽木河内守
　　　　　　　元綱（花押）

大蔵卿殿
　御報

（「義演准后日記」[25]文禄五年八月条紙背）

昨年六月以来の月別銭が三宝院へ納入できないのは、百姓の無沙汰のためで、共に迷惑している、と元綱は雑掌大蔵卿を通じて三宝院へ理由を述べている。同様の元綱書状は、「義演准后日記紙背文書」に幾つか窺える。例えば慶長二年推定十二月十日付大蔵卿宛て書状[26]では、久多郷公用米について、「百姓召寄相尋、急度可申付候」と、遅れている公用米の納入を元綱は三宝院に約し、この分は二十三日に至り納入された[27]。しかし、いまだ未進分があり、同三年推定三月二十四日付書状[28]では、元綱は三宝院に未進分納入を在地に申し付けることを約し、これも五月十九日に至り皆済された[29]。さらに同年の年貢納入も遅延し、同年推定十一月二十五日付書状には、「涯分御年貢之儀、切々在所ニ申遣候間、急度参着可申候、於相滞者、尚以堅可申付候」と、元綱は三宝院へ詫びを入れたのであった[30]。これらは元綱の言い分であり、実際に百姓等が年貢を滞納していたかどうかは疑わしい。なぜならば、後の慶長十

三年に行われた久多郷指出では、百姓は三宝院に五五石を納入していたのに対し、代官朽木氏へは四七一石六升も納入していた。これは朽木氏が代官職を取得して以来、代官得分として、朽木氏が絶えず在地に行った搾取の結果と考えられる。朽木氏は慶長期に入っても在地に非分を行っており、同八年八月には代官朽木氏が「非分課役」を申し懸けたので、久多郷内大見・モ（百）、井の百姓が三宝院に「庭中」を行い訴訟を起こしている(31)。この様に代官朽木氏は久多郷百姓に非分の課役を賦課し、百姓から非常な搾取を行う傍ら、三宝院へは百姓未進により年貢が滞納していると弁明していたのであった。

代官朽木氏が三宝院に納入したのは年貢・月別銭の他に夫役の納入も行っていた(32)。また関公用銭については、永禄九年九月二十四日付久多惣中申状〔史料2〕を最後に関連史料が無くなることから、久多関はこれから少し後、恐らくは信長の関所撤廃政策により撤廃されたものと推察される。

天正十三年には久多郷にも太閤検地が行われた。年月日未詳の板倉勝重返答覚には、「一、《天正十三年ノとし》竹中伊豆殿久多之御検地、高嶋郡に在之事」とある(33)。後掲の〔史料7〕文書にも「先年江州之御縄打之次ニ、彼郷（久多）へ縄入申由」とあり、同十三年の近江国検地において、久多郷が近江国高嶋郡の内として縄入された事が窺える。これは久多郷の隣地高嶋郡朽木庄に蟠踞する朽木氏の恣意によってなされたためであり、後に問題となる（後述）。

〔史料4〕

城州久多郷合六拾石事、任旧領旨全可令知行給候也、

天正十七
十二月十日　（秀吉朱印）

三宝院殿

（「醍醐寺文書」三五函）

同十七年に豊臣秀吉は三宝院に久多郷六〇石を安堵した。これは同年の山城国検地によるものと考えられるが、ここに至り久多郷は再度山城国内に戻った（その後の徳川検地においても、同地は山城国愛宕郡内）[34]。安堵の理由として、天正年間、豊臣政権は寺社領を洛中から一掃し、洛外に替地を与える政策をとっていたが、同郷は山城国内にあり、かつ洛外に存在していたため、旧領安堵されたものと考えられる。秀吉による知行の没収・新知給与・替地で多くの寺社本所領は旧来の所領を失い、かつそれまでの中間得分搾取者であった武家代官の存在も解消されたものと考えられる。しかし、久多郷はその後も時の政権により没収・知行替など行われることはなく、三宝院門跡領として残った。徳川家康の代になっても変化はなく、三宝院門跡義演の日記には「門領久多郷之儀（略）、当時旧領如本相残、只此一所也」（「義演」慶長元年十一月二十日条）、「久多公用未進来、朽木河内守代官、只此一所旧領不相替、不思議〳〵」（同六年六月二十四日条）、「久多郷年貢六拾石納之、代官朽木河内守也、旧領只是マテ相残了」（同十七年閏十月十日条）などとあり、三宝院にとって久多郷は中世以来一貫して支配し続けてきた唯一の所領であった。

秀吉の死後、醍醐寺領は慶長五年に、同三年極月二十五日付で毛利輝元・宇喜多秀家・徳川家康ら豊臣氏大老の連署安堵状において寄進・安堵され、「久多郷村」からは六〇石が寺領とされた[35]。関ケ原の戦いの後、同六年にも家康から三宝院門跡領として久多郷六〇石が安堵された[36]。同地は中世以来、醍醐寺三宝院領として変化しなかったが、代官である朽木氏においても、その所領の没収・知行替など行われず、慶長五年の関ケ原の役でも西軍から東軍に寝返ったことにより、家康から本領安堵を受け、変化しなかった。この久多郷の特異性が、同地に武家代官が残る最大の理由となったものと考えられる。

以上、織豊期において代官朽木氏は在地に苛酷な搾取を行うも、三宝院へは代官として年貢・夫役をほぼ忠実に納入していたことを明らかにした。そして朽木氏が同地代官として残るのは、三宝院領として近世まで残ったこと、および朽木氏も同郷の隣で本貫地である朽木庄から他地へ知行替される事なく残ったためであると考えられた。

第三節　慶長十三年相論――長袖ノ代官武士トシテ致之事御禁制也――

本節では、慶長十三年（一六〇八）に起こった醍醐寺三宝院の代官朽木氏解任運動と、それをめぐる江戸幕府の対応から、近世初頭における寺社領の武家代官について考察を行う。まず相論の経緯を明らかにしよう。

ことの発端は、慶長十三年二月に京都所司代板倉勝重が、三宝院・久多郷百姓に村高改に付き指出を命じたことに始まった(37)。久多村惣代らは三月五日に板倉勝重奉行へ指出を提出したが、それによれば、慶長十三年段階で久多「村」高は五三九石余、うち五五石が三宝院へ、五石余が鞍馬・葛川（それぞれ鞍馬寺・葛川明王院カ）へ、八石が久多郷内の寺庵へ納められていたのに対し、残りの四七一石余が代官朽木氏へ納められていた(38)。勝重はこの事実を知り驚く。

〔史料5〕

当門領城州久多郷代官職朽木河内守致之、然而今度惣国将軍ヨリ指出被仰出了、仍彼郷百姓ノ指出ニ、五十五石三宝院殿御領、六石鞍馬毘沙門、八石寺庵、四百七十（欠字、石脱カ）朽木河内守（元綱）トアリ、然ハ長袖ノ代官武士トシテ致之事御禁制也、殊朽木自分ノ知行ハ江州ニテ五千石被下之上ニ、如此掠公儀候段不謂由、板倉伊賀守（勝重）申畢、早々使ヲ可給、子細相尋可申由申来了、仍大蔵卿指上処ニ如此申来了、珍重々々、

（「義演」慶長十三年三月二十一日条）

百姓からの指出を受け取った板倉勝重は、その子細尋究のため義演へ使を求めた。それで義演が大蔵卿を遣わした

処、勝重が云うには、朽木元綱が門跡領久多郷代官職を勤め、同郷から四七〇石を得ていることについて、「長袖ノ代官武士トシテ致之事御禁制也」と僧侶の代官を武士が勤めることは禁じられていることを指摘し、朽木氏は自分の知行として近江国に将軍家から五、〇〇〇石を下されており、公儀を掠める行為である、と。すなわち勝重は、朽木氏が将軍から知行を得る他に、僧侶の代官を勤め、そこから給分を得る行為を問題にしている。

翌日義演は、朽木氏から代官職を「取放」したい旨を、勝重に告げる。勝重は「将軍御機嫌能候ハヽ、旧領ノ旨ニ任テ尽可被参歟、不然ハ百か二百か可有進上候、有無ニ朽木代官職ハ可被召放由也」、と将軍の機嫌が良ければそのまま旧領は与えられるであろう、そうでないならば進物を贈るよう勧め、どうであれ朽木氏は代官職を召し放たれるであろう、と返答した。

二十五日に至り、勝重から義演へ「御書并目安」を提出するよう命があった。近日勝重が家康のいる駿府に下向するので、これを以て上意を得るためである。そのため翌日、義演は板倉へ「御書并目安」を提出した。この時のものと考えられる義演の案文があり、義演が何を問題にして元綱を糾弾しようとしたのかが明らかとなる。

〔史料6〕

城州愛宕郡久多郷従前〔往古〕代当門跡旧領之事、御代々証文等及数通候、御□、依之代官職朽木河内守ニ預ケ被置候、則請文捧文以下有之事、

□〔先〕度江州御縄打之次、河内守背請文旨、〔為脱カ〕彼私領被申掠条々、盗之族顕前次第之事、

代官職被召放当門跡被任覚悟候、（略）幸今度当国中指出之御改此節被思召□□■此■此等之趣、具被申上候者、当院可被得上意向後当為再興候、郷■■任覚悟候様ニ頼入候、

（「義演」慶長十三年四月十五日条紙背）

内容は、a久多郷が三宝院門跡領で朽木元綱に代官職を預けている事の確認、b先の近江国検地で山城国である同郷に縄入し、元綱が「彼私領」として同地を掠め取った事、c元綱の代官職を召し放ち、門跡の「覚悟」に任せ、三宝院を「再興」してほしい、等である。以上の経緯は、京都所司代近辺の者と思われる某が、朽木氏側に三宝院側の事情を内々に知らせた書状(39)から、より事情が明確となる。

〔史料7〕

(前略)就中、今度山城国中知行高頭相改、駿府へ可致言上旨、被仰出候付而、在々所々へ奉行を遣、被相改候、就其久多郷朽木河内様御存知之旨付而、指出之様子并奉行之申分、懇ニ被聞届候付而、先年江州之御縄打之次ニ、彼郷へ縄入申由、不審被申候、然所ニ郷ハ、三宝院御門跡一職之御知行所之由付而、則三宝院殿へ懇ニ相尋被申候へハ、御朱印并河内守様数通之証文共披見被申候、都合五百石余之縄高、三宝院殿へ五十石余参候て、残所悉朽木殿へ押領被成候様ニ被申上候付、百姓共をも召寄相尋、其上河内守様へも御尋申上候上、駿府へ可致言上由被申候、定而一両日中ニ自其可被申越候、御朱印にて被召置候へハ、尤被申分御座有間敷候、不然ハ、打出四百石余之所、公儀へ上、請取手形御座候者、是も別条之儀、御座有間敷候事候、(後欠)

内容は、今度の山城国中の知行高頭改において、京都所司代板倉勝重が所々へ奉行を派遣し高頭改を行った処、久多郷は朽木元綱が「存知」しており、指出の様子や派遣した奉行の申分からは、先年の近江国検地のついでに久多郷へも縄入を行っており、この点勝重は不審に思った。そうした処、同郷は三宝院門跡が「一職」に知行しているとの情報を得たので、勝重は三宝院門跡義演に子細を尋ねた。義演は勝重に(所領安堵の)朱印状および元綱の代官職に関する数通の証文を見せ、さらに久多郷からは五〇〇石余の縄高があるが、三宝院へは五〇石余が納められるのみで、残りは全て朽木氏に「押領」されたと云った。そのため勝重は現地の百姓および元綱へ子細を尋ねた上で、駿府の家康に報告するとの事であった。そして一両日中に勝重から元綱のもとへ尋究のための使者がくるであろうと告げ、朱印状によって元綱が召し置かれているのならば問題ないが、そうでないならば（それまで朽木氏が得ていたところの）打出四〇〇石余を、公儀に返上して、（元綱が公儀から同郷の）請取手形を得るならば、これも問題ないと某は記している。

以上から、義演の代官元綱解任理由は明らかである。すなわち、久多郷は元々三宝院の一職知行するところであるから、同郷からの年貢は三宝院が取るべきであるのに、縄高五三〇石余のうち四七〇石余も朽木氏により押領されたという点、および久多郷は山城国であるのに、先年の近江国検地のついでに縄入し、朽木氏領とした点の二点である。元綱解任により、三宝院領として同地を知行することを義演は主張したのである。また板倉勝重は、朽木氏が久多郷を「江州へ先年入申段、公儀ヲ掠候事曲事也」[40]との考えを持っており、これに禁止されている寺家の代官を武士として勤めている点を糾弾した。

四月に入り、七日に円光寺元佶が近日駿府に下向するとの情報を義演は得ると、元佶に久多郷の事を伝え、その「支証」を見せた処、元佶は「驚」き、すぐに東条法印（行長）に知らせるよう意見した。翌日、早速義演は東条法印にも久多郷の「証跡」を見せたが、すでに朽木元綱も東条に頼み入ったとの事であった。九日、義演は元佶に会い、久多郷の事で直談を行い、翌日、前日会えなかった勝重のもとへ行き、久多郷出入について話し合った。その席で勝重が云うには、昨日片桐且元が来て、三宝院「公用」の加増を申請するよう勝重に申したという。十一日には勝重と元佶が久多郷について相談し、十四日に至り、元佶は駿府へ下向し、勝重も二十四日に駿府へ下向した。それまで義演は勝重へ、久多郷に関する「書物」の提出や進物を行い、少しでも訴訟に有利になるよう努力している。

朽木元綱も勝重へ使者を遣わし、久多郷の事について「悉頼入」っており、下向途中の勝重と近江国大津において参会し、「有様」を申している。(41)この頃の元綱宛て川那部八右衛門尉書状には、勝重が彼の内者である川那部に漏らした事として、「今度出入ニ付而、江州・山城入組之通、御手前之御朱印をも、於駿府御尋之儀も、可有御座か」と、元綱の所持する朱印状が参考にされるかもしれない事を伝えており、元綱の久多郷知行に関する秀吉朱印状があったことを窺わせる。(42)

駿府ではどのように事がはこばれたのか。駿府居住の一色龍雲が、元綱・宣綱父子へ事情を逐一知らせて来ており、これによりこの間の事情が明らかとなる。五月五日付で出された駿府一色龍雲から朽木父子への書状では、元綱が「非道」および「けん（権）つけ」（権柄づく）を行ったとして、板倉勝重がひどく立腹しているとの事であった。(43)十日付の同書状では、勝重が久多郷は山城国内で近江国とする謂れはないと主張している事、義演が三宝院を祈禱所にもつ家康側室お満の方を通じ勝重へ働きかけている事、および「河州（朽木元綱）ハ上様（徳川家康）前々ゟ能覚候間、不苦儀も候ハん哉」との観測も伝えている。(44)十六日付同書状において、家康の裁定が下されたことが伝えられた。(45)それは元佶が家康に同相論について申し入れを行った時であった。

〔史料8〕

其様子、双方不悪候様ニ被得御意候得者、御諚ニハたとへ朽河内（朽木元綱）不届儀ニ候共、大閤様（太、以下同）（豊臣秀吉）一度被仰付候て、御朱印被下候上ハ、如何様のちかい目共、大閤様を三宝院殿御うらミ（恨）可有候、今何と候て、改可被仰付候哉との御諚にて候、（略）

家康は、三宝院・朽木「双方不悪候様ニ」決定を下し、元綱には「不届」な点があるが、すでに秀吉の決定として朱印状が下されているからには、これに従い、三宝院は秀吉を恨むように、との裁定を下した。勝重は十日から江戸に向かっており、朽木氏の不届きに憤慨する勝重のいない間に裁定は下されたのであった（その後、元佶も江戸へ下向）。

これを承けて、駿府で情報収集に当たっていた龍雲や渡辺勝・大野治純・竹中重義らは元綱に、片桐且元と相談の上、駿府に下向して家康に会うよう催促した(46)。結局元綱は下向しなかったが、その後も勝重が江戸から帰ってくるまでは安心できず、油断しないよう、龍雲は元綱に注意を促している(47)。

六月六日に江戸から勝重・元佶が駿府に帰ってきた。龍雲は元佶に会い、その後の詳細を聞く。元佶が言うには、家康の裁定を知らされたのであろう、義演から元佶へ三度使が来て、義演は誓文を認め、元綱を悪く言わずに、「久多之内六十石候処、皆々自分として諸事儘ニ被成度」と元佶に頼んだ。元佶は追って家康に伝えたが、先の裁定の通り、「大《（太）》閤様之時のごとく」との事であった(48)。これにより裁定は確定した。

では〝秀吉の朱印状の如く〟とは、一体どのような状況を指すのであろうか。天正十七年の秀吉朱印状から醍醐寺三宝院は久多郷内六〇石を知行する。朽木氏の久多郷に関する秀吉朱印状は管見の限り残存していないが(49)、恐らく朽木氏宛て秀吉朱印状では、朽木氏の知行する久多郷内四七〇石余が安堵されていたものと考えられる。三宝院・朽木「双方不悪候様ニ」決定していることから、それぞれ久多郷から三宝院六〇石、朽木氏四七〇石余を知行する状況を指すものと考えられる。

事後処理は、片桐且元が行った。七月八日、且元は義演に、久多郷の「増年貢并人夫可進上」との幕府の意向を伝え、同郷内六〇石は幕府から三宝院へ寄進された。さらに二十四日に至り、「久多郷朽木河内守請文到来、増公用并人夫年中五百人出可申由懇望也、同心相済了」、と同地の増公用と年間五〇〇人もの人夫を三宝院へ納入することを約束した朽木元綱の請文が義演のもとへ到来し、義演はこれに同意した。これにより元綱は、三宝院知行の公用および人夫の納入を請負うこととなった。これは実態として相論以前の状況と変わらない。

幕府が認めた寛永二年（一六二五）の醍醐寺寺領目録（案）には、「久多郷内」「六拾石」の部分にのみ「朽木河内守入道暫時被預在所也」と注記され、「暫時」という表現に注視するならば、幕府は朽木氏への寺領の預置は一時的なものとして理解していたようである。[50] 実際には明治維新までこの状態は維持された。本相論以後、三宝院は朽木氏に事あるごとに久多郷人夫を要請し、朽木氏もその要請に応え（享保期までに、人夫役は銭納化）、年貢も「久多郷年貢六拾石納之、代官朽木河内守也」（「義演」慶長十七年閏十月十日条）と義演の日記に記されているように、朽木氏は毎年欠かさず三宝院へ納入を行うのであった[51]（六〇石の内訳は公用米四五石・月別米一五石）。

さて本相論で注目される事は、まず京都所司代板倉勝重が「長袖ノ代官武士トシテ致之事御禁制也」として、三宝院領代官朽木氏を糾弾している点である。これは武士が寺家の代官を勤めることにより、寺家から給分を得ることは禁止されていたことを示す。三宝院側の久多郷一職支配の主張からは問題となる行為であったが、実際には朽木氏の室町期における代官得分は、秀吉により知行安堵されていたため問題とならなかった。庄園制的「職」関係が解消され、久多郷において各々の知行が確定された上での請負は認められた。そのため訴訟後も朽木氏が三宝院領の代官として残ったのである。

次に、元綱が天正十三年の太閤検地で近江国内として縄入し、さらに朽木氏領と成した行為は「公儀」を掠める行為であるにも拘わらず、家康は不問に付している点である。これは明らかに元綱に対する家康の優遇政策である。この家康の態度は、畿内にいまだ勢力を及ぼす大坂の豊臣秀頼を意識してのものではないかと考えられる。元綱は家康の覚えが良いとはいえ、秀吉のもとで蔵入地代官や検地奉行を勤め、関ケ原の役では初め西軍についた豊臣系の武将で、同役後も大坂に宿所を持ち、しばしば秀頼のもとへ赴き、礼物も進上していた[52]。本相論を契機に、朽木氏は依存する主体を豊臣から徳川へと転換し、五年後の慶長十八年頃、元綱は朽木谷から駿河国駿府城下へ移住し、大御所家康のもとで仕えるようになり、駿府政権に吸収されて行くのである[53]（以後、旗本として幕末に至る）。

また相論の事後処理を、京都所司代板倉勝重ではなく片桐且元が行っている点注目される。且元は三宝院「公用」の加増を勝重に進言したり、豊臣系の武将元綱の駿府下向の相談や、三宝院と元綱の間に立って元綱の年貢請負を斡旋するなど、寺社領保護の立場で元綱とも協力的に事後処理に臨んでいる。慶長期、彼は秀頼の奉行として畿内寺社修造の多くを担当しており[54]、豊臣・幕府双方の畿内における寺社行政の実務活動を行っていたことが窺われる。

さらに家康は裁定を三宝院・朽木「双方不悪候様ニ」決定し、その根拠を秀吉の朱印状に求めている点が特筆される。「双方不悪候様ニ」との決定であるが、内容的には代官朽木氏を解任できなかった点など、明らかに三宝院側の敗北であり、武家優位の裁定である。慶長期の家康の寺社政策は、寺内における相論は「寺内衆議」による「内済の原理」が優先され、「旧例の遵守を基調」としていたことがすでに明らかにされているが[55]、本事例の如く、寺内だけでは済まされない武家との訴訟においても、「旧例の遵守を基調」としていた事が窺われる。そしてその根拠を秀吉の朱印状に求めている事は、秀吉による寺社領の確定を家康が極めて重視していたことを示している。

おわりに

従来、朽木氏の代官職支配については、史料の残存状況から、全く等閑視されてきた。そのため朽木庄内だけの年間財政収支の状況のみから、朽木氏の財政破綻を指摘する見解が生まれたのであるが、久多郷の場合、朽木氏は領主醍醐寺への納入額をはるかに上回る年間四七〇石余もの得分をなしていた。近隣地河上庄からの地頭代官得分は四一二石余であり、これに「山野河川の用益に関わる銭納の年貢・公事分」が加わることをも考慮すれば、一庄の代官得分がいかに多かったかが窺えよう。藤木氏が指摘する如く、久多郷民の強固な抵抗にも目を向けなければならないが、結局は逃散や領主三宝院へ訴えるしかなかったのであり、在地の抵抗を受けながらも最終的には四七〇石余もの得分を形成してゆく朽木氏の強かさにも注目せねばならないであろう。ここに朽木氏の強固で執拗な代官支配の実態を窺うことができるのである。

朽木氏は寛正・文明頃から幕府料所代官を勤め、その後、積極的に近隣地の代官職を獲得している。すなわち、延暦寺領高嶋郡保坂関（文明四）、若狭国鳥羽庄金輪院知行分（同九）、延暦寺大講堂領高嶋郡河上庄（地頭—明応元以前・文亀二再任、領家—大永三）、山城大聖寺領若狭国大相関四分一（明応十）、若狭国安賀庄（永正頃）、延暦寺西搭院南尾領高嶋郡針畑庄（大永五）、山城金剛院領近江国高嶋郡後三条（同六以前）、坊城家領洛中巷所（享禄元）、幕府料所近江国首頭庄（同二）、醍醐寺三宝院領山城国久多郷（天文十九以前）など、現在明らかなものだけでも八カ所・二関所の代官職を獲得しているのである。[56]これらの代官職得分も相当なものであったに違いない。応仁・文明期以降、朽木氏が積極的に近隣地の代官職を獲得していったことが窺える。

朽木庄の年貢米収取が年間わずか一〇〇石前後であるのに比べると、近隣地の代官職得分がいかに多いかが推察され、この代官職得分を無視して〝財政の破綻〟をいうことはできないであろう。

また朽木氏の主たる財源が年貢米ではなく、「山野河川の用益に関わる銭納の年貢・公事分」にあるとするのも一方的で、山間部と平野部とでは自ずとその比重は違ってくるであろうから、一方に限定することはできず、両者を含み込む代官職得分こそが十五世紀後期以降の朽木氏財政の基盤となっていったのではないだろうか。室町末〜織豊期にかけての朽木氏の財源は、朽木庄における年貢・公事・段銭の他に、近隣地における代官職得分が大きな比重を占めていたことを見逃してはいけない。

さらに本章では、移行期における寺社領の武家代官の様相の一端も明らかにした。朽木氏は天文末期に久多郷代官職を獲得した後、在地に幾度となく非分を行った。そのため百姓の逃散を受け、三宝院から時々の政権へ訴えられたが、三宝院も朽木氏無くして所領支配は成り立たず、結局朽木氏を代官として登用しつづけたのであった。朽木氏は代官として年貢・月別銭・人夫役を三宝院へ納入し、得分として四七〇石余を取得し、そののちこの得分は豊臣秀吉により知行として安堵された。慶長十三年に至り、三宝院は朽木氏の得分が四七〇石余あることを知り、朽木氏の代官職解任を目論むが、徳川家康の裁許は朽木元綱の非分を不問に付し、秀吉の朱印状を重視し、これに変更を加えないものであった。秀吉の寺領確定を家康は引き継ぐ。そしてその後も引き続き朽木氏は、代官として年貢・月別銭（計六〇石）・人夫役年間五〇〇人を三宝院に納めることとなった。

織田信長は中間搾取者のない「直務」支配政策をとっていたため、寺社領における代官朽木氏を解任する処置をとったが、豊臣秀吉・徳川家康に至っては、武家の代官解任への指向をもっていなかった。それはすでに重層的な

「職」支配が否定され、検地により近世的な知行体系となっていたためであると考えられる。

また久多郷に武家代官が残存したのは、中世以来醍醐寺領として残り、その隣地を知行する朽木氏も知行替が行われなかった事による処が大きく、さらに江戸幕府が寺社領の武家代官を認めたことにもよる。逆に言えば、織田政権による「直務」支配命令や、豊臣政権による検地、その結果頻繁に行われた知行地の没収・替地の宛行により、寺社領における武家代官は多く解消されたものと考えられる。しかし、それは条件さえ調えば残存する性質のものでもあった。ただ武家代官は一部には残存したが、大部分の寺社領はその年貢を庄屋・名主からの直接納入や寺社内部の者により収取する方法が取られたものと考えられる。(57)

その後、江戸幕府は享保七年（一七二二）四月に至り、万石以上の大名領や天領に接する朱印地寺社領の年貢は、大名や幕府の代官により取り立てる触を出す。(58)その理由は、同十二年頃成立したと考えられる荻生徂徠の『政談』（巻之二）に、「寺領ヲ寺ヨリ支配スル事、寺社領ニ悪人多ク隠レ居テ、田舎ニテモ寺社領ヘハ守護ノ手入兼ル也、是ニ因テ禍起リ、国主ノ政道モ行渡ラヌ也、兎角寺社領ハ近所ノ御料・私領ニ預ケ、支配サスベキコト也」と記されていることに明らかである。寺社はその領内に「或種の行政権と司法権」をもっており、(59)幕府は寺社領へ武家の代官を入部させることにより、それを換骨奪胎することを試みたのである。この触がどれだけ実行されたかは問題であるが、醍醐寺においては寛政三年（一七九一）には、新坊領日野村年貢が天領の「御代官所捌」となっており(60)十八世紀以降、治安維持という名目で幕府は寺社領に武家代官を積極的に設置してゆくのであった。

〔註〕

（1）藤木久志『戦国社会史論』（東京大学出版会、一九七四年）総論第二章、I第一章。
（2）湯浅治久「中世後期における在地領主の収取と財政」（『史学雑誌』九七―七、一九八八年）。
（3）藤田達生「室町末・戦国初期にみる在地領主制の達成」（『文化学年報』一一、神戸大学大学院文化学研究科、一九九二年）。
（4）内閣文庫影印叢刊『朽木家古文書』（上・下、国立公文書館、一九七七・七八年）八二四号。以下『朽木家古文書』および文書番号を「朽〇〇」と略記する。
（5）藤木久志『日本歴史15　織田・豊臣政権』（小学館、一九七五年）一三一〜一四九頁。脇田修『織田政権の基礎構造　織豊政権の分析I』（東京大学出版会、一九七五年）。奥野高廣「織田政権の基本路線」（『国史学』一〇〇、一九七六年）。下村信博『戦国・織豊期の徳政』（吉川弘文館、一九九六年）。
（6）豊田武「江戸時代の寺領概説」（同氏著作集『宗教制度史』吉川弘文館、一九八二年、第一編第五章、初出一九三八年）。圭室諦成ほか『日本仏教史』III近世近代篇（法蔵館、一九六七年）。平松義郎『近世刑事訴訟法の研究』（創文社、一九七〇年）第一部第四章。安藤宣保『寺社領私考』（愛知県郷土資料刊行会、一九七七年）。井ヶ田良治「江戸時代における公家領の支配構造」（『同志社法学』一五二、一九七八年）。橋本政宣「江戸時代の禁裏御料と公家領」（『歴史と地理』日本史の研究二七九、一九七八年）。神崎彰利①「近世前期香取社領の構造」（木村礎・高島緑雄編『耕地と集落の歴史』文雅堂銀行研究社、一九六九年）、②「寺領の構造」（『神奈川県史』六、一九七〇年）、③「近世における公家領の構造」（『明治大学刑事博物館年報』一二、一九八一年）、④「相模国寺社領の成立」（村上直編『論集関東近世史の研究』名著出版、一九八四年）。近藤忠「近世における紀州高野寺領の所領区分」（『和歌山大学学芸学部紀要　人文科学』八、一九五八年）。藤本清二郎「近世高野寺領成立史に関する覚書」（『紀州経済史文化史研究所紀要』八、一九八八年）、ほか。自治体史では、福島・栃木・群馬・埼玉・神奈川・鳥取・大分などの県史、『岡崎市史』近世、『大山崎町史』本文編など。移行期寺社領に関しては、伊東宗裕「中世・近世東寺領の連続と非連続」（『京都市歴史資料館紀要』一三、一九九六年）がある。

（7）正中二年十一月二十五日付梶井宮尊雲法親王相承庄園目録（東京大学史料編纂所架蔵影写本「三千院文書」）。「倉見文書」。『大日本古文書　家わけ文書十九　醍醐寺文書之二』一一〇・一一一号。

（8）黒川直則「ワタリ歩ク庄園（三）久多庄の巻」（『月刊歴史』三、一九六八年）。川嶋將生①「久多庄と土倉大森氏」（『京都市史編さん通信』三一、一九七一年）、②「久多――その歴史と景観――」（『久多の花笠踊調査報告書』、一九七四年）。高村隆①「十五・十六世紀における村落の領主層について――売券を中心にして――」（『地方史研究』二一―六、一九七一年）、②「中世後期山城国久多庄の村落体制」（『中世史研究』五、日本大学文理学部中世史研究会、一九七二年）。藤木、註（1）著書、総論第一章、I第一章。

（9）高村、註（8）②論文。

（10）川嶋、註（8）①論文では、納状の年号を誤読している。よって大森寿清から兼家への変化の時期や、兼家の活動時期は訂正されなければならない。すなわち、川嶋氏が大森兼家の初見とする天文十一年十一月十日付関銭納状は同十四年と読め、兼家の終見とする同二十二年十二月付月別銭納状は同十二年と読める。原本閲覧に際し、岡田久重氏・伊東宗裕氏（京都市歴史資料館）に便宜を図っていただいた。

（11）永禄五年以前説は、藤木、註（1）著書。元亀二年頃説は今谷明「「大溪晃夫家文書」について」（『京都市史編さん通信』九三、一九七七年）。天正七年説は、高村、註（8）②論文。

（12）名古屋大学文学部日本史研究室架蔵写真帳。

（13）『近江蒲生郡志』巻二、六八九頁。拙稿「室町中・後期における近江朽木氏の系譜と動向」（『日本歴史』五九一、一九九七年。本書第二部第一章）。

（14）「岡田浩佐家文書」。

（15）いずれも「岡田浩佐家文書」。

(16) 天文十年に飯田忠経が現れる理由は不明である。なお納状花押の人物比定は、二月六日付飯田新右衛門尉忠経書状（京都市歴史資料館架蔵写真帳「岡田浩佐家文書」新出五二六）、九月十四日付小川式部丞吉安書状（同前、新出五一七）などから確定した。また朽木稙綱の代から久多郷代官であったことは、三宝院門跡義演がその日記に、稙綱の孫元綱に対して「当門領久多郷彼数代々官也」（史料纂集『義演准后日記』慶長五年十一月二日条）と記していることからも明らかである。

(17) 天文期の六角氏については、本書第一部第一章、及び奥村徹也「天文期の室町幕府と六角定頼」（米原正義先生古稀記念論文集『戦国織豊期の政治と文化』続群書類従完成会、一九九三年）参照。

(18) 藤田、註(3)論文。

(19) 「岡田浩佐家文書」。

(20) 「大渓晃夫家文書」（奥野高廣『増訂織田信長文書の研究』補遺二〇一号）。

(21) 「醍醐寺文書」二一四函（東京大学史料編纂所架蔵写真帳）。

(22) 註(5)参照。織田政権が庄園制を擁護したか否定したかは論者により分かれるが、諸職を整理し「直務」を指向していたことは確かである。

(23) 「岡田浩佐家文書」。

(24) 『大日本古文書　家わけ文書十九　醍醐寺文書之四』八五一号。差出は「半夢斎玄以」。半夢斎は天正十一年のみ使用されるとの伊藤真昭氏の教示を得た。記して謝意を表する。

(25) 東京大学史料編纂所架蔵写真帳（以下「義演准后日記」は「義演」と略記する）。

(26) 義演　慶長三年正月二日条紙背。

(27) 義演　慶長二年十二月二十三日・二十四日条。

(28) 義演　慶長三年六月十二日条紙背。

(29) 義演　慶長三年五月十九日条。
(30) 義演　慶長三年十二月十七日条紙背。
(31) 義演　慶長八年八月十三・二十・二十三各日条。
(32) 慶長三年推定八月七日付朽木元綱書状（義演　慶長三年九月十五日条紙背）、同年推定八月十九日付朽木元綱書状（同八月二十二日条紙背）、義演　慶長十年七月十日、八月十六日、十三年二月二十日各条。
(33) (34) 朽四八九。
(35) 義演　慶長五年五月二十八日条。『大日本古文書　家わけ文書十九　醍醐寺文書之十』二二四二号。
(36) 「醍醐寺文書」一〇三函。
(37) 『大日本史料』（第十二編之五）慶長十三年十月二十六日条所収「義演准后日記」。一部、東京大学史料編纂所架蔵写真帳「義演准后日記」にて語句を訂正した。以下本節では、とくに断らない限り本条文による。
(38) 「岡田浩佐家文書」。
(39) 朽五〇八。
(40) 義演　慶長十三年四月十日条。
(41) 朽木元綱も板倉勝重へ進物を行い、訴訟を有利に運ぼうとしている（朽五〇九）。
(42) 朽五〇九。
(43) 朽四九七。
(44) 朽四九六。元綱も龍雲に勝重への口入を依頼している（朽四九四）。
(45) 朽四九八。
(46) 朽四九八・五〇七。五月十七日付大野治純・竹中重義連署書状（「朽木雑々文書」『滋賀県有影写文書』一三二、一九二一年）。

(47) 朽五〇一・四九九。
(48) 朽五〇三。
(49) 明治以後、史料の散逸するのを憂えた旧福知山藩士平田八郎が、旧藩士の所持する記録・文書を採集・筆写し、明治二十六年九月に編纂した『朝暉神社文書』(福知山史料集第十九輯、福知山史談会、一九六一年)の雑之部に、元綱の知行を安堵した天正十一年八月朔日付羽柴秀吉判物写があるが、文言に不自然な点があるため採用しなかった。
(50) 『大日本古文書　家わけ文書十九　醍醐寺文書之三』六二九号。
(51) 義演　慶長十三年十月十九日、同十四年十月晦日、同十五年十一月九日、同十七年閏十月十日、同二十年十月二十二日、元和三年十二月二日、同七年十一月二十五日各条、慶長十七年八月十三日条紙背ほか。明暦四年五月三日付朽木宣綱事書(「岡田浩佐家文書」)。京都市歴史資料館架蔵写真帳「岡田浩佐家文書」旧三二九・三二八ほか。享保十一年十二月二十六日付三宝院内岩渕木工・村田求馬連署納状(同前、旧三二八)によれば、「五百人夫代」として「銀四百目」が納入されている。
(52) 『大日本史料』(第十二編之六)慶長十三年正月十八日条所収「時慶卿記」。慶長七年推定霜月十六日付長尾□国・舟木某連署書状(義演　慶長八年四月朔日条紙背)。朽一〇七四・一〇七六。
(53) 『大日本史料』(第十二編之十一)慶長十八年三月十九日条所収「時慶卿記」。『本光国師日記』同十七年十二月十六日条ほか。
(54) 杢正夫「片桐且元と慶長の修理」(『月刊文化財』一五一、一九七六年)。
(55) 伊藤真昭「慶長期における徳川家康と畿内寺社」(『待兼山論叢』二八、一九九四年)。杣田善雄「近世前期の寺院行政」(『日本史研究』二二三、一九八一年)。
(56) 朽七六・一四二・二一一・六六六・一四五・四五二・六六五・三八三・一七六・九七・五三・五四。
(57) 朱印地ではないが、周防国国衙領は毛利氏がその所領(土居八町)を知行国主東大寺へ寄進・安堵する土地であったが、正保三年（一六四六）に至り毛利氏は下地を没収し、代わりに浮米を毛利氏から東大寺へ納入する事例がある（三坂圭治『周防国府の研究』積文館、一九三三年）。

(58)『日本財政経済史料』巻二（財政経済学会、一九二二年）、五四二頁。

(59)豊田、註(6)論文。平松、註(6)著書。梅田義彦『日本宗教制度史』（百華苑、一九六二年）本編第七章。布施彌平治「御朱印地考」（『牧健二博士米寿記念　日本法制史論集』思文閣出版、一九八〇年）。

(60)『大日本古文書　家わけ文書十九　醍醐寺文書之八』一七〇二号。

〔付記〕成稿後、慶長七年の近江国検地において久多郷にも縄入れが行われていたことが判明した（慶長七年九月朔日付江州高嶋郡朽木内久多郷検地帳。筑波大学付属図書館所蔵。請求番号ヨ二一九—一〇一）。そのため慶長十三年相論で板倉勝重が不審とした「先年江州之御縄打之次ニ、彼郷（山城国久多）へ縄入」れしたとの記事（史料7）は、慶長七年の近江国検地のことを指すと考えられる。本文では天正十三年の近江国検地と推定したが、この部分は訂正したい。この時の検地帳によれば、久多郷は「江州高嶋郡朽木内久多郷」として縄入れされ、近江国「朽木内」として処理された。検地帳の作成者は小堀政次で、同九年に死去している。久多郷を「朽木内」と記している点から、朽木庄を治める朽木氏が検地を先導したものと考えられる。山城国内の地であるはずの久多郷が、ここでは隣接する近江国高嶋郡朽木庄内の地とする朽木氏側の論理が窺える。この論理は、朽木氏が針畑庄を「朽木庄内針畑」として支配を強行した時と同様である（本書第二部第三章）。ここに朽木氏が所領を押領化する際採る論理構造を読み取ることができる。

第五章　戦国末期室町幕府女房所領について

はじめに

女房に関する研究は、朝廷に仕える女房の研究がすすみ、その実態も明らかにされつつある。これに対し室町幕府に仕えた女房については、これまでその存在すら意識されていなかった。近年漸く、田端泰子氏・羽田聡氏・鈴木智子氏・設楽薫氏らにより、各将軍に仕えた女房の名前や出自、役割など基礎的事項の解明が行われるようになった(1)。なかでも女房は将軍への取次（申次）が行えるという点で、その政治的関与のあり方が注目された。しかし、幕府に仕える女房たちの経済基盤については、幕府からの手当てや高利貸、所領・所職の買得集積といった活動を指摘する田端氏の研究の他は、これまで深く追求されることはなかった。本稿は、その様な状況にある幕府女房所領に関する一史料を紹介したい。具体的には、戦国末期の将軍足利義晴～義昭期における女房佐子局の収入源の一端を示す史料を紹介する。その史料は現在、滋賀県高島市朽木の朽木家所蔵のもので、一九六三年十一月に東京大学史料編纂所が同家の中世文書を写真撮影した写真帳「朽木文書　乾坤」二冊にも収載されていないものである。以下、紹介史料に関わる近江国高嶋郡後一条をめぐる状況を復元して、史料の紹介とその位置づけを行うこととしたい。

第一節　女房佐子局への寄進

近江国高嶋郡高嶋本庄付地後一条地頭職は、暦応二年（一三三九）に佐々木泰信の孫尼心阿との和与により朽木氏庶子義信の知行が確定し、義信→庶子氏秀→惣領能綱へと相伝されたが、応永二十三年（一四一六）には氏秀（妙林）の被官人大智院に押領されていた。(2) 朽木氏は、応仁二年（一四六九）から幕府御料所として、その代官になることでその知行を回復した。しかし、この時までに同地は花頂門跡との半済が行われていて、朽木氏が幕府料所代官として支配したのはその半済分、すなわち、高嶋郡を貫流する安曇川両岸の九条七・八里、十条十二・十三里、十一条七・十八・十九里の散在地一〇町分（五反×二〇か所）であった。(3) 同地の料所指定は長享元年（一四八七）まで窺われるが、(4) いつの時点で指定解除されたのかは詳らかにしない。その後、天文三年（一五三四）に朽木稙綱は将軍足利義晴に仕える女房佐子局へ、その公用を一期の間寄進した。

a たかしまのこほり五一てう（高嶋郡後一条）の事、申候ことく御とゝの（調）へ候て給候、御うれしくまいらせ候へく候、いつも申候ことく、此事ハ我身としきり候ゆへ、よろつなれ候へく候ほとに、御ミ（身）をしり候て、いつくにも候ハんするときのため□り、かやうとゝのへ候へく候ほとに、いつくに候ともこのさい（在）所の事ハ、我身のいちこ（一期）のうちハふさた（不沙汰）候ハぬやう気をつけ候て給候へく候、かやうにハ申候へとも、もしふりよ（不慮）のかくこ（覚悟）ニ候て、人をもたの（頼）ミつらなるしんたいも候ハゝ、いらぬ事にて候、我もそれへあたへおかれ候、かしく、

「（奥切封ウハ書）
（墨引）

（異筆）「天文三七月十七日」

「くつきとの（朽木殿）へまいる　申給へ　　さ」　（朽六五二）

右、佐子局消息(5)が発給されたのは、将軍足利義晴が京都の騒擾を避け朽木氏の本貫地近江国朽木庄で二年余り滞在した後、湖東六角氏の配下桑実寺へ移り、そこから上洛しようとして天文三年六月二十九日から九月三日まで坂本に滞在していた時期にあたる。この間、朽木氏惣領の稙綱は、自らの本貫地に将軍を迎えたことから、義晴の御供衆に加えられ、正式な訴訟手続きとは別に将軍へ当事者の言い分を伝える「内々披露」の役を勤めるなど、将軍側近として活躍しだす時期にあたる。(6)将軍へ内々に事を伝達する場合、将軍に仕える女房を介する場合が多く、稙綱が「内々披露」役を勤めていることもあって、女房衆のうちでも佐子局との関係が特に深くなったからであろう。(7)将軍義晴と行動を共にしていた佐子局(8)への後一条寄進は、まさに稙綱が幕府女房衆と関わりが深くなる時期になされた行為であった。

この佐子局は、奉公衆三淵晴員の姉で、足利義輝の乳人となった人物である。彼女は天文三年十一月に八瀬へ隠居する。(9)設楽薫氏はこれを、同年六月に将軍足利義晴が近衛家から御台を迎えたため、「義晴側近女房として担っていた政治向の活動は別として、将軍家奥向の統轄者としての地位を御台に明け渡すため、退隠という形をとったのではあるまいか」とみる。また「大館局」とも称された事から、彼女が大館氏の養女か猶子として殿中に入れられたのではないかとも推定している。彼女は、隠居後も度々京へ出向き、殿中に祗候、同七年二月頃出家し、「清光院」と称されるようになり、その活動は同二十三年まで窺える。(10)

清光院と呼ばれていた天文八年十月の「佐々木亭御成記」(11)には、「小上臈御佐子・清光院御乳人」と見え、天文八年時、清光院とは別に佐子局がいたことが分かる。(12)この佐子局を、設楽氏は『系図纂要』に義晴の妾と記す大館常興の娘ではないかと推定している。

佐子局（清光院）に寄進したとはいえ、同地は請所として朽木氏が支配し、佐子局へは公用を納めていたようである。というのは、元亀三年（一五七二）には佐子局が後一条の直務を要求している点や、同年の後一条年貢一五石のうち五石を「御さこ様」へ朽木氏が納めている点から判断される（後述）(13)。元亀三年時の佐子局は、清光院のあとに佐子局となった、大館常興の娘と目される女性ではないだろうか。とするならば、清光院（佐子局）一期ののち、この佐子局が同地を引き継いでいたことになる。

第二節　佐子局の後一条直務要求

将軍足利義昭在京の頃、佐子局は後一条の直務を要求した。関連史料は次の六点である。

b	十一月二十七日付	三淵秋豪書状	朽木元綱宛	（朽一八六）
c	年月日未詳（十二月十三日以前）	飯川信堅書状案	朽木元綱宛	（朽七二五）
d	年月日未詳（十二月十三日以前）	朽木元綱書状案	朽木成綱宛カ	（朽四六二）
e	極月十三日付	大館宗貞書状	朽木元綱宛	（朽一八五）
f	十二月十四日付	朽木成綱書状	朽木元綱宛	（朽四〇五）
g	年月日未詳	佐子局消息	朽木元綱宛	（朽四七三）

右六通は年未詳であるが内容から一連のものと考えられる。朽木家臣八田日向守が詳細を伝える旨を記すd朽木元綱書状案(14)は、「八田日向守殿御上洛」とある極月十三日付大館宗貞書状以前のものと考えられ、この一件についての

元綱側の対応が窺える（左掲）。

d

猶々飯川殿へ貴所御談合候て、可然様弥五郎[　]（かた）へ■可■■■尚八田日向守可被申候、此所上申候、

猶々[　]（御佐子）御局御済御使其之御沙汰候由、風説候間、自他可然様御才覚肝要候、

就後一条之儀、上月殿御下向候、彼知行分儀者、先規者《根本者》大智院領ニ候、朽木為請本地数代存知来在所候公用
[　]候キ、■[　]《其以来》朽木家致忠節、鹿薗院殿様（足利義満）御判頂戴仕候以後者不及公用朽木存知《知行》■■■近年御佐子
御局《様》御公用御取候儀者、朽木出羽守稙綱御佐子御一生之間被参候、其砌自御局対稙綱、文等在之儀候、彼証文当
春錯乱以来散之候、近日撰出候間、御佐子御局様之儀も初而儀、朽木弥五郎（元綱）儀も■（初カ）、先々被仰付候御内書、去年
被下置候、然者此[　]《然間》□有様可申上之旨、弥五郎存分候、雖然《乍去》及度々飯川殿（飯川信堅）へ被仰出候□《書出》、当年者月迫之儀と
申御公事■■■■■（自カ）《飯肥御■■弥五へ■■■》他御為候間、先只今《当年》儀者、飯川殿以御意見、御局様へ被参候て、御訴訟之段者、来年被申様
ニと弥五母儀内々被申候間、御■■■■■■■■■■■（飯川肥後守信堅）飯肥御得分弥五へ被遣無別儀様ニと彼母儀[　]遣被申候間、
[　]（以下欠）

はじめに、右案文の作成年代を推定しておく。朽木稙綱（永禄五年終見）に「出羽守」の官途を使用するのは、その死後であり[15]、飯川信堅が肥後守の官途を使用しだすのが永禄十二年二〜四月間であるため、その上限は永禄十二年以降になる[16]。宛所は、京都で将軍近習らと対応に当たっている在京庶子朽木成綱（f書状参照）と推定され、成綱が将軍義昭の許に仕えていたのが、義昭が京都から若江へ落ちる天正元年七月までであるため、下限は元亀三年となる。この間、保管文書を散らかすほどの「当春錯乱」にあたる出来事は、元亀三年三月十一日に織田信長が近江国志賀郡

和邇まで出陣し、朽木庄と至近距離にある高嶋郡の木戸（現清水山城跡と推定）・田中両城を攻めた時ではないかと考えられる。(17) 前年七月までに織田方へ降伏した朽木元綱は、高嶋郡の在地領主達が反織田戦線を敷くなか、反信長の拠点木戸・田中両城に近い現地にあって、非常に厳しい状況に置かれていた。保管文書の散乱は、そのような状況のなかで起こったものと推察される。(18) よって本文書は元亀三年のものである可能性が高い。

次に文意に移る。後欠かつ案文であることもあり、文意をとりにくい部分もあるが、（i）後一条のことで上月氏が下向したこと、（ii）同地の由緒として、朽木稙綱が佐子局へ一期分譲与したこと、その際、局から稙綱への証文となる文書があるが、「当春錯乱以来散」らかしていて、近く撰びだすこと、(19) 爾後を指示した将軍の御内書があること、（iii）年末なので、今年は申次衆の飯川信堅から意見を局へ伝えるだけにし、訴訟は来年にするよう朽木元綱の母（父晴綱室、飛鳥井雅綱の女、桃源院）が内々に言っていること、（iv）在京庶子朽木成綱（「貴所」）は飯川信堅と談合し対処すること、など元綱の対応が窺える。

d書状案が元亀三年のものとするならば、次の史料（h・i）も関連してくる。

h　元亀三年十二月十六日付　後一条算用状　（朽八四八）

i　元亀三年十二月十六日付　後一条算用状案　（朽木清綱氏所蔵文書。東大史料編纂所架蔵写真帳「朽木文書　乾坤」収載）

d書状案作成の後、元綱の指示があったのであろう。数日後、後一条担当の重臣宮川貞頼は同地の算用状を提出した（h）。(20) 貞頼の報告では、後一条年貢一五石のうち十二月七日に五石を「御さこ様へまいる」と、佐子局へ五石進納したことを記す。その他、在京家臣清水六介や片桐氏、多胡氏（樽二荷）、「おゝとの様」への支出、人夫の雇用、稲掃・大豆・馬皮等購入の費用が計上されている。ただし同日付の公事物を計算した算用状案（i）(21) では、在京家臣清水六介が今年四回下向し、計三十八日間逗留、その酒飯として一日三升宛で合計一石一斗四升下行したことや、多胡方へ樽三荷を渡したことなど、花押を据えた先の算用状と違った事柄や数値を記している。案文だからであろうか（後述）。

こうした元綱の指示により、c・e・f書状に窺える如く、庶子の朽木成綱（走衆）が元綱の意向を幕府内において代弁し、将軍足利義昭近習の飯川信堅（申次）や大館宗貞（御部屋衆）らと「談合」することで、局の直務要求回避に結びつけた。その経緯を佐子局はg消息において、

御一しやう（後一条）分の事、くはうさま（公方様）よりおほせつけられ候まゝ、上月くたし（下）まいらせ候、しきむ（直務）に申候へとおほせいたされ候へとも、いゝかわひこと（飯川肥後殿）の色〳〵おほせ候まゝ、その分にて候、

と述べており、将軍足利義昭の命で上月氏が下向、直務となる寸前で、飯川信堅の執り成しにより、これまで通りとなったのである。

第三節　正月十六日付宮川貞頼書状の検討

右一件の関連史料と思われる文書が、今回検討する正月十六日付宮川貞頼書状である。東大史料編纂所架蔵写真帳「朽木文書　乾坤」未収録の朽木家所蔵文書（「朽木清綱氏所蔵文書」）の一通である。後一条年貢の納入方法について詳しく記している点で興味深い。全文を掲載し検討する。

（第一紙）　（端裏切封墨引）

尚々万御存分候ハヽ、御こゝろ不直（置、以下同）可被仰下□以後、返々引かけニなる物にて候間、如此申上候、将又

旧冬御中間永々被留直事、御下着之さうさめいわく（造作迷惑）に存候つれ共、弥五郎（朽木元綱）かたゟ御返事被申候間、留置申候、中間も如存我等も在庄にて候、

當春之御慶賀雖申旧候、猶以不可有甚期候、仍旧冬御（後）一条御公用米八石ニて指登申、弐石分御中間ニ委細如申、御あつらえ物かた〳〵ニ残申下行仕候て、残ハ春成にて御算用可申由堅申入候、届不申候哉、御状趣御気も細り候様ニ安候ハヽ、ワさ〳〵被下候、右如面拝於我等いさゝかもうし成御事申あけ間敷由申候処ニ、何とやらん御状拝見申、驚存尋申候、朽木出入にて申儀□（候カ）ハヽ、我等一切不存儀ニ候、菟角御公様（用）次第可為候、

一、たへつ（駄別）之事、前々ハなき御事ニ候、去年比ワさ〳〵□（出カ）て申事之由申候、前々立関ハ、海上之面ニ十二三御入候つる、さ様之儀ハ清光院とのゟ六角とのへ御申候て、御過書を御取候らへ御通候、一切代官かゝり物之事

（第二紙）　三（墨汚れカ）

□たり候、

一、弐石米使足之事、五百文ぬか桶ツ（二）ツ代ニ渡申、三百文舟のちんニ取申、三百七十文大たちとの（館殿）より可参候、さ様ニ候へハ二石米すミ申候かと存候、但其方へ御かてん（合点）すミ不申ハヽ、重而御存分可被仰候、大たちとのより渡申御米ハ、後一条舛ニ六斗御請取候て、此方にて米和市つもりにて申入候、暮々海上之儀、為此方さはき申事前ゟもなき事候、米ハ前も坂本にて御請取有事ニ候、路次之間之儀、一々為此方申付事無御座き事にて候、一切六角殿之時ハ公方御公物ハ路道海上共公事なしに罷通事にて御座候間、今とても尾州様へ被成御届候者、異議有間敷候、恐惶謹言、

正月十六日　　　貞頼（宮川）（花押）

上月駿河守殿
参　御宿所

右文書は二紙に書き継がれたもので、第一紙は縦一二・三センチ、横四〇・九センチ、第二紙は縦一一・八センチ・横四一・七センチ、紙質は楮紙である。いずれも裏打し補修されている。紙質・大きさ・筆跡・内容から、この二紙は一連のものと考えられるが、一紙目と二紙目の間にもう一紙入る可能性もある。

文書の発給者「貞頼」は、元亀三年十二月十六日付後一条算用状（h）を作成した「宮川参河守」と花押が同じであるため、宮川貞頼である。[22] 宮川一族は文明頃から朽木氏の財政帳簿の作成や、取次などを勤める重臣の家で、貞頼も後一条の算用状を作成している点から、朽木氏財政にかかわる家臣である。宛所の「上月駿河守」は、上月氏に関する系図・文書など諸史料に現れない人物で、これまでの上月氏研究のなかでも全く知られていない人物である。[23]「ワさ〳〵被下候」と現地下向している点から、g消息で現地へ下向したと記す上月某は彼であろう。将軍足利義昭の命を受け行動する彼は、佐子局とも関わりの深い義昭に近仕する在京御家人と考えられる。

次に内容を概観する。

①去年冬の高嶋郡後一条の公用米として八石を京都へ送った。二石分の米については、在庄している上月氏の中間に言ったように誂物（後述の糠桶）などを残し下行した。残りは春成で算用してもらえるよう中間へ堅く申し入れたが、まだ届いておりませんか。上月駿河守が下向し、面会した折、公用のことについては言わないでいた処、どうしてだろうか、上月の書状を見て驚き、お尋ねいたします。朽木氏の所領（後一条）の出入りについては全く知りません。とにかく朽木氏が佐子局方へ納める公用次第で解決するでしょう。

②駄別で関銭を徴収することは、以前はなかった。以前、関所は琵琶湖湖上に十二、三あった。その様な時は、清光院殿から六角殿へ申して過書を受け取っていた。

③二石米の詳細は、五〇〇文は糠桶二つに、三〇〇文は船賃に使った。三七〇文は大館殿からそちらへ渡されるはずです。この大館殿からそちらへ渡される米は、後一条枡で六斗、在地の米和市で換算するつもりです。海上での問題はこちらで扱うことは以前からなく、米は以前も坂本で女房方が請取ることになっていた。路次の事についてもこちらで扱うことはなく、一切、六角殿の時は公方の公物には陸上・海上の道とも公事（関銭）はなく通行していた。今であっても「尾州様」へ届け出れば問題ないでしょう。

④また去年冬から上月方中間が長々と逗留し、その造作は当方として迷惑であるが、朽木元綱方から返事があるはずなので、中間を留め置いておきます。中間も私たちも後一条に在庄しています。

一見して、後一条年貢の納入・輸送に関する内容で、ことさら以前の六角氏時代の状況を記し、輸送における過書やその扱いについて詳細に説明していることがわかる。この書状を局の直務要求に関わるものであるとする理由は、上月氏の下向（「ワさ〳〵被下候」）、及び「朽木出入」＝後一条の佐子局直務要求を指すと考えられるからである。そのため発給年次は直務要求の解決が図られる元亀三年末のすぐ後、元亀四年のものと推定される。また、後一条公用の一部が大館氏を経由して佐子局へ納入されている事実は、大館氏と彼女との個人的関係の深さを想起させる。設楽氏が、代々の大館氏と佐子局との特別な関係の持続を想定しているように、そのような関係がこの佐子局にもあてはまるのであろう。この佐子局が大館常興の娘である可能性は高い。

さらに直務要求に至った理由は、朽木氏の佐子局方へ納める公用次第で解決すると述べている点から、代官朽木氏の公用未進に対応する措置だったと考えられる。この文書でことさら六角氏時代の状況を説明している点からすると、六角氏の没落時期、すなわち永禄十一年九月に織田信長が足利義昭を奉じて上洛した時以降、公用未進が続いていたものと推される。この時期将軍義昭は、織田信長による活動の規制が強まるなかで、幕府財政再建へ向け積極的に行動を起こそうとしていたのではないだろうか。

文意に注目すると、以前琵琶湖湖上には十二、三もの関所が立っていたこと、その過書を得るには幕府女房の清光院（佐子局）から六角氏へ申請して得ていた事実が窺える。六角氏が幕政に関与しだすのは、十二代将軍足利義晴が六角定頼のもとで庇護されていた天文二年からである。(24) その後、将軍義晴が上洛しても、定頼の幕政関与は行われ、彼は将軍後見役として幕政運営には欠かせない存在となってゆく。定頼が直接幕政に関与するのは彼が死去する前年、天文二十年まで続く。定頼子の義賢も次将軍足利義輝を支え、永禄元年に近江に逃れていた義輝の入京を援けるなど義輝政権にとって重要な存在であった。

六角氏時代の状況を説明した後、「今とても尾州様へ被成御届候者、異議有間敷候」と、六角氏没落後の現在であっても「尾州様」へ届け出れば問題ない、と「尾州様」へ届け出るよう促している。この「尾州様」は誰か。「尾州」を官途とみれば、元亀四年時に「尾張」を官途にもつ人物は管見の限りいない。官途でないとするならば、「尾州様」の「尾州」は尾張国から来た人、出身者、あるいは尾張国を治める人という意味合いでの呼称が考えられる。そう考えるならば、これに当てはまる人物は尾張出身の織田信長をおいて他にはいない。元亀三年時、信長は弾正忠を称し、既に本拠地を尾張国小牧から美濃国岐阜（井ノ口）に移していたが、かつて「尾張守」の官途を名乗り、尾張国出身である信長をこのように呼んだのではないだろうか。上月・六角・清光院が殿付であるのに対し、「尾州」のみ様付である点も当時の信長の実力を考慮しての敬称なのであろう[25]。

以上から、この一件についての推移を簡潔に述べれば、代官朽木氏の佐子局への公用未納を契機に、十一月から年末にかけて局の後一条直務要求が本格化し、朽木側は庶子朽木成綱を通じ将軍近習へ働きかけ、それにより元どおり朽木氏の請地とすることができた。そして、翌年早々に年貢を追加納入するとともに、年貢納入方法について朽木側が関与する範囲を確定しようとした、という流れが読み取れる。

最後に、上月駿河守宛て宮川貞頼書状の正文が、なぜ「朽木文書」のなかにあるのかについて考察する。後一条関連文書は、同地の佐子局への寄進後は、元亀三～四年にかけて局が直務を要求した時期のみ残存している。「朽木文書」の特徴として、朽木氏が代官を務める所領の関係史料が極端に少ないことが既に指摘されている[26]。これは文明期に家臣団が形成され、それぞれの担当家臣のもとで関連文書がすべて処理されてきたからであった。後一条の代官支配に関する史料が極端に少ないのも、担当家臣のもとで処理されていたためと考えられる。後一条の場合、算用状を作成している宮川貞頼がその担当者と推される。朽木元綱は局側の直務支配要求に伴い、後一条をめぐる状況を把握しようとしたのであろう。担当家臣宮川貞頼に急遽算用状を提出させ、状況把握を試みた。

貞頼からの算用状では、この年の年貢一五石のうち五石を佐子局へ渡したと記している。ただし、この一五石は後一条年貢の総体であるとはとても思えない。というのは、後一条半済分一〇町からの収支は、文明五・六両年の後一条算用状ではそれぞれ六五石余が計上され[27]、長享元年十月に後一条代官職に補任された際には、三五貫文で請け負っている[28]。これが元亀三年になると一五石しか計上されていない。在地の抵抗がここまで年貢を少なくしたのか、それとも貞頼の操作であろうか。翌年早々佐子局へさらに八石納められている点からも、在地の抵抗で減少したというよりは、実際の収支の一部を計上したのが貞頼の後一条算用状だったのではないだろうか。朽木氏へ申告した算用状とは別に、同日付の公事物を書き上げた貞頼作成算用状の案文の数値が申告した正文と違うのは、おそらくは宮川貞頼の後一条支配の実態を朽木氏が把握するため、半ば強制的に貞頼から提出させたものだからであろう。そのなかには、貞頼が直接局側の上月駿河守へ宛てて認めた書状までもが朽木氏の許に回収され、その結果「朽木文書」中に正文が残存したのではないだろうか。

おわりに

以上、近江の在地領主朽木氏から幕府女房の佐子局へ寄進された、同国高嶋郡後一条をめぐる状況を整理し、朽木稙綱と佐子局、佐子局と大館氏それぞれの関係、朽木氏の後一条支配の状況、後一条公用の運上に関わる状況、「朽木文書」に上月駿河守宛て宮川貞頼書状が残る理由などについて検討し、戦国末の佐子局の収入源を示す一史料を紹介した。田端泰子氏は戦国期の幕府に仕えた女房が、幕府からの手当ての減少、公役義務の増加という状況下、高利貸や所領・所職の買得集積に走るものがいたことを指摘している[29]が、将軍への内々の取次を行うことのできる女房達には、女房との関係を強固にするため、朽木稙綱が行ったような所領の寄進を受けたものも多くあったのではないだろうか。朽木氏の請地支配に関わる収支の問題や、幕府女房の収入源をめぐる状況など、残された課題は多いが、全て後日を期したい。

〔註〕

（1）田端泰子『日本中世女性史論』（塙書房、一九九四年）、『女人政治の中世——北条政子と日野富子——』（講談社現代新書、一九九六年）、『日本中世の社会と女性』（吉川弘文館、一九九八年）。羽田聡「将軍足利義晴の女房衆——室町幕府女房の基礎的考察——」（第九七回史学会大会報告レジュメ、一九九九年十一月。要旨は『史学雑誌』一〇八—一二に収載。その後、「室町幕府女房の基礎的考察——足利義晴期を中心として——」と改題し、『学叢』二六（京都国立博物館、二〇〇四年）に掲載された）。鈴木智子「室町将軍家の女房について——義政期を中心に——」（『年報中世史研究』二五、二〇〇〇年）。設楽薫「将軍足利義晴の嗣立と大館常興の登場——常興と清光院（佐子局）の関係をめぐって——」（『日本歴史』六三一、吉川弘文館、二〇〇〇年）。この他、三浦周行「足利義政の政治と女性（上・中・下）」（『史林』四一〜四三、一九二九年）。羽下徳彦「義教とその室」（『中世日本の政治と史料』吉川弘文館、一九九五年、初出一九六六年）。高橋修「日野（裏松）重子に関する一考察——その政治介入を中心として——」（『国史学』一三七、一九八九年）。鈴木理香「室町将軍家の御産所」（『栃木史学』七、一九九三年）。田中淳子「室町殿御台の権限に関する一考察——日野富子を中心に——」（『女性史学』四、一九九四年）。佐々木哲「赤松晴政の養子取りについて」（『季刊ぐんしよ』再刊第三七号、続群書類従完成会、一九九七年）。平山敏治郎「春日局考」（『民俗学研究所紀要』二二、一九九八年）等があり、将軍への取次に注目したものに、野田泰三「東山殿足利義政の政治的位置付けをめぐって」（『日本史研究』三九九、一九九五年）がある。

（2）この間の事情は、仲村研「朽木氏領主制の展開」（同氏著『荘園支配構造の研究』吉川弘文館、一九七八年。初出一九七四・七五年）、加藤哲「鎌倉・南北朝期における近江朽木氏の世代と所領」（『国史学』一〇九、一九七九年）に詳しい。

（3）内閣文庫影印叢刊『朽木家古文書』四九・四三七・五三一・八〇〇・五一三・五一四号（上・下、国立公文書館、一九七七・七八年。以下「朽〇〇」と略記する）、「円満院文書」（『室町幕府文書集成　奉行人奉書編』上、思文閣出版、一九八六年、七八八・七八九号）ほか。
(4) 朽一四四・三〇三・三三一・三二〇。
(5) 内閣文庫影印叢刊『朽木家古文書』の編者は、この消息を某消息とするが、差出の「さ」、及び後述のd朽木元綱書状案に「朽木出羽守植綱御佐子御一生之間被参候、其砌自御局対植綱、文等在之儀候」とあることから、佐子局のものと考えられる。
(6) 拙稿「足利義晴期の政治構造――六角定頼「意見」の考察――」（『日本史研究』四五三、二〇〇〇年。本書第一部第一章）。
(7) 事例として、『鹿苑日録』天文五年八月十八日条ほか。
(8) 佐子局が将軍足利義晴と行動を共にしていたことは、『後法成寺関白記』享禄二年六月二十六日、同三年正月二十日各条ほか。西島、註(6)論文表1参照。
(9) 『厳助往年記』天文三年十一月条（「御佐古局御所退出、八瀬隠居云々武家」）。
(10) 設楽、註(1)論文。『言継卿記』天文十三年七月二十日条（「西〔清〕光院さこの局、三淵掃部姉也出家にて隠居八瀬、今出京也」）。「証如上人日記」（『石山本願寺日記』上）天文二十三年五月六日条ほか。
(11) 宮内庁書陵部所蔵。
(12) 『大館常興日記』天文八年十二月三日条にも「御佐吾御局」がみえ、常興は「清光院殿」と区別して表記している。
(13) 元亀三年十二月十六日付後一条算用状（後掲h史料）。
(14) 史料纂集『朽木文書』は、「某書状」とするが、文中「弥五へ」「弥五母」などの表現から、朽木弥五郎元綱の書状案文と考えられる。また読みは史料纂集本を参考にしたが、一部修正を加えている。
(15) 朽木民部少輔植綱の終見は永禄五年十一月で（「御礼拝講之記」）、まもなく死去したものと推される。その後、彼の孫元綱の代に至り生前には使用されなかった「出羽守」の官途が植綱に使用される（永禄十二年十月十四日付足利義昭

袖判御教書「如祖父□（出羽）守稙綱時」。朽三一）。

(16) 飯川信堅は永禄十二年二月二日～四月四日の間に、官途を山城守から肥後守に変えている（『大日本史料』十―一、九六〇頁。『言継卿記』同年四月四日条）。

(17) 『信長公記』元亀三年三月十一日条。

(18) 史料纂集『朽木文書』の編者も元亀三年十二月と推定している。

(19) この部分は、e書状で大館宗貞が朽木元綱に「証文共上意へ被懸御目候者、定而御別義有間敷候」と言っていることと対応する。

(20) h　後一条進納申算用状事

合

十二月七日
五石　　御さこ（佐子）様へまいる、

三月四日
一石五斗　元利共ニ　　同清水六介方へ渡申、

五月十五日
一石五斗　　片桐方にて借米返弁、

元亀二年十二月廿八日
一斗九升五合　　いなはき（稲掃）卅枚代

六月
一斗　　大豆、御馬かハれう（皮料）

八月十三日
二斗六升　おゝと（大殿）の様より　　多胡方へ御樽二荷代ニ渡申、

八月廿七日
一石一斗　　松雪へ渡申、

九月十七日
四斗　　餅米、洞谷□（へ渡）

同日
四斗三升　　同おゝとの様へまいる、

十二月七日
四斗　　清水六介方へ被遣、

十二月十六日
二石　　餅米まいる、

同
弐斗　　しやかうニ入、
同
一斗一升五合　　人夫衆飯米□
十二月十六日
一石八斗　　只今進納申、
以上十五石被参候、
元亀三年十二月十六日　　宮川参河守（貞頼）（花押）

（21）i

公事物

五十疋　　春鮒時売代
二十疋　　あめ二度ニ被参、
（追筆）「八月二」
三十疋　　多胡方へ御樽三荷被遣ニ立用、
「残」廿まい（枚）　未進分　　いなはき（稲掃）
春秋分皆済申、
元亀三年（一五七二）十二月十六日　　三河（宮川貞頼）
清水（六介）当年中ニ四度下向ニ、卅八日逗留中ニ酒飯下行一石一斗四升、中沢共ニ、日ニ三升宛
（奥書）「元三申
後一条算用状」

（22）朽八四八。宮川貞頼は天文十五年（「宮川兵衛丞貞頼」）からみえる人物（朽木清綱氏所蔵文書）。

（23）「上月文書」（『兵庫県史史料編中世九・古代補遺』兵庫県、一九九七年）、「上月系図」（『続群書類従』第五輯下）など。上月氏については、『小野市史』第一巻本編Ⅰ（小野市、二〇〇一年）、野田泰三執筆「第四章　中世の小野」（第二節4、第三節1・3・4、第四節）が詳しい。他に中野栄夫「上月文書にみられる「足利尊氏発給」文書について」（『法政史学』五五、二〇〇一年）、「古文書の活用と保存・公開」（『法政史学』五八、二〇〇二年）などがある。

(24) 西島、註(6)論文。
(25) 信長が幕府過書発給に関与していたことは、永禄十二年推定六月八日付山城淀過書・廻船中宛て飯川信堅折紙案からも明らかである（「今井宗久書札留」。奥野高廣『増訂織田信長文書の研究』一八六号）。
(26) 藤田達生「室町末・戦国初期にみる在地領主制の達成」（同氏著『日本中・近世移行期の地域構造』校倉書房、二〇〇〇年。初出一九九二年）。
(27) 朽八四五（案文）・八四六。文明五年は六五石のうち「現米ニて取之参」る分四五石四斗八升を計上し、同六年は「現米渡之参」る分二四石一斗九升を計上している。
(28) 朽一四四。
(29) 田端、註(1)『日本中世の社会と女性』Ⅰ三。

第六章　朽木家旧蔵史料について

――その伝来、及び現状と復元――

はじめに

鎌倉時代以来、連綿と近江国高嶋郡朽木村（現滋賀県高島市朽木）に蟠踞し続けてきた朽木氏は、中世においては国人として、近世においては参勤交代する旗本である交代寄合として、現在に至るまで本貫地朽木の地を動くことなく存続した。そのため同家には中世以来の古文書が数多く残され、現在一、三〇〇点余を数える事ができ、その殆どが中世のものであることから、畿内近国の在地領主の領主制を解明する格好の素材となった。そうした同氏に関する研究は、現在中世分だけでも七〇余篇を数え、それらは国立公文書館内閣文庫が所蔵し、重要文化財に指定されている「朽木家古文書」（影印本で『朽木家古文書』〈上・下、国立公文書館、一九七七・七八年〉として出版された）、および朽木家所蔵分を写真撮影した東京大学史料編纂所架蔵写真帳「朽木文書　乾坤」をもとに研究が進められた。両者は、続群書類従完成会から『史料纂集』古文書編の一つとして、奥野高廣・加藤哲両氏の校訂により全五冊の予定で活字化が試みられたが、一九七八・八一年にそれぞれ『朽木文書』一・二と計二巻が刊行されたまま続編は未刊のままである。(1)

朽木家に伝来したであろう古文書については、実はこれ以外にもあり、また江戸時代に収集した典籍類にいたっては、その存在すら未だ十分認識されておらず、その全体像の把握を試みる作業はこれまでなされることはなかった。現在知られる朽木家に伝来したであろう古文書・古典籍が、どのようにして蓄積・残存し、どのような状況に至っているのか。この点は中・近世の朽木氏を研究する際、十分認識しておく必要がある。また、まとまりをもった史料群がいかに蓄積・散逸するのか、という点からも興味深い研究課題である。本稿では、朽木家に伝来したと考えられる古文書・古典籍について、その伝来の過程を解明し、その残存の仕方を分析することにより、朽木家伝来史料全体の把握とその特徴の解明を試みたい。

第一節　中世文書群の形成と蓄積

一　鎌倉〜室町期の文書

現存する「朽木文書」のうち、最も年紀の古いものは承久三年（一二二一）八月二十五日付北条義時下文[2]である。しかしこれは、平顕盛のもとへ養子に入っていた朽木経氏（万寿丸）が、元徳二年（一三三〇）に顕盛から譲与された播磨国在田庄に関する手継証文の一つで、承久三年時の朽木氏との関係を示すものではない。この他にも高嶋本庄付地案主名・後一条や丹後国倉橋庄内与保呂村、志賀郡龍花庄内一所、陸奥国栗原一迫内板崎郷など、後に朽木氏のもとへ集積された際に手継証文として入手されたものがほとんどであり、朽木氏が直接獲得した文書は、鎌倉時代も後期の弘安十年（一二八七）に佐々木頼綱が次男朽木義綱へ所領を譲渡した際の譲状まで待たなければならない（後述）。鎌倉時代の文書は、この他に池大納言家からの所領譲与に関する手継文書や相論関係の文書を残す。

南北朝期の文書は、軍勢催促状や幕府からの安堵状・譲状で占められる。注目される出来事は、永享十年（一四三八）八月に朽木氏居宅が火事に見舞われたことである。

近江国高嶋郡朽木庄并不知行所々文書事、先年於和州之陣、私宅炎上之時、令紛失之旨、佐々木近江守（六角久頼）証状炳焉之上者、不可有相違之由、所被仰下也、仍執達如件、

享徳二年（一四五三）十二月廿七日　右京大夫（細川勝元）（花押）

佐々木朽木信濃守（貞高）殿

（朽四七）

「和州之陣」は、永享十年八月に大和国天河で将軍足利義教の弟義昭が挙兵したとの報に、幕府が一色義貫らを大和に派兵したことと推定され、朽木氏も幕府軍として大和へ出陣し、その出陣中に朽木氏私宅が炎上したのであった。惣領朽木貞高は、文書紛失から十五年後の享徳二年（一四五三）十二月に近江守護六角久頼へ文書紛失の事実を認める紛失状発給を申請し、同月五日付で久頼の紛失状発給を受けた（3）。その上で幕府へ申請し、二十七日の将軍家御教書発給となった（右掲文書）。朽木氏は、本文書を朽木庄及び不知行所に関する由緒を示す文書として重視したのであろう、写しが四通作成されている（4）。

文書紛失から十五年も後に紛失状を作成したのは、一体いかなる理由によるものであろうか。永享三年（一四三一）二月に惣領能綱から嫡子時綱に朽木庄以下（朽木庄以外の四ヶ所は「不知行」記載）の所領を譲渡され、時綱は家督を継いだが、彼は永享九年十月までしかその存在が確認できず、嘉吉元年（一四四一）十一月には将軍家御教書が「佐々木朽木満若殿」宛てで発給されている。このことから時綱は、家督相続後十年足らずで死去し、幼名である事から、いまだ元服すら済ましていない嫡子満若（後の貞高）が家督を継いだものと考えられる。そのため紛失状申請の頃は、貞高が青年期に達しており、彼が本格的に不知行所領の再興を企てたのではないだろうか。この頃朽木氏が

当知行できていたのは本貫地朽木庄のみであり、時綱への能綱譲状にはその他、高嶋郡針畑村・案主名・後一条・丹後国倉橋庄内与保呂村を書き上げ、自らの所領と意識するも「不知行」と記さざるを得ない状況であった。

こうした幕府への紛失状作成による安堵申請の目的は、その後の享徳四年（一四五五）とその翌年の両度、幕府への申請のために作成した惣領朽木貞高申状案により明確となる。(5) 両度の申状では、先の私宅炎上の時に「本領重書等」が「悉」く紛失したとし、先に安堵の御教書を得たが、未だ不知行所領に押領人がいるので、押領人を退けて、再度安堵の下知が欲しいと記している。ここに先の安堵申請の理由が窺われる。さらに享徳二年時には見えない「悉」字挿入は、自らの立場を強調するためのもので、藤田達生氏も指摘するように、(6) 実際には私宅炎上以前の正文が多く存在していることから朽木氏の虚言であろう。しかし、この両度の申請にも拘わらず、この時期、不知行所領の回復はならず、長禄二年（一四五八）に発給された幕府の安堵御教書は「当知行」であることを理由に朽木庄のみの安堵であった。(7) そのため朽木氏は不知行所領の再興には、全く別の方法を模索しなければならず、本貫地朽木庄のみからの再出発となった。

二　戦国期の文書

1　売券・借券の減少理由をめぐって

所領の不知行化・矮小化に対する朽木氏の取った対策は、①嫡子単独相続への移行（応永期）、②家臣団の編成（文明期）、③朽木庄内および近在の土地買収による地主化（寛正〜文明期）、④不知行所領を幕府料所化しその代官となる（長禄〜応仁期）、⑤近隣庄園などの代官となり支配領域を広げる、(8) などが知られ、その所領支配の貫徹を図っていた。

とくに土地買収による地主化に伴う田畑の売券や出挙米の借券は、寛正～文明期にかけて集中的に残存（約一八〇点）しており、文明十七年（一四八五）を画期として売券・借券が急激になくなる。この売券・借券消滅理由に関しては、湯浅治久・藤田達生両氏による意見の対立がある。それはこの点が、この時期の朽木氏の存立基盤をいかに評価するか、というその存在形態の特質に直結する問題だからである。そのため本稿でも、この点を整理するなかから、文書の存在形態について述べることとしたい。

湯浅氏は、文明十七年を画期とする売券・借券の減少を、朽木氏の自己財源の破綻と加地子収取機構々築の失敗に求め、失敗後の存立基盤を「公事」収取に求めた(9)。これに対し藤田氏は、朽木氏家臣団成立により家政文書が担当家臣の手元に備蓄された結果とする仲村研氏の見解(10)を受け継ぎ、文明十七年に激減する直接の理由を、同年七月の惣領貞綱の死去と嫡子が元服していなかったことに求め、その後も朽木氏の土地買収は継続されていたとされる(11)。

この両者の見解は共に、この頃朽木氏が広範に展開した近隣地における代官職獲得による支配を考慮に入れていないため、朽木氏の財政基盤の評価に見解の相違が生まれたのである。これは文書の残存形態とも密接に関わる問題である。

まず藤田氏は、永正十五年（一五一八）十二月付朽木稙広代官宮川次郎左衛門売券(12)をもって、十六世紀前半においても朽木氏が加地子の売買を行っていた事例としてあげる。しかし本史料は、宮川次郎左衛門を代官として稙広が松蓋寺卿公に田地一段を売却しているのであって、それまでの朽木氏が土地を集積している状況とは正反対の事例である。そのため本事例をもって、朽木氏の土地買収の継続を主張することは出来ない(13)。

寛正・文明頃から朽木氏は、積極的に近隣地の庄園や関所の代官職を獲得する。現在判明するだけで八か所・二関所を数える。この代官職得分が相当なものであったことは、大永四年（一五二五）の高嶋郡河上庄地頭方全収納が四一二石、うち代官得分が一〇〇石程度である可能性が高く、また少し時期は下るが慶長十三年（一六〇八）時における山城国久多郷の代官得分は四七〇石余であった(14)。これに人夫役などを加えれば相当なものであったと推察できる。また現地代官には、家臣団から一地域に二名を宛てて、その支配に当たらせていた。

文明期、朽木氏は加地子収取を積極的に推し進めるとともに、近隣地庄園の代官となることにより、支配領域を広げ得分を増やしていたのである。湯浅氏の考えはこの代官得分を考慮に入れていない点問題であるが、朽木氏が加持子収取機構々築に失敗したとの指摘は傾聴すべき点であると思われる。藤田氏の如く、単に担当家臣のもとに文書が残存したとの指摘のみでは、文明期以降に朽木氏が自らの土地を放出している理由が説明できない。文明十七年以降、売券・借券が減少した理由は、藤田氏も指摘される通り、確かに当主の死去と継嗣の問題にあると見られるが、自らの土地放出は、明らかに土地買収の方針と逆行する現象である。

以上の理由から、文明十七年における売券・借券の減少と、その後の朽木氏財政の基盤について整合的に述べるならば、当主の急死を引き金とする加地子収取機構々築の失敗と、家臣団編成による広域支配実現のための機構の構築、及び近隣地庄園や関所の代官得分の増加による財政の安定化によって、地主化から代官職集積へとその支配論理を変化させたところに、その理由を求めることができるのではないだろうか。近年、湯浅治久氏は、朽木氏の財政帳簿の分析から、朽木氏財政について「広義の家産経済」と「狭義の家産経済」とに分け、朽木氏の代官職集積への転換について指摘されたが、文書の残存形態からも肯首される点である(15)。

2 戦国〜織豊期の文書

十六世紀初め、朽木氏の本貫地朽木庄に十二代将軍足利義晴が京都の騒擾を逃れてきたことにより、惣領稙綱はその恩賞として将軍の御供衆に召され、将軍の入洛後は在京するようになった。そのため政治的文書のほとんどが京都の朽木氏宅に保管され、度々の京都騒擾による京都脱出により、その文書も失われたものと推察される。現存しているこの頃の文書は、京都の稙綱から在地の嫡子に在地支配について指示した文書や、在地支配に直接関わる文書数通しか残っていない。さらに在地支配の状況を窺う史料は、文明期に家臣団が成立し、担当家臣の許に文書が保管されることとなったためほとんど現存していない。

つづく織豊期の文書もほとんど残存していない。とくに本能寺の変時に関する文書は皆無である。同変では、明智光秀の娘を室とし、高嶋郡を支配していた大溝城主織田信澄が大坂城で織田信孝に殺されており、高嶋郡の領主層は微妙な位置に立たされていた。この時期の文書が残存していないのは、同変との関連による可能性がある。

以上、中世における文書の残存状況を明らかにした。居宅の火災や家政機構の整備による文書管理の変化、居住地などによって、古文書の残存形態に変化がみられた。では近世において、これら中世文書はどのような扱いをうけるのであろうか。

第二節　近世の朽木家旧蔵史料

江戸時代の朽木氏嫡流家は、本貫地高嶋郡朽木村を動くことなく、交代寄合として石高四、七七〇石をもって存続した。文書の残存状況で特筆される点は、慶長十三年の醍醐寺三宝院領山城国久多郷の代官職をめぐる相論に関する文書が多く、わずか六か月ほどの間に六〇点もの書状が残存している。その差出しは、京都では板倉勝重の内者川那辺八右衛門尉・棒庵道信（久我祖秀）・金子内記・飛鳥井雅庸・東条法印（行長）・山本久五郎、駿府では大久保長安の手代飯嶋五郎右衛門尉・一色龍雲・渡辺勝・竹中重義・大野治純・尾嶋六兵衛・川井与五衛門尉・仙石左門・亨徳院・養庵など多彩である。朽木氏は朽木谷に居ながらにして、京都の三宝院や所司代板倉勝重、駿府の徳川家康周辺について逐一情報を得ていたのである。本相論が改易になるかもしれない相論であることを、惣領元綱は十分認識していた。またそれと共に、その人的ネットワークの広さを窺うことができる。同相論文書が纏まって残存する理由は、朽木元綱・宣綱父子が徳川家康の住む駿府へ移住（慶長十八年頃）する以前であること、及び近世においては一般的に認められない寺社領での武家代官を、中世から引き続き朽木氏が勤める契機となった相論であったことによるのであろう。

さて現存する朽木家旧蔵の近世文書は、中世文書に比べ極端に少ない。慶長十三年の相論関係文書約六〇点を除けば、古文書・古記録合わせて約六〇点、及び『寛政重修諸家譜』作成時の関連史料数点など数える程しかない。古文書・古記録約六〇点の内訳は、当主の代替時の万覚書・蔵書目録・家中名前書上・私信等、家に関わるもので占められ、領主としての在地支配に関わるものは何も残っていない。このような残存状況となったのは如何なる理由によるものなのか。まずは現存する諸史料の現状を明らかにすることから始めたい。

一　各地の朽木家旧蔵史料

1　寛文二年の地震と文書の焼失

次男五郎源義綱《(朽木)》ニ譲渡所領事
一、近江国朽木庄　承久勲功、祖父近江守信綱《(佐々木)》拝領所也、
一、常陸国本木郷　弘安勲功、頼綱《(佐々木)》拝領所也、
右、彼両所ハ勲功庄也、小所なりといへとも他にことなる所領なり、そのむねを存知して知行すべき状如件、
弘安十年《(一二八七)》二月廿八日　左衛門尉源頼綱　御在判

右、承久ノ比より寛永四年迄ハ四百十年ニ成、　（朽一四六）

右文書は、朽木義綱が父の頼綱から譲渡された際の譲状の写しである。また続けて別紙に同筆にて同年三月三日付佐々木頼綱譲状（霜月騒動時使用の太刀・布衣の譲渡）、正応二年（一二八九）五月二十日付佐々木頼綱譲状（先の太刀を悔い返し、代わりに同騒動使用時の尻房懸一具を譲渡）の二通が一紙に認められている。義綱は系譜類では朽木の祖とされ、はじめて朽木を名乗ったとされる人物である。頼綱には義綱の他に頼信（横山氏祖）、氏綱（田中氏祖）らの兄弟がいる。ここでの注目点は、右文書が写しであることで、文末の「右、承久ノ比より寛永四年迄ハ四百十年ニ成」との文言から、寛永四年（一六二七）に書かれたものであることが判明する。内閣文庫所蔵「朽木文書　上」[16]には、

一、弘安十年二月廿八日
一、弘安十年三月三日
一、正応二年五月廿日
右三通者、兵部少輔宣綱《(朽木)》代寛永四年写置候所、寛文二年五月朔日大地震ニ而在所館出火仕、其節本書焼失仕

　　候古写ニ御座候、

とあり、この三通は寛永四年に時の当主朽木宣綱により写されたものであった。その後、寛文二年（一六六二）五月一日に近江湖西地方を襲った大地震時、朽木谷の居宅が焼け、正文は焼失したのであった。因みにこの大地震は、午上刻（午後十二時）に発生し、マグニチュード七・六であったと推定され、湖西の平良岳付近を中心に若狭・京都方面にまで甚大な被害を及ぼした。朽木村の南に位置する葛川では、土石流により町居・柚ノ木の両村が壊滅、朽木村内でも被害は甚大であった。朽木氏陣屋においては、「権之助か父朽木兵部入道立斎（宣綱）か居宅虹梁落て立斎死去ス、此外家潰て死する者多と云々」（『元延実録』[17]）、「朽木民（マヽ）部殿領地家敷大分損、寿（立）斎殿御果候、台所ゟ火出不残焼申候、死人数不知候」（「梅辻家文書」[18]）、「朽木権佐（智綱）殿領分江州朽木大破にて立斎居屋敷家潰申候、立斎死者台所より出火にて潰家不残焼失申候」（寛文二年五月一日地震所々破損覚[19]）、と諸記録にみえ、この地震で当主朽木宣綱が家の倒潰・焼失とともに死去したのであった。そのため寛文二年までは、右三通も正文が存在していたと考えられる。宣綱が寛永四年にこの三通を写したのは、これが朽木氏が本貫地朽木庄を獲得した由緒を示す根幹となる文書と認識していたためと推察される。また江戸時代初期においては、朽木氏は古文書を一部もしくは全て朽木谷の屋敷に保管していたことが判る。

　ここで写しについてみておく。正文の多さが「朽木文書」の特徴の一つであるが、現存文書のうち正文の残る写しを一覧にしたものが表15である（写しの傾向を探るため、ここでは正文の残る写しに限定し、申状など正文作成以前の案文、他氏宛てで朽木氏がその写しや正文を入手したもの、算用状を省いた）。同表からは、室町幕府からの所領安堵・宛行のみ写しが作成されている、という特徴を読み取ることができる。これらがどの時点で写されたのか確定できないが、

表15　「朽木文書」の写　　※正文・写しの番号は、『朽木家古文書』の文書番号。

正文	写	和　暦	西暦	文　書　名	備　　考
20	471･752	観応2. 6.26	1351	足利尊氏袖判下文	所領宛行。備前野田保地頭職
23	753	永和3. 8.22	1377	足利義満袖判下文	所領安堵。朽木庄内針畑
24	690･691	康応元.10.27	1389	足利義満袖判御教書	本領安堵
47	693･694･695･696	享徳2.12.27	1453	室町将軍家御教書	文書消失するも所領安堵
25	697･698	長禄2. 3. 5	1458	足利義政袖判御教書	朽木庄安堵
26	699	長禄4.12.14	1460	足利義政袖判御教書	朽木庄幕府料所指定。下地安堵
27	704･705	応仁2. 3.30	1468	足利義政袖判御教書	朽木庄安堵
49	706	応仁2. 7. 8	1468	室町幕府奉行人連署奉書	後一条・案主名を幕府料所指定
51	664	延徳2. 7.24	1490	室町幕府奉行人連署奉書	朽木庄幕府料所指定解除し、朽木氏へ還付
28	442	延徳2. 9. 5	1490	足利義材袖判御教書	朽木庄安堵
32	717	(享禄2).7.16	1529	足利義晴御内書	恩賞として料所首頭庄の代官宛行
54	682	享禄2. 9.10	1529	室町幕府奉行人連署奉書	同上

ここからは幕府からの所領安堵を朽木氏がいかに重視していたかが窺えよう。近世において中世文書の経済的効力がなくなることを考慮すれば、これらの写しはそれ以前に作成されたと推察できる。朽木氏は幕府からの所領安堵・宛行の写しをいくつも作成し、不慮の正文紛失に伴うリスクを最小限に止めようとしていたのである。(20)

2　各地の朽木家旧蔵史料

元綱次男友綱家所蔵の文書　元綱の次男で旗本の与五郎友綱の家に伝わった古文書は、内閣文庫所蔵「古文書」(21)のなかに僅か二点確認できるのみである。

朽木与五郎友綱拝領同修理栄綱書上

台徳院殿（徳川秀忠）

近江国栗太郡下鈎村九百六石弐斗余、出村之内九拾三石七斗余、都合千石之事、令扶助之訖、全可知行者也、

寛永二（一六二五）
七月廿七日　御朱印
朽木与五郎（友綱）とのへ

台徳院殿

近江国高嶋郡荒河村百拾九石弐斗、長尾村三百九拾五石九斗、中野村弐百七拾六石七斗、南古賀村四百弐石
余、角川村之内三拾五石六斗余、新古賀村百八拾石、東万木村千八百三拾五石、都合三千弐百四拾四石五斗
余之事、令扶助之訖、全可領知者也、

寛永二
十月廿三日　御朱印
朽木牧斎（元綱）

修理栄綱（一七五一〜？）は友綱の六代後の当主。右は、幕府の『寛政重修諸家譜』編纂時に栄綱が家の文書を書き上げ幕府に提出したものである。

元綱三男稙綱家所蔵の文書―丹波福知山藩の文書―　元綱三男稙綱の家は、稙綱が将軍徳川家光付となったことから、家光近習の「六人衆」（後の若年寄）の一人として召され、慶安二年（一六四九）に三万石で常陸国土浦藩主となり、嫡子稙昌の代以降は丹波国福知山藩主となった家である。この家の所蔵史料は良好で、現在史料の整理が進んでいる。とくに蘭学への傾倒および古銭収集で有名な朽木昌綱の蔵書はよく知られており、その研究についても比較的進んでいるのでここでは省略する。[22]なお同家所蔵文書で最古のものは、次の寛永七年五月二十三日付朽木牧斎自筆覚

である。[23]

覚

一、四百九拾弐石五斗者　東万木村分
一、四百弐石者　元古賀村分
一、百九拾七石九斗者　長尾村分
一、拾七石八斗者　角川村分
惣合千百拾石弐斗者

右、隠居分知行之高、御年寄衆迄書附を以申上候間、無相違、於被尋下者、此通与五郎（朽木友綱）相談候而、可有知行候、か様ニ申上候も、兎角公儀御奉公専一肝要ニ候間、可被得其意候者也、

寛永七年
五月廿三日　牧斎（印）（花押）
民部殿（朽木稙綱）

元綱（牧斎）は、寛永二年に朽木家本領から隠居料として三、二四〇石余割くことを許され、五年後「覚」を作成して、隠居料の三兄弟への分与高を定めた。そのうち稙綱へ渡された文書が右「覚」である。同様の「覚」は嫡子宣綱・次男友綱へも発給されたと推される。友綱家の文書や右「覚」からは、元綱が隠居に伴う遺領や隠居料の分与について、知行宛行状や覚書など自身に関わる史料を子供達へ与えていたことが窺われる。

景山春樹氏所蔵文書　比叡山延暦寺研究で著名な歴史学者景山春樹氏の所蔵文書[24]のなかに、朽木家旧蔵のものと推

定される文書が一点ある。年未詳正月六日付朽木弥五郎（宣綱カ）宛て豊臣秀吉朱印状である。なぜこの文書が景山家にあるのか。景山家が比叡山麓の近江坂本に居住し、代々山門公人を勤めた家であることと関係があるのか、それとも春樹氏蒐集によるものなのか、現在のところ不明である。

3　京都大学文学部日本史研究室所蔵「朽木系譜」

京都大学文学部日本史研究室所蔵「朽木系譜」は、その祖佐々木信綱から朽木綱泰までの朽木家の系譜で、古文書を多数掲載している点に特徴がある。その系譜部最後には、「寛政十一己未年十二月廿九日　朽木兵庫助　三十一歳　綱泰（花押）」とあり、寛政十一年（一七九九）十二月二十九日に朽木氏当主綱泰が作成したものの如く見える。しかし、実際はそうではなく、その作成経緯は説明を要する。

綱泰署名の後に続く奥書によれば、寛政三年（一七九一）六月七日に綱泰は江戸幕府から『寛政重修諸家譜』作成のため先祖書の提出を命ぜられた。七年後の同十一年十二月二十九日に、戦国期の朽木稙綱から現当主綱泰までの「御系譜壱冊」を提出したという。つまりこの時点では、現在見られる佐々木信綱から朽木綱泰までの系譜ではなく、その途中の稙綱から綱泰までの系譜だけであったのである。

享和三年（一八〇三）六月に先の系譜の細部について幕府系譜掛目付から問い合せがあり、綱泰は十一月にその返答書を提出したところ、翌月にその返答書の内容を寛政年中に提出した系譜に書き加えたもの、及び伝来の古文書類の写しの提出が命ぜられた。そこで翌文化元年（一八〇四）九月三日に綱泰は訂正部分を書き加えた系譜を作成し、幕府へ提出した。ただし、年月日は綱泰が寛政年間作成の系譜を「失帳」していたため「寛政十一己未年十二月廿九

表16　朽木家旧蔵文書一覧

景山春樹氏所蔵文書		
1	正月6日付豊臣秀吉朱印状	
『楓軒文書纂』収載の散逸文書		
1	明応8年（1499）	推定7月16日付安富元家書状写
2	明応8年（1499）	推定8月14日付波々伯部某・薬師寺長盛連署書状写
3	永正14年（1517）	推定3月27日付武田元信書状写
4	大永3年（1523）	推定3月8日付六角定頼書状写
宮内庁書陵部所蔵の朽木家旧蔵文書（「古文書」請求番号559-13）		
1	延慶3年（1310）	6月25日付某注進状
2	応永2年（1395）	2月10日付拝戸庄真観田地売券
3	長禄4年（1460）	11月日付松蓋寺年行事慶言ら5名連署田地売券
4	文明元年（1469）	10月25日付権太国重御料所近江後一条年貢請取状
5	文明8年（1476）	3月21日付中興近江朽木郷年貢請取状
6	文明14年（1482）	閏7月2日付途中惣庄肥前行有ら3名連署田地売券
7	大永6年（1526）	3月24日付六角氏奉行人連署奉書（朽680の正文）
		※朽木家旧蔵文書と推定されるもののみ採用。
滋賀県立図書館所蔵「滋賀県有影写文書」（132）収載の散逸文書		
1	（明応頃）	古川氏下地注文写
2	慶長13年（1608）	推定5月17日付大野治純・竹中重義連署書状写
3	慶長16年（1611）	推定5月28日付片桐且元書状写
4	延宝2年（1674）	推定8月4日付仙石久邦書状写

日」と記した。寛政十一年十二月二十九日という日付は、このとき綱泰により決められたものであり、必ずしも寛政年間作成系譜の作成日時を正確に示したものでないのである。この時、綱泰は古文書一七〇点を写し、十六冊に仕立て、系譜と共に幕府へ提出している。この提出古文書写しを幕府がさらに写し取ったものと考えられるのが、内閣文庫所蔵「古文書（記録御用所本）」第十三冊所収の古文書で、その書き出し部分には「朽木兵庫助綱泰家蔵古文書」とある。[25]

文化六年十月に至り、綱泰は幕府から、佐々木信綱より朽木貞清までの系譜について問い合せがあり、この間の系譜を寛政年中作成の系譜と同様に各代に古文書を振り分けて作成するよう命ぜられた。翌年三月十五日付で綱泰は、幕府の問合せに対する

図14　朽木氏略系図

※『寛政重修諸家譜』による。中世部分も修正を加えていない。本文引用人物についてはゴチックで表記。

佐々木信綱―高信―頼綱―(朽木)義綱―時経―義氏―経氏―氏綱―能綱―時綱
―貞高―貞綱―**貞清**―**稙綱**―晴綱―**元綱**―宣綱―智綱―定朝―周綱―衆綱
―朝綱―道綱―**綱泰**―大綱―之綱

返答書および系譜を提出した。その系譜は、佐々木信綱から朽木貞清までの分だけではなく、先に作成した稙綱以降の分に粗漏が多いため改訂し、信綱から綱泰までの分を作成した。またその日付も「失帳」のため寛政年中の日付とした。提出時の綱泰の口上書には、寛永年中に提出した系譜には粗漏が多いため、在所から旧記類を残らず江戸表へ取り寄せて吟味して改正したことを記している。[26] 京大本「朽木系譜」はここまでの経緯を載せているので、本系譜は、このとき提出された系譜であることが判明する。幕府提出のものともう一冊自家用に作成したのであろう。系譜部奥の寛政十一年十二月二十九日付で綱泰が自署しているのは、最初に提出した日付を回顧して記したものであった。

その後、翌文化八年十二月に綱泰は再度幕府から系譜についての問い合せを受け、その翌年正月二十五日にその返答書を提出した。[27] そしてこの年十一月、『寛政重修諸家譜』は完成する。

右系譜作成過程で注目される点は、中世部分の系譜作成に在所の朽木谷から旧記類を残らず江戸へ取り寄せて吟味を行っている点である。このことは朽木家の中世史料の多くが在所の朽木谷で保管されていたことを窺わせる。

また京大本「朽木系譜」を詳細にみるならば、その記載方法が、戦国～江戸初期に活躍した朽木元綱以前と、その子宣綱以降では大きく異なっている。元綱以前の部分には、各人物毎に関わる古文書を多数掲載しているが、宣綱以降においては各人に関わる事項を箇条書きにするのみで、古文書の掲載はなくなる。享和三年（一八〇三）に幕府から命ぜられて提出した伝来の古文書類の写しも元綱までである（記録御用所本「古文書」）。後に幕末に水戸藩士小宮山昌秀が「朽木文書」を影写したのも中世文書に限られている（後述）。このことは、十九世紀初頭には、中世文書は現在とほとんど変わらない分量となっていたことを示すとともに、朽木家や当時の人々にとって伝来の古文書とは、江戸初期までの文書を一括りにして意識されていたものと考えられる。中世文書の扱いと近世文書の扱いには、明らかに違いが見られる。このことは朽木家の古文書保管の仕方についても、中世文書と近世文書とでは違いがあったことを推察せしめる。この意識の違いが、近世文書の残存が極端に少ない理由の一つであったと考えられる。もちろんこれ以外にも、当主がほとんど江戸に居住していたために、その多くの文書が江戸の居所に保存されていたと推定され、在所朽木谷に保存された史料とでは、その残り方にも大きな差異をもたらしたであろう[28]。

右の系譜がなぜ京都大学にあるのか。詳細は不明である。現在朽木家には、綱泰の息子大綱が弘化三年（一八四六）九月に作成した「朽木系譜[29]」があり、綱泰以前は綱泰の作成した「朽木系譜」とほぼ同内容である。大綱は、父綱泰作成本をもとに自分の代までの系譜を作成したのであろう。また京大本奥付には「寛永年中差出候系図写も所持仕候処」とあることから、文化七年には『寛永諸家系図伝』作成時の系図も朽木家は持っていたことが判るが、現存していない。『寛永諸家系図伝』作成時の系図は、寛政系譜作成後、朽木家で処分された可能性もあるが、京大本共に後に朽木家から流出したのではないだろうか。

4　『楓軒文書纂』所収文書

文化七～天保十年（一八一〇～三九）にかけて水戸藩士小宮山昌秀（号楓軒）が筆写・編纂した『楓軒文書纂』（現内閣文庫蔵）のなかに、「朽木文書」五二三点が収載されている。昌秀はそのほとんどを原文書から影写しており、筆跡・虫食いの状況まで正確である。売券の一部については太田佐衛が写した[30]。注目されるのは、第一に中世文書ばかりを影写している点である。ここにも中世文書と近世文書の扱いに差があることが窺われる。第二には、収録された文書のうち四通が現存しない文書で、うち一通は昭和二年（一九二七）に刊行された『東浅井郡志』[31]に収載されている[32]（表16）。このことから、『東浅井郡志』所載の文書は昭和初期までは現存していたことが判明する。また昌秀が原文書を閲覧できたのは、同時期に開設されていた朽木綱泰の朽木文庫との関わりによることが大きいものと推察する（次節参照）。

二　朽木綱泰と朽木文庫

1　朽木文庫について

朽木家旧蔵史料がどのように伝来したのかを解明する手立ては、江戸時代末期の朽木家の文庫「朽木文庫」のあり方から明らかにできる。

十九世紀前半に朽木氏当主であった綱泰[33]（一七六九－一八五二）は、屈指の蔵書家で、江戸の自宅に「朽木文庫」を設置し、毎月二回集会を開いていた。

一、朽木隠居兵庫助（綱泰）、大久保熊山（酉）、大澤大和守之跡継ニ而、多年和書類交易之会、十年来六日・廿五日、月二度有之候、去年迄芝江戸見坂ニ御座候所、去暮春日町ニ転居ニ而、近所故右会へ近来時々出申候、私懇意之者も沢山出申候、不惜書者（マヽ）借申候、御望之書可被仰下候、松岡清助（辰方）様世話役ニ而、何日迄と日を定借申候、江戸中異聞、二十人余も出候間、色々承申候、

（静嘉堂文庫所蔵「諸家手簡」第三冊）

右は、天保六年（一八三五）と推定される八月四日付常陸水戸藩士小宮山昌秀宛て立原杏所書状の一部である。[34] 昌秀は『大日本史』の補修・校訂に従事し、「朽木文書」を収める『楓軒文書纂』を編纂した人物で、天保六年時既に七十二歳の高齢であった。立原杏所は、水戸藩士で「大日本史」編纂に尽力した立原翠軒の長男で文人画家、天保六年時、五十一歳であった。

文中からは、綱泰は自宅で所蔵の和書類の「交易の会」を、十年来毎月六・二十五日の二度開き（この時二十人余が出席）、誰にでも書を惜しまず貸与していたことが分かる。[35] 文庫出納の世話役は、筑後久留米藩士で有識故実家の松岡辰方であった。[36]「十年来」とあることから、文政八年（一八二五）、綱泰五十六歳の頃から始められた会であったことが判明する。杏所が昌秀に、綱泰は惜しみなく書物を借閲させてくれるので、望みの書物を言ってくれるよう伝えていることから、原本を影写したと思われる『楓軒文書纂』収載の「朽木文書」もこれ以降に貸し出されたものである可能性が高い。

綱泰の蔵書は三万余巻を蔵していたと言われ、江戸の蔵書家のなかでも五指に入る程であった。[37] この文庫の蔵書には目録が作成され、閲覧の便が計られていた。この蔵書目録は複数現存するが、最も古い奥書をもつ目録は、宮内庁書陵部所蔵の天保二年（一八三一）七月十四日付奥付のある「朽木家蔵書目録」[38] である。その奥書は次のように記す。

近江朽木谷泰綱（マヽ）君、性有好書之僻（癖）、家蔵和書数十（千）部、将読書者集君門下、君善容之而無厭煩之色、咸応其所需、

今茲天保辛卯夏　世子斉彬公欲読其書目、使愿請之、君初以為一二架蔵不足、累侯家披閲故辞之、愿屢絶之而得其書目五巻、上之其転輪之際、竊謄写之、亦同僻〔癖〕之所不可錯也、

辛卯（天保二年）七月十四日　愿識

天保二年夏に薩摩藩の跡継ぎ島津斉彬（この時二十三歳、江戸在住）が朽木文庫の書目を知りたく、恐らく家臣であろう愿を使いとして綱泰に頼んだ。綱泰は初め架蔵の不足を理由に断っていたが、愿の熱意により書目五巻を与え、愿はそれを斉彬へ上進したことが窺える。その時、愿が密かに写し取ったものが本書である。

その後、天保七年（一八三六）正月に幕臣津田正路が「朽木文庫書目」を書写した際の巻頭に「朽木文庫略記」、すなわち「朽木文庫」の由来を簡略に載せており、ここから文庫の具体的実態を窺うことができる(39)。

朽木文庫略記

朽木綱泰《ヒロ》、姓ハ源朝臣、兵庫助と称す、

宇多天皇の皇子一品式部卿敦実親王の御子、従一位左大臣一条雅信公始〔初〕て源朝臣の姓を賜ふ、（略）、独信綱子孫、嫡々連綿として朽木の庄を伝ふる事、整々依然として今日に及んて星霜凡六百有余年、綱泰に至りて何二十世なり、誠に得かたきの名家なり、国初より世々交代寄合の列として諸侯の格たり、且て武業の暇、書籍を渉猟《セリヤウ》するを以て楽とす、後致仕して家を長子大《オヽ》綱に譲る、其性温厚にして誠直也、専ら本朝の古典を愛して、異端を斥《シリゾ》け、皇和を尊ひ、頗る卓識あり、是異邦の書を妨嫌《ホウケン》して知らさるにあらす、近世本朝の事に疎《ウト》く、異邦の事を精くする弊《ヘイ》風を厭ひ、本朝を尊ふの誠意なり、其好める道といへとも、人と争て弁論する事をせす、普く貴賤の隔なく客を愛して交る事厚く、又其礼をも失ハす、其友といへとも漫《ミタリ》に其知る事を云ハす、其謙知へし、故に一家の見

識ある事を知る人少く、只群書の蔵家とのミ思へり、予親炙して其実を窺ひ知る、家蔵する所の書典凡何千部、凡何万巻あり、猶日々に加増の書巻多けれハ、書目も次第に補益する者此限に非す、其書毎巻悉く朽木文庫の朱印を押す、尤時事に触るゝの書ハ其印なきもあり、其余書目に載記せさる所の書冊若干あり、亦叢書と号する者、大小の冊子凡一千余巻に及へり、是ハ近世の事を輯録するもの多し、悉く一世に集蔵する者にて、其用心勤苦推て量るべし、然るに其蔵書を借閲《エツ》せんと請ふもの多けれとも、吝惜《リンジヤウ》の色なく其求に応す、秘書と雖とも聊か執着する事なし、是か為に書を失ふも多しとかや、是尋常の成かたき事にして、広量の一偉《イ》、併《シカシ》なから是聖賢の遺教を永世に伝へて、太平の恵に答るの意なるへし、毎月集会の定日あり、招請せすといへとも来会する者大抵二十余人に及ぶ、其席に出る蔵書の目録十巻あり、分類する事三十二条、

国史編年　神書　律令　公事　衣紋　家記　補任　系図　地志　外藩地志　国之図　城之図　合戦之図　外藩地図　武器之図　画像　画巻物　軍記　御当家記録　御日記　群書類従　物語　随筆　雑書　貞丈著述　犬追物　兵書　分限帳　雑書　歌書　紀行

なり、予毎会其筵に出て竊に其書目を写す、是朽木文庫の世に益あるの功を顕し伝へ、又後の考証の一助とし、予が借閲を求る時の便とするなり、遂に写し終るに及んて、借書の慈恵を思い、蒙昧を顧す知る所の事のよしを記す、素《モト》より求められたるに非ず、序といへるにこと非されハ、謙辞すべきにもあらす、仮令綱泰の一覧あるとも事実に違ひなけれハ、諛ふにもあらす、咎むる事もあらしをと暫く爰に誌し置のみ、

津田平正路

天保七年（一八三六）丙申春正月

表17　朽木文庫書目（朽木家蔵書目録）一覧（※）

朽木家蔵書目録	宮内庁書陵部　天保２年（1831）使愿写　１冊
朽木文庫書目	内閣文庫　天保７年（1836）３月松井範春写　３冊　同年正月の津田正路本の写本
朽木文庫書目	内閣文庫　天保９年（1838）９月使福岡膏写　２冊
朽木文庫書目	内閣文庫　天保13年（1842）６月上旬写　３冊　津田正路本の写本
朽木家蔵書目録	国立国会図書館　弘化３年（1846）写　１冊
朽木文庫書目	岩瀬文庫　文久２年（1862）９月写　１冊　羽田野敬雄（羽田八幡宮文庫）旧蔵本
朽木家蔵書目録	内閣文庫　明治９年（1876）11月写　３冊　内務省写
朽木家蔵書目録	静嘉堂文庫　１冊、静嘉堂文庫　２冊、宮内庁書陵部　３冊、九州大学、東京大学　１冊本２部、東京大学　３冊、東北大学狩野文庫　１冊、尊経閣文庫　５巻１冊、無窮会図書館神習文庫　１冊、旧東京帝国大学　５冊（※※）
朽木文庫書目	京都大学、筑波大学、雲泉文庫、鈴鹿文庫
朽木書目	旧東京帝国大学（※※※）
蔵書目録	朽木家　11冊（同家には他に「番外書目録」「通俗物書目」がある）

※『補訂版国書総目録』（岩波書店）および現地採訪により作成。　※※、※※※　共に1923年の関東大震災により焼失。出典は、※※『東京帝国大学所属図書館和漢書書名目録　増加第二』（1911年、166頁）、※※※『帝国大学図書館和漢書分類目録』（1893年、205頁）。

津田正路は、綱泰について「温厚にして誠直」で、書籍の渉猟を趣味とし、「貴賤の隔なく客を愛して交る事厚」い人物であったと評す。家蔵の書物には「朽木文庫」の蔵書印を押すが、時事に関わるものには印を押さないものもあった。蔵書は綱泰一代にして収集したものであった。「専ら本朝の古典を愛」し、和書のみを収集したのは、綱泰三十四歳の時まで存命していた蘭学癖のあった福知山藩主朽木昌綱を意識してのことに違いない。注目されるのは、蔵書を借閲しようと請うものに、「吝惜の色なく其求に応」じ、秘書であってもいささかも執着しなかった、とされる点である。このため失う書物もあったという。毎月の自宅での集会には、誰となく二十余人程が集まってきた。その席には、蔵書の目録一〇巻が出され、この目録をもとに借閲した。その目録の分類は、「国史編年　神書　律令　公事　衣紋　家記　補任　系図　地志　外藩地志　国之図　城之

図　合戦之図　外藩地図　武器之図　画像　画巻物　軍記　御当家記録　御日記　群書類従　物語　随筆　雑書　貞丈著述　犬追物　兵書　分限帳　雑書　歌書　紀行」の三十二に分類されていた。正路は、「朽木文庫の世に益あるの功を顕し伝へ、又後の考証の一助とし、予が借閲を求むる時の便とする」ため目録を書写したのであった。

このような目録の書写は、この後もいく度となく繰り返され、現在知られるだけでも二十三部が確認できる[40]（表17）。

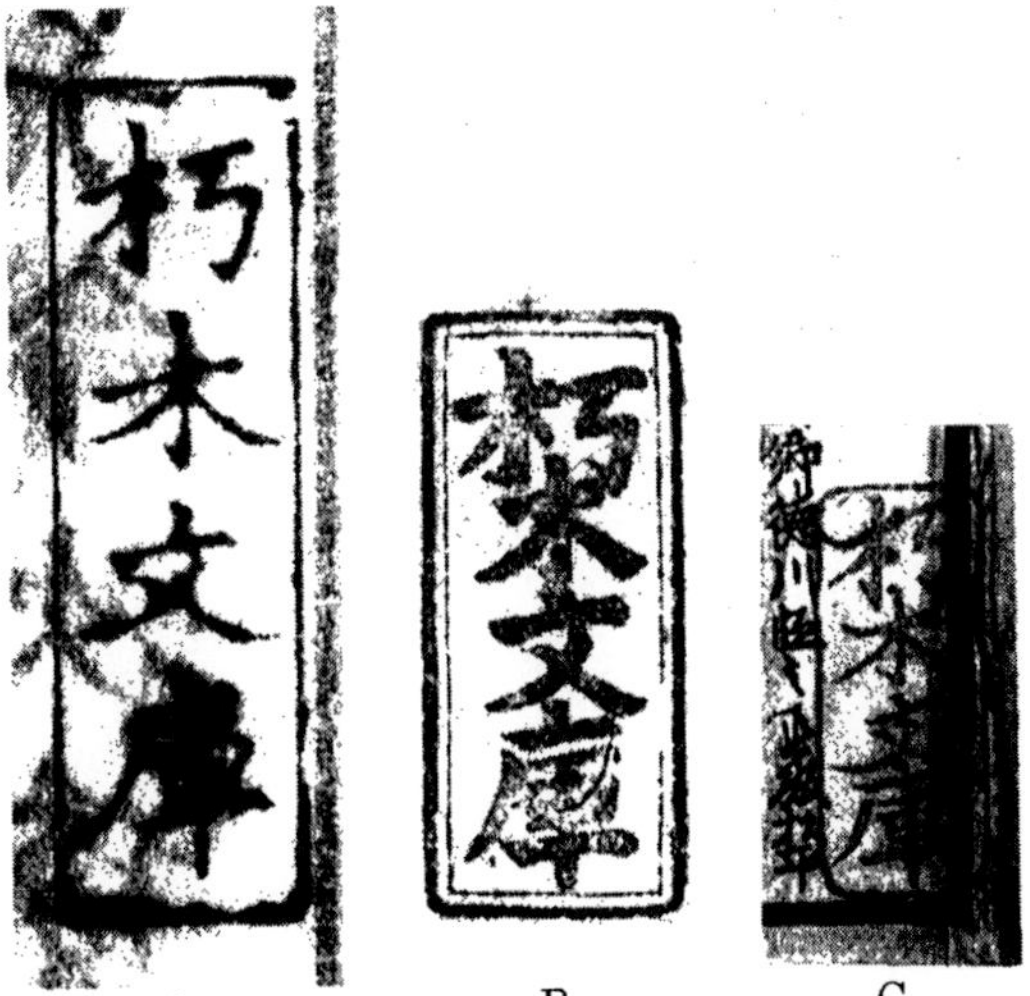

A　　B　　C

図15　朽木文庫朱印　3種

A　縦56mm 横17mm。不老文庫所蔵本から。
B　縦40mm 横18mm（二重線枠）。朽木家所蔵本から。
C　縦27mm 横12mm（一重線枠）。朽木家所蔵本から。
B・C印はいずれも新出印。

綱泰は、自らの所蔵する書物に「朽木文庫」と刻印された朱の蔵書印を押していた。先の「朽木文庫略記」からは、時事に関わる書物には文庫印を押さなかったことが知られるが、現在朽木家が所蔵する系譜など家に関わる書物にも、蔵書印は押されていない。このことから蔵書印が押されたのは、朽木の家に関わる内部史料や時事に関わるもの以外の書物であったと考えられる。

2　朽木文庫史料の復元

実はこの蔵書印を有する書物は、各地に散見する。現在確認できるだけでも、宮内庁書陵部、内閣文庫、

表18　内閣文庫所蔵の旧朽木文庫史料

続世継	史料	土佐国式社考	拝賀部類
滋草拾露	冠服徴古	反古染	続撰武家補任
武家装束着用図	公卿家伝	改選諸家系譜	
日次記	李部王記	愚昧記	玉蘂
建治三年丁丑日記	甲信発向記	東奥軍記	
続太平記貍首編	尾張国風土記	日本総国風土記	
伊勢国風土記	参河国古墳記	引駒拾遺	
駿河国志	駿州名勝志	豆州志稿	豆州熱海地志
廻島雑話	武蔵志料	武蔵郡村記	江戸往古図説
房総志料	淡海府志	飛州志	信府統記
佐渡風土記	美作志	日本輿地通志	
南海道部紀伊志略	讃岐記	筑前国続風土記	
筑後志	応撰定令律問答私記事	親長記	
参河国大樹寺記聞書	浅草寺志	八重畳	
平家物語	塩尻	小窓雑筆	家記年表
等持院殿以来代々御伝			

国立国会図書館、無窮会図書館神習文庫、不老文庫の五か所で、前四か所はいずれも所蔵印譜の目録を刊行している所である。

まず宮内庁書陵部には、朽木文庫印のある書物が二三七冊所蔵されている。(41) 捺印された具体的書物は、「蜷川親元日記」「古宝器古城等図」が知られるが、その他の具体的書名は目録不備のため不明である。内閣文庫にも五三部一、三〇八冊の所蔵が確認できる。(42) 内閣文庫には、表18の如く記録・地誌・随筆など様々な内容のものがある。これらは、同文庫創設時に内務省や教部省、元老院、太政官正院地志課、地理寮地誌課、内務省地理局、その他から移管されたものである。(43) 国立国会図書館・無窮会図書館神習文庫については、その蔵書印譜から綱泰旧蔵書物があることのみ知られる。(44)

不老文庫は、滋賀県高島市今津椋川に存在する文庫である。同文庫には、朽木文庫印を押した和書が一五〇冊ある。内容は、「和漢三才図会」「延喜式」「古事記伝」である。同文庫は、大正十一年（一九二二）十二月に大谷（旧姓栗田）仁兵衛（慶応元年〈一八六五〉生）が、母校三谷小学校（現今津西小学校）の椋川分校改築に際し開館したものである。彼は、京都で図書出版を手掛ける大谷家に奉公、のち同家に入籍し、帝国地方行政学会の経営や、内外出版株式会社を創設し、その他にも出版会社を持った人物である。(45) 彼が朽木家旧蔵典籍をどのようにして入手したかは不明であるが、歴史系出版物に携わっていたため書物に精通し、また公家山科家の中世文書を購入するなど古書の蒐集も行っていた(46)。椋川が江戸時代朽木領であったことも関係し、古書肆にて朽木文庫の書物を入手したものと推察される。

現在判明するのはこれだけであるが、綱泰の蔵書が三万余巻であったとされることから、これらはほんの一部に過ぎず、彼以降の時代に蔵書は四散したことが知られる。

本章では、江戸時代における朽木家旧蔵史料についてその伝来と復元を試みた。その結果、朽木家旧蔵史料が各地に存在すること、および中世文書に関しては伝来の古文書として近世文書とは異なるものと意識され、その保管の仕方にも違いがあったのではないかという点を明らかにした。

幕末に一代で三万余巻を蒐集した綱泰の朽木文庫書物および伝来の朽木家の古文書は、その後どのような変遷を辿るのか。次章ではこの点について明らかにする。

第三節　近代における朽木家旧蔵史料の散逸

1　明治維新と朽木家

明治維新に際して、朽木氏はいち早く維新政権へ帰順の意を示した。慶応四年（一八六八）一月に当主之綱は維新政権へ、領内にある江若間の関所山中関の守衛の申し立て、三・四月には帰順の意と領地についての願いを提出するが、四月二十五日に至り山中関の守衛を罷免された(47)。また王政復古の機会をとらえ醍醐寺三宝院が、中世以来朽木氏に代官を任せ、毎年六〇石の収入を得ていた山城国久多郷の直務を民政局に訴え、二十五日に之綱は民政局から翌月二日の出頭を命ぜられた。しかし民政局の裁許は、これまでどおりとの判決であった(48)。朽木一族には、徳川方へ付いた者もいて、之綱の分家鐵五郎家が徳川方へ付いた。そのため之綱は、自ら鐵五郎家との義絶と同家知行の取り戻しを維新政権に嘆願している。(49)

之綱の上京による維新政権への帰順表示により、五月に彼は政権から四、七七〇石余の本領安堵を受け、京都定府の朝臣として中大夫の新身分に編成された。(50) しかし翌月には、その所領は最寄の府県の支配下に入る旨の達しを受ける。(51) 翌明治二年（一八六九）四月には、朽木氏は近世に交代寄合であったため、「藩屛」の列に入れてもらえるよう嘆願したが認められなかった。(52) そして十二月の領地の上知により廩米受給者となるとともに、中大夫身分も廃され士族となった。之綱は翌三年一月に采地朽木村での在留願いを留守官伝達所に嘆願し認められ、翌年三月に京都府貫属から大津県貫属となった。(53) 士族となり、廩米受給者となった朽木家は、その後、同六年一月から十月の間に朽木村から京都上京麩屋町通二条上ル布袋屋町へ移住した。十月に之綱が滋賀県へ提出した「建家向頂戴再願」には、「御陵衛士朽木之綱」と自らの職を記している。(54)

2　宮内庁書陵部所蔵の朽木家旧蔵史料

翌明治七年（一八七四）二月、朽木家所蔵の典籍など長持五棹分が宮内庁へ渡った。(55) これが政府による召し上げなのか、借用なのか、購入なのかは詳らかにしない。現在宮内庁書陵部にある朽木家旧蔵典籍二三七冊は、この時の移管によるものと考えられる。この典籍の他にも「朽木文書」の一部と考えられる中世文書七点が「古文書」と題する綴りにある(56)（表16参照）。この綴りは松岡辰方旧蔵のもので、明治二十五年十月に松岡家から宮内庁へ移管されたものである。辰方の入手経緯は詳らかにしないが、彼は朽木文庫出納の世話役を勤めた人物で、朽木家とも関係浅からぬ人物であった点を指摘しておきたい。

さて明治七年の朽木家から宮内庁への典籍移管については、後に問題を残し、大正年間（時期不明）と昭和三十四年（一九五九）の二度に亘り返還運動が起こった。当主義綱（之綱の孫）が中心となった昭和の史料返還運動は、読売新聞滋賀版（一九五九年六月二十一日発行、一〇頁）にも「〃朽木文庫〃返還のきざし」の見出しで掲載され、その様子がわずかながら窺える。

明治七年に国が借用

吉川村長（朽木村々長…西島注）と朽木家の話によると明治七年二月、旧内閣修史局から「国史編さんのため一時借用したい」との申し入れがあり、朽木家の定紋「四ツ目結び」入りの長持（長さ約二メートル、幅、深さともに一メートル）五個に入れてもち帰った。借用書の写しには古事記三冊、日本書紀十五冊、帝王編年紀十六冊などの史書、尊卑分脈十三冊、佐々木系譜八十五冊、山名、島津、毛利、池田など全国諸大名の系譜、保元物語、平家物語、南朝太平記などの軍書約三千冊が記され、いま宮内庁図書寮に保管されている。（略）この文庫は大正年間にも一度返還してもらうという話がでた。

右新聞記事には、引用以外の部分で朽木文庫の設立を承久三年としている点や、現在宮内庁にある朽木文庫印のある典籍は二三七冊である点、現在「借用書の写し」が確認できない点などから、いくつかの誤認に基づいた記事であると判断されるが、朽木家には明治七年二月に国が文庫の典籍を朽木家から借用したままとなっていると言い伝えられている点は確かである。朽木文庫の典籍については、この言い伝えのみ朽木家に伝えられていることから、この長持五棹分が朽木家に残った最後の、まとまりをもった典籍であったと推察される。このことを文庫典籍の残存状況に即して考えれば、この移管された典籍以外の大部分の文庫典籍は、それ以前の段階で既に散逸していたものと考えられる。[57]

3　内閣記録局――現内閣文庫――への売却

国立公文書館内閣文庫所蔵分の経緯については、内閣文庫影印叢刊『朽木家古文書』として影印版が刊行された際、小泉宜右氏による「解題」に詳しい。それによれば、『朽木家古文書』は明治二十一年（一八八八）二月に内閣記録局が、滋賀県高嶋郡市場村の朽木之綱から一括で、全一七二巻・八一通・一〇冊を一五〇円で購入し、同局図書課が所蔵した。同課は、翌年内閣制度の制定とともに内閣文庫と改称する。朽木家ではこれらを二個の同規格の箪笥に収めて伝来していたと云い、現在内閣文庫に、外のり「縦五〇・五糎、横五〇・五糎、奥行四三糎」の箪笥が保存されている。内閣文庫所蔵『朽木家古文書』一、〇六六通は、その後、平成元年（一九八九）に至り国の重要文化財に指定された。[58]

4　朽木家所蔵史料

現在の朽木家所蔵史料（「朽木清綱氏所蔵文書」）の多くは、東京大学史料編纂所が昭和三十八年（一九六三）十一月に撮影した「朽木文書　乾坤」の二冊の写真帳で世に知られている。収載点数は中世文書を中心とする一一六点で、文書の断簡が多い。現在確認できる朽木家所蔵史料は、中世史料一〇二点、近世史料一一七点、近代史料二三点の計二四二点である。中世史料は文書断簡が多く、近世史料もその半分の約六〇点が慶長十三年の久多郷相論関係文書である。主要中世文書が内閣記録局（現内閣文庫）に売却されたため、このような残り方となったのである。

また近世・近代史料においても、代替わり万覚書や系譜など朽木家そのものに関するもののみであることから、家に直接かかわる必要最小限のもののみを残し、今に伝えることとなったものと考えられる。

この同家所蔵の古文書のほとんどには、一度泥水に浸かった跡がある。同家は現在安曇川が丁度南から東へと折れ曲がる地点に位置する市場にあるが、江戸時代は野尻の陣屋に居住し、明治六年に在所を引き払い一度京都へ出た。そののち当主之綱は、明治二十一年（一八八八。古文書を内閣記録局へ売却した年）までには帰郷し、朽木村内の市場へと居所を移していた（現在の地より少し東側。昭和四十年に現在の地へ移転）。之綱は、新たに朽木村内の神社の神主を勤め生計を立てたといわれる。市場は安曇川が南から東へと大きく折れ曲がる地点であることから、しばしば安曇川が決壊し、その度に浸水した。昭和二十八年（一九五三）九月二十五日の台風一三号では大水害となり、市場は床上浸水し、古文書の入った箱が流された。現在古文書に見られる泥の跡は、この浸水時、水に浸かったものである。その後、昭和三十八年（一九六三）の大水害で市場が床下浸水となったのを機に、安曇川の本格的な堤防修築がなされ、以後は決壊する事もなくなった。この度々の水害による史料の一部散逸も十分想定される。

5　滋賀県有影写文書

昭和三年（一九二八）に刊行された『滋賀県史』編纂の際、「朽木文書」も採集され、謄写が行われた。そのうち、大正十年（一九二一）謄写の「朽木雑々文書」のなかに現在所在不明の古文書が四通あり（表16）、この謄写以降に散逸したことが分かる。

以上、明治以降の朽木家旧蔵史料の伝来は、主要史料が朽木家から失われてゆく過程を追うものであった。朽木家からどのようにして流出したのか不明な史料も多くあったが、それらの多くは恐らく明治以降に散逸したのであろう。江戸時代、蘭学や古銭に造詣の深かった庶流の福知山藩主朽木昌綱や、嫡流家の交代寄合綱泰のような蔵書家を輩出した一族であったが、嫡流家に残った史料は、明治維新による社会の激変に飲み込まれ、散逸してゆくのであった。

おわりに

従来、中世における畿内周辺の在地領主が残した大部の史料として注目されてきた内閣文庫所蔵『朽木家古文書』及び「朽木家所蔵文書」であったが、本稿で朽木氏の旧蔵史料が如何なる経緯を辿り現在に至ったのかを明らかにした結果、内閣文庫と朽木家以外にも数多く存在することが判明し、典籍については全国に四散している状況が明らかとなった。

その経緯を簡潔に纏めるならば、朽木氏の祖義綱からの伝来文書は、十五世紀半ばの居宅の火事と、十七世紀半ばの大地震による居宅焼失がその残存に影響しているが、中世における最も大きな転換点は、文明期における家臣団組織の形成による文書管理の変化が大きかった。これにより在地支配に関する文書は一挙に減少したのであった。それは地主化から代官職集積へと朽木氏領主制の転換と対応するものであった。また現在みられる中世文書群については、十九世紀初頭には現在と変わらない分量となっていたと考えられた。近世文書群に関しては、ほとんど現存していないことから、中世文書群との保管の仕方に違いがあったものと推察され、江戸の居所における保存による散逸や、明治維新後の散逸の可能性を指摘した。十九世紀前期の当主綱泰は、一代にして蔵書三万余点を蒐集し、自ら「朽木文庫」を設置し、月二回の会合を開き、誰にでもその蔵書を借閲させたが、彼の死後、その蔵書の多くが四散した。「朽木文書」は、朽木氏が鎌倉時代から明治維新に至るまで、その巧みな政治的判断力で生き残ったという政治的理由と共に、朽木家における文書・典籍の保管のあり方がその残存を左右したのである。

近世社会において、中世文書はその経済的効力を失い過去のものとなった。朽木氏の場合、中世文書は家の由緒を示す史料として系譜作成に生かされ、一纏まりのものとして認識し、在所に保管していた。また幕府や故実家による書写という形で、その価値が再認識された。しかし武家社会が終わり、近代社会に生き残れなかった旧武士はその文書・典籍を手放さざるを得なかった。武家文書の場合、その家の浮沈が残存のあり方を大きく左右していたのである。それとともに中世文書が今日まで伝来したのには、各時代々に様々な形でその価値が再認識され、それが繰り返されることで、廃棄されることなく、伝来していったという側面がある点を指摘しておきたい。

最後に、ある家に伝来した旧蔵史料の時代的変遷を明らかにする際、重要な手掛かりとなる蔵書印が史料保管機関の蔵書目録に記載されることはほとんどない。そのためその伝来を解明するのに多くの困難を伴う。史料の伝来を明らかにできるツール（各機関の蔵書目録に蔵書印まで記載すること）の充実は、近世やそれ以降の史料論を確立するためにも自覚的に取り組まなければならない問題である。この作業が行われない限り、先人の残した知の継承の過程を解明することは容易ならざるものとなるだろう。

〔註〕

（1）史料纂集本と内閣文庫の影印本とでは文書番号が異なり、引用に際し注意を要する。

(2) 内閣文庫影印叢刊『朽木家古文書』一一六号（以下、『朽木家古文書』および文書番号を「朽〇〇」と略記する）。
(3) 朽三六一・三六二。
(4) 朽六九三〜六九六。
(5) 朽四三六・四六七。
(6) 藤田達生「室町末・戦国初期にみる在地領主制の達成」（同氏著『日本中・近世移行期の地域構造』校倉書房、二〇〇〇年に収録。初出一九九二年）。
(7) 朽二五。
(8) 拙稿「中・近世移行期における在地領主の代官請について」（三鬼清一郎編『織豊期の政治構造』吉川弘文館、二〇〇〇年。本書第二部第四章）。
(9) 湯浅治久「中世後期における在地領主の収取と財政」（同氏著『中世後期の地域と在地領主』吉川弘文館、二〇〇二年に収録。初出一九八八年）。
(10) 仲村研「朽木氏領主制の展開」（同氏著『荘園支配構造の研究』吉川弘文館、一九七八年に収録。初出一九七四・七五年）。
(11) 藤田、註(6)論文。
(12) 朽四四六。
(13) なお同日付で、同じく宮川次郎左衛門を代官として稙広が松蓋寺式部卿に田地一段、大岡右京亮に田地二段も売却している（朽四四五・一〇六五）。その後、天文十六年にも、宮川頼忠を代官として朽木晴綱が花蔵院源嘉へ田地一段半を売却している（朽四六一）。
(14) 河上庄の地頭代官得分については、近年の湯浅治久氏の見解が、いまだ推定の域は出ないが説得的である（「中世後期における在地領主経済の構造と消費」『国立歴史民俗博物館研究報告』九二、二〇〇二年）。そのため同庄得分については、前稿（註〈8〉拙稿）の見解に留保を加えなければならない。しかし湯浅氏のように代官得分を「本領（朽木庄＝西島注）財政を補塡するようなものではありえない」（註〈96〉）ほど脆弱なものであったと評価するのはいかがなものであろうか。仮に大永四年分の河上庄地頭得分が一〇〇石余としても、同年の本領＝朽木庄分総借米三七石余を補塡することは可能な石高である。そのため代官職得分を脆弱なものとみるのではなく、本領と代官所領とは完全に別決済を行っていたとみるべきではないだろうか。だとすれば、なぜ本領の赤字補塡ができないような決済構造をとっていたのかについて検討する必要があろう。

(15) 湯浅、註(14)論文。
(16) 架蔵番号一五九—三五五。
(17) 「元延実録」（国立公文書館内閣文庫所蔵）巻十、京大坂大地震并上方筋諸国地震大破并人死等注進之事。
(18) 「梅辻家文書」（京都市歴史資料館架蔵写真帳）寛文二年之日記　五月十四日条。
(19) 「狩野亨吉氏蒐集文書」（東京大学史料編纂所架蔵影写本）十七、No.八九六。
(20) この他に、正文は現存しないが、応仁元年十二月に朽木庄の幕府料所指定を解除し、朽木氏へ還付した幕府奉行人連署奉書の写しが五通あり、表15の特徴と一致する（朽七〇〇〜七〇三・七四八）。
(21) 「古文書」（八）一一（東京大学史料編纂所架蔵写真帳）。
(22) 昌綱および福知山藩に関する文献を以下に挙げる。新村出「朽木昌綱の蘭文書簡」（『新村出選集』第二巻南蛮篇坤、養徳社、一九四五年。初出一九一五年）。『朽木昌綱公』（京都府福知山中学校、一九三八年）。加藤秀幸「朝暉会所蔵福知山城主　朽木氏歴代印章并花押影」（『古文書研究』六、吉川弘文館、一九七三年）。『福知山市史』（第三巻、福知山市役所、一九八四年）。沼田次郎「蘭癖大名朽木昌綱伝拾遺」（『日本歴史』五〇〇、吉川弘文館、一九九〇年）。同「蘭癖大名朽木昌綱伝余滴」（同五一二、一九九一年）。同「蘭癖大名朽木昌綱のイザアク・ティチング宛書翰について」（同五二八、一九九二年）。同「丹波福知山藩主朽木昌綱の蘭学研究について」（『日蘭学会会誌』一七—一、日蘭学会、一九九三年）。『朽木綱貞絵画』（福知山市郷土資料館、一九九一年）。松田清「朽木昌綱旧蔵蘭書について」（『京古本や往来』五五、京都古書研究会、一九九二年）。フランク・レキン「蘭学者朽木昌綱（1750-1802）オランダ商館長イサーク・チチング（1745-1812）二人の国際人のユニークな友情について」（『フランク・レキン博士講演会資料テキスト』福知山市・福知山史談会、一九九二年）。小出進『情報大名・朽木昌綱』（講談社、一九九四年）。根本惟明訳・著『日蘭交流遺聞　朽木昌綱↔イサーク・チチング交換書簡集』（私家版、一九九八年）。朽木彰編著『朽木出羽守綱貞私書簡集　大坂城在番たより』（私家版、二〇〇一年）。

(23)『福知山市史』三（福知山市役所、一九八四年）三六頁、写真17。

(24)東京大学史料編纂所架蔵写真帳「景山春樹氏所蔵文書」。

(25)一六六通の文書が写されている。また宮内庁書陵部所蔵「朽木文書」（架蔵番号二六一―二三〇）も同内容の写しである。

(26)朽五一八。

(27)朽五一五・五一八。

(28)国許での藩庁史料の行方については、現在のところ明確にし得ない。朽木氏と同様の交代寄合である美濃国高木家の場合、文書等（現名古屋大学所蔵）は国許に保管されていて、朽木氏の近世史料の現況と大きく異なる。朽木氏の明治維新後の状況等も考慮すべき問題であり、今後の課題としたい。

(29)『滋賀県史』編纂時の大正十年（一九二一）に蒐集された謄写本が、滋賀県立図書館にある（『滋賀県史採集文書』一二二、県有影写文書）。

(30)内閣文庫影印叢刊『楓軒文書纂』（上、国立公文書館、一九八二年）五七九頁（「朽木監物、交代御寄合四千七百七十石、江州朽木、此類文書夥敷家蔵候由、其内之少々斗太田佐衛写たる也」）。

(31)第四巻、東浅井教育会刊。

(32)『楓軒文書纂』上、五一一～五一四頁。大永三年推定三月八日付六角定頼書状は、『東浅井郡志』（四、東浅井教育会、一九二七年）および『大日本史料』（九—十九、一七〇頁）に翻刻されている。

(33)綱泰については、森銑三「朽木兵庫助綱泰」（『森銑三著作集』第九巻、中央公論社、一九七一年。初出一九三二年）、森潤三郎「古書閑談　朽木兵庫助綱泰」（同氏著・朝倉治彦解説『考証学論攷』青裳堂書店、一九七九年）がある。

(34)森銑三氏はこの文書を文化八年（一八一一）と推定するが（前掲同氏「朽木兵庫助綱泰」）、綱泰が隠居するのは文政十二年（一八二九）十二月であること、江戸の江戸見坂から春日町へと転居したのが天保五年（一八三四）であること（京大本「朽木系譜」）、書状日付にある「未」歳は江戸見坂転居の翌年で「去年迄江戸見坂に御座候」との表現と合致することから、天保六年と推定。また森氏は発給者を立原翠軒とするが、彼は文政六年（一八二三）に没しているため翠軒ではない。書簡初めにある注記「立原甚太郎《(杏所)》来書」を翠軒の通称である「甚五郎」と読み違えたものと推される。

(35)このような借閲により書写・編纂されたものに、赤穂義士関係史料を網羅した鍋田晶山編纂『赤穂義人纂書』（国書刊行会、一九一〇年）の「浅野内匠頭分限帳」（奥書「天保八年丁酉冬至月初六、借鈔於朽木老君蔵本終」）、「義士親類書」（奥書「右一本朽木老君所蔵也、天保六年乙未初夏上澣借」）、「松平隠岐守殿江御預け一件」（奥書「天保乙未季春乞朽木老君蔵本而謄写訖」）があり、各奥書から綱泰所蔵本を綱泰から貸与されて写されたことが判明する。

(36)宮内庁書陵部所蔵「朽木家書目」（架蔵番号二〇六—二二六）には「松岡文庫」の蔵書印がある。ゆえに松岡辰方の文庫「松岡文庫」には「朽木家書目（＝朽木文庫目録）」が所蔵されていた。これは辰方の朽木文庫出納役としての役割によるものであろう。

(37)文政十二～天保三年（一八二九～三二）まで江戸に滞在していた足代弘訓の随筆「伊勢の家苞」（『日本芸林叢書』五、六合館、一九二八年）。弘訓は江戸における蔵書家を、聖堂、守村抱義（十万巻）、蜂須賀治昭（六～七万巻）、塙保己一（二万巻）、朽木綱泰（三万余巻）、古賀侗庵（一万余巻）の順で列記する。

(38)架蔵番号一〇二一—二五五。

(39) 内閣文庫所蔵（架蔵番号二一九―一一〇）。全三巻。第三巻の奥書には、「天保七丙申花月《（三月）》中旬写　松井範春書」とあるため、本書がこの年正月に津田正路が作成した書目を、二か月後さらに松井範春が書写したものであることが分かる。なお本目録は、朝倉治彦監修、長澤孝三編集『書誌書目シリーズ69　板倉・朽木・大久保家蔵書目録　第2巻　朽木文庫書目』（ゆまに書房、二〇〇四年十一月）として影印本が刊行された。また『書誌書目シリーズ69　板倉・朽木・大久保家蔵書目録　第三巻』には、国立国会図書館所蔵の『朽木家蔵書目録』が影印収載されている。

(40) また津田が作成した目録（「朽木文庫略記」記載の目録）は、その後、天保十三年（一八四二）六月上旬にも書写されている（内閣文庫所蔵「朽木文庫書目」三冊、架蔵番号二一九―一一二）。「朽木文庫書目」は文庫の蔵書が漸次増加していたためか、書写の際の関心からか、それぞれ所載数が違う。因みに朽木家所蔵の「蔵書目録」（全十一冊）では、二二七六二冊を数える。

(41)『図書寮叢刊　書陵部蔵書印譜』上（宮内庁書陵部、一九九六年）一七六頁。

(42)(43)『改訂増補内閣文庫蔵書印譜』（国立公文書館、一九八一年）七一頁。および国立公文書館での蔵書検索による。

(44)『国立国会図書館蔵書印譜』（青裳堂書店、一九九六年）一二二頁。林正章『近世名家蔵書印譜――無窮会図書館神習文庫本に據る――』（青裳堂書店、一九八二年）三九頁。

(45) 以上、平田守衛『滋賀の図書館』（私家版、一九八〇年）一八〇頁。

(46) 一九四九年に影写された京都大学文学部日本史研究室架蔵の「旧山科家文書」は、大谷仁兵衛氏所蔵のものであり、彼の古書蒐集の一端が知られる。

(47)「公文録」（国立公文書館蔵）戊辰、一三　士大夫（一）―二一（公六―九六三）朽木主計助江州山中御関所守衛ノ儀ニ付申立。同士大夫（二）―二六（公六―一〇九三）朽木主計助外一名領地支配方ノ儀ニ付願。同士大夫（四）―四二（公七―四二七）朽木主計助外一名旗下帰順ノ向取調書差出方ノ儀ニ付伺。「太政類典」（国立公文書館蔵）第一編、保民・警察五―一一一（太一〇―一二八〇）朽木之綱ノ山中関門ノ守衛ヲ罷メ忍藩ヲ以テ之ニ代フ。三か月後の同年八月

に再度之綱へ関警護の命が下されたが、結局翌年一月に引き払い届けを出すこととなった（「太政類典」第一編、保民・警察五－一一三（太一〇－一二八二）朽木之綱ニ命シテ山中関門ヲ警衛セシム。「公文録」己巳、二四　士大夫（二）－一八（公一二一－七一四）朽木主計助山中関門引払届）。

(48) 以上、朽五二三一～五二四。

(49)「太政類典」第一編、理財・禄制十－三五（太一九－九二六）中大夫朽木主計助分家同姓鐵五郎徳川家へ随従ニ因リ義絶ノ上分知取戻ヲ乞フ。「公文録」戊辰、一三　士大夫（一一）－九三（公八－五六六）朽木主計助末家鐵五郎徳川家へ附随ニ附知行引戻届。

(50)「朽木清綱氏所蔵文書」。「太政類典」第一編、理財・禄制六－一四（太一九－六七）朽木主計助本領安堵。五月の維新政権による軍事力調査では、朽木氏（之綱家）は銃隊一〇〇人の兵員を保持していた（内閣文庫蔵「陸軍省記中大夫以下禄高兵員録全」）。高家・交代寄合の秩禄処分の実態および過程については、千田稔『維新政権の秩禄処分』（開明書院、一九七九年）に詳しい。

(51)「公文録」戊辰、一〇　京都府（一）－三六（公六－五六八）元旗本朽木主計助外四人本領安堵并所領最寄ノ府県ニテ支配ノ儀御達。

(52)「公文録」己巳、二四　士大夫（二）－三〇（公一二一－九二五）朽木主計助藩屏ニ被列度願。

(53)「公文録」庚午、二一　士族（一）－三（公四三一－一〇二）朽木之綱旧采地ニ在留願。「太政類典」第一編、保民・戸籍三－七八（太九－一四〇五）京都府士族数十名他府県へ貫属替。

(54)「朽木清綱氏所蔵文書」。

(55) 後述の読売新聞記事および朽木家の言い伝えによる。なお、明治二十二（マヽ）年十二月刊行の『帝室図書目録』（上巻、図書寮）には、「蜷川親元日記（日々記、七冊）」「古宝器古城等図（二七七冊）」が記載されていて、これ以前の移管は確実である。

(56) 本古文書の所在をご教示いただいた設楽薫氏に、記して謝意を表する。
(57) 結局、大正と昭和の二度に亘る返還運動は実を結ばなかった。また宮内庁への典籍移管は、之綱の京都移住と関係があるかもしれない。
(58) 内閣文庫影印叢刊『朽木家古文書』が公刊された際、その紹介文で小要博氏が、〃原文書の大きさが分からない〃と指摘されたが（『古文書研究』一四、一九七九年に所収）、重要文化財指定の際に作成された『朽木家文書目録』（文化庁文化財保護部美術工芸課、一九八九年）において、この問題は解消された。

〔付記〕その後判明した朽木綱泰旧蔵史料について補足しておく。

1　相愛大学・相愛女子短期大学図書館所蔵「清少納言枕草子」二冊。写本。同大教授で枕草子研究の第一人者田中重太郎氏（一九一七～八七）が旧蔵していたもので、同氏の「春曙文庫」のうちにある（『相愛大学・相愛女子短期大学図書館蔵　春曙文庫目録（和装本編）』同図書館、一九九三年、口絵四及び三三頁）。「朽木文庫」朱印と共に、「寶玲文庫」・「月明荘」・「残花書屋」の朱印が捺されている。この「清少納言枕草子」二冊は、明治時代には古書収集家で有名な田中教忠氏（一八三八～一九三四）が所蔵していた（武藤元信「清少納言枕草子異本大概」『枕草子通釋』上巻、有朋堂書店、一九一一年）。

その後、一九五七年に弘文荘で売りに出された際には、新たに「寶玲文庫」朱印が捺されていた。「寶玲文庫」印は、英国人言語学者フランク・ホーレー（Frank Hawley 一九〇六～六一）の蔵書印である。そのため田中教忠の後、ホーレーが本書を入手したことが判明する。彼は一九三一年に来日、第二次大戦中一時帰国、戦後来日し、一九六一年に京都で死去する。一九五〇年頃からその蔵書は順次売りに出された（国立国会図書館『人と蔵書と蔵書印』雄松堂出版、二〇〇二年、一八六頁）。そのうちの一つなのであろう、一九五七年に古書業者反町茂雄の弘文荘で売りに出された（『弘文荘待賈古書目』第三〇号、弘文荘、一九五七年十月、No.三〇、四二頁）。弘文荘の印「月明荘」印はその際捺された。
弘文荘の販売目録『弘文荘待賈古書目』の写真では、現在みられる「残花書屋」朱印がまだ捺されてない。「残花書屋」朱印は、戸川残花（一八五四～一九二四）の蔵書印である。彼は日本女子大学教授、南葵文庫主任、内務省史跡名勝天然記念物保存会委員などを歴任。宗教・文学・教育方面で活躍した人物である。彼の死後は長男浜雄が同印を使用していた（『人と蔵書と蔵書印』一四四頁）。そのため弘文荘で売りに出された後、同書は戸川浜雄の手に渡ったものと考えられる。

戸川浜雄の後、枕草子研究者である田中重太郎が入手した。田中氏は一九七三年二月に、『堺本枕草子　編者蔵』（上・下二冊、笠間影印叢刊四二、笠間書院）として影印本を刊行しているから、その頃には田中氏の所蔵となっていた。その後本書は、田中の寄贈により相愛大学図書館へと移ることとなった。

以上「清少納言枕草子」二冊は、その蔵書印等から、朽木家→田中教忠→フランク・ホーレー→反町茂雄→戸川浜雄→田中重太郎→相愛大学図書館と、幾人もの所蔵者を替え、現在に至った。

2　西島所蔵「玉露叢」二四冊。写本。二〇〇四年九月、東京神田神保町の誠心堂書店で売りに出されていたものを偶目し、所在が分からなくなるのを憂え、翌月西島が購入することとした（『誠心堂書店書目』九六、同書店、二〇〇四年九月、一〇頁）。「朽木文庫」朱印は初めの五冊にのみ捺されている。全冊、朽木文庫本特有の香色表紙、桐花、唐草文（空押）の装丁をもつ。

3　国立台湾大学所蔵「古事記頭書」三巻。賀茂真淵。写本。

4　国立台湾大学所蔵「古事記頭書」三巻。田安宗武。写本。

3・4は共に桃木書院旧蔵のもので、現在「桃木文庫」として国立台湾大学に所蔵されている。桃木書院は、一九〇三年に海運業者桃木武平氏が神戸に開設した桃木書院図書館のことである。同書院蔵書は、一九二九年三月に白雲堂を通じて旧台北帝国大学により買い取られた。二種の「古事記頭書」は、一九三六年五月十七・十八両日、台北帝国大学開学式記念に展覧された（以上、鳥井フミ子「國立臺灣大學所蔵「桃木文庫」目録」『東京女子大学日本文学』五八、一九八二年。「「桃木文庫」のこと」同氏著『在外和書を訪ねて』勉誠出版、二〇〇一年）。3・4は共に「（朽木家）蔵書目録」壱番に分類されるものである。

あとがき

滋賀県の湖北地方に生まれた私にとって、豊な自然と恵まれた歴史的風土から、民俗的なことや歴史的事象に興味を持つ事は、なんら抵抗のない事柄であった。中学時代は、友人と毎週のように県内の史跡という史跡を巡り歩きつくし、京都・奈良へ行くことも多かった。虎姫高等学校に入ったのはよかったが、私の高校時代は、いままでの人生で最も勉強しなかった時代だった。現役で入学することの出来た愛知大学では、美術部サークルに入り、部室に入り浸って油絵を描くとともに、深夜まで友人と語り合うことも多かった。ただ日本史をやるからには、と歴史書を読むことと、国内の旅行にだけはせっせと出かけた。

私の人生において、まずなによりも重要なのは、福田以久生先生との出会いである。私の研究スタイルは、福田先生に学んだ方法が基本となっている。私の研究の原点であるとともに、福田先生ならどうなさるだろうと思いながらこれまで論文を書いてきた。そして三回生のゼミ旅行の最終日、小田原で〝大学院へこないか〟と誘ってくださったのが、大学院への進学を決意させた。大学院のゼミ・講義の多くは一対一で行われた。まだ院生の少ない時期であった。

民俗学に関しては、木地屋とろくろ研究所の橋本鉄男氏との交信が心に残る。橋本氏とは一度もお会いする機会はなかったが、『埋甕』の著者木下忠先生の取り持ちが縁で、私の修士論文をお送りしたことから、返礼に送ってくださった書物に対し、さらに所感を認めた私の葉書を、「朽木文書の「川狩銭」のこと」で取りあげてくださった（『鴨東通信』一九、一九九五年、のち橋本著『私のトルヌス――民俗学からの遥かなる視線――』サンライズ印刷出版部、一九九六年、に再録）。一度でもお会いして、いろいろなことをお話しし、教示を得たかった。今は残された多くの著書から学ぶしかないのが残念であるが、民俗学的視点を持ち続けることは継承してゆきたいと思っている。

福田先生、村長利根朗先生からは、まだ修士課程在学中にも拘わらず貴重な蔵書の一部を譲り受けた。一介の学生にここまで目をかけてくださったことは本当に不思議に思う。愛知大学時代の恩師である福田先生・村長先生・木下先生共に鬼籍に入られ、拙著をお見せすることができず残念である。修士論文審査では田﨑哲郎先生や玉井力先生にお世話になった。上田穰先生（奈良県立商科大学名誉教授）と出会えたことも忘れられない。

博士後期から名古屋大学大学院で学ぶことを許可してくださった、三鬼清一郎先生、稲葉伸道先生、羽賀祥二先生のもとでは様々なことを学び、視野を広げることができた。そして博士論文審査では、小田雄三先生や井上進先生、池内敏先生、古尾谷知浩先生にもお世話になった。また何よりも日本史学研究室の先輩や友人と共に、様々な刺激に満ちた時間を過ごすことができたことがよかった。研究に厳しく、心の優しい人と多く出会えたことが研究を続けてゆく原動力となった。

私の卒業論文発表の時からお世話になっている中世史研究会や、博士後期課程に入ると同時に始まった織豊期研究会では、耳学問がいかに大切であるかを学んだ。とくに藤田達生先生からは、出版社をご紹介いただくなど、何かとご迷惑をかけると共にありがたく思っている方である。ここ数年、毎週の如く研究室を訪れては朽木家文書の読み合わせを行っていた。藤田先生の誘いがなければ、拙著および朽木家文書の翻刻・校訂はこんなにも早く実現することはなかった。また愛知県史の編纂に携ることとなり、史料編中世二では三河国守護表を担当させていただいた。中世史部会の各先生方にも御礼申し上げる。真継文書の文書整理のため名古屋大学大学院で講師（中核的研究機関研究員）に採用していただき、任期終了後は偶然にも日本学術振興会特別研究員（PD）に採用された。そのため本書には、二〇〇二〜二〇〇四年度文部科学省科学研究費補助金（特別研究員奨励費）による研究成果の一部が含まれている。特別研究員の任期も切れた後、上村喜久子先生や大塚英二先生、伊藤俊一先生、上川通夫先生、篠宮雄二先生、その他の先生方から大学非常勤講師を紹介していただいたことも本当にありがたかった。今年度は、三重大学・愛知県立大学・愛知大学・中部大学・名城大学・東海学園大学・中日本自動車短期大学の各大学で教鞭をとらせていただいている。新行紀一先生の岡崎のご自宅でしばしば開かれる一向一揆勉強会も、かつての学会状況を聞くよい機会となっている。

朽木家文書を所蔵されている朽木清綱氏には、調査に訪れる度にいつも快く対応してくださり、心より感謝している。全点の写真撮影にはじまり、翻刻のための原本調査と何度もお世話になった。また史料調査や学会で東京へ行く折は、何泊でも宿泊させていただいた言語学者の伯父土田滋氏（元東京大学教授・現帝京平成大学教授）や伯母美和子氏にも感謝している。様々な知識と関心を、常に刺激的に示してくださり、史料調査以上に勉強させていただいた。ここで宿泊させていただけなければ、気ままに東京で史料蒐集はできなかったと思う。滋賀県石山の伯母尾木嘉子氏にも京都方面の学会・調査でご厄介になった。重ね〳〵御礼申し上げる。

出版状況厳しい折、史料纂集が縁で本書は続群書類従完成会から出版していただけることとなり、編集その他の点で小川一義氏にお世話になった。記して謝意を表したい。しかし索引作成半ばにして、閉会止む無きに至り、そのご八木書店から出版させていただくこととなった。同書店ならびに出版部企画編集課の恋塚嘉氏にも深謝する。

最後に、ここまで自由に研究を続けさせてくれた両親には、いくら感謝してもし尽くせない。人が三度大学に通えるだけの学費と生活費を出していただいた裏には、数々の苦労があったものと思う。この本は何よりも、両親に捧げたい。

二〇〇六年初秋

名古屋八事にて

西　島　太　郎

戦国期室町幕府と在地領主　〔オンデマンド版〕

2014年11月30日　初版第一刷発行　定価（本体15,000円＋税）

著　者　西　島　太　郎

発行所　株式会社　八　木　書　店　古書出版部
代表　八　木　乾　二
〒101-0052 東京都千代田区神田小川町3-8
電話 03-3291-2969（編集）-6300（FAX）

発売元　株式会社　八　木　書　店
〒101-0052 東京都千代田区神田小川町3-8
電話 03-3291-2961（営業）-6300（FAX）
http://www.books-yagi.co.jp/pub/
E-mail pub@books-yagi.co.jp

印刷・製本　（株）デジタルパブリッシングサービス

ISBN978-4-8406-3471-7　AI103

【著者】西島 太郎（にしじま たろう）

〔略歴〕
1970年　滋賀県に生まれる
1992年　愛知大学文学部史学科卒業
2001年　名古屋大学大学院文学研究科博士課程（後期課程）修了
同　年　名古屋大学　博士（歴史学）
名古屋大学大学院文学研究科講師（中核的研究機関研究員）、
日本学術振興会特別研究員（PD）を経て
現　在　中部大学人文学部非常勤講師

〔主要著書・論文〕
『朽木家文書』第一（共著、八木書店）
戦場の目撃証言――島原・天草一揆と雨森清広の仕官――
（『小牧・長久手の戦いの構造』、岩田書院、2006年）
佐々木越中氏編年史料
（『清水山城館跡現況調査報告書』分冊Ⅲ、高島市教育委員会、2006年）

戦国期室町幕府と在地領主

2006年12月15日　初版第一刷発行

著　者　西　島　太　郎
発行者　八　木　壮　一

発行所　株式会社　八　木　書　店
〒101-0052 東京都千代田区神田小川町 3-8
電話 03-3291-2961（営業）
03-3291-2969（編集）
03-3291-6300（FAX）
E-mail pub@books-yagi.co.jp
Web http://www.books-yagi.co.jp/pub

印　刷　平文社
製　本　牧製本印刷
用　紙　中性紙使用

人名索引

あ

か

き

く

し

す

せ

そ

た

ち

つ

て

と

な

ひ

ふ

ほ

ま

み

む

め

も

や

わ

地名・寺社等索引

あ

い

う

え

さ

し

す

せ

そ

た

ち

つ

て

ふ

へ

ほ

ま

み

む

も

や

第二章　中・近世移行期における近江朽木氏の動向――国人領主から旗本・大名へ――
中世史研究会『年報中世史研究』第二四号　一九九九年

第三章　朽木氏の針畑庄支配と山門・幕府
日本歴史学会『日本歴史』第六二九号　二〇〇〇年

第四章　中・近世移行期における在地領主の代官請について――山城国久多郷を例に――
三鬼清一郎編『織豊期の政治構造』吉川弘文館　二〇〇〇年

第五章　戦国末期室町幕府女房所領に関する一史料
織豊期研究会『織豊期研究』第六号　二〇〇四年

第六章　朽木家旧蔵史料について――その伝来、及び現状と復元――
日本古文書学会『古文書研究』第五八号　二〇〇四年

成稿一覧

※いずれも一部補訂を行っている。

序　新稿

第一部　室町幕府と近江国

第一章　足利義晴期の政治構造――六角定頼「意見」の考察――　日本史研究会『日本史研究』第四五三号　二〇〇〇年

第二章　湖西の在地領主と室町幕府　中世史研究会『年報中世史研究』第二八号　二〇〇三年

第三章　佐々木越中氏と西佐々木同名中　日本歴史学会『日本歴史』第六七五号　二〇〇四年

第四章　佐々木田中氏の広域支配とその活動　新稿

第五章　西佐々木七氏の経済基盤と序列――在地領主の同名中成立――　新稿

第二部　朽木氏の研究

第一章　室町中・後期における近江朽木氏の系譜と動向　日本歴史学会『日本歴史』第五九一号　一九九七年